"**기독교와 정신분석의 새로운 대화**는 한때 부진했던 상호학문적 대화를 이전에 이르지 못했던 수준으로 끌어올린다. Bland와 Strawn은 주요한 저자들의 나무랄 데 없이 조직된 글들을 통해서 기독교 신학의 다양한 전통들과 미묘한 대화를 통해서 주요 정신분석적 관점들을 이론적, 임상적으로 비교했다. 이 책은 때에 맞게 나온 주목할 만한 책이고, 이러한 대화에 관심이 있는 모든 사람들의 '필독서'이자 심리학, 상담 그리고 신학 교육 프로그램을 위한 필수적인 교과서이다."

Marie T. Hoffman
뉴욕대학교 심리치료 및 정신분석 분야 박사후 과정 교수

CHRISTIANITY & PSYCHOANALYSIS

기독교와 정신분석의 새로운 대화

EARL D. BLAND/BRAD D. STRAWN 편저
문희경 옮김

역자 서문

상담, 그것도 목회상담의 길로 접어든 게 이제 제법 세월이 흐른 것 같다. 상담과 관련된 일을 할 것이라고 전혀 생각하지 못하고, 그저 새로운 것을 알아가는 즐거움 때문에 공부에 재미를 느끼던 시절, 우연한 기회로 이전에 거들떠보지도 않았던 상담이라는 공부를 접하게 되었고 이내 돌이킬 수 없는 그 매력 속으로 빠져들었다. 세상에 이렇게 재밌고 매력적인 공부가 있었던가. 그 동안 몰랐고 누구도 가르쳐주지 않았던 나 자신과 주변 사람들, 세상에 대한 비밀이 조금은 더 풀리는 듯 했다. 마치 새로운 은혜를 받은 것 마냥 들뜨고 흥분했던 기억이 지금도 선하다.

그러나, 이것 역시 단순히 재미와 매력으로만 몰두하기에는 그 깊이가 만만치 않았다. 목회상담, 또는 기독교상담이란 무엇인가? 지금도 학기마다 학생들의 질문을 받기도 하지만 그들만큼이나 나 역시 잘 몰랐었기에 혼돈스러운 시간들을 겪어내야 했다. 막연한 생각에서 벗어나게 되면서 목회(기독교)상담이 무엇인지에 대해 보다 근원적인 질문을 나 자신에게 하게 되었다. 그러면서 내린 결론은 결국 상담 공부를 처음부터 다시 해야 된다는 것이었다. 프로이트의 정신분석부터...

그리고 나에게 익숙했던 기독교 신학적 체계와, 인간과 세상에 대해 깊이 있는 이해를 추구하는 다양한 학문 사이에서 시도되는 대화들에 귀 기울이고, 참여하고, 배우게 되면서 나 나름대로의 길을 찾게 되었다. 때론 어렵고 고단했지만 여전히 매력적인 그 길에서 만난 멋진 친구가 바로 이 책이다. 인간과 세상을 이해하려는 학문들이 많이 있고 상담 영역에도 다양한 이론이 있지만, 정신분석 범주에 속하는 이론들을 가져와서 기독교와 새로운 대화의 장에서 만나도록 하려는 발상이 아니겠는가 하는 생각에 제목에서부터 끌렸던 책이다.

저자들이 본문에서도 언급하듯이, 기독교에서 정신분석은 예전만큼은 아니지만 여전히 의혹의 눈초리를 받고 있다. 그럼에도 나는 정신분석에 다양한 이론적 줄기들이 있고, 거기에는 이런 저런 한계와 비판거리가 있음에도 불구하고 이전에 인간이 이뤄왔던 학문적 성과에서 찾을 수 없는 중요한 지혜들이 풍성하게 담겨 있다고 본다. 이것은 인간이 고투하여 발견한 것들이지만 결국 모든 지혜의 근원인 하나님으로부터 나온 것이라는 믿음이다. 이런 의미에서 기독교인들도 정신분석의 발달과정에서 드러난 풍성한 지혜들을 마다 할 이유 없이 적절하게 활용하고 누려야 한다. 들을 귀 있는 자는 듣고 깨닫는 지혜가 있는 자는 반응해야 한다.

이 책이 나오게 된 과정은 시간과 공간, 그리고 사람들이 그 배경과 전경이 되어 하나의 그림을 만들어내는 것이었다. 함께 공부하는 벗들과 조금씩 읽다보니 3년이라는 세월이 흘렀고, '지혜와 사랑'이라는 진지한 공부의 장이 있었으며, 함께 공부하고, 나누고, 또 결국 책으로 나올 수 있도록 힘이 되고 도움을 준 이들이 있었다. 특히 넉넉지 않은 상황에서도 이 책의 취지에 공감하고 크든 작든 물질로 협력해준 엄기표, 방도향, 전형애, 조영숙, 박순희(그외 이름을 밝히기를 원치 않은 분들)와 같은 소중한 분들의 격려와 협력이 큰 힘이 되었음을 밝히며 지면을 빌어 진심어린 감사를 전한다.

짧지 않은 시간을 들이고 적지 않은 수고를 하여 빛을 보게 된 이 한권의 책이 나와 같은 길을 가며 유사한 고민으로 늦은 시간까지 깨어있는 이들에게 좋은 길잡이기 될 수 있기를 바라며 이 땅에서 치유와 회복의 한 길을 걸어가는 모든 이들에게 파이팅을 전한다.

2018년 가을, 저무는 노을 빛 드는 창가에서

감사의 글

신앙고백적으로 말하자면, Earl과 저는 둘 다 꽤 보수적인 기독교 환경에서 자랐습니다. 그런 이유로 먼저는 심리학에로 그 다음에는 정신분석에로 이르는 것은 우리에게 긴 여행이었습니다. 이 여행은 도전들, 난관들과 상처들, 그리고 동료 기독교인들과 심리학자들에 의한 비판들로 가득 차 있었습니다. 여기에는 박사 과정 이상의 훈련에서 소요된 시간과 비용의 희생이 포함됩니다. 그럼에도 불구하고 우리는 그것의 어떤 것도 세상과 바꾸지 않을 것입니다. 우리는 정신분석에로의 여행을 통해서 우리가 더 괜찮은 심리치료사가 될 수 있었을 뿐만 아니라 더 나은 통합자들(기독교와 신학)과 더 나은 그리스도의 제자들이 될 수 있었다고 믿습니다.

인간이 발달하고 성숙하기 위해서 다른 사람들을 필요로 하듯이, 책들도 진공상태에 있지 않습니다. 이 책은 Society for the Exploration of Psychoanalytic Therapies and Theology(SEPTT)를 통해서 지난 몇 년 동안 발달해 온 자극적인 환경이 없었다면 결실을 맺지 못했을 수도 있었습니다. SEPTT는 Christian Association for Psychological Studies(CAPS)의 연례 학술대회의 일부로서 정신분석 트랙을 개발했던

Marie Hoffman과 Lowell Hoffman(둘 다 NYU 출신의 숙련된 정신분석가들)이 독창적으로 태동시킨 기관이었습니다. 이 트랙은 호프만이 뚜렷하게 기독교적 강조점을 가진 최초의 유일한 정신분석 훈련기관의 발달을 계획하고 있는 동안 성장하기 시작했습니다. 이러한 꿈으로부터 Brookhaven Institute for Psychoanalysis and Christian Theology (BIPACT)가 태동했습니다. Earl과 저는 둘 다 운 좋게도 초기 공헌자와 이사로 초대되었습니다. 우리는 이 명예와 지난 몇 년 동안 Hoffman의 집에 앉아서 교제하고, 꿈꾸며, 예배하고, 함께 기도하고 세계적으로 유명한 정신분석가들의 말을 들을 수 있었던 놀랍도록 풍요로운 경험에 항상 감사할 것입니다.

Mitchell Hicks, Natalia Yangarber-Hicks, Shawn Hoffer, Paula Hamm, John Carter, Linda Barnhurst, Roy Barsness, BIPACT의 목사 및 영성지도자, Beth Brokaw와 같은 SEPTT와 BIPACT의 다른 초기 공헌자들께도 감사의 말을 전하고 싶습니다. 이 모든 분들은 우리에게 더 많은 도전을 주고, 우리를 사랑하며, 우리를 지지하고, 우리의 생각과 일을 풍성하게 해주었습니다. 그리고 BIPACT의 첫 번째 졸업반인 정신분석가 후보자들(Scott Hickman, Philip Hudson, Angela Allen-Peck, Adrianne Sequeira 및 Nancy Thurston)에게 우리는 우리가 그들에 대해 너무나도 자랑스러워하고 그들을 동료요 친구로 부르게 되어서 기쁘다고 전하고 싶습니다.

저(Brad)는 또한 제가 대학에서 전공을 심리학으로 바꿀 수 있게 허락해주신 부모님께 먼저 감사드리고 싶습니다. 심리학자(즉, "감정의 의사")인 남편과 아빠를 를 참아준 것에 대해 아내 Suzanne과 두 아들 Evan과 Keaton에게 감사를 전하고 싶습니다. 제가 서점을 방문하고, 전국적으로 이상한 회의에 참석하도록 해주고, 제가 집에서는 아빠임을 상기시켜준 것에 대해 감사합니다. 또한 San Diego Psychoanalytic Society와 Institute에 제가 훈련받는 동안 그들이 보여준 환대에 대해 감사드립니다. 그들은 그들 가운데 있는 명백한 기독교인을 따뜻하게 환영해주었습니다. 그리고 샌디에고(포인트 로마 나사렛대학교), 베다니, 오클라호마(남부 나사렛대학교), 파사데나(풀러신학교 심리학대학원)의 동료들, 학생들 그리고 내담자들에게 감사드립니다. 그들은 모두 저를 가르쳐준 저의 선생님들이었습니다. 끝으로 이 원고의 일부를 기꺼이 읽고 피드백을 주신 분들께 감사드립니다: Ron W. Wright, Brent A. Strawn, George Horton, Lowell Hoffman, Paula. J. Hamm 그리고 Alvin Dueck. 이 책의 출판을 위해서 실질적인 도움을 주었던 Nathaniel Strenger에게도 감사를 표하지 않을 수 없습니다.

Brad와 마찬가지로 저는 SEPTT 공동체 그리고 그리스도의 사랑과 변화를 일으키는 정신분석의 특성을 깊이 탐구하기를 원하는 사람들과 함께 즐겼던 많은 소중한 만남에 대해 매우 감사드립니다. 저는 Marie Hoffman, Lowell Hoffman 그리고 SEPPT 공동체에 속한 모든 사람들 외에도 저에게 훈련을 제공해주었을 뿐만 아니라 계속적으로 저에게 배움과 전문적인 성장의 원천이 되어준 Greater Kansas City Psychoanalytic Institute의 동료들과 강사들에게 감사의 말을 전하고 싶습니다. 이 프로젝트에 지지와 격려를 보내준 중미 나사렛대학교의 동료들에게 감사드립니다. 저는 저의 행정조교인 Shawnda Kahl에게 특별히 감사를 전하는데 그녀는 제가 바쁜 학문적 일정 속에서도 저술할 수 있는 시간을 가질 수 있도록 기꺼이 지속적으로 조직해주었습니다. 저는 지난 25년간 전문가로서의 삶을 살면서 함께 작업할 수 있는 특권을 누리게 해주었던 많은 학생들과 내담자들에게 큰 감사를 드립니다. 여러분들과 함께 여러분들께 배울 수 있었던 것은 영광이었습니다. 좀 더 개인적인 감사를 드리자면, 이 프로젝트 내내 격려와 지지를 보내준 아내 Cayla와 저의 아이들 Alexandra와 Austin에게 많은 사랑과 감사를 전합니다.

기꺼이 초고들을 읽어주고 소중한 비평들을 제공해주었던 모든 분들-Eric Johnson, John Carter, Beth Russell, Jim Olthuis, Scott Koeneman-께 감사를 전합니다. 특히 제 직업과 개인 생활에 상당한 영향을 미쳤던 Rich Zeitner에게 감사드립니다. 초고에 대해 그가 사려 깊고 신중하게 읽어준 것은 특히 유용했습니다. 마지막으로 우리는 Inter-Varsity Press와 우리의 협력 편집자인 Gary Deddo와 David Congdon에게 IVP와 CAPS의 협력의 일부로서 이 책을 쓸 수 있는 기회를 준 것에 대해 감사드리고 싶습니다.

목차

제1장

새로운 대화

Earl D. Bland와 Brad D. Strawn

정신분석과 기독교에 관한 최근의 어떤 책도 흔히 두 패러다임 사이에 있었던 이전의 대화를 특징지었던 상호간의 의혹을 인정해야만 한다. 비교해서 말하자면, 그 게임이 정신분석에는 새로운 것이다. 역사적인 지식의 관점으로부터 봤을 때, 정신분석은 근대 이후에 부상한 인간 이해를 반영한다. 프로이트의 이론들은 독특한 지적 및 문화적 분위기에서 발달했기 때문에 그 출현을 철학과 과학에서 일어났던 운동들을 계승한 것으로까지 추적할 수 있다(Gay, 1988; Burston & Frie, 2006; Orange, 2010b). 인간의 심리적 기능에 대한 현대의 이해에 지울 수 없는 각인을 남겼기 때문에, 정신분석의 도발적이고 지속되는 중요성은 측량하기 어렵다.

따라서, 예상한 대로, 정신분석적 사고가 인간의 기능에 대한 전통적인 종교-문화적 이해를 잠식하게 되면서, 기존의 그럼직한 구조들과의 논쟁이 뒤따랐다. 정신분석적 개념들의 포괄적이고 매력적인 특성 때문에 전통적인 기독교 인간학이 침해될 뿐만 아니라 인간 행동의 목적 및 원인과 관련하여 오랫동안 간직해온 전제들도 적극적인 도전을 받았다. 기독교 비평가들로부터의 다양한 반응들을 이끌어내었지만, 어떤 대화는 친절하고 호의적이기까지 한 것이었던 반면, 어떤 대화는 무시하거나 독설에 찬 것이었다(예를 들어, Bingaman, 2003; Küng, 1979; Lewis, 1952; Vitz, 1993). 두 개의 설명 체계는 인간의 마음 혹은 정신의 지도를 그리려고 시도했지만, 인간 행동의 본질적인 특성과 동기, 수용할 수 있는 지식의 원천들, 인간 삶의 목적과 의미, 심리적 문제들의 원인들, 그리고 이러한 문제들을 치료하기 위해서 필요한 것에 대한 근본적인 질문들에 있어서 차이를 드러냈다.

이 책은 정신분석적 이론, 임상 실제 그리고 기독교 신학의 최근 동향이라는 관점에서 정신분석과 기독교의 대화를 재검토한다. 새로운 대화에 참여하려는 우리의 노력은 인문학이 이해되는 방식에 있어서 중요한 전환들이 이뤄진 것과 지난 40여 년 동안 발달해온 분석 치료와 관련된 이론적, 임상적, 신학적 자료가 급증한 것에 부분적으로 자극을 받았다. 우리의 과제를 성취하기 위해서 우리는 (1) 현대의 정신분석적 사고와 실제, 기독교 신학의 관계적 개념들 그리고 (3) 특정 기독교 전통에서 나타난 통합 전략을 반영하는 세 가닥의 담론을 엮으려고 했다. 이 책은 이론, 신앙 그리고 임상 실제에 관한 것이다. 우리는 기독교와 정신분석 간의 깊은 관계를 정당화하는 것으로 시작하고(1장). 독특한 신학적 및 이론적 전통들의 통합 노력들을 상술하는 주장을 다루었다(2장). 이 책의 나머지 부분에서는 모두 기독교적이고 정신분석적인 지향을 가진 임상가들인 다양한 기고자들에게 다양한 정신분석적 모델들이 그들의 기독교적 전통과 어떻게 관련되는지를 약술함으로써 이러한 생각들을 규정하도록 부탁하였다. 이 장의 끝부분에서 우리는 또한 이론, 신학 그리고 임상적 현실이 결합되어 생겨나는 실제적인 이해를 강조하기 위해서 각 저자에 의해 활용된(2장과 9장을 제외하고) 임상 사례를 제시하였다. 다양한 정신분석적 사고를 다루기 위해서 우리는 또한 부부치료(9장)와 단기 치료모델(10장)을 다루는 장들을 포함시켰다.

과학, 정신분석 그리고 종교: 간략한 역사

정신분석과 기독교 사이의 긴장은 부분적으로 Freud(1927/1961)가 스스로 공언한 무신론 그리고 종교적인 경험을 엄청난 소망 성취로 보는 다소 도발적인 그의 해석에 의해 과열되었다. 그는 과학을 인류가 발전을 도모했고 종교적인 표현의 뿌리 깊은 특성으로 인해서 미루어졌던 중요한 수단으로 규정했다(Gay, 1987). 최근의 연구는 Freud의 이론들에 대응했을 수 있는 종교적이고 가족적인 영향들을 추적해왔지만(Hoffman, 2011; Rizzuto, 1998; Vitz, 1993), Freud가 종교에 대해 적대적이지는 않았음에도 불구하고 정신분석적인 틀에서 그것의 정당성을 무시한 것은 분명해 보인다. 공공연한 혐오에도 불구하고 이상하게도 Freud는 일생동안 적극적으로 종교에 관여했다. 그러나, Freud 자신의 정신분석적 방법을 그의 역설적인 관심을 이해하는 수단으로써 활용했던 이들은 복합적인 가족의 역동들과 그 자신이 유대인이라는 사실에 대해 문화적으로 복잡하게 씨름했던 것을 Freud의 종교적인 포기에 무의식적으로 기여한 요인들로 지적했다(Meissner, 1984; Rizzuto, 1998). Freud의 종교와의 대화가 가진 보다 밀접한 이러한 측면들에도 불구하고, Freud는 계몽주의적 과학에 대한 절대적인 신뢰가 있었기 때문에 종교가 삶에 영향을 미치지 않는다는 틀을 지속적으로 받아들였다. 그는 단지 종교 경험의 환상적인 본질에 대해 확신을 갖고 "현실에 대한 교육"을 제공하고 있었다(Freud, 1927/1961, p. 49). MacIntyre(1964)는 Freud의 단순한 무신론에 대해 이러한 첨단적인 해석을 강조한다:

> Freud의 무신론은 가장 단순한 종류의 것이다. 그는 하나님에 대한 믿음이 잘못되었다는 사실을 보여주기 위한 새로운 논거를 제시하기 위해서 정신분석이 필요하다고 생각한 것이 아니라, 하나님에 대한 믿음이 잘못되었음에도 불구하고 왜 사람들은 믿는지를 설명하는 데 정신분석이 도움이 될 수 있다고 생각했다. (par. 3)

MacIntyre의 언급은 Freud의 생각이 가진 현대적인 감수성을 보여주면서, 기독교와 정신분석 사이의 긴장을 인간의 경험, 목적 그리고 가치에 대한 전통적인 해석들에 의문을 제기하고 있는 보다 넓은 문화적 맥락을 반영하는 것으로 강조한다.

과학, 철학, 예술 그리고 정치학의 흐름이 점차 인간의 경험을 신과 분리된 것으로 개념화하면서 19세기 후반의 지적 및 문화적 영향들에 세속주의(secularism)가 점차 스며들었다. 신이 부재하기 때문에 사람들이 어떻게 신조와 제도적인 교리에 명시적으로 헌신하지 않고서도 삶을 살아갈 수 있는지를 이해하기 시작하면서 목적론에 있어서 변화들이 일어났다. Taylor(2007)가 설명했듯이, 많은 사람들이 "단지 하나님과 관련하여서가 아니라 '그들 스스로를 위해서' 자연에 대해, 그들 주변에 있는 생명에 대해 관심을 갖게"(p. 90) 되었다. 당대의 실증주의적인 태도를 따라서 Freud(1927/1961)는 정신분석이 매우 중립적이고, 종교적인 감정을 반박하거나 지지하기 위해서 사용될 수 있다고 주장하였다. 그가 보기에, 정신분석은 인간의 기능과 병리를 이해하기 위한 가치중립적인 과학적 방법론이었다. 그러나, 당대의 많은 사람들처럼 그는 종교가 과학(정신분석을 포함하는)의 진보와 그의 시대에 너무나도 분명하게 나타났던 인간 파괴의 증거들에 비추어 볼 때 강력한 설명의 틀을 제공할 수 있는 능력을 상실했다고 믿었다. 다윈주의, 물리학과 생물학에서의 진보, 유신론의 철학적 해체와 마찬가지로 정신분석은 확고한 자연주의의 경향을 나타내는데, 그것은 세상에 대한 신비적이고 종교적인 설명들을 허용하지 않는다.

그러나, Freud는 단지 종교가 인간의 공격성을 완화하거나 과학에서의 현대적인 발견들을 설명하는 데 실패했기 때문에 현대적인 종교 비판에 합류하고 있었다고 생각하는 것은 실수일 것이다. Freud는 일차적으로 인간 공동체에 스며들어있는 종교적 열망의 무의식적 의미를 설명하는 데 관심이 있었다. Jones(1996)가 설득력있게 주장한대로, 종교적 열망에 대한 Freud의 심리학적 설명은 가부장적 신, 원시적인 토템 신앙의 연장으로서 추구된 아버지 하나님, "아버지에 대한 갈망"(Freud, 1913/1950, p. 183)과 같은 서구적 개념에 일차적으로 의존한다. 더욱이, Freud가 심리성적 발달과 그 정점인 오이디푸스적 드라마에 대한 자신의 이론의 연장으로서 가부장적 지배, 그에 수반되는 아동기 죄책감 그리고 아버지에 대한 열망을 강조했던 것은 하나님과 가까워지고 연합하려는 의식적인 갈망을 무의식적으로 뒷받침한다. Jones(1996)는 다음과 같이 Freud의 종교 비판에 대해 언급함으로써 그의 입장을 확장한다.

> Freud의 종교 비판에는 특정 하나님 이미지가 요구된다. 법과 양심과 관련된 가부장적인 하나님은 Freud가 연구하려고 했던 유일한 종교적 주제이다. 만약 그가 표준적인 것으로 여겼던 하나님에 대한 아버지 표상을 포기했다면, 그의 주장은 그 힘을 많이 잃었을 것이다.(p. 17)

Jones의 주장의 중요한 함의는 인간-하나님 관계의 원형으로서 삼위일체의 관계성에 대한 현대적인 견해(Grenz, 2001; Holmes, 2012; Shults, 2003)와 같이 신학이 변화하면서 고양된 아버지 상에 기초한 종교 경험의 정신분석적 의미에 대한 Freud의 해석은 그 설명적인 가치가 떨어졌다는 것이다.

Freud가 저술할 무렵, 과학에는 지식을 추구하고 그 결과들을 설명하기 위한 상당히 확고한 방법론이 있었다. 자연 세계와 인간 발달을 이해하는 데 필수적이었던 하나님과 신학적 지식이 약화되면서, 과학에서는 자연 질서의 확실한 예측가능성을 고려하는 보편적인 확실성을 추구하는 운동들이 일어났다(Murphy, 1997; Toulmin, 1990). 감각 자료와 중요한 증거들에서 규칙성을 추구하는 연구 방법들을 통해서, 과학은 자연주의 혹은 최소한 가치중립적인 형이상학을 전제로 하는 경험적 관찰에 기초하는 지식 체계를 수립했다. 사실과 가치를 구별하는 대표 언어의 개발과 더불어 과학적 지식은 그것 자체를 오랫동안 발견과 이해를 위한 의제를 정해왔던 전통적인 지식으로부터 분리하려고 했다. Toulmin (1990)이 말했듯이, "17세기 철학자들의 목표는 그들의 모든 질문들을 그것들을 맥락과 별개의 것으로 만드는 용어들로 구성하는 것이었다"(p. 21). 형이상학적 전제들은 물질 세계의 우위성을 나타냈고 물리학, 화학, 생리학, 생물학 혹은 다른 자연적인 과정들의 다른 특성들을 통해서 세계를 이해하는 것으로 환원될 수 있는 설명들에 초점을 두었다. 불행하고 만연된 이러한 환원주의는 아마도 논리실증주의자들에게서 가장 격렬했던 것 같은데, 그들은 모든 지식의 기초를 물리학에 두려고 했다. 이러한 환원적인 지적 경향에서, 가치, 윤리, 문화 그리고 종교는 중요하지 않은 것은 아니지만 증명할 수 없는 지식의 영역들이 되었고 그 때문에 과학에 별로 중요하지 않게 되었다. 또한, 과학이 단지 자연 현상들만을 탐구하고 있었다면, 그 과정들로부터 어떤 가치나 윤리적 전통도 끌어낼 수 없었을 것이다. 과학은 중립적이고, 인간 사회의 진보를 위해 유용한 기술이다.

이러한 과정을 반영해서, 정신분석은 인간의 마음과 행동에 대한 지식과 이해를 추구하는 체계적인 방법론을 도입했다. 사례연구방법과 욕동 본능들에 기초한 인간 본성에 대한 개념들(다윈의 진화론에 대한 원래의 프로이트적인 이해, 라마르크의 원리들, 그리고 생물학과 신경학에서의 19세기적인 진전에서 도출된)을 사용해서 면밀한 이론적 증거들이 제시되었다. Freud는 경험주의자였고 심리적 과정들이 본능적인 욕동들로 환원되는 유기적인 인과관계의 틀 속에서 정신분석을 생각해냈다. 어떤 이들(Bettelheim, 1982)은 Freud에 대한 표준영역본들이 그의 원래 저술에서는 분명하지 않았던 과격한 과학주의를 그려냈다고 주장했던 반면, 다른 이들(Ornston, 1982, 1985)은 원본능, 자아 그리고 초자아와 같은 Freud의 개념들에 대한 지나치게 구조화된 이미지들이 그의 개념들에 대해 다양한 정도의 복잡함과 확장가능성을 묘사하기 위해서 의도된 보다 유연하고, 직접적이고, 인격적인 Freud의 스타일로부터 벗어났다고 지적한다.[1] 그런데도, 정신분석 기법의 심리학적/관계적 본질에도 불구하고, Freud는 그의 메타이론의 생물학적 토대에 대한 확신들을 결코 포기하지 않았다(Sulloway, 1979). 환원주의적인 생물학적 범주들을 통해서 복잡한 심리학적, 관계적 역동들을 설명하려고 했던 Freud의 야망은 19세기 후반과 20세기 초반의 과학적 시대정신과 보조를 맞췄던 것이다. 그의 독특함 때문에 그는 어떤 동시대 사람들과는 불화하였지만, 초기 Freud의 정신분석은 특히 정신분석적 개념들이 현대

---

1) 프로이트의 저술에 대한 번역들을 논의하는 몇몇 저술에 대한 검토는 Coen(1988)을 보라.

문화의 상상력을 불어넣어 주었던 전후 미국에서 번성했다.

현대성 이후: 과학, 철학 그리고 정신분석에서 최근의 변화들

정신분석에 대한 어떤 현대적인 비판도 모든 심리학 이론이 문화적 상황에 깊이 영향을 받고 한때의 철학적 및 과학적 전제들을 반영한다는 것을 당연하다고 생각한다면, Freud 시대 이후에 발달해왔던 상당한 지적인 변화들을 인정해야만 한다. 현대라고 불리었던 것에서 포스트모던적(post-modern) 혹은 후비판적(post-critical) 사고로의 유명한 전환은 현대성이 약속했던 객관적인 확실성의 많은 부분을 정지시켰다. 물리학, 화학, 그리고 어느 정도는 생물학과 같은 자연과학이 매우 환원적인 방법론과 함께 계속적으로 성장하는 반면에, 심리학, 사회학 그리고 인간학과 같은 인문과학은 환원주의적 원리들이 계몽적이었던 만큼이나 억제적이었음을 발견했다. 다행스럽게도 새로운 언어가 생겨나서 환원주의, 토대주의 그리고 보편성의 과정에 대해 정반대되지 않는 방식으로 우리의 이해를 뒷받침해준다. 보편성과 규칙성에 대한 과학적 발견을 위한 여지가 분명히 있지만, 과학의 가치중립적인 입장은 충분히 반박되었다. 자연주의와 그것의 과학적 방법론은 가치중립적이지 않고(Polanyi, 1958; Jones, 1994), 널리 퍼져있는 공리주의적 윤리를 반영하고(Taylor, 2007), 언제나 말로 표현되지는 않는 배경의 전제들로부터 나오는 특별한 목표들을 추구하는 상황-의존적인 사회적 지식을 드러내는 경향이 있다(Longino, 1990). 다른 말로 하자면, 정신분석적 지식, 혹은 어떤 형태의 지식도 불가피하게 구성주의와 해석학에 의해 형성된다. 모든 치료적 지식은 임상적인 나눔을 일정한 관계적 모체, 문화, 지적인 전통 그리고 종교적이거나 윤리적인 형태 속에서 의미있는 것으로 보는 특정한 이야기 구조를 드러낸다. 지식은 그것을 이해하는 사람과 분리될 수 없다. 그 사람의 출신, 성별과 인종, 직면한 경제적 압박, 문화적이고 종교적인 전통들, 발달 과정에서의 가족 구조, 독특하거나 외상적인 삶의 사건들이 있었는지 혹은 없었는지가 중요하다. 이러한 요인들이 일정한 생물학적, 유전학적 가능성들과 결합될 때, 인간의 삶은 보편적이면서도 특수한 것이 된다. 우리가 한 인간에 대해 충분히 이해하는 것은 우리가 이러한 삶의 이야기를 경험적인 분류의 먼 범주들뿐만 아니라 관계-속에 있는-자기의 직접적인 이야기들에서도 이해되는 것으로 말할 때 비로소 완전하게 되고, 어떤 이야기도 그 이야기를 하고 있는 사람과 듣고 있는 사람이 중요하다(McAdams, 2001, 2011).

이론가들은 정신분석 실제에 미치는 영향들과 함께 심리적 경험이 어떻게 치료 관계를 포함하여 관계적 모체에 의해 불가피하게 영향을 받는지를 보기 시작했다(Aron, 1996; Greenberg & Mitchell, 1983; Watchel, 2008). 더욱이, 일반 과학은 그것의 진리들이 어떤 가치 구조들 속에 자리매김 되고 특정 문화나 전통의 이야기를 하는 방식들을 보다 쉽게 다룰 수 있는 곳으로 옮겨갔기 때문에, 우리는 인과관계에 대한 환원주의적 경향을 재평가할 수 있다. 만약 인간 행동에 대한 설명들이 생물학과 물리학으로만 환원될 수 없다면, 우리는 설명의 다양한 수준들 사이의 미묘하고 복잡한 관계를 설명하는 인간의 기능을 어떻게 이해하는가? 우리가 정신분석적 혹은 신학적 틀로 인간의 기능을 설명하려고 시도하자마자 우리는 물리적이거나 물질적인 실체와 직접적으로 연결될 수 없는 추상적이고, 복잡한 범주들을 향해 움직이기 때문에 이 질문의 중요한 본질은 최근의 토론에서 명확해졌다. 우리가 이러한 대화의 두 형태 사이의 의미있는 대화를 발전시키려고 할 때 부담은 더욱 증가한다. 더 이상 우리는 각 학문 분야가 상대방의 진리 주장들을 고려하도록 하면서 정당화 하는 언어를 추구하지 않는다. 오히려, 현대의 객관주의적 틀을

약하게 하면 정신분석과 기독교 신학 사이에 새로운 화해로 나아갈 수 있다. 인간의 행동과 기능에 대한 독특한 신학적이고 정신분석적인 설명들은 지식의 다른 영역들, 즉 우리의 목적을 위해 가장 특별한 생물학과 신경과학에서 나온 근본적인 증거를 주장하지 않는 틀 속에서 작동하면서 구성적인 설명의 공간을 공유할 수 있다. 동시에 우리는 신학적이고 정신분석적인 설명 개념들이 생물학과 신경과학의 언어를 사용해서 충분히 설명할 수 없는 인간 기능의 특별한 특성들이나 영역들을 담아내고 있음을 인정한다.

요점을 분명히 하자면, 과학은 인과관계의 가장 작은 단위들을 찾음으로써, 즉 전체를 그것을 구성하는 부분들을 이해함으로써 설명하려고 하는 환원주의적 방법을 사용하는 인간의 생물학적 혹은 심리학적 기능과 같은 복잡한 현상을 설명하려고 시도해왔다. 심리학에서 이것은 가장 대중적인 행동주의적 학습이론들과 정신분석적 욕동 이론과 같은 다양한 형태를 취해왔다. 이러한 환원주의적 방법을 통해서 어떤 중요한 성취가 있었지만, 거의 초기부터 인간의 행동과 정신 과정과 같은 복잡한 역동적 체계들이 어떻게 구성하는 부분들로 충분히 환원될 수 있는가에 대해 불평하는 목소리들이 있었다. 지난 50여년 동안 인간의 심리적 기능은 구성 부분들이 설명할 수 있는 것보다 훨씬 더 복잡하고 역동적이라고 크게 주장하면서 이러한 목소리들은 점점 더 커졌다(Nagel, 2012; Plantinga, 2011; Searle, 2008). 체계 이론이 등장하고 복잡한 체계적 상호작용의 요인들이 연결되면서 인간의 심리적, 관계적 기능에 대한 이해가 점차 크게 증가하였다.

영향력의 동심원적인 수준들을 맥락으로 하는 관계와 개인의 심리 발달을 보는 체계이론가들(Barton & Haslett, 2007; Stanton & Welsh, 2012)에 더하여, 다른 사람들은 개인의 심리발달을 상호적으로 영향을 미치고 발달과정을 조절하는 역동적인 관계 체계들(예를 들면, 아이-양육자 이자관계) 속에 굳건히 뿌리 내리고 있는 것으로 보았다(Beebe & Lachman, 1988, 1998; Siegel, 2012). Thelen과 Smith(1994)는 비선형적인 역동적, 체계적인 관점에서 이뤄진 발달에 대한 그들의 새로운 연구에서 인간의 지각, 인지와 운동 체계들은 자기-조직적인 체계 속에서 발달한다고 주장한다. 지식과 행동은 감각자극 입력, 행동과 경험의 범주화의 지속적인 역동적 교환으로부터 생겨난다. 다른 말로 하자면, 몇 가지 예를 들어 사고, 감정, 기억과 자기성찰 기능과 같은 심리적 능력들은 상호적으로 조절하는 역동적 체계의 지각적이고 감각적인 입력을 지속적으로 조직하고 그것들과 상호작용하는, 생물학적으로 뿌리를 두고 체화된 발달 과정으로부터 생겨난다. 복잡한 인간의 능력들은 관계적으로 파생되고 그것들의 구성 부분들로 환원될 수 없다. 환원적인 설명적 틀들로는 많은 복잡한 심리적 현상을 설명해낼 수 없다.

이 논의에서 창발성(emergence)의 개념이 생겨나는데, 그것은 복잡한 체계들이 구성 부분들에 대한 분석에 의해서 충분히 예측되거나 설명될 수 없는 보다 높은 수준의 질서, 조직화 혹은 존재 방식들을 만들어내는 방식으로 작동하는 경향성으로 규정될 수 있다(Brown, Murphy & Malony, 1998; Clayton & Davies, 2006; Peacocke, 2007). 신학과 정신분석은 비물질적인 개념들을 다루고 생물학적이거나 신경화학적인 상관물들로 환원될 수 없는 인과적인 영향력을 발휘하는 구조들, 기능들과 과정들(예를 들면, 자기, 영혼, 관계성)의 존재를 가정하기 때문에, 우리는 이러한 개념들을 증명할 수 있는 창발 현상으로 생각한다. 예를 들어, 가장 자명한 창발 현상은 의식이다(Koch, 2004; Pinker, 1997). 의식의 정확하게 신경생물학적인 과정은 신경해부학과 신경생리학에 의해 설명될 수 없기 때문에, 우리는 의식을 충분히 질서가 있는 인간의 뇌의 창발적인 속성이라고 말할 수 있다. 의식은 하나의 부수현상이 아니다; 그것은 신경생리학적 과정들로부터 생겨나고 또한 신경생리학적 과정들에 대해 인과적인 영향력을 발휘한다. 물론, 인과적인 영향력의 양방향적 특성은 동등하지 않다; 우리에게 의식이 있기 위해서는 뇌가 있어야만 하지만, 신경생리학적 과정들의 구조와 특성에 영향 미치는 의식의 측면들, 즉 Peacocke(2007)가 "전체-부분 영향력"(whole-part influence, p. 27)이라고 했던 것이 있다.

유사하게, 정신분석적 및 신학적 개념들에는 정확하게 기능하는 신경해부학적인 구조들로부터 생겨나는 보다 높은 질서(보다 복잡하고 포괄적인 것을 의미하는)의 설명 수준들이 포함된다. 실체에 대한 계층화 모델(layered model)을 피하는 한 가지 방법은 Silberstein(2006)이 "체계적인 인과관계"(p. 204)라고 했던 것에 대해 생각하는 것이다. 여기에서 정신적 특성들은 신경화학적인 작동에 인과적인 영향력을 미치는데, 둘 다 인간 체계 안에 묶여있기 때문이다. Silberstein은 다음과 같이 설명한다:

> 우주는 원자, 분자, 세포 등과 같은 폐쇄적인 자율적 수준들의 계층으로 규칙성 있게 배치되어 있지 않다. 오히려, 우주는 본질적으로 중첩되고 얼기설기 얽혀있다. 존재의 소위 물리적, 화학적, 생물학적, 정신적, 그리고 사회적 영역들은 사실 상호적으로 뿌리내리고 있고 밀접하게 연결되어 있다. (p. 204)

더욱이, 각 학문 분야의 개념적인 언어는 이해를 증진시키기 위한 문법이나 말의 형태로 핵심적인 인간 경험들을 담아내려는 시도라고 할지라도, 중요한 정신분석적 및 신학적 개념들이 단지 인간의 행동 경향성, 심리적 과정 혹은 영적 세력을 설명하기 위해서 사용된 은유들만은 아니다. 우리는 많은 정신분석적 및 신학적 개념들이 인과적 유효성을 가진다는 점에서 존재론적으로 실제적인 것으로 고려될 수 있다고 주장한다. 이것은 강력한 창발적인 입장이라고 생각되는데, 이렇게 하면 창발적인 과정을 물리적 혹은 생물학적 실체에 인과적인 영향을 미치는 것으로 개념화하는 것이 가능해진다(Gregersen, 2006). 예를 들어, 우리는 관계적이거나 자기과정적인 것을 자신의 생물학적 혹은 신경화학적 기능에 실제적인 방식으로 영향을 미치는 것으로 생각할 수 있다. 동시에 우리는 "조직의 생물학적, 심리학적, 그리고 사회적 수준들의 창발성으로 이끌었던 물리-화학적 수준에서 선행하는 상향식의 영향"(p. 285)을 인정한다. 무의식, 자기, 대상표상 그리고 관계적 도식들과 같은 정신분석적 현상에는 신경생리학의 자연 체계에 그 뿌리가 있는 실제적인 신경화학적 흔적들과 패턴들이 포함된다.

유사한 방식으로, 우리는 신적인 인과관계와 창조 활동을 충분히 복잡한 물리적 물질세계에서 새로운 실재들이 나타날 수 있는 내재적인 체계적 가능성으로 생각할 수 있다(Clayton, 2006; Peacocke, 2007). 정신분석적 관점과 신학적 관점의 통합을 고려하는 데 중요하긴 하지만, 우리는 신적 행동이 뇌의 과정에서 생겨난다고 주장하고 있는 것은 아니다. 오히려 우리는 본질적으로 초월적이고, 전적으로 타자이신 하나님의 존재론적 지위는 그의 내재성과 상호 조화를 이루며 모순되지 않게 존재한다. Happel(2002)은 하나님이 "인간 주체와 협력하기로"(p. 304) 선택했던 "내재성 안의 초월성"이라는 개념을 토론한다. 우리는 하나님이 물질세계의 본질 속에서 현존하고 역사하는 내재적 우주론을 동의하고 주장한다(Lodahl, 1997). 개개인에게 영향을 미치는 신적 행동의 측면들은 어떻게든 물질적인 뇌의 복잡한 과정들에서 생겨나는데, 그것들은 하나님의 내재적인 창조적 속성들 때문에 그리고 하나님의 창조적인 행동에 의해서 존재한다. 다른 말로 하면 "모든 피조물보다 먼저 나신" 이 초월적인 하나님은 동시에 내재적으로 현존하신다: "만물이 그 안에서 함께 섰느니라"(골 1:15, 17). 바울이 사도행전 17장 28절에서 말했듯이 "우리가 그를 힘입어 살며 기동하며 존재한다." 그분은 진정한 친교를 위한 가능성을 만드셨고 우리는 신학적 이해와 정신분석 과정의 통합이 이러한 행동을 개념화하는 데 도움이 되는 모델을 제공해줄 수 있다고 주장한다.

신학, 관계 그리고 통합

신-인간 관계와 인간관계가 일반적으로 우리가 제안하고 있는 것만큼 중요하다면, 우리는 이것이 신학의 최근 발달과 어떻게 조화를 이루는지 이해할 필요가 있다. 인간관계는 언어, 마음 이론(theory of mind), 일화 기억, 의식적인 상명하달식 기능, 미래에 대한 방향감각 그리고 정서 조절과 같은 능력들을 포함하며 그것들에 의존한다(Brown, 1998). 사실 이러한 능력들을 통해서 창발성(emergent property)으로서의 관계성을 위한 조건이 조성될 수 있다. 다른 동물 종들은 관계를 할 수 있지만, 인간의 능력은 다른 동물들을 훨씬 능가하고 뚜렷하게 인간을 구분시킨다. 심리학에서 관계성이 크게 강조되고 있듯이 최근의 신학에서도 유사한 강조가 나타나고 있다.

예를 들어, 최근 몇 년 동안 신학자들은 삼위일체 하나님을 관계적인 용어들로 개념화 하려고 해왔다. 신학에서 이러한 관계적인 전환(Shults, 2003)은 점차적으로 인간에게 있는 하나님의 형상에 대한 재개념화로 이어졌다. 하나님의 형상에 대한 초기의 이해들은 실체적인 용어들로 개념화되었는데, 그것들은 이성이나 의지와 같이 인간과 하나님이 공유하는 속성들이나 능력들을 강조했다. 삼위일체 하나님은 특수성과 통일성을 특징으로 하는 영원하고 지속적인 자기-비움의 관계성 안에 있는 세 인격의 한 존재로서 개념화되었기 때문에(Balswick, King & Reimer, 2005), 신학적 인간학도 함께 변했다. 그것은 인간을 구성하고(예: 이성, 의지 또는 영혼) 그들을 하나님처럼 만드는 특정한 요소가 아니다. 관계성은 하나님을 가장 잘 표현해주었다. 유사한 방식으로 최근의 정신분석적 인간학은 관계성이 단지 인간이 행하는 어떤 능력이 아니라 그들이 존재하는 방식이라고 주장했다(Mitchell, 1988). 더구나, 관계성은 실체(예: 의지)와 같은 정적인 개념이 아니라, 끊임없이 움직이고 있다. 하나님의 형상은 인간이 자기, 타자들 그리고 하나님과 관계할 때 인간의 관계성의 사이(between)에서 가장 분명하게 증명된다.

관계성을 핵심 구성개념으로 지지하는 사람들은 그것을 이미 존재하는 모델에 추가되어야 할 한 가지이거나 가장 새로운 것으로 보지 않는다는 사실을 유념하는 것이 중요하다. 오히려 그들은 관계성으로의 전환이 모든 것을 변화시킨다고 믿는다. Stanley Grenz(2001)에게 있어서는 그것 때문에 젠더에 대한 위계적 인식은 도전을 받고 인간의 성적 욕망은 관계적인 전체성을 추구하는 것으로 수정된다. Miroslav Volf (1998)에게 있어서는 그것으로 인해서 교회론 그리고 교회의 본질적인 관계적 기능이 되살려진다. Thomas Jay Oord(Thomas Jay Oord, 2010, Oord & Lodahl, 2005)에게 있어서 우리는 우리의 대인 관계에 반영된 하나님의 사랑에 비추어 거룩함을 개정할 수 있고, Robert Coleman(2000)에게 있어서 관계성은 우리의 지상명령의 성취를 좌우한다. Warren Brown과 Brad Strawn(2012)에게 있어서는 그것 때문에 관계적 참여가 기독교적 형성(Christian formation)에 대한 이해와 실행의 중심이 된다.

신학에서 이뤄진 관계성으로의 전환은 현대 심리학의 많은 부분, 특히 최근의 정신분석에서 관계에 대해 강조하는 것과 일치한다. 그러나, 기독교와 심리학의 통합에 관한 문헌이 이러한 관계성으로의 전환을 따르고 있는지는 의문스럽다. 사회 과학이 되려는 시도에서 심리학은 법칙 정립적인 경향, 분류하고, 범주화하고, 진단하고, 정량화하는 것에 대한 요구로 잘 알려져 왔다. 그 후 많은 통합 모델들이 이러한 경향을 모방했다. 역사적으로, 통합적인 문헌의 많은 부분은 후성적 및 보편적 발달 모델들(예: Fowler, 1981) 또는 범주적이고, 백과사전적이고, 통일된 모델들(Sorenson, 2004a)을 선호한다.

심리학과 종교의 통합의 초기에는 폭넓은 논의가 이뤄졌다. 저자들은 심리학을 하나의 전체적인 영역으로, 종교/기독교를 단일한 개념으로 다루었다. 신학과 심리학의 통합에 관한 보다 최근의 문헌은 그 초점을 좁혔다. 심리학과 신학의 통합 모델들을 범주화하거나 제안한 통찰력 있고 유익한 책들이 많이 있었다(Carter & Narramore, 1976; Johnson, 2010; Greggo & Sisemore, 2012, Worthington, 2010). 다른 사상가들은 다양한 임상 심리학 이론에 포괄적인 "기독교적 평가"를 적용하려고 시도했다(Browning & Cooper, 2004; Jones & Butman, 2011; Tan, 2011, Yarhouse & Sells, 2008). 그런 다음 통합을 시도하는 사람이 신경과학(Jeeves & Brown, 2009), 용서(Shults & Sandage, 2003), 그리고 다른 많은 것들과 같이 다양하게 구체적인 주제들을 다루는 주제별 통합 작업이 이뤄진다. 이 분야는 그러한 속도로 성장하여 일부는 통합이 그 자체가 하나의 영역으로 이해되어야 한다고 주장했다(Vande Kemp, 1996). 통합을 전문으로 하는 대학원 프로그램, 그러한 추구에 헌신하는 학술대회와 전문 기관들, 그리고 그 주제에 대한 전문 학술지가 있다. 통합의 영역들과 이미 언급된 저자들조차도 단지 급증하고 있는 문헌의 일부일 뿐이다.

우리는 이 모든 기여자들을 매우 존중하고 그들이 가장 중요한 개념적 통찰들을 제공해주었다고 믿지만, 그들이 관계성을 충분히 진지하게 다루지는 않았던 것 같다. 삼위일체 신학으로부터 배운 신학적 인간학에 기초한 통합의 관계적인 모델은 그 과제의 독특성과 특수성을 존중한다. 누군가 기독교적인 통합을 수행하고 있을 때, 어떤 기독교이고, 어떤 심리학인가를 묻는 것은 필수적이다. 보다 구체적으로 말하자면, 다양한 통합 모델들이 우리의 분야를 형성하지만, 우리는 상호적인 참여와 상호성을 추구함에 있어서 차이와 동일성을 분명하게 허용하는 관계적인 모델들에 끌린다(Shults & Sandage, 2006). Shults와 Sandage(2006)가 지적했듯이, "관계 속에 있는 특별한 사람들(심리학자들과 신학자들)이 통합을 경험하고 있는 것이다. . . . 개념적인 모델들은 서로에 대한 관계 그리고 심리학과 신학 사이의 관계에서 우리의 개인적인 참여에 의해 형성되었다"(p. 22). 관계적인 통합은 통합되고 있는 심리학과 신학 모두의 전통을 존중하고 명확하게 인정할 것이다. 때때로 저자는 이러한 범주들 가운데 정신분석과 같은 하나의 범주에 자기 자신을 자리매김 할 것이다(Hoffman, 2011, Hoffman & Strawn, 2009, 2010, Jones, 1991, 1996, Strawn, 2007). 그러나 자신들의 구체적인 심리학/심리치료의 분야/학파와 신학 학파의 양 영역을 인정하는 저자들은 거의 없었고, 특정 심리학과 신학에 명시적으로 자리매김 하는 저자들도 거의 없었다(Strawn, 2004).[2] 특히 기독교 심리학 운동(Johnson, 2007; Sisemore, 2011)은 전체적인 기독교 전통 속에 있는 "심리학들"을 제안하면서 이러

2) 예외에는 정신분석을 가톨릭 신학(예: Meissner, 1984)이나 불교(예: Safran, 2003, Epstein, 1995, 1998, 2001)와 통합했던 이들, 또는 8개의 세계 종교에 대한 조사연구와 통합한 Marcus(2003)가 포함된다. Hoffman과 Strawn(2008)은 또한 *Psychoanalytic Inquiry*라는 한권의 책을 편집했는데, 이 책은 정신분석과 불교, 천주교, 이슬람교, 기독교 및 유대교의 통합을 특집으로 다루었다.

한 방향으로 나아가려고 시도하고 있다(Eric Johnson, 개인적인 대화, 2012년 10월 12일). 예를 들어 기독교심리학회(Society for Christian Psychology)의 최근 간행물은 가톨릭 심리학(Brugger, 2009; Nordling & Scrofani, 2009)과 동방 정교회 심리학(Trader, 2012)의 탐구를 강조했다.

정신분석과 하나님 나라

정신분석과 신학이 어떻게 통합될 수 있는지를 개념화하려고 할 때, 우리는 인간 존재에 대한 우리의 신학적 및 정신분석적 이해를 구별시켜 주는 특정한 신학적 및 이론적 전통들에 우리 자신을 자리매김 한다: 발달, 병리 혹은 타락, 건강과 미덕, 동기부여와 변화과정. 2장에서 전통 중심의 통합에 대해 깊이 탐구하겠지만, 여기에서는 우리의 과제를 위한 두 가지 이유를 탐색하려고 한다. 첫째, 우리는 정신분석과 기독교 신학 사이의 공유된 담론을 구축하는 것이 인간의 정서적 및 관계적 기능에 대한 우리의 이해를 향상시킬 것이라고 믿는 이유를 소개한다. 둘째로, 우리는 우리가 고통의 완화와 하나님 나라의 확장을 위한 정신분석적 치료를 통해서 역사하는 하나님의 행동을 어떻게 볼 수 있는가에 대한 구체적인 생각들을 개략적으로 소개한다.

우리는 정신분석이 세상에서 하나님의 지속적인 창조 활동의 독특하고 중요한 측면을 나타낸다고 믿는다. 정신분석 이론은 은유적 표상 이상으로 건강한 삶을 촉진할 수 있는 이해의 수준에서 인간 존재와, 기독교적인 삶과 영성 형성의 충만한 표현-미덕들과 가치들의 표현을 포함하는-에 참여할 수 있는 능력을 설명하는 가장 좋은 방법들 가운데 하나이다. 우리의 동료 Lowell Hoffman이 "지식으로서 정신분석은 인간의 의식을 더 많은 정직함과 열정을 향해 발달하도록 촉진한다. 정신분석은 인간이 사랑하고 창조할 수 있는 능력을 증진시키기 위한, 우리가 알고 있는 가장 세련된 방법이다"(개인적인 대화, 2012년 4월 28일). 그리고 우리의 내재적 우주론 때문에 우리는 하나님이 정신분석의 저자이시고 그 과정에서 역사하고 계신 것으로 이해한다. 그러나 이러한 주장은 인간이 하나님 나라가 더욱 드러나는 방향으로 나아가는 데 유일한 틀로서 정신분석적 방법과 이론에 전적으로 의존하고 있다는 것을 의미하지 않는다. 또한 사랑과 창조라는 용어들은 하나님의 영광에 헌신하는 데서 온전한 인간됨을 드러내는 삶을 살아가는 것을 의미하는 것에 대한 완전한 표현을 포함하는 발견법 또는 적절한 용어로 사용된다. 정신분석적 과정은 그 기반에 있어서 관계적이기 때문에, 사랑과 창조는 구속적 관계 공동체에서 인간의 소명적인 기능을 완전히 인정하는 것을 의미한다.

기독교적 내러티브가 정신분석적 전통의 측면들에 어떻게 암시적으로 대응하는지에 대한 Marie Hoffman(2011)의 명확한 표현을 따라서, 우리는 정신분석적 사고, 이론 및 치료를 가장 적은 사람, 최후의 사람, 잃어버린 사람에 대한 그리스도의 구속적인 참여를 가장 촉진할 수 있는 방법과 과정의 최근의 모범으로 제시한다. 기독교 정신은 진리에 우선순위를 두며 숨겨진 정신 상태와 인간 동기의 중요성을 인식하기 때문에(Roberts, 1997), 정신분석 치료에 내재된 무의식적 과정에 접근하기 위한 정교한 방법론과 모델은 인간 발달, 건강, 정신병리 및 변화에 대한 우리의 이해를 증진시키는 데 독보적이다. 정신분석 치료는 개인적이고 문화적인 역사의 중요성에 대해 특권을 부여하면서 본질적으로 타자에 대해, 그리고 구체화되고 발달하는 상호작용적 교류 안에서의 상호인정에 대해 민감하다(Altman, 2010). 교차문화적이고 인종간의 상호적인 대화에 대한 두터운 이해에 대한 Dueck와 Reimer(2009)의 요구에 유의

하면서, 정신분석적 관점은 우리의 환자들이 우리에게 가져오는 전통과 내러티브에 대해 깊이 공감적으로 몰두하고 평가하는 데 적합하다. 치료법(기독교적 변형들을 포함해서)이 대부분의 서구 심리학 이론들에 대응하는 자유민주주의적 가치들에 참여하고 그것들을 반영하는 정도에 따라서 정신분석적 감수성은 그들 자신의 암묵적인 관점이 환자의 인종적, 종교적 및 문화적 감수성에 어떻게 폭력을 행사할 수 있는지를 파악하고 이해해야 하는 치료사의 의무라는 형태로 치료적인 자가 교정 수단을 제공한다(Reimer & Dueck, 2006). 더욱이, 정신분석적 입장은 서구 기독교, 특히 독설스러운 복음주의적 표현들에 깊이 뿌리 박혀있는 불안정한 종교적 우월감에 대한 충고로 작용할 수 있다(Taylor, 2011). 치료적 대화의 언어, 개념적 범주들 그리고 사회-맥락적 의미들에 대한 민감한 감수성은 정신분석적 틀에 잘 어울리고 치유하시고 생명을 주시는 하나님 이미지를 함께 만들어가게 한다. Randy Sorenson (2004a)은 **케노시스**, 즉 그리스도를 본받는 데 있어서 필수적인 자기 비움의 자세(빌 2:7)의 이미지를 환자의 타자성(alterity)을 인정하는 데 필요한 열정, 사랑 그리고 겸손의 모범으로 사용했다. Sorenson은 정신분석에서 관계적인 경향을 확인하면서 현대의 정신분석 이론과 치료는 하나님에 대한 환자의 관계를 깊이 탐구해야한다고 주장한다. 우리는 정신분석이 적절한 맥락에서 심리적, 영적 형성의 주된 도구로 사용될 수 있다는 데 동의하고 믿는다. 정신분석 치료들은 하나님 나라의 확장에 결정적인, 관계적인 구속의 과정을 구현한다. 사실 우리는 심지어 정신분석적 심리치료를 영적 형성과 성화의 강력한 수단으로서 개념화하기까지 할 것이다(Strawn & Leffel, 2001).

마지막으로, 만약 우리가 말했듯이, 신학과 정신분석이 자연적인 정신생리학적 구조들에 구체화된 새로운 현상에 관해 이야기한다면, 하나님은 정신분석 실제의 경계 안에서 그의 신성한 노력에 어떻게 영향을 미치실까? 우리는 최근의 신경과학과 양자역학에 비추어서 데카르트적인 이원론을 실행 불가능한 패러다임으로 단절시켰기 때문에 우리는 세상에서의 하나님의 행동과, 특히 우리의 목적, 즉 수반하는 미덕들, 가치들 그리고 관계적인 우선성으로 기독교적이게 되는 것이 무엇인가에 대해 충만한 경험을 하게 해주는 심리치료의 과정을 통해서 이뤄지는 마음과 정서의 치유에 대하여 합당하고 시대에 맞는 가설을 세워야한다.

선택할 수 있는 한 가지는 하나님이 당신의 초월적인 지혜로 인간의 심리적, 관계적 장애들의 치유를 위해 활용할 수 있는 방법들로서 선험적으로 창조하셨던 자연적 과정들과 유사한 치료법을 구상하는 것이다. 다른 말로 하자면, 이러한 치유 과정들은 무(無)로부터(ex nihilo) 창조되었고, 인간은 페니실린이나 소아마비 백신의 발견과 다르지 않게 치료적 치유의 수단으로서 그것들의 효능을 발견했다. 그러나 이 모델에 어떤 이신론적인 신학적 논의에 익숙한 내재적 우주론이 없다면, 하나님의 행동은 그가 창조한 폐쇄된 자연계 내에 존재하며 그의 목적을 성취하기 위해서 어떠한 직접적인 개입도 필요하지 않고 그것이 보장되지도 않는다. 이신론적 신학의 한계들을 설명하는 주장들이 많고, 그중에서 초자연적인 개입을 위한 하나님의 능력을 전복시킨 것도 다른 것만큼 중요하지만, 이러한 제한된 견해는 인간사에서의 하나님의 개입에 대해 신학적으로, 정신분석적으로 이해하는 데 매우 중요한, 복잡한 창발적인 관계적 현상을 다루는 의미 있는 통합을 위한 길들을 제시하지 못한다. 그리스도의 성육신은 신적인 행동에서 관계적인 즉시성이 우선된다는 것을 설명할 수 있는, 세상에서의 하나님의 현존에 대한 이해를 요구한다. 시계 제작자 논쟁의 간결한 특성에도 불구하고, 그것은 신이 그의 피조세계에 개입하는 초자연적이고 간섭하는 방식에 대한 성경의 분명한 징후들을 충분히 설명하지 못한다.

대조적으로, 우리는 삼위일체 하나님이 "신적으로 성육신하는 창조 행위를 통해서 그리고 이어서 인간적으로 관계하는 축복, 정의 그리고 긍휼의 행위들을 통해서 자유롭게 사랑으로 세상과 깊이 관계를 맺게 되었다"(p.125)는 Wegter-McNelly(2011)의 주장을 따른다. 신적인 행위에 대한 질문에 아직 답변이 주어지지 않았지만, 최근 과학의 설명적인 결과들을 받아들이는 동시에 하나님의 존엄하고 초월적인 본성을 보존하려고 하는 견고한 과학적, 신학적 주장들은 다양하게 있다(Peacocke, 2006; Plantinga, 2011; Polkinghorne, 2004, 2009, Russell, Murphy & Stoeger, 2008). 이 지속되고 있는 연구 영역에 대해 깊이 설명하지는 않겠지만, 창조의 미시물리학적 현실들이 정신분석 작업에 존재하는 심리적, 관계적 과정을 결정짓기 때문에 우리는 정신분석적 이론과 실제에 나타난 어떤 신적인 목적들도 이것들과 일치할 것이라고 가정해야만 한다. 더구나, 신학의 오랜 전통에 따르면, 하나님의 구속적인 목적들의 기제들은 정신분석적 치료들이 분명하게 말하고 있는 공동체적이고 관계적인 상호주관적 영역에 포함되어 있다. Wegter-McNelly(2011)는 삼위일체 교리보다 먼저 나온 구성개념인 무(無)로부터의 창조(creation ex nihilo)와는 대조적으로 하나님의 신적 행위들은 "관계로부터의 창조"(p. 133) 또는 하나님의 깊이 관계하시는 관계적 정체성으로부터의 창조로 이해될 수 있다고 주장한다. "이러한 하나님의 신성은 서로 **별개인** 위격들 가운데가 아니라 서로 **관계되어 있는** 위격들 속에 그리고 그 가운데 존재한다"(p. 129). 창조의 그 과정을 통해서 하나님의 초월적인 자유와 자체의 활동을 추구하는 피조세계의 자유가 지속적으로 보존되는 한편, 하나님은 피조된 존재들인 우리와 깊이 관계를 맺게 된다. 가장 잘 이뤄질 경우, 정신분석적 치료들은 정신분석적 노력에 내재된 대화와 상호주관적인 과정들 속에서 그리고 그것들을 통해서 그의 목적들을 달성할 수 있는, 초월적이고 관계적인 하나님의 내재적인 임재를 촉진한다. 이러한 관계적 연결들 속에 있는 하나님의 내재적인, 깊이 관계하시는 임재는 치유에 영향을 미친다; "만물이 그 안에 함께 섰느니라"(골 1:17). 이것은 그 점에 있어서 가장 적절한 형태의 정신분석적 치료 혹은 모든 치료법들을 특징짓는, 정직하고, 진실을 추구하는 치료 과정에서의 하나님의 내재적인 임재를 의미한다. 다시 말하자면, M. Hoffman(2011)이 신랄하게 지적했듯이, 자기-기만에 대한 Freud의 널리 퍼진 믿음은 기독교 교회의 그것조차도 능가했다. 세속적인 계몽주의적 언어를 지속적으로 사용하는 것이 거슬리기는 했지만, "치료적인 기획에서 진리 추구에 대한 Freud의 욕구는 정직과 겸손으로의 필요한 응답이었다"(p. 10). 참된 이해를 향한 정신분석적 치료의 끈기 있고 지속적인 궤도는 "그리스도의 마음"(고전 2:16)에 대한 바울의 묘사에 매우 필수적인 정신적인 삶을 반영한다.

마지막 생각들

우리는 여러분이 이 책의 나머지 부분을 읽어나갈 때 염두에 두었으면 하는 두 가지 중요한 주제들을 요약함으로써 본 장을 마무리하려고 한다. 첫째, 우리는 하나님이 항상 자신의 피조세계를 통해서 역사한다는 이해에 우리의 관계적 해석학의 근거를 두어야 한다. 이 지구에서의 그의 역사는 일차적으로 인간 존재들 속에서 그리고 그들을 통해서 이뤄지고, 우리는 정신분석이 우리의 파편화된 시대에 너무나도 필수적인 인간 발달, 동기 부여, 단절 및 회복에 대한 지식을 제공해주는, 관계적인 치유의 고대적인 실제의 회복이라고 믿는다. 의심의 여지없이 우리는 우리의 공유된 웨슬리안/알미니안 신학적 배경의 특수성을 통해서 이러한 입장에 이르렀다. 이러한 관점에서는 자연과 은혜 사이에 아무런 갈등이 없다. 모든 삶은 거룩하며 "그의 영광이 충만하다"(시 72:19). 창조에 있어서 하나님의 깊이 관계하심은 웨슬리 신학의 일부분이기 때문에 존 웨슬리는 기독교적 인본주의자, 심지어는 범신론자라고 불렸다(Stone & Oord, 2001).

둘째, 우리의 특수성과 통일성을 확인하는 것은 이 책의 핵심 과제이다. 우리는 백과사전적이거나 완전히 통일된 통합 모델을 만들려고 하지 않고 있다는 것을 고백함으로써 시작하려고 한다. 우리는 임상 심리학의 특정 학파, 즉 정신분석과 통합하고 있다. 정신분석은 몇 가지 공통점(단일성)을 공유할 수 있지만, 또한 특이성도 많이 갖고 있다. 책의 나머지 부분을 위해서 2장과 9장은 생략해도 된다. 각 기고자들은 특정한 정신분석 학파(예: 자아심리학, 대상관계이론, 자기심리학, 상호주관성이론, 애착이론, 관계이론)를 설명하고 있으며 우리는 각 저자에게 자신이 신학적인 작업을 하게 될 신학적 전통(예: 웨슬리안, 개혁파, 오순절, 가톨릭)을 주장하고 분명하게 진술해달라고 요청하고 있다. 또한 각 저자에게 두 가지 명시적인 관점을 사용하여 다음의 임상 자료와 상호작용하도록 요청하고 있다. 우리는 이러한 접근이 정신분석과 기독교의 통합에 관심이 있는 이들이 이 주제에 파고들 수 있는 기회를 제공할 뿐만 아니라 그것이 미래의 통합적인 사상가들에게 새로운 도전이 될 것이라고 믿는다. 2장에서는 철학적 및 이론적 차원에서 통합 작업을 다루지만, 간단히 말하면, 우리는 통합에 대한 관계적 접근이 독특한 관점들과 공동의 목적 사이의 긴장을 인식해야만 한다고 생각한다. 우리는 이것이 자신과 다른 사람들을 존중하는 포스트 모던적인 감수성을 가진 일종의 능숙한 환대라고 믿는다. 이러한 목적에 성공할 수 있기를 바란다.

사례 연구: 토니

다음의 사례는 최근의 정신분석적 관점들에 대한 대화와 비교를 위해 주요 통로 역할을 한다. 우리는 다양한 저자들이 특정한 이론적 관점과 신학적 전통으로부터 사례를 다룸으로써 통일된 다양성의 힘을 보여줄 수 있기를 소망한다.

23세의 백인 대학생 토니는 모호하지만 복잡한 문제들을 치료하기 위해 노력했다. 토니는 남자와 여자와의 관계에서 관계를 유지할 수 없는 일반적인 무능력과 직업적인 목표들에 관한 혼란스러운 무기력을 보고했다. 토니는 정기적으로 데이트를 했음에도 불구하고, 1–2달 이상 낭만적인 관계를 유지할 수 없었다. 그는 지루하고 수동적이게 되었고 관계는 서서히 시들해졌다. 그가 데이트한 여성들은 전형적으로 그가 관심과 주도성이 부족해서 실망스러웠다고 했고, 결국 그들은 헤어지게 되었다. 그는 친한 남자 친구가 없다고 보고했다. 남성과의 관계는 경쟁과 불신을 특징으로 했다. 토니는 대학원을 가야할지, 아니면 더 나은 일이 생길 때까지 현재의 직업에 충실해야 할지를 결정할 수 없었다. 면접 상담 때 토니는 다운증후군을 앓고 있는 성인 남성의 시간제 간병인이라고 했다.

토니는 그의 나이로 보이는 깡마른 평균 키의 남성이었다. 그는 수다스럽고, 붙임성 있고, 적절하게 매력적이며 적절하게 차려입었지만 약간 우울한 정서를 보였다. 그는 매주 한 번 정신분석적 심리치료를 했고 곧 카우치에 눕기를 원했다. 그는 자신의 내부 경험에 더 집중하고 남성 치료사의 반응을 관찰하는 데 시간을 덜 쓸 수 있도록 하기 위해서 카우치를 사용하고 싶다고 했다. 토니는 곧 카우치에서 자유연상에 몰두했고 그의 마음이 널리 움직이도록 했다.

이야기에 따르면 토니는 온전한 가족의 남매 가운데 오빠였다. 그는 어머니와의 관계는 따뜻하지만 다소 양가적이었고 아버지와의 관계는 갈등이 매우 컸다고 보고했다. 전업주부인 그의 어머니는 어린 시절에 그와 함께 있었고 도움이 되었지만, 그는 아이였을 때나 지금 성인이 되어서나 종종 그녀를 과도하게 침범적인 것으로 경험했다. 청소년기에 그는 개인적인 질문을 받고 자신의 행방과 활동에 대해 설명해야만 했던 것 때문에 화가 났다. 불편한 느낌이 들 때, 토니는 침묵하고 회피하게 되었다. 다른 한편, 그는 그녀와 함께 아버지로부터 피난처를 찾곤 했다. 토니는 그의 아버지에 대해서 특히 남자로서 결코 유능할 수 없다고 느꼈다. 토니는 아버지가 그에게 자주 실망하고 수치심과 분노의 감정을 남겼던 것으로 경험했다. 예를 들어, 토니는 아버지가 종종 저녁 식탁에서 대답할 수 없는 질문을 함으로써 그를 자극했다고 보고했다. 그의 아버지는 또한 운동이나 학과 공부에서 탁월하라고 압력을 가했고, 토니가 이념적인 측면(예: 정치적 차이들)에서 아버지와 정상적인 청소년기의 분리를 시작했을 때, 그의 아버지는 토니와 격렬하게 논쟁을 했다. 그 후, 토니는 아버지에 대한 자신의 감정에서 우유부단해져서, 어떤 순간에는 절망적으로 그의 인정을 원하고, 다음 순간에는 그를 무식하고 구식이라고 무시했다. 토니에게는 아버지가 어떻게든 그의 남성됨의 열쇠를 쥐고 그것을 그에게 결코 넘기려고 하지 않았다는 의식적인 환상이 있었다.

그는 친밀감에 대한 우려에 더하여, 강박적인 자위에 대해 걱정을 했다. 실제로 토니는 여러 가지 문제와 행동(예: 특정 여성에게 질문을 해야만 하는지, 어떻게 직장에 지원해야 하는지 등과 같은, 그가 배우고 있는 새로운 생각들)에 대해 강박적이고 고민이 많았지만, 특히 그의 성적인 몰두와 행동들 때문에 고통스러웠다. 토니는 자신이 어느 정도의 은밀함을 찾을 수 있는 거의 모든 장소(예: 공중 화장실, 그의 차)에서 자위행위를 하곤 했다고 보고했다. 그는 이러한 경험들에 스트레스나 "지루함"으로 인해서 주기적으로 촉발되었던, "이끄는 특성"이 있고, 이것들이 항상 자신을 위로해주지만 죄책감을 유발한다는 것을 알게 되었다.

요약하면, 토니는 많은 불안과 우울한 증상으로 고통 받는 청년이었다. 그의 주요 불만은 친구들 그리고 낭만적인 관계들로부터의 단절감이었다. 다른 사람들과의 관계에서 그는 자신이 적절하고 수용될 수 있는지, 아니면 당연한 존재로 받아들여지고 있는지 생각하면서 높은 수준의 불안을 보고했다. 그는 주기적으로 다른 사람들과 경쟁하고 있다고 느꼈으며, 때때로 이 경쟁적인 태도 때문에 다른 사람들을 몰아낼 수도 있다는 모호한 느낌이 있었다. 궁극적으로 그는 우울증과 모호한 절망감 속으로 무너져 내렸다.

마지막으로, 토니는 매우 종교적인 가정에서 자랐다. 그의 부모, 특히 아버지는 성경을 문자적으로 해석하는 근본주의자라고 할 수 있었다. 토니는 기독교 대학에 다녔다. 자신의 종교적 관점들이 도전을 받게 되자, 그의 아버지와 상당한 긴장과 경쟁이 일어났다. 그는 자기 자신이 기독교인이라고 하였지만, 이것이 그의 일상적인 삶에 영향을 주고 있는지에 대해 확신이 없었다. 예를 들면, 기독교의 행동적인 제약들에 대한 그의 신념은 부모와 크게 달랐다(예: 음주, 혼전 성관계). 토니는 영적으로 공허하다고 느꼈다. 그는 학문적으로 신학에 관심을 가졌지만, 인격적인 하나님과의 어떤 연결이나 관계도 없었다.

제2장

전통중심의 통합

Ron Wright, Paul Jones
그리고 Brad D. Strawn

고백의 실천은 오랫동안 잘못된 것을 교정하기 위한–잘못을 인정하고 사죄를 고려하기 위한– 수단으로서 이해되었다. 그러나 보다 넓은 기독교적인 전통에서, 고백은 흔히 훨씬 더 많은 것을 의미했다. 여러 가지 면에서 그것은 특수성과 주관성에 대한 선언이다. 고백한다는 것은 "우리가 여기에 있사옵니다!"라고 말하는 것이다. 그것은 정체성의 선언이고, 여기에는 우리의 가장 강력한 확신들과 가장 큰 한계들이 포함된다. 이 장은 그 자체로 저자들의 고백이다. 우리는 먼저 우리의 일이 한 장에 맞춰질 수 있는 것이 아니라는 사실을 고백한다. 사실, 이 장은 단지 많은 대화의 피상적인 부분일 수 있고 여기에서 허용된 제한된 지면보다 더 많은 것을 필요로 할 수 있다. 우리는 함께 응집적인 토론을 정리하기 위해서 최선을 다했지만, 우리의 보다 폭넓은 목적은 때때로 다루기 어렵게 될 수 있다는 것을 인정한다. 그럼에도 불구하고, 그러한 일이 단지 이 책을 위해서 필요할 뿐만 아니라 심리학적 이론 및 실제와 종교적 전통 사이의 보다 폭넓은 대화에 결정적이라고 믿기 때문에 우리는 계속 나아간다.

그렇다면 그토록 고상하고 아마도 성가신 논쟁이 필요한 이 일은 무엇인가? 그 논쟁은 정신분석을 포함하여 모든 심리학적 이론 및 실제에는 이론가들과 임상가들이 속해있는 특정 종교 전통들이라는 특수성을 포함하여, 참여자들의 특수성에 대한 고백의 여지가 있어야만 한다는 것이다. 왜냐하면 너무나도 오랫동안 전적으로 객관적이고 편견이나 선입견으로부터 자유로워야만 하는 과정을 오염시킬 수 있다는 믿음 때문에 심리학적 이론가 및 임상가의 특수성과 주관성이 그 대화로부터 배제되었기 때문이다. 이러한 현대의 믿음은 특별히 종교적 전통이 그것에 담긴 "가치들"과 검증할 수 없는 주장들로 과학적 기획을 손상시키면서 방해하는 것으로 규정했다. 그러나, 우리는 그러한 믿음이 어색한 통합적 해결로 이어졌고, 현대의 임상적 이해와 조화되지 않고, 철학적으로 본질적인 오류가 있다고 주장할 것이다.

우리의 첫 번째 주장은 정신분석을 포함하는 모든 심리학적 이론 및 실제는 도덕적 담론이라는 것이고, 그것이 전적으로 객관적이고 중립적일 수 있다고 주장하는 것은 잘못되었다는 것이다. 이러한 계몽주의적 오류의 결과는 심리학적 이론 및 실제의 도덕성은 대개 보다 넓은 도덕적 담론의 공동체들로부터 단절되었던, 도덕적으로 상대적인 태도들과 견해들(정서주의, emotivism)의 산물이었다는 것이다. 그럼에도 불구하고, 이러한 도덕적 주장들은 그것들을 정당화하는 특정 윤리적 및 종교적 전통들 밖에서는 정당하지 않은 것으로 남아있다.

두 번째, 과학은 객관성과 중립성을 유지해야만 한다는 계몽주의적 신념들 때문에 종교와 심리학이 역사적으로 분리되었다면, 많은 기독교 심리학자들은 통합 과정을 통해서 심리학 이론 및 실제를 그들 자신의 기독교 신앙 체계들과 화해시키는 방법들을 모색하려고 시도하고 있다. 그러나, 통합의 프로젝트들은 대체로 계몽주의의 고유한 가치들로부터 벗어날 수 없었고, 아마도 여전히 너무 광범위하거나 "얇은" 특수성 때문에 그리 효과적이지 않은 해법들을 제안했다. 우리는 심리학과 종교적 하위전통들을 통합하는 실제에 대해 "두꺼운" 방식으로 사고할 수 있는 방법을 제안하고 모델을 제시할 것이다.

우리의 세 번째이자 마지막 주장은 임상 실제에서 분석가의 주관성이 축소될 수 없고 보다 진지하게 다뤄져야만 한다고 주장하는 최근 정신분석 문헌에 근거한다. 즉, 통합은 단지 이론적 수준에서 이뤄지는 어떤 것이 아니고, 임상 실제에서 치료사와 환자 모두의 특수성을 이해해야 할 필요성이 있다. 환자와 분석가 모두의 주관성을 진지하게 다루면 종교적인 하위전통을 포함하는 각자의 특수성이 치료 과정의 일부분이 될 수 있는 여지를 제공해준다. 우리는 이 책의 참여자들에게 그들 자신의 신학적인 전통과 도덕성이 그들의 심리학적 이론 및 실제에 어떻게 영향을 미쳤는지 고려함으로써 그들 자신의 특수성과 주관성을 진지하게 다뤄줄 것을 요청하였다. 우리는 우리의 참여자들에게 고백의 실제에 우리와 함께 하도록 요청한 것이다.

도덕적 담론으로서 통합

우리는 철학적 전제들에 대한 비판으로 우리의 주장을 시작하려고 하는데, 그것들 때문에 사회과학들, 그리고 심리학 이론가들과 임상가들은 가치 혹은 도덕적 중립성의 입장을 당연한 것으로 여겼다. 여러 가지 면에서 이러한 전제는 Freud에게 연결될 수 있다. *An Outline of Psychoanalysis*에서 Freud(1940/1989)는 다음과 같이 진술한다.

> 아마도 아직 꿈에도 생각하지 못했던 다른 치료의 가능성이 있을지도 모른다. 그러나 당장은 정신분석적 기술보다 나은 것이 우리에게는 없으며, 따라서 정신분석은 그것이 가진 한계들에도 불구하고, 경시되어서는 안 된다. (p. 62)

Freud는 분명히 정신분석 이외에 다른 어떤 것이 치료적일 수 있다는 사실을 기꺼이 받아들이려고 하고 있었다; 그러나, 그는 적어도 그의 당대에는 그러한 대안이 존재하지 않는다고 확신했다. 그의 마음에서는 위협적인 외부 세계로부터의 위로라는 환영만을 제공하는 기존의 종교적 전통들이 가장 덜 인상적이었다. Freud는 종교들이 제공해주는 위로를 보장할 수 없었지만, 덜 불행한 대안을 제공했다. 너무나도 많은 현대인들에게, 과거의 종교적 전통들은 인간성에 실패했고 사람들에게 삶의 비참함을 견뎌내기 위한 그들의 내적인 심리적 자원들만을 남겼기 때문에 Freud의 정신분석은 매력적이게 되었다(Rieff, 1966). Freud의 과제는 사람들이 문명을 파괴했을 수 있는 그들의 원초적인 충동들을 우회하고 사회의 요구들로부터 생겨난 죄책감과 수치심을 잘 다루기 위해서 이러한 내적인 심리적 자원들을 강화하고 재정비하는 것이었다. Freud (1940/1989)에 따르면, 자아를 강화하고 그것이 정신적인 삶을 지배하도록 하는 목적은 환자들이 "치료 상황 밖에서도 가급적 정상적으로 행동하도록"(p. 56) 도와주는 것이었다. 정신분석은 신경증적인 개인들을 다루어서 그들을 사회에 기여한다는 목적을 위해서 잘 적응하고 기능하는 개인으로 변화시킨다.

그러나 Freud에게는 그가 환영이라고 거부했던 종교적인 전통들을 대체하는 것으로 제안할 수 있는 다른 대안적인 윤리 체계가 없었다. 그는 일상적인 인간의 삶을 위한 아무런 윤리적 해법을 제공하지 않았고 건강하거나 정상적인 삶이 무엇인지에 대한 아무런 이유도 제시하지 않았고, 그래서 이런 면에서는 겉으로 보기에 도덕적으로 중립적인 것처럼 보였다. 그는 대안적인 신념 체계를 제공하지 않았다: 오히려, 그는 현대의 불신의 세계에서 도움을 제공하고 있었다. 자아를 강화하는 것이 비참한 세상에 대한 Freud의 대답이었다. 비록 그는 삶을 위한 어떤 새로운 기준도 제안하지 않았지만, 그럼에도 불구하고 그는 건강하거나 정상적인 삶을 규정하는 심리학적 규범들을 제안했다. 이러한 면에서 Freud는 암묵적인 기준을 제공하고 있었다. Freud의 정신분석은 인간의 변화를 추구하기 때문에, 거기에는 윤리학이 있다. "[Freud의] 심리학은 삶의 행위를 연구할 뿐만 아니라 그것에 영향을 미치려고 한다. 그 이유만으로, Freud의 이론이 가진 과학적 가치들에 대한 평가가 어떠하든지 간에 그것을 도덕 심리학이라고 하는 것은 정당하다"(Rieff, 1966, p. 39).

Freud이후, 모든 후속적인 정신분석적 이론들, 그리고 모든 심리치료 이론들은 실제로 인간을 이해하기 위한 방법을 모색해왔다. 이러한 방법들은 인간의 삶과 행위에 대한 관점에서 다를 수 있지만, 대부분의 정신분석(혹은 심리치료) 이론들은 도덕적 중립성을 전통적인 종교들 및 도덕적 체계들과 연관되는 것을 피하기 위한 수단으로 제안함으로써 Freud의 현대적인 영향력에 충실했다(Doherty, 1995). 정신분석가들은 도덕적인 헌신을 포함하여 종교를, 최악의 경우에, 근절되어야 할 필요가 있는 망상(delusion), 혹은 기껏해야 환자에게 유용하거나 치료적인 어떤 것으로 취급했다(예를 들면, Black, 1993). 더구나, 대부분의 정신분석가들은 그들 자신의 심리학에 암묵적인 인류학적 전제들-좋은 삶이 어떤 것인가에 대한 견해를 포함하여-이 담겨 있다(Browning, 1987)는 사실을 완전히 무시하면서, 분석 과제에서는 인류의 번영, 궁극적인 의미 혹은 최종적인 목적에 관한 즉, 질문들에 대답들을 당연한 것으로 여겨서는 안 된다고 믿는다(예를 들면, Ramzy, 1983).

하나의 이론과 실제로서 정신분석에는 정상적인 삶의 정의에 대한 어떤 고유한 이유도 없기 때문에 최근 정신분석가들은 흔히 도덕적 대화에 참여하는 것을 피한다. 왜 건강하거나 잘 적응해야 하는가? 정신분석은 이러한 질문들에 대답하려고 애쓰지만, 모든 정신분석가들과 그들 각자의 이론적 체계들은 적어도 암묵적으로 그리고 어쩌면 은연중에 "건강한" 혹은 "잘 적응한" 것이 어떤 것인가에 대한 전제들을 갖고 있다. 결국, 정신분석가들은 흔히 Friedrich Nietzsche와 Jean-Paul Sartre와 같은 철학자들의 실존주의적 가치들, 혹은 심지어 Martin Buber나 Emmanuel Levinas와 같은 타자의 철학을 차용했다. 그러나, 정신분석가들은 개인적 취향의 윤리와 유사한 가치들을 옹호하는 경우가 훨씬 많았다. 최근 정신분석 치료의 최종 목표들은 그들 각자의 이론들에 따라 가정되고, 치료과정의 초점은 오로지 사람들을 잘 적응하는 개인들로 변화시킴에 있어서 기술과 유효성에 있다.

정신분석 이론들과 실제는 암묵적인 윤리들을 포함하고 있지만, 흔히 "임상적 객관성과 도덕적 중립성이라는 마법사의 베일 뒤에 숨고" 명시적으로 도덕적 언어를 사용하거나 도덕적 주제들을 토론하는 것을 피한다(Doherty, 1995, p. 20). 사실, Charles Taylor(1989)는 어떤 사회과학도 만약 그 활동이 가치중립적이라고 믿는다면 기만당하는 것이라고 했다. 정신분석을 포함하는 사회과학은 인간을 연구하는데, 여기에는 인간이 "옳거나 그름, 더 좋거나 더 나쁨, 더 높거나 더 낮음을 구별하는 것이고, 우리 자신의 욕망, 선호, 혹은 선택에 의해 정당화되지 않고, 오히려 이러한 것들과는 독립되어 있고 그것들이 판단될 수 있는 기준들을 제공하는"(p. 4) 설득력 있는 평가에 참여한다는 사실이 포함된다. 결론은 인간에 대한 연구는 인간의 삶과 행동에 대한 평가들이 포함되지 않고서는 완전할 수 없다는 것이다. 그러나 도덕적 언어는 **해야만 한다**와 **해서는 안 된다, 좋은**과 **나쁜, 옳은**과 **틀린, 권리들, 의무, 명예,** 그리고 **책임**과 같은 말들과 함께 계속해서 사용되고 있다. 일단 특정 세계관들과 메타담론의 일부로서 이해할 수 있는 이러한 도덕적 개념들은 이제 원래 지지해주는 전제들로부터 분리된 논쟁들로서 고립되어있다(MacIntyre, 1984). 도덕적 언어의 결과적인 파편들이 경쟁하는 이유로서 남겨졌지만, 다른 언어에 대해서 하나의 언어를 옹호할 수 있는 아무런 이유도 없고, 정신분석적 이론과 실제에도 각각의 도덕적 주장들에 대한 어떤 고유한 합리적인 이유가 없다는 것이 진정한 현대의 비극이다.

MacIntyre(1984)는 어떤 도덕적 주장도 다른 것보다 합리적인 것으로 정당화 되지 않는다는 이러한 현재의 상황은 하나의 도덕적 담론의 이론인 **정서주의**-사실에 입각한 판단들은 옳거나 잘못된 것으로 결정될 수 없지만, 도덕적 판단들은 사실에 입각한 것이 아니고 따라서 의미있는 것이 아니기 때문에 옳거나 잘못된 것이 아닌 태도 혹은 느낌들의 표현들로서 재해석되어야만 한다는 이론-에 의해 요약되었다. 정서주의는 모든 가치판단들에 대한 이론적 설명이 되었고, 그것이 하나의 도덕적 이론으로서 가진 다양한 결함들에도 불구하고, 서구 문화에 구현되었다(MacIntyre, 1984). 이러한 문화적 구현의 열쇠는 "정서주의에서는 조종적이고 조종적이지 않은 사회적 관계들 사이의 어떠한 진정한 구별도 제거된다는 사실"(p. 23)이다. 호소할 수 있는 아무런 행동 기준도 없고, 결과적으로 도덕적 주장들은 다른 사람들이 개인적인 취향에 일치하는 방식으로 행동하도록 영향을 미치는 한 사람의 시도로 축소되었다.

정서주의가 문화적으로 구현되었다는 증거는 치료사들이 흔히 단지 효율성에만, 비정상적인 행동이나 사고의 감소, 혹은 적응하지 못하는 개인들을 잘 적응하는 개인들로 변화시키는 것과 같은, 예상되는 목적들을 성취하는 적절한 기법에만 관심을 가진다는 것이다. Doherty(1995)는 정신분석을 포함하는, 현대의 심리학적 이론들과 실제가 도덕적 언어를 과학, 임상 이론과 기법으로 대체하였다는 점에 동의한다. 결국, 치료사는 타자들에 대한 책임을 자기에 대한 책임으로 대체한 현대인이 되었다.

앞에서 언급되었듯이, 정서주의가 서구 문화에서 사회적으로 구현되었다는 증거에도 불구하고, 도덕적 언어의 형태는 사회에 계속 존재하고, 그 언어는 과거의 도덕적이거나 종교적인 전통들의 자취에 의존한다(MacIntyre, 1984). 현대인들은 마치 어떠한 선호되는 도덕적 주장에 대한 외적인 정당화에 호소하는 것처럼 계속해서 도덕적 토론을 한다. 정신분석가들은 분석가의 순전히 개인적인 취향보다 더 큰 어떤 도덕적 이상을 당연한 것으로 여기기 때문에 환자들의 행동에 대해 옳거나 틀렸다고 말한다. 이것은 도덕적 언어가 이전에 어떻게 정당화되었는지에 대한 정서주의적인 주장이나 이해를 인식하지 못한 가운데 이뤄진다. 이러한 이유 때문에 현대 사회는 문화에 대한 정서주의적 저류가 도덕적 언어를 온전히 압도하지 못한 혼란스럽고 파편화된 상태에 있다고 말할 수 있다. 현대의 도덕적 대화 속에 있는 과거의 도덕적 전통들의 파편들은 절대적인 도덕적 상대주의를 방지하는 유일한 것들이지만, 그것들이 파편들이라는 사실은 도덕적 상대주의가 하나의 선택사항으로 존재한다는 것을 의미한다.

도덕적 담론은 마치 어떤 목적이 가까이 있는 것처럼-마치 경쟁하는 도덕적 주장들에 대한 합리적인 정당성이 발견될 수 있는 것처럼- 계속된다. 현대의 도덕적 담론을 움직이는 것은 이 목적이다. 문제는 그 목적을 찾을 수 없다는 것이다. 현대의 도덕적 언어의 파편들은 그 목적, 즉 **텔로스**-도덕성이라는 안내하는 목적-를 제공했던 원래의 공동체적인 이야기들로부터 분리되었다. 비극은 정신분석적 언어(그리고 모든 심리치료적 언어)를 포함하는, 그 현대적인 도덕적 언어가 윤리적 언어의 사용을 위한 틀을 제공하는 공동체적인 원천으로부터 단절되었다는 것이다. MacIntyre의 이론은 이러한 비극에 대한 역사적 설명이고 도덕적 담론에서 **텔로스**를 회복하려는 시도이다.

따라서, 최근의 어떠한 형태의 정신분석도 인간의 행동을 변화시키려고 하기 때문에 윤리적인 활동이다; 그것은 그것 자체의 도덕적 주장들을 정당화하는 것을 거부하며 그럴 수도 없다. 문제는 정신분석이 전통적인 도덕성들을 받아들이지 않거나 합리적인 윤리적 대안을 제공하지 않고서는 인간의 번영을 규정하는 이상이나 최종적인 목적을 찾을 수 없다는 것이다. 그러한 윤리적 기준이 없다면, 정신분석가들은 자신이 환자의 행동에 미치는 영향을 합리적으로 정당화할 수 없다. 따라서 만약 정신분석이 그토록 필사적으로 피해왔던 전통적인 종교적 도덕성들과 대화하지 않는다면, 언젠가 Freud가 염려했듯이 그것이 경시되어서는 안 되겠지만, 그것은 "개인적인 자기성취에 대한 반성적인 도덕성이었고, 관계적이고 공동체적인 헌신들과 함께 개인의 웰빙이라는 목적에 대한 수단으로서 이해되었던"(Doherty, 1995, p. 9) 또 하나의 치료 형태로서 비판되어야만 한다.

Randall Lehmann Sorenson(2004a)은 종교적인 도덕적 전통들과 대화하는 과제를 진지하게 다루었던 최근 정신분석가의 한 예인데, 그는 다음과 같이 주장했다.

> 정신분석적 이론들은 거의 신조처럼 작용하는 다양한 정신분석적 이상들에 의해 규정되는, 무엇이 좋은 삶, 잘사는 삶을 구성하는가에 대한 본질적으로 도덕적인 차원들을 고려할 수밖에 없다-그리고 나는 만약 이러한 정신분석적 신앙이 그것보다 우선했고 그

것의 맥락을 형성하는 종교적 신앙들을 무시한다면 그것이 위축 된다고 믿는다. (p. 31)

이러한 이유로 그는 현대 정신분석가들이 치료과정에서 환자들로부터 종교와 영성의 주제들이 나타날 때 그것들을 개방적으로 환영해야 한다고 주장한다. Sorenson은 정신분석가들에게 그들이 그것의 해로운 영향들에 대해 인식할 때 그것을 비판할 뿐만 아니라 환자의 종교성 혹은 영성을 돌보고 계발하고 분석가의 정신분석적인 언어와 환자의 종교적인 언어 사이에서 생겨난 어려움들에 관심을 가져야 한다는 의미에서 "영성을 염두에 두도록" 고무한다(pp. 24-32). 그러나 Sorenson이 정신분석가들에게 환자의 목적을 위해서 종교와 영성의 주제들에 대해 열려있으라고 요구하지만, 그는 정신분석가들에게 그들 자신의 정신분석적 이론들과 실제에서 그들 자신의 도덕적 전제들을 가지는가, 그들의 이론과 실제의 전제들이 인간의 선에 대한 그들의 개인적인 가치들과 충돌하는가를 고려하라고 요청할 정도까지 가지는 않는다.

Nancey Murphy(2005a)는 사회과학에 담겨있는 인간의 선에 대한 전제들이 있기 때문에 모든 심리학적 실제들은 "신학에 영향을 받는" 학문분야들이 된다고 주장한다(p. 26). 결과적으로, 정신분석가들은 그들 자신의 개인적인 신학적 이상들과 도덕적 가치들이 그들이 선택한 이론적 틀에 어떻게 영향을 미치는지를 탐색해야만 한다. 그러나 이렇게 하려면 정신분석가들은 그들의 이론들이 어떻게 도덕적 및 신학적 주장들을 만들어내는지 보여주어야만 한다. 그러나, 이런 작업에서 너무나도 흔하게 무시되는 것은 정신분석과 신학 모두에 있는 다원성의 개념이다. 정신분석과 신학은 모두 인간의 본질과 인간의 번영에 대한 수많은 설명들로 이뤄진다. 정신분석과 신학 모두에 대한 매우 통일되거나 포괄적인 이해를 당연한 것으로 생각하는 것은 하위전통에서의 차이들이 인간의 번영에 대한 다양하고도 때때로 충돌하는 견해들로 이어지는 정신분석과 신학 모두의 본질을 부정확하게 말하는 것이다.

Murphy(2005b)는 다음과 같이 제안한다:

> 우리는 인간의 번영에 대한 질문들에 대하여 포괄적인 기독교적 대안을 구하려는 욕망에 저항해야 할 필요가 있다. 다양한 하위전통들에서는 다양한 핵심 이론들을 중심으로 그들의 신학적 체계를 조직하고, 이러한 핵심들은 그것들을 구체화하는 교리적인 정교화와 함께 인간의 본질과 인간의 선에 대한 매우 다양한 설명들로 이어진다. (p. 28)
>
> 따라서 과제는 정신분석과 신학의 양 측면에서 특수한 것이다. 정신분석가들은 그들의 특정 전통의 신학들과 도덕성이 그러한 심리학적 이론들에 어떻게 영향을 미치는지를 연구해서 특정한 정신분석적 이론들과 전통들에 도덕적 및 신학적 주장들이 존재함을 증명할 수 있어야만 한다.

통합과 특수성

아마도 "계몽주의 프로젝트"(MacIntyre, 1984)의 가장 위대한 신화는 주관성과 전통에 의해 오염되지 않은 "순수한 이성"은 보편적 진리들의 발견으로 이어질 수 있다는 믿음이었을 것이다. 이 "보편적 진리"를 추구하기 위해서 우리는 자신을 자신되게 만들었던 모든 것을 걷어낼 필요가 있다(예를 들면, 자신의 방에서 기본적인 진리에 대한 그의 방법과 그의 *cogito ergo sum*이 어떻게 그의 마음에 궁극적인 지식을 위한 비주관적이고, 무전통적이고, 무역사적인 토대를 반영하는지에 대해 생각하려고 시도하고 있는 Descartes를 생각해보라). 주관성이 존재하지 않는 영역인 "중립성"에 대한 이러한 믿음은 심리학적 과학 활동인 다수의 심리치료적 토대들과 심리학과 신학의 통합에 대한 많은 문헌에 스며들어 있다. 통합의 문헌이 신학은 심리학과 통합될 수 없는 분리된(그리고 합법적인) 영역이라는 전제에 기초하고, 하나님에 대한 연구로서 신학의 초점은 아마도 중립적이지 않은 패러다임의 사례라는 점을 고려한다면, 이러한 마지막 주장은 많은 사람들에게 놀라울 수 있다. 아마도 이것은 과장이겠지만, 우리가 통합의 문헌에서 조명하려는 문제는 그것의 많은 부분이 기독교 내에서 저자 자신의 하위전통의 특수성과 주관성이 해명되거나 드러나지 않은 얇고, 포괄적이고, 일차적으로 합리주의적인 기독교를 반영한다는 점이다. 우리는 신학과 정신분석의 관계에 대한 문헌이 자신의 신학적 특수성과 주관성을 인정하고 해명함으로써 발전되고 심화될 수 있다고 생각한다. 물론, 이러한 관점은 우리의 경험으로부터 나온다.

여러 가지 면에서 우리는 풀러신학교 심리학대학원의 교육에 대해 갈등이 있다. 우리 (Brad, Paul 그리고 Ron) 모두는 나사렛 교단의 학부과정을 졸업했고 평생 나사렛 교회에서 자라온 후에 풀러에 오게 되었다. 우리 모두는 기독교와 심리학이 어떻게 통합될 수 있는가에 대해 의미를 끌어내고 싶은 깊은 열망 때문에 풀러에 왔고 우리는 통합 작업에 전심으로 헌신했다. 우리는 주로 개혁주의 기독교적 관점에서 배웠던 풍성한 지적인 틀에 대해 깊이 인정하고 영원히 감사할 것이다. 그것은 우리가 통합의 과제를 통해서 어떻게 생각해야 하는가에 대한 체계와 접근을 분명히 하는 데 도움이 되었다. 동시에, 우리는 또한 외국어를 배우는 경험과 유사한 것에 직면했다. 우리가 배우고 있었던 개혁주의적 관점들의 전제들과 확신들의 많은 부분이 우리의 웨슬리주의적인 "모국어"의 전제들과 확신들과 달랐고, 이것으로 인해서 우리가 중요하게 해결해야 하는 긴장과 혼란이 생겨났다. 아마도 풀러에서의 이러한 경험으로 인해서 우리는 이러한 신학적 차이들에 지나치게 민감해졌지만, 통합의 문헌을 더 많이 읽어가면서 우리는 포괄적이고 얇은 개혁주의적 관점이 흔히 이러한 토론에서 기독교적 관점을 위한 모델로서 생각되는 방식을 알 수 있게 되었다. (우리는 서둘러서 이러한 포괄적인 개혁주의적 관점들이 흔히 우리가 풀러에서 배웠던 풍성하고, 깊고, 풍부한 개혁주의적 관점들과 실제들을 공평하게 다루지 못했다는 사실을 덧붙인다!)

이러한 얇은 복음주의 기독교적 접근의 유형은 세 개의 중요하고, 대중적이고 매우 영향력 있는 통합 서적들에서 볼 수 있다: Jones와 Butman (1991)의 *Modern Psychotherapies: A Comprehensive Christian Approach,* Yarhouse와 Sells(2008)의 *Family Therapies: A Comprehensive Christian Appraisal,* 그리고 Johnson(2010)의 *Psychology and Christianity: Five Views.* 각각의 책에서 다양한 저자들과 기고자들은 기독교를 단일체적인 것으로 다루는 것 같은 방식으로 "기독교" 혹은 "복음주의 기독교"를 언급한다. 예를 들면, *Modern Psychotherapies*의 서문에서 Jones와 Butman(1991)은 "이 책은 정신건강 분야에서의 현대의 주요 심리치료 이론들을 각각 **복음주의적 기독교**의 관점에서 평가하려고 시도한다"(p. 9, 고딕은 추가된 것임)라고 기술했지만, Yarhouse와 Sells(2008)는 "다양한 가족치료의 모델을 **기독교적 세계관**에 입각해서"(p. 9, 고딕은 추가된 것임) 반성하고 다루려고 했다. *Psychology and Christianity: Five Views*의 기고자들은 그들의 교단적인 배경이나 소속, 그리고 그것들이 이 책에서 제시된 5가지 견해 각각에 어떻게 영향을 미칠 수 있었는지를 전혀 소개하지 않는다. 대신에, 독자들은 기고자들이 모두 "기독교인"이고 그들의 신학적 전제들에 있어서 유사하고, 심리학이 기독교와 어떻게 통합될 수 있는가를 이해함에 있어서 단지 개인적인 주관적 차이들만을 남긴다고 가정하게 된다.

복음주의적 기독교와 **기독교적 세계관**이라는 용어들은 기독교 내의 폭넓은 교리적 동의를 나타내기 위한 것이지만, 이러한 언어 때문에 흔히 교단적인 하위전통들이 이러한 이해에 더해서 가지고 있는 차이나 독특성의 많은 면들이 감춰진다. 하나의 예를 들자면, Yarhouse와 Sells(2008)뿐만 아니라 Jones와 Butman(1991)도 개혁주의적인 세계관을 반영하지만, 하나님의 주권이 하나님의 사랑이라는 속성의 보다 큰 맥락에서 이해되고 조화를 이루는 웨슬리주의의 성결 전통에는 다소 낯설게 들리는 방식으로 하나님의 주권에 초점을 맞춘다(Maddox, 1994; Wynkoop, 1967). 우리는 하나님의 주권이나 하나님의 사랑을 강조하는 것처럼 언뜻 보기에 단순한 어떤 것이 신학과 심리학의 관계가 어떻게 이해될 수 있는가에 대해 중요한 의미를 가지며, 만약 이러한 대화에 참여하는 사람들이 그들의 신학적 특수성과 독특성에 초점을 갖고 거기에 들어오도록 요청을 받는다면 풍성하게 검토될 수 있다고 주장할 것이다. 편집자들이 기고자들에게 그들의 신학적 특수성과 주관성이 다양한 정신분석적 이론들과의 대화와 그들의 임상 작업에 어떻게 영향을 미치는가에 대해 성찰해 줄 것을 요청했기 때문에 우리는 이것이 이 책의 독특한 측면이라고 믿는다.

공정하게 말하자면, 방금 언급된 세 권의 책 각각의 이면에 있는 의도는 기독교적 전통의 통일성과, 폭넓고 통일된 모델들이 심리학 분야와의 관계를 이해하기 위해서 어떻게 형성될 수 있는지에 초점을 맞추려는 시도를 반영한다. 우리는 이러한 흐름의 유형들을 확인하고, 삼위일체 신학에 의지하고, 독특성에도 마찬가지로 여지가 있다고 제안하기를 원한다. 기독교 전통에서 삼위일체는 서로에 대한 사랑으로 하나가 된 세 개의 독특한 위격으로 이해된다. 때때로 통일성으로의 이행이 보다 큰 이론의 형성을 위해서 필요하고, 때때로 독특성으로의 이행이 현재의 이해를 탐구하고 심화하는 데 필요할 때, 아마도 삼위일체는 통합을 위한 모델을 제공해줄 수 있다. 우리는 현재의 통합 문헌이 성령강림절을 필요로 할 수 있다고 주장할 것이다. 그것의 과제는 우리의 독특한 신학적 언어들을 말하고 그것이 어떻게 통합에 대한 공통적인 이해를 열어주고 그것에 기여하는지 탐구하기 시작하는 것이다.

예를 들면, Johnson(2010)에 따르면, 5가지 견해의 다양한 관점에서 다뤄지는 주제들 가운데 하나는 무엇이 심리학적 지식의 원천으로 이해되는가에 대한 질문이다. 우리는 이것이 중요한 주제라고 생각하고 더 나아가서 다양한 원천이나 권위(예를 들면, 심리학적, 신학적) 사이의 관계를 어떻게 이해하는가가 역시 매우 중요하다고 주장한다. 웨슬리주의 전통에는 "웨슬리 신학의 4대 원리"(Outler, 1985)라고 알려지게 되었던 것을 구성하는 권위의 4대 원천이 있다. 이러한 권위들은 성경, 이성, 전통 그리고 경험이다(전통적으로 성경이 가장 높은 권위로서 이해되었다). 웨슬리주의자들은 서로에 대한 대화에서 이러한 다양한 권위들을 제시하면서 "생생한 긴장"(McAdoo, 1965), "공명"(Brown, 2004), "공생"(Oord, 2004) 혹은 "춤"(Wright, 2010)과 같은 은유들을 사용하게 되었다. 이러한 웨슬리주의적 접근들에 공통적인 것은 이러한 권위들 사이의 대화는 가능한 한 전체론적일 필요가 있다는 확신이다. 이러한 권위의 4가지 원천은 결코 서로 전적으로 독립적이지 않지만, 그것들 모두를 서로 대화하게 하려고 시도하려면 보다 온전하게 이해하려는 시도에서 성경적이고, 공동체적이고, 상황적이고/역사적이고, 주관적이고/경험적이고, 과학적이고(자연 및 사회) 철학적인 것이 모두 통합되는 관점을 고려해야 한다. 폭넓은 해석 방법으로서 4대 원리를 사용하는 것은 하나님의 선행적 은총에 대한 깊은 웨슬리주의적 확신에 기반한다. 이러한 확신들 때문에 우리 세 사람은 정신분석적 이론들이 흔히 종교적 이해에 상반된다 할지라도 그것들을 진지하게 다루게 되었다. 잠재적인 대립관계에도 불구하고, 정신분석적 이론들은 이성과 경험이 인간의 본질에 대한 이해에 기여할 수 있는 바와 인간이라는 것이 의미하는 바의 측면들로서 대화에서 목소리를 내게 되었다. 웨슬리주의 전통에서 이것은 하나의 역동적인 과정으로 이해되었는데, 그것은 겸손이 지배하며, 이해는 부분적이고, 결코 충분히 온전하지 않고, 새로운 대화에 열려있는 것으로 고려되는 과정이다.

이러한 웨슬리주의적 접근에서 보이는 두 번째 확신은 4가지 권위 사이의 대화에서 상호성에 대한 헌신이다. 이것은 특히 하나의 원천으로부터의 함의들이 다른 원천에 영향을 미칠 수 있는 시기에 나타날 수 있다. 이러한 유형의 상호성 때문에 다양한 원천들이 서로의 측면들을 상호적으로 조명하거나 "문제시 하는" 것이 허용된다. 이것은 때때로 웨슬리주의자들이 과학적 이해가 성경적인 해석을 논하거나 성경적인 해석과 신학적인 이해가 과학적 관점을 논하도록 허용하는 것에 대해 불편해한다는 것을 의미한다. 웨슬리주의자들은 그러한 긴장 속에서 살아간다! 삼위일체적인 언어를 사용하자면, 이상적으로는 각 권위들이 특수성을 없애려고 애쓰지 않고 이러한 대화 혹은 춤에서 독특한 원천들이 각각 더욱 온전해지고 함께 새로운 어떤 것을 만들어낼 수 있다는 희망으로 다른 것을 위한 여지를 만든다. 신학과 심리학 사이의 상호성에 대한 이러한 웨슬리주의적 강조는 이 장에서 우리의 관점과 주장을 위한 중심적인 방법론적(그리고 신학적) 확신이다(더 많은 예들을 위해서는 Armistead, Strawn & Wright, 2010; 그리고 *Journal of Psychology and Christianity*, Strawn, 2004의 특별 주제들을 보라).

통합하는 자의 주관성의 환원불가능성

앞의 토론에 비추어서 우리는 통합하는 자의 신학의 특수성을 진지하게 다루기 위한 우리의 마지막 주장으로 옮겨갈 수 있다. 이 주장은 정신분석 자체의 변화하는 영역에 뿌리를 두고 있다. 심리치료의 역사에서는 언제나 실제와 이론 사이의 변증법이 있었다. 발달하는 이론은 임상적 실제에 스며들었고, 실제는 더 많은 이론적 발달에 영향을 주었다. 유사한 맥락에서 우리는 이제 임상적인 이론과 실제에서 이러한 진보가 기독교적인 통합적 이론의 발달과 통합적 실제에 영향을 줄 수 있는 때라고 믿는다. 이것은 실제(정행)와 이론/신학(정론)이 서로에게 상호적으로 영향을 미치는 것으로 생각하는, 우리의 웨슬리주의적 전통의 "언어"와 매우 일치한다.

관계적 정신분석의 분야는 해석학, 내러티브 이론, 대륙 철학 그리고 사회구성주의를 활용함으로써 특히 임상 이론과 실제에서 특히 영향력이 있었다. 대상관계이론, 자기심리학 그리고 대인관계 정신분석에서의 발달로 인해 형성된 관계적 정신분석은 Freud의 생물학적 욕동 모델로부터 관계적 모델로의 전환을 소개했을 뿐만 아니라, 한-사람 심리학으로부터 두-사람 심리학 혹은 체계 심리학으로의 이행을 소개했다(Sorenson, 2004a). 이로 인해 정신분석적 이해에 있어서 실증주의적 입장에서 구성주의적 입장으로의 변화가 생겼다. 이것은 다른 것들 중에서도 임상적 지식/현실은 단지 발견되는 것이 아니라 구성된다는 것과 치료사는 환자의 정신을 파헤치는 객관적인 고고학자/과학자가 아니라는 것과 환자와 치료사는 상호주관적인 모체 속에서 의미와 이해를 함께 만들어간다는 것을 의미한다(Orange, 1995).

이러한 변화는 "수정된 정신분석적 인식론"(Sorenson, 2004a, p. 54)으로 이어진다. 치료는 역사적 진실을 추구한다는 생각과 분석가의 과제는 뒤에 앉아서 객관적이고, 중립적인 거울이나 빈 스크린으로 기능하는 것이라는 생각은 사라졌다(Hoffman, 1983). 따라서 전이는 단순히 중립적인 치료사에게 투사된 환자 편에서의 왜곡이 아니라 치료사 안에 실재하는 어떤 것과 환자가 상호작용하는 것이다. 이러한 이론적 변화들에 근거해서, Hoffman은 환자들이 그들의 분석가의 경험(즉, 치료사가 가질 수 있는 생각과 느낌)에 대한 해석자가 된다고 주장했다. 따라서, 전이, 그리고 치료의 모든 것은 실제로 환자와 치료사에 의해 공동으로 만들어진다. 다시 말하자면, 임상적 이해는 환자의 내면에서 발견된 객관적인 현실을 드러내는 것(한-사람 심리학)이 아니라 특정 환자와 특정 치료사 사이에서 이뤄지는 대화이다(두-사람 심리학).

Hoffman의 영향력 있는 논문(1983)이 나오고 몇 년 후에, Lew Aron (1991)은 치료에서 치료사의 주관성의 영향이 점점 더 받아들여지고 있지만, 임상적 기술에서는 충분치 않다고 주장했다. Aron은 전이는 단지 왜곡이 아니라 실제 치료사와의 상호작용이기 때문에 환자들은 치료사들도 인식할 수 없는, 그들의 치료사들에 대한 것들을 직감으로 알 수 있다고 주장했다. 따라서, 치료에는 치료사의 경험에 대한 환자의 경험이 탐색해야할 부분으로 포함된다. 이러한 두-사람 심리학은 전이-역전이를 탐색하는 대화가 된다. 환자들은 그들의 독특한 심리적 구성물을 가져오고(치료사들이 하는 것과 마찬가지로!), 그들은 전이에서 왜곡할 수 있고 왜곡하지만, 그들은 또한 치료사라는 실제 인간과 상호작용한다.

Owen Renik(1993)은 마침내 치료에서 거듭되고 피할 수 없는 치료사의 참여를 "환원불가능한 치료사의 주관성"(p. 408)이라고 하였다. 그 의미는 치료사의 주관성이 분할되거나 무시될 수 없고 무시되어서도 안 된다는 것이었다: 그것은 환원할 수 없다는 것이다. Aron(1991)과 마찬가지로 Renik의 목표는 기법을 치료에 대한 새로운 이해에 비추어 좀 더 새롭게 개념화하는 것이었다. 그는 그것을 인정하고 그것의 효과를 연구하는 것을 옹호했다.

Renik(1993)에 따르면, 치료에서 치료사의 참여를 이렇게 개념화하면 치료사는 전이-역전이의 실연(enactment)을 피할 수 있다는 믿음을 포기할 수밖에 없게 된다. 치료사들의 무의식적인 동기들은 치료의 불가피한 부분이고 전이-역전이 분석을 할 수 있게 하는 것이다. 그는 이어서 우리는 치료에 대한 우리의 은유들을 바꿔야만 한다고 주장했다. 우리 자신을 외과의사(고전적 은유)나 전이를 이해하고 그것을 해석해주는 반영하는 거울(대상관계적 은유)로 생각하는 대신에, 우리는 우리 자신을 다뤄져야 하지만 결코 온전히 통제될 수 없는, 전이-역전이의 강력한 힘과 상호작용하는 스키 타는 사람이나 서핑 하는 사람으로 보아야 한다고 주장했다(p. 417).

따라서, Renik(1993)은 치료사들이 치료로부터 떨어져 있으려고(즉, 객관적이려고) 할 이유도 없지만, 그들의 참여(즉, 그들 자신의 주관성)를 온전히 인정해야할 이유도 없다고 본다. 후에 그는 이러한 접근을 기술하기 위해서 "자신의 카드 보여주기"(2006, p. 53)라는 용어를 만들어냈다. 이것이 치료사의 통제와 만족으로 이어질 수 있는 가능성이 언제나 있지만, Renik은 자신들의 주관성을 인지함으로써 치료사들은 치료가 은연중에 고압적이게 될 가능성을 줄여야 한다고 주장한다. 분석가들은 치료사가 자신의 주관성을 주입할 때 그것이 치료가 단지 "제안"이 되는 것으로 이어질 것을 오랫동안 두려워해왔다. 다시 Renik은 치료사가 제안을 두려워하기보다 그것의 효과적인 활용을 연구할 필요가 있다고 주장한다. Renik(1993)의 요점은 치료사들이 그들의 환원 불가능한 주관성을 두려워할 필요가 없지만 그것을 치료적으로 활용하는 법을 배워야만 한다는 것이다. 만약 치료가 대화, 심지어 도덕적 대화라면, 양편은 거기

에서 그들 자신의 몫을 해야만 한다. 이것을 위해서 우리는 Renik(1993)을 인용한다:

> 때때로 환자의 자기-탐색을 촉진하는 가장 좋은 방법은 분석가가 환자의 고려를 위해서 현실에 대한 자기 자신의 다른 해석을 제시하는 것, 환자가 그것에 대해 충분히 고려했다는 것을 확실히 하기 위해서 가능한 한 설득력 있게 그것을 제시하는 것일 수 있다. 분석가가 이렇게 하는 것에 대해 거북해한다면, 중요한 도구를 잃어버리는 것이다. (p. 429)

우리가 대화에서 우리의 주관적인 요소를 인정하지 않을 때, 우리는 은연중에 환자에게 영향을 미치게 된다. 우리가 계몽주의 프로젝트에서 약속된 것처럼 모종의 객관적인 중립성을 유지할 수 있고 우리 자신을 빈 스크린이 되도록 할 수 있다고 믿기보다는 우리의 환자들을 정말로 보호해주는 것이 우리의 정직이다. 다시, Renik(1993)을 인용해보자:

> 해석을 제공함에 있어서 분석가의 목표는 그것을 환자에 의해 받아들여지도록 하는 것이 아니라, 오히려 환자가 스스로 결정할 때 그것을 고려하도록 하는 것이다 라는 것이 나에게는 분석적 협력의 근본적인 원리인 것 같다. 만약 분석가가 이것에 대해 확신한다면, 환자의 자율성-우리는 환자의 자율성에 대해 계속 말할 수 있다-에 대한 존중이 전해지고, 분석가가 명확한 관점, 자신의 추론에 대한 확신감을 전달하는 것이 유용할 수 있다.

우리는 여기에서 초문화적 능력의 분야에서 나타나는 일종의 평행과정을 본다. Dueck와 Reimer (2009)는 *A Peaceable Psychology: Christian Therapy in a World of Many Culturest*에서 치료사들이

환자들의 모국어의 중층적인 문화를 존중하지 않을 때, 그들은 환자들에게 외국어를 강요함으로써 무심결에 그들에게 폭력을 행사할 수 있다고 주장했다. 환자의 문화를 존중하는 하나의 방법은 치료사가 자기 자신의 중층적인 문화(즉, 환원 불가능한 주관성) 혹은 우리가 "전통"이라고 했던 것을 가지는 것이다. 그러나 치료사들은 너무 자주 중립적이고, 객관적인 제공자로서 Dueck와 Reimer가 현상적인 치료라고 했던 것을 제공한다. Dueck와 Reimer(2009)는 "소위 가치중립적인 치료의 위험은 현상적인 치료들이 무의식적으로 환자들에게 부여된 중층적인 전통을 가린다는 것이다"(p. 221)라고 하였다. 이것은 정확하게 Renik과 Aron이 했던 경고이다.

우리는 통합하는 자들이 그들의 중층적인 전통들의 주관성을 인정하거나 인식하거나 의식적으로 활용하지 못할 때 통합의 과제에서 유사한 폭력이 이뤄진다고 주장하고 있다. 이것은 우리가 그들이 기독교라고 하는 언어로 말하고 있지만 우리의 일차적인 웨슬리주의적 언어와 일치하지 않는 기독교 통합주의자들을 읽을 때 우리가 느꼈던 폭력이다. 따라서 우리는 심리학과 신학의 기독교 통합주의자들이 그들 자신의 주관성을 인정하고 그것을 그들의 이론 개발에 활용하고 궁극적으로 임상 실제를 형성하도록 요청한다. 그 다음에 우리는 이후의 저자들에게 정신분석과 그들 각자의 기독교적 하위전통들을 통합하는 그들 각자의 모험에 영향을 미치는 그들 자신의 특수성과 주관성을 밝힘으로써 이 과정에 참여하라고 요청할 것이다.

제3장

최근의 프로이트 정신분석

Brad D. Strawn

시작은 Freud에게서였다. 의심할 여지없이 정신분석의 역사는 이렇게 시작해야만 한다. 이 책이 정신분석은 더 이상 한 사람의 작품이 아니고, 지난 100년의 세월에 상당히 발달해왔다는 사실을 입증하겠지만, Freud의 핵심 개념들 가운데 많은 것들이 심리치료의 지형에 널리 퍼져 있기 때문에 우리가 모두 Freud주의자들이라고 하는 것이 잘못은 아니라는 사실은 여전히 옳다(Mitchell & Black, 1995).

오늘날 마음에 대해 단지 삼중구조의 관점, 성과 공격성의 이중 본능, 그리고 오이디푸스 콤플렉스에 동의하는 순수한 혹은 고전적인 Freud주의자를 만나는 것은 점차 어려워지고 있다. 그러나, **최근 프로이트주의자, 신-프로이트주의자** 혹은 **최근 구조주의적 정신분석가**라고 불릴 수 있는 이들을 만나는 것은 가능하다. 사실, 문헌에는 너무나도 많은 정신분석적 다양성이 있기 때문에 어떤 저자들은 정신분석적 **다원주의**를 언급하기도 한다(McWilliams, 2004). 이 책이 흔히 상호배타적인 것으로 제시되었던 정신분석의 몇몇 독특한 학파들을 강조하겠지만, 본 장에서는 "전체적으로 복합적인 정신분석적 이론"(Rangell, 2004, p. 8)이라고 불릴 수 있는 것에 초점을 맞출 것이다. 신학자 Robert Webber(1999)는 교회 구조와 예배의 새로운 패턴들을 둘러싸고 대화가 많아지고 있는 것을 표현하기 위해서 **오래된 미래**(ancient-future)라는 용어를 만들어냈다. Webber는 고대의 예배 형식들과 실제들을 회복하고 되돌리는 한편 그것들을 변화하는 포스트모던 문화 속에서 통합하려고 하는 교회의 경향이 증가하고 있는 것을 설명하기 위해서 이 용어를 사용했다. 이것은 정신분석적 이론과 관련해서 이 장의 목표를 적절하게 설명해준다.

하나의 이론 혹은 많은 이론?

자신의 흥미진진한 회고록인 *My Life in Theory*에서 고전적 훈련을 받은 정신분석가 Leo Rangell(2004)은 새로운 이론이 개발되기 위해서는 실제의 임상적 진보가 필요한 만큼이나 관계적이고 집단적인 역동들도 필요하다고 주장했다.[1] Rangell은 이론적인 발달을 기피하지 않지만, 정신분석의 역사에서 집단 역학과 성격 갈등이 모델들의 이론적인 분열과 쇠퇴로 이어졌다고 주장한다. Rangell의 관심은 반대되고 심지어 적대적인 모델을 형성하는 것이 결국 정신분석의 대의명분과 진보에 나쁜 영향을 미친다는 것이다. 그는 정신분석의 누적적인 이론을 지지하였다. 여기에서는 오래된 개념들이 반드시 버려지지는 않고 변화하도록 도전을 받는 한편 새롭게 개발된 것은 통합된다. Rangell의 일차적인 관

1) Marie Hoffmann(2011)은 프로이트와 초기 정신분석 이론가들에게서 작동했던 유사한 과정을 입증했다. 그 과정에서 유대인이라는 특별한 사회적 압력 때문에 정신분석의 밑바탕이 된 유대-기독교적 이야기를 부정하게 되는 결과가 나타났다.

심은 이론이 개발될 때 추가되는 것이 아니라 뒤에 남겨지는 것이다. 예를 들어, 현대적인 이론들이 철학과 발달심리학에서의 진보들을 탁월하게 활용했지만, Rangell은 욕동과 갈등과 같은 개념들을 완전히 포기하는 것이 필요한가를 생각했다.

복합적인 이론에 대해 조금 다른 접근은 모든 이론들에는 어떤 진리가 담겨있고 따라서 특정 상황에서 유용하다고 주장하는 그런 이론가들에게서 찾을 수 있다. Lawrence Hedges(1991)는 환자의 정신역동적 발달에 기초하는 이론적인 **경청의 관점들**(listening perspectives)을 지지한다. 그의 중심적인 주장은 다양한 정신분석 이론들은 각 환자의 특별한 역사적 경험들과 그에 따르는 발달적인 필요들에 기초해서 적용할 수 있다는 것이다. 그것은 하나의 이론이 다른 이론보다 낫다는 것이 아니라, 다양한 이론들이 특정 환자들에게 유익하다는 것이다. 이론의 선택-즉, 어떤 이론에 귀를 기울일 것인가-는 그 환자의 발달적인 필요들에 의해 좌우된다.

Fred Pine(1998)은 조금 다른 접근을 취했다. 그도 역시 다양한 정신분석 이론들이 다양한 환자들에게 유용하다고 제안하지만 욕동, 자아, 대상관계 그리고 자기-경험(대략 고전적 정신분석, 자아심리학, 대상관계이론 그리고 자기심리학과 대응하는)과 같은 정신분석적 역동들은 같은 환자에게서도 위계적인 방식으로 작동한다고 믿었다. 그는 이러한 이론들을 “정신분석의 4가지 심리학”(p. 38)이라고 말하는 것을 좋아했다. 따라서 치료의 목표는 환자들이 있는 곳에서 그들을 만나고 높은 수준의 심리적인 통합과 발달을 위해서 노력하는 데 있다.

이론의 발달, 혹은 적어도 이론들의 분열과 쇠퇴는 정치적이고 심리적인 역학에 영향을 받는다는 것이 사실일 수 있지만(Rangell, 2004), 이론에서의 진보들로 인해서 그 어떤 새로운 것도 주어지지 않는다는 것은 아니다. Atwood와 Stolorow(1993)는 이론의 발달은 자서전적인 것으로 이해될 수 있다고 설명했다. 각 이론은 그 특정 이론가에게(그리고 그들의 문화적 시기에) 어떤 의미에서 옳고, 따라서 특정 환자들에게 옳다. 물론 정신병리를 포함하여 삶의 모든 부분은 문화적으로 영향을 받고, 그래서 변화하는 문화가 야기하는 새로운 도전들을 이해하고 다루기 위해서 새로운 이론들이 생겨나야만 한다(McWilliams, 2004). 이론적 다원주의는 하나의 이론이 아니라 실제의 방식으로 개념화되어야만 하고, 때때로 우리는 상호 배타적일 수 있는 이론들을 통합하려고 순진하게 시도할 수 있지만, 다음의 질문이 남는다. 꼭 하나의 이론에 절대적인 충성을 맹세해야 하는가?

본 장에서는 정신분석적 치료사들은 그들이 환자들을 존중하는 것과 동일하게 다양한 이론들에 대해 그렇게 해야만 한다는 점에서 Mc Williams(2004)에 동의한다. 어떤 이들이 그랬듯이 이론에서의 모든 진보들이 Freud에게서 발견될 수 있다고 주장하는 것(이것은 문화와 전통의 영향을 무시한 것일 수 있다)은 주제넘은 것일 수 있지만, 아기를 목욕물과 함께 버리는 것도 어리석은 행동이다. 따라서 우리는 엄격한 고전적 프로이트 정신분석의 과장된 캐리커처를 제공하기 보다는 보다 새롭게 발달된 것들(대상관계이론과 그 이후의 흐름)을 통합하면서도 예전의 실제들(대략 후기 프로이트와 자아심리학)의 장점을 존중하는 통합적인 접근을 전개하려고 할 것이다. 이러한 기획은 지나친 단순화의 오류들을 무릅쓰고서, 임상적인 유용성과 유연성의 모델로서 제시되었다. 그것은 또한 같은 일을 하는 다른 임상가들에게 도전으로 제시되었다.

선도적인 이론가들

이 책을 읽는 대부분의 독자들은 Freud와 오래 지속되고 있는 그의 공헌들에 웬만큼 익숙할 것이다. 아마도 Freud의 가장 위대하고 가장 지속되는 공헌은 무의식의 개념과 마음에 대한 지형학적 모델을 개념화한 것이다. 그는 마음을 층이 있고, 의식적인 마음(그 사람에게 수용될 수 있고 그래서 알 수 있는 개념, 생각, 느낌), 전의식적인 마음(그 사람에게 의식적이게 될 수 있는 일차적으로 수용할 수 있는 개념들) 그리고 무의식적인 마음(간접적으로 의식적이게 될 수 있는 수용할 수 없는 소망들/욕망들을 포함하는)으로 이뤄져있는 것으로 개념화 했다. 무의식을 분명히 이해하는 방법에는 꿈, 착오행동(예를 들면, 말실수) 그리고 전이(환자가 치료사를 과거의 누군가로 경험하고 상호작용하는 과정)이 포함된다. 무의식이 있다는 것은 우리가 생각하고, 느끼고, 행동하는 것의 많은 부분이 이성적이고 의식적인 통제 밖에 있는 힘들에 의해 작동된다는 것을 의미하기 때문에, 많은 사람들에게 매우 물의를 일으키고 혼란을 주는 것이었고, 여러 가지 점에서 여전히 그러하다. 이것이 곤혹스러울 수 있지만, 이 개념은 이제 절차 기억(procedural memory)과 자동성(automaticity)과 같은 개념을 통해서 인지 심리학 분야에서 입증되었다(Damasio, 2005; Wilson, 2002).[2)]

Freud의 공헌들 가운데 정신분석에서 여전히 논란이 되고 있는 것들에는 유아성욕설과 단계들(즉, 구강기, 항문기, 성기기, 잠재기, 남근기), 이중 욕동이론(즉, 성과 공격성), 오이디푸스 콤플렉스(뒤에 나오는 발달에 대한 부분을 보라)가 포함된다. 그러나 아마도 가장 혼란을 주는 것은 인간이 욕망하는 것, 그리고 그들의 생각, 느낌, 행동을 움직이는 것

2) 연구는 무의식에 관해서라면, Freud가 옳기도 하고 틀리기도 했다는 사실을 보여준다. 증거에 의하면 인간의 느낌, 지각, 사고 그리고 행동은 여러 가지 방식으로 의식 밖의 영향을 받는다. 그러나, 이 무의식이 Freud가 개념화 했던 것처럼 야수의 욕망이 들끓고 있는 가마솥은 아니다. 이러한 새로운 적응 무의식(adaptive unconscious)(Wilson, 2002)은 Freud의 원본능과는 다르게 대인관계 경험들을 통해서 부호화된 축적된 경험들이다.

의 많은 부분이 어떤 면에서 위험하기 때문에 의식적인 마음에 인정될 수 없다는 Freud의 주장이다. 그 위험 때문에 그 소망의 어떤 측면을 이루고 동시에 자신이 정말로 하려고 하는 것을 그 자신이 알지 못하도록 하기 위한 타협으로서 방어기제들이 사용된다(S. Freud, 1923). 이러한 내면적이고 무의식적인 싸움은 Freud가 심리내면의 갈등이라고 했던 것이고 Freud적인 메타심리학의 근본원리이다.

시간이 흐르면서 Freud는 그의 지형학적 모델이 상담실에서 그가 경험하고 있었던 복잡한 자료를 설명할 수 없다는 사실을 깨달았다. 그래서 그는 마음에 대한 구조적 모델을 개발했다(1923). 구조적 모델에 의하면 마음은 세 가지 수준의 의식만이 아니라 세 가지의 독특한 구조들로 이뤄져있다: 원본능, 자아 그리고 초자아. 원본능(id)은 생물학적 동기의 원천으로 생각되었고 쾌락원리에 의해 작동된다. 쾌락원리에 의하면 인간은 쾌락을 추구하고 고통은 피하려고 애쓴다. 부모와 문화가 아이를 사회화시킬 때, 아이는 어떤 생물학적으로 작동되는 소망들에 대한 금지를 내면화한다. 이러한 내면화는 Freud가 초자아라고 하였던 구조의 원천이다. 원본능의 생물학적 욕구들과 사회적으로 내면화된 초자아의 금지들을 중재하는 것이 자아의 역할이다(S. Freud, 1920).

1920년에 Freud는 또한 인간의 성격에 작용하는 또 하나의 세력을 가정하였다. 그의 욕동 이론은 이제 사람들을 움직이는 세력들로서 성과 공격성을 포함시킨 이중-본능 이론으로 바뀌었다. 인간은 단지 쾌락을 추구하고 사회적으로 적절하지 않은 성적 소망들을 억압해야만 할뿐만 아니라 죽음 본능으로부터 파생된 강력한 파괴적 소망을 갖고 있다. 그는 이 욕동이 쾌락원리보다 더 강하고 그가 불행한 시나리오를 몇 번이고 반복하는 인간의 경향성이라고 생각했던 반복강박(repetition compulsion)과 같이 이전에 설명할 수 없었던 행동을 설명하는 데 도움이 된다고 믿게 되었다.

Sigmund Freud(1920)는 마음의 세 가지 구조를 모두 무의식에 두었다. 그는 사람들이 그들의 갈등에 대해서 의식하지 못한다고 믿었기 때문에 이렇게 했고, 그는 증상의 제거는 단순히 무의식을 의식하게 됨으로써 가능하지 않다는 사실을 깨닫게 되었다(뒤에 나오는 병리 부분을 보라). Freud가 이러한 구조들을 작은 사람처럼 뇌의 어느 곳에 존재하는 구체화된 대상이 아니라, 마음의 과정으로서 개념화 했다는 사실을 이해하는 것이 중요하다. Bettelheim(1982)은 Freud의 휴머니즘의 많은 부분이 Freud의 저술의 영역본에서 상실되었고, 그에 따라서 은유적이고 인간적인 측면들도 마찬가지가 되었다고 설득력 있게 주장했다. Bettelheim은 특히 미국에서 영역본이 Freud의 의도와 결코 상관이 없는 엄격하고, 과학적이고, 냉담한 유형의 정신분석으로 이어졌다고 주장했다.

Freud가 죽은 후에 그의 딸인 Anna가 이끄는 이론가 집단이 자아심리학자들로 알려지게 되었다. 그들은 원본능의 본능적이고 생물학적인 욕동들을 포기하지 않았지만, 자아의 역할, 기능 그리고 발달을 훨씬 더 많이 강조하였다. Anna는 자아를 그 자체로 연구할 가치가 있는 대상으로 확립했다. 원본능과 초자아 사이의 갈등으로부터 주관적인 죄책감과 불안감(일부는 의식적이지만 많은 부분이 무의식적인)이 생겨나지만, Anna는 이러한 갈등들을 다루기 위해서 발달되었던 자아방어에 대해 예민하게 관심을 가졌다. 만약 자아가 잘 발달되었다면(즉, 강도가 높은) 개인은 갈등을 관리하기 위해서 적응적이거나 성숙한 방어기제들을 발달시킬 수 있다. 그러나, 어떤 사람들은 기질적이거나 환경적인 손상 때문에 자아강도가 낮고 심리내면의 갈등을 적응적인 방식으로 관리할 수 없었다. 따라서, 그들은 미성숙한 방어기제를 발달시켰다. Freud는 무의식적 갈등에서 생겨난 불안이 방어를 일으킨다고 믿었던 반면에, Anna는 방어가 외부 세계로부터 오는 불쾌에 대한 두려움으로부터 일어날 수 있다고 주장했다(A. Freud, 1936).

나중에 Heinz Hartmann(1939)은 자아를 적응적인 것으로 개념화함으로써 중요한 공헌을 하였는데, 그는 그것이 실제로 개인의 환경에 의해 형성된다는 뜻으로 말했다. 그는 또한 자아가 언제나 갈등적인 방식으로 발달하는 것은 아니라고 생각했다. 갈등의 가능성은 아이와 양육자 사이의 상호작용 유형에 따라 결정된다. Hartman은 지각, 언어, 사고, 느낌 등과 같이 갈등과 상관없는 자아의 능력들을 가정하였다. 직접 유아를 관찰했던 자아발달 연구자 Rene Spitz와 Margaret Mahler는 이 연구를 발전시켰다(Mitchell & Black, 1995). Spitz와 Mahler가 Freud의 가르침을 모두 버리지는 않았지만, 그들의 연구는 아기들을 처음부터 "탁아소의 야수들"(Phillips, 1998)이 내장된 것으로 보기보다는, 양육자들이 아동의 자아발달에 지대한 역할을 한다고 주장했다(Tyson & Tyson, 1990).

이러한 발전으로 인해서 Freud적인 메타심리학의 핵심 주제들이 제시되었고 이후의 대상관계이론으로 가는 문이 열리게 되었지만, 욕동들에 대한 이해를 확대하고 개정했던 사람은 Edith Jacobson(1964)이었다. 그녀는 욕동들 그 자체는 사실 실제로 환경에 의해 형성된 생물학적 **잠재성들**(biological potentialities)이라고 제안했다. 이것은 성과 공격성(혹은 다른 어떤 생물학적 동기)은 미리 결정된 형태를 갖지 않고, 갈등과 관련되어야만 하는 것도 아님을 의미했다. 오히려 심리내면의 가능한 갈등의 토대가 되었던 것은 아동의 욕동들(예를 들어, 쾌락 추구)에 대한 환경의 반응이었다.

이러한 초기 이론가들 이후, 현대 사상가들은 새로운 개념들을 통합하고 보다 오래된 개념들은 재고함으로써 Freud의 연구를 발전시켰다. 이러한 이론가들 가운데 많은 이들이 과거와 미래의 사고방식 사이에서 다리들이 되었다. 그들은 구조적인 Freud의 사고와 대상관계이론과 같이 보다 관계적인 모델들 사이에 길을 내었다. 지면 관계상 이들 중요한 기여자들에 대해 살펴볼 수는 없지만, 관심이 있는 독자들을 위해서 몇 명을 소개하자면 Melanie Klein, Hans Loewald, Otto Kernberg, Roy Schaeffer, Charles Brenner, Paul Gray, W. W. Meissner와 Christopher Bollas와 같이 영향력 있는 인물들의 연구가 도움이 된다. 과거와 현재의 이러한 이론가들은 Freud를 매우 존경했고, 그의 이론의 많은 부분을 유지했지만, 그들의 임상 작업에서 경험한 새로운 것들을 통합하는 것을 두려워하지 않았다.

동기에 대한 관점들

이중 욕동이론(즉, 성과 공격성)을 주창하면서, Freud는 동기에 대한 하나의 모델을 전개하려고 했다. 최근의 Freud주의자들은 성과 공격성을 성교와 죽음과 동의어인 것으로 제한하지는 않지만 여전히 그것들이 생물학적으로 동기를 부여하는 것들이라는 데 동의할 수 있다. 최근 Freud주의적 정신분석가들은 또한 관계성을 포함하는 다중적인 인간의 동기들에 대해서 동의할 수 있다(Lichtenberg, Lachman & Fosshage, 2011). 그러나 하나의 이론이 정말로 정신분석적인 것이 되기 위해서 유지되어야만 하는 것이 있다면 인간들은 그들이 느끼고, 생각하고, 지각하고, 행동하는 것에서 일차적으로 무의식적인 것에 속하는 세력들에 의해 움직여진다는 개념이다. 최근 Freud주의적 관점에서 볼 때, 이러한 세력들은 체화되고(즉, 그 사람의 실제적인 신체적 특성에 뿌리박고 있고) 몸에 밴/관계적인(즉 자기와 타자 사이의 상호작용에 뿌리박고 있는) 것으로 이해되어야만 한다. 사실, 이 두 가지 개념을 양분하는 것이 문제가 있다고 주장될 수 있다. 어떤 최근 이론가들은 모든 경험은 관계적으로 구성된다고 주장하지만, 모든 경험이 신체적으로 구성된다고 말하는 것도 옳다. 관계성은 단지 몸이라는 매개를 통해서 경험되고 내면화될 수 있기 때문이다. 인간은 육체에서 분리되거나 고립된 마음이 아니다(Stolorow & Atwood, 1992). 체화된 인지(embodied cognition)에 대한 최근의 연구는 시간과 같이 내적이고, 개인적이고, 추상적인 인지들조차도 "신체에 근거한 감각운동적인 자료로부터 나온 체계적인 지도 그리기에 의해서 규정되기 때문에"(Johnson, 2007, p. 177) 체화된 것으로 이해될 수 있다고 주장한다. 이런 이유로, 인간은 관계의 세계에 영향을 받는 전체적으로 체화된 사람들로서 가장 잘 개념화될 수 있다(Brown & Strawn, 2012). 인간들은 다른 신체들과 관계하는 신체들이다. Sigmund Freud 자신이 "자아는 첫 번째이자 가장 중요한 신체-자아이다"(1923, p. 20)라고 함으로써 그것을 잘 표현했다.

발달에 대한 관점들

Freud를 피상적으로 접했던 이들조차도 쾌락의 원천들을 연령에 따라 다양한 신체 부위들(예를 들면, 구강, 항문, 남근)에서 찾았던 심리성적 발달 단계들에 대해서는 친숙하다. 중심적인 주제는 리비도적(성적) 욕동이 이러한 단계들, 일어나는 불가피한 갈등들과 방어들, 그리고 궁극적으로 오이디푸스기의 감정을 어떻게 다루어가는가였다. 그러나 정신분석적 발달이론은 거기서 끝나지 않았다. 이후의 이론가들과 유아관찰 연구자들은 발달적인 이해들을 수정하기 시작했다.

*Psychoanalytic Theories of Development: An Integration*이라는 자신들의 책에서 Tyson과 Tyson(1990)은 분석 이론들 간의 불일치

를 이해하기 위한 방법으로서 "통합적인 정신분석적 발달이론을 제시하려고"(p. 1) 시도한다. 그들은 대인관계적인 과정들에 더 많이 초점을 두는 최근의 발달 연구를 통합하려고 했지만, 그들의 중심 초점은 심리내적인 마음이다. 그들의 접근은 근본적으로 체계 모델(systems model)이다.

> 우리는 발달이 상호작용하면서 서로 얽힌 많은 체계들(혹은 구조들)을 포함하는 연속적이고도 불연속적인 과정이며 각각의 체계에는 다른 체계의 발달과 비교하여 고려해야만 하는 자체의 발달 순서가 있다는 관점에 도달했다. 우리는 인간의 성격을 형성하는 중요하면서도 동시에 변화하는 각 체계들의 발달 과정을 설명했다. 그것들에 대해 설명하면서, 우리는 어떤 발달의 한 시기가 최종적인 결과와 비교하여 중심적인 위치에 있는 것이 아니고, 또한 어떤 체계도 다른 것들보다 더 상위에 있는 것은 아니라는 견해를 유지했다. (p. 2)

이런 면에서 그들은 "심리성적인 혹은 리비도적인 단계의 특이성"(p. 3) 보다는 과정을 강조할 수 있다.

정신분석적 발달이론의 중심적인 내용은 발생학적 또는 정신발생학적 관점이다. 간단히 말하자면, 이 모델은 개인의 과거 초기 경험들이 그들의 성격과 현재 행동(예를 들면, 증상과 특성)에 어떻게 영향을 미쳤는가에 대해 가설을 세우고 그것을 탐구한다. 분명히 Freud의 모델은 정신발생학적이었지만, Freud조차도 누군가 단지 의혹이 가는 과거의 경험들과 관련지어 성인의 행동을 이해하려고 시도한다면, 발생학적 오류에 빠질 수 있다는 점을 인정했다(Tyson & Tyson, 1990). 다른 한편, 아동기의 경험들의 의미와 영향은 실제로 나중에 성인기에 가서 결정되기 때문에, 정신분석적 이론은 아동관찰만을 통해서 온전하게 발달될 수 없다. Freud가 그의 심리성적 발달 단계들을 소개했을 때, 그는 보편적인 타고난 순서들만이 아니라(어떤 이들이 그에 대해서 비난하듯이) 그것들과 경험/환경과의 상호작용도 제안하고 있었던 것이다. 이것이 그의 이론이 심리성적인 것으로 알려지게 되었던 이유이다.

> 발달에 대한 최근 Freud주의자들의 접근은 경험적인 측면들뿐만 아니라 타고난 측면들도 강조할 것이다. Tyson과 Tyson(1990)이 지적했듯이, 여기에는 임상 상황(예를 들면, 아동분석, 종단분석을 포함하는 자연적 관찰)과 과학적으로 기획된 실험에서 수집된 자료가 포함될 것이다. 두 가지 모두 발생학적 오류-너무 단순하게 생각해서 성인에게서 아동을 발견하는 것과 그 반대로 하는 것-를 피하기 위해서 중요하다. 체계적 접근은 경직되게 점성적인 것은 아니라는 점과 어느 시기(시간으로 말하자면 앞뒤로 뿐만 아니라)에 기능하는 복잡한 과제들은 연속성 및 불연속성으로 이어진다는 점을 인정한다(Tyson & Tyson, 1990).

최근 Freud주의자로 분류될 수 있는 Tyson과 Tyson(1990)은 마음에 대한 구조 모델(즉, 원본능, 자아, 초자아)이 "여러 수준의 추상적 개념에 적용될 수 있고 충분히 융통성이 있어서 많은 모델들을 통합하는 데 활용될 수 있다"(p. 20)고 믿기 때문에 그것을 유지한다. 예를 들면, 그들은 유아의 타고난 활동 능력들(즉, 유아는 환경을 조성한다), 인간과 관계하려는 경향성, 자기-조절, 회복 탄력성, 쾌락과 불쾌를 구별할 수 있는 능력, 그리고 적응에 대한 현대의 실험적인 연구를 통합한다. 발달의 경험적인 측면은 그것이 타고난 능력들은 "이후에 발달하는 정신구조가 작동할 수 있는 한계들을 제공한다. 그래서 우리는 선천적으로 정해진 발달적인 잠재력에 더하여, 개인의 경험이 발달에 결정적인 영향을 미치는 것으로 인정하게 되었다"(p. 25)고 제시한다는 점에서 체계 모델에 덧붙여진다.

시간이 흐르면서 타고난 능력들과 경험적인 요소들은 정신구조라고 불릴 수 있는 것을 형성하게 된다(Tyson & Tyson, 1990). 이러한 구조화는 원본능, 자아 그리고 초자아와 같은 정신구조의 발달과 적응으로 이어질 뿐만 아니라, 자기, 타자 그리고 자기-와-타자 상호작용에 대한 표상들로 이어진다. 때때로 이러한 상호작용들은 갈등을 가져오기도 하고 병리적이게 되기도 하지만, 항상 그런 것은 아니다. 갈등들은 처음에는 외부적이고 그 다음에는 시간이 흐르면서 내면화되고, 자아에 의해 발달된 타협 형성이 그것들을 해결하거나 해결할 수 없다. 어떤 갈등은 일시적인 증상들을 동반하기도 하지만, 정상적인 발달의 기능으로 이해될 수 있다(Tyson & Tyson, 1990). 그러나, Tyson과 Tyson은 내면화된 갈등들이 오이디푸스 갈등에 덧붙여지고 이후의 발달에 부정적인 영향을 미치면서 신경증적이게 될 수 있다고 가정한다.

> 요약하자면, 최근 Freud주의 정신분석의 발달 모델은 앞뒤로 움직이는 것, 서로 상호작용하는 다중적인 체계들, 환경적인 경험들에 영향을 주고 받는 타고난 과정들을 특징으로 하고 이 모든 것이 대상관계적인 형태가 포함되는 정신 구조를 형성한다. 이러한 역동적이고, 개방적인 체계는 Freud의 모델을 대체하는 것이 아니라 그것을 더욱 구체적으로 설명해준다(Tyson & Tyson, 1990). 이러한 복잡한 접근은 패턴의 어떤 수준을 예측할 수도 있고 예측할 수 없기도 하고(p. 33) 인간은 계속적으로 변화한다는 인식을 제공한다(p. 37).

정신병리에 대한 관점

정신분석에 대한 최근 Frued주의의 접근에서는 병리를 무의식적 갈등과 자연스럽게 일어나는(체화되고 관계적인) 욕동 파생물들/동기들(예를 들면, 성, 공격성, 안전, 관계, 자기효능감 등)과 양육자와 더욱 큰 문화에 의해 주입된 금지들 사이에서 생겨나는 방어 기제들, 그리고 발달과 건강한 구조 형성을 방해하는 외상이나 외부적인 갈등들과 같은 경험적인 사건들의 조합으로 개념화할 것이다.

심리내적 갈등은 타협 형성으로 이어진다(Brenner, 1982). 간단하게 말하자면, 만약 소망/욕망(예를 들면, 친밀함 혹은 성적 매력에 대한 동기)으로 개념화 되는 욕동 파생물(단순히 성과 공격성보다는 더 많은 것을 포함하는 것으로 개념화되었던)이 너무 많은 불안이나 다른 불쾌한 감정(예를 들면, 우울함)을 불러일으킨다면, 자아 방어가 시작된다. 자아는 그 소망을 만족시킬 수 있는 방법(혹은 부분적인 만족)을 찾거나 이것이 가능하지 않다면 그것을 피할 수 있는 방법을 찾아야만 한다. 되풀이해서 매우 분명하게 말하자면, 심리내적인 갈등은 타고난 과정들과 대인관계적인 경험들에서 생겨난다. 대인관계적인 갈등들은 발달정지 모델(즉, 내담자는 그들이 발달적으로 필요로 하는 것을 받지 못했다) 또는 보다 순수하게 관계-갈등 모델(즉, 내담자가 원하는 것과 그 사람이 내면화 한 것 사이의 갈등; Mitchell, 1988, pp. 9-10)의 관점에서 이해될 수 있다. 그러나 갈등의 근원이 무엇이든, 그에 따르는 병리는 타협 형성으로 개념화될 수 있다(Brenner, 1982).

앞에서 언급했듯이, 성격 구조는 타고난 잠재력과 환경과의 예민하고 오래 계속되는(외상적이고 비외상적인) 상호작용이 결합하여 발달된다. 만약 자아가 소망을 만족시킬 수 있는 방법을 발견할 수 없고, 소망에 대해 인식하게 되지 못하도록 그 사람을 보호하기 위해서 방어들이 작동한다면, 문제들이 생겨날 수 있다(예를 들어, 정동장애나 성격장애). 만약 이미 분명한 것이 아니라면, 방어들이 모두 병리적인 것은 아니듯이 타협 형성들이 모두 병리적인 것은 아니라는 점에 주의해야만 한다. 타협 형성은 다음과 같을 때 병리적이게 된다.

> 기능적인 능력에 대한 억제가 너무 많거나, 불쾌함-즉, 너무 많은 의식적 불안, 우울한 감정, 혹은 둘 다-이 너무 많거나, 자신을 해치거나 파괴하려는 성향이 너무 크거나, 환경-즉, 보통 접촉하게 되는 사람들—과의 갈등이 너무 클 때

최근 Freud주의적 관점은 아동의 경험과 외상 그리고 그 다음에 일어나는 구조적/자아 결핍의 현실을 인정한다. 그래서 병리는 언제나 갈등과 관련이 있고, 갈등의 근원은 타고난 과정들(체화된 동기 체계들)과 대인관계에서의 상호작용들 사이의 상호작용이다.

치료적 변화의 과정

Freud의 입장에서 볼 때, 환자가 이차 과정-메타인지적 과정-을 시작할 수 있기 위해서는 원본능에 의해 자극을 받는 쾌락원리의 일차 과정이 의식화가 되어야만 한다. 전투에서의 외침은 "원본능이 있는 곳에 자아가 있게 하라"(S. Freud, 1923, p. 100)였다. 따라서, Freud에게 있어서 정신분석의 목표는 자기-인식이다(Bettelheim, 1982). 근본적으로 환자는 다르게 선택할 수 있는 자아 능력을 개발한다. 타협 형성은 새롭고, 보다 성숙하고 융통성 있는 형태들을 띠게 된다. 자유와 결정주의는 정적인 개념이 아니라 역동적인 개념이다. 한 사람이 더 많은 통찰을 얻게 되면, 그 사람은 선택할 수 있는 자유를 더 많이 가지게 된다(Wheelis, 1973).

개인들은 자신들의 유아적 소망들을 포기하고 성인기로 이행할 수 있다. 처음에 치료적 행위에 대한 이러한 이해는 환자의 무의식적인 소망에 대한 분석가의 정확한 해석을 통해서 이뤄지는 것으로 개념화 되었다. 그러나, Freud는 무의식적인 방어가 이런 지식을 인식하지 못하도록 싸우기 때문에 아무리 많은 현명한 해석도 이러한 저항을 극복할 수 없다는 점을 인정하기 시작했다. 따라서, 정신분석은 공격의 제일선인 방어에 대한 해석으로 더 많이 이행하기 시작했다(Brenner, 1982; Gray, 2005). 분석가는 갈등 이면에 놓여있는 무의식적인 소망을 해석하는 대신에, 시간이 흐르면서 방어들이 느슨해지고 환자는 그 소망을 알 수 있게 된다는 목표를 가지고 소망을 아는 것에 대한 방어들을 해석하게 되었다. 방어들은 다양한 방식으로 나타날 수 있지만, 환자를 정신분석적으로 다루는 것은 일차적으로 전이 상황에서 그들을 관찰하는 것이었다. 이러한 치료적 행위는 본질적으로 자아의 기능을 높이는 것을 목표로 하는 인지적인 과업이었다. 초기 정신분석에서는 상당히 건강한 자아가 요구되었기 때문에, 모든 환자들이 분석할 수 있는 것은 아니라는 점이 결정되었다. 자아 강도가 약한 환자들(즉, 정신증자들과 심각한 성격장애가 있는 사람들)은 지적인 분석 작업을 할 수 없었다.

많은 최근 정신분석 이론들은 흔히 관계적인 필요나 소망을 중심으로 나타나는 심리내적 갈등에 대한 견해들을 신봉하지만, 치료적인 변화를 이해하는 지점에서 고전적인 Freud 이론과 다른 이론이 생겨난다. 최근의 이론들은 문화에서의 변화들과 그것이 환자에게 미치는 영향을 통합함으로써 중요한 서비스를 제공했지만, 그것들은 독창성을 추구하면서 초기 이론의 중요한 요소들을 버렸을 수도 있다. 여기에는 Rangell(2004)과 Tysons(1990)와 같은 통합주의자들의 연구가 유용할 수 있다. 예를 들어, 관계적인 민감성을 여전히 유지하면서 생물학적 동기들, 타협 형성, 마음의 구조를 통합하는 방법들이 있는가? 경험의 실제 영향에 대한 자리를 마련하면서도 환자의 심리내적 마음이 여전히 중요한 것으로 고려될 수 있는가?

자아가 환경과의 상호작용에 의해 손상될 수 있다고 믿었던 Anna Freud와 같은 자아심리학자들에게 치료적 목표는 부분적으로 자아를 강화하는 것이 되었다. 여기에는 단순히 무의식적 갈등을 드러내는 것뿐만 아니라 환자의 심리구조를 평가하고 보다 성숙한 방어기제들을 개발하는 것이 포함된다(Mitchell & Black, 1995). 이것은 치료가 단지 지적인 추구(원본능이 있는 곳에 자아도 있게 하라)가 아니고, 환자와 치료사 **사이에서** 일어나는, 치료적으로 변화를 일으키는 어떤 것이 있어서 환자의 정신세계에 구조적인 변화를 가져온다는 생각의 시작이었다(Meissner, 1992).

그러나 일어나거나 이해될 필요가 있는 것의 많은 부분이 환자가 의식적으로 알 수 없기 때문에 방어의 분석이 계속해서 치료적 변화의 중요한 측면이 된다는 점 또한 옳은 것으로 남아있다. 때때로 환자에게 발달적인 필요들이나 두 번째 기회를 제공하는 치료사의 치료적 행위에 보다 초점을 두는 최근의 분석(예를 들면, 대상관계나 자기 심리학)에서는 방어 분석이 간과되거나 덜 강조될 수 있다. 혹은 방어 분석은 체화된 동기보다는 어떤 관계적인 갈등/소망으로부터 환자를 보호하고 있는 그러한 방어들에 제한될 수 있다.

본 장에서 옹호되고 있는 최근의 Freud적 정신분석 치료에서는, 치료사가 환자들이 언제 그리고 어떻게 그들 자신을 불쾌한 어떤 것으로부터 보호하고 있는지를 그들에게 지적해줘야만 한다. 이러한 불쾌의 근원은 생물학적 의미의 억압된 욕망/소망일 수 있거나 본질적으로 관계적인 것일 수도 있다(흔히 둘 다인 경우도 있다). 그러나 앞서 힌트가 주어졌듯이, 삶의 모든 부분은 체화되어서 관계적 및 생물학적 동기들은 서로를 고려하여 이해되어야 하고 잘못된 이분법으로 주장되어서는 안 된다. 이것이 본장에서 요약된 관점에서 실천하는 많은 치료사들이 "관계적 감수성"을 갖고 정신분석을 해야한다고 말하는 이유이다(P. Hamm, 개인적인 대화, 2012년 7월).

지면 관계상 본장에서는 최근 Freud 정신분석이라고 불릴 수 있는 것에 대해 피상적인 서론이 제시되었지만, 요약해서 다음과 같이 제안하고자 한다:

1. 최근 Freud 정신분석은 성과 공격성과 같은 고전적인 개념들을 인간의 행동을 움직이는 체화되고 때때로 무의식적인 많은 생물학적 동기들 가운데 두 가지로 고려하는 체화된 인간 이해로 구성된다.

2. 그 이론은 욕동들, 마음의 구조(과정) 그리고 자아 능력들이 한 사람의 환경에 의해 형성되고 갈등을 일으킬 수 있거나 그렇지 않을 수 있다는 점을 지지한다. 발달은 발달적인 진행과 퇴행으로 이어지는 복잡한 방식으로 동시에 작용하는 수많은 체계들(타고난 그리고 환경적인)에 의존한다.

3. 어떤 갈등은 인간 발달의 불가피한 측면이기 때문에, 방어들이 생겨나고 그것들은 치료 과정의 일부분으로서 분석되어야만 한다. 타협 형성은 정신적 갈등에 대해 말해주는 간단명료한 방식이다.

4. 그러나, 무의식적 갈등은 치료의 변화를 가져오는 유일한 측면은 아닌데, 왜냐하면 환자들은 치료 관계의 사이에서 흔히 호전되기도 하는 결핍과 발달적인 탈선(구조적 결핍과 갈등으로 이어지는) 때문에 고통을 겪기도 하기 때문이다.

5. 간단히 말하자면, 최근 Freud 정신분석은 보다 오래된 개념들이 반드시 폐기되는 것은 아니면서도(예를 들면, 새롭게 제시된 오이디푸스기

개념)[3] 보다 새로운 이론적 개념들(결핍과 관계 모델들 같은)이 통합되는 통일된 과정 이론(즉, 언제나 변화하고 흘러가는)의 한 유형이다.

전통 찾기

나는 웨슬리안-알미니안 신학에서 나 자신의 전통을 찾는 것으로 시작한다. 나는 성인이 되어서 여러 다른 교파의 정회원이었지만, 나사렛 교회(웨슬리 교파)에서 성장했고, 나사렛 대학교를 다녔고, 두 개의 나사렛 대학교에서 일했고 그 교파에서 장로로 임직을 받았다.

심리치료를 위해 중요한 의미들이 있는 웨슬리 전통에는 몇 가지 독특한 점들이 있다. 첫째, John Wesley는 창조주 하나님의 주권을 유지하면서 인간의 자유와 책임 사이의 긴장을 유지하기 위해서 열심히 연구했다. 인간의 자유는 자유롭게 주어졌고 자유롭게 선택되는 것으로서 하나님의 은혜에 대한 Wesley의 이해에 필수적인 것이다. 은혜를 선택하거나 하나님을 거부하는 인간의 자유는 Wesley에게 너무나도 중요했기 때문에 한 신학자는 그것을 "반응-할 수 있는 은혜"(response-able grace)라고 하였다(Maddox, 1994). 따라서, 웨슬리주의자들은 믿음에 의한 구원에 동의하지만 그것은 저항할 수 있고 그리스도를 받아들인 후에라도 거부될 수 있다고 믿는다.

둘째, 웨슬리주의자들은 성경을 높이 신앙하고, 무오론(inerrant view)이 아니라 영감론을 고수한다(Lodahl, 2004). 셋째, 웨슬리주의가 성결(holiness)을 강조하는 것은 육체를 입고 생명력있게 사는 삶의 중요성을 보여준다(Powell & Lodahl, 1999). 현대의 어떤 웨슬리주의 공

---

3) 최근 정신분석의 저자들은 오이디푸스적 주제를 성과 관계성을 포함하는 것으로 새롭게 제시했다(Kohut, 1984; Pappenheim & Papiasvili, 2010을 보라). 논의의 일반적인 핵심은 성이 아동에게 중요한 발달 동기라는 점이지만, 병리로 이어질 수도 그렇지 않을 수도 있는 것은 성이 나타날 때 일차 양육자의 반응이다(Mitchell, 1988을 보라).

동체에서는, 정행(orthopraxis)의 주제들이 정통(orthodoxy)만큼 중요하다(Oord & Lodahl, 2005). 넷째, 웨슬리주의자들은 삼위일체를 신봉하고 하나님의 본성을 상호적이고, 자기를 비우는 사랑으로 이해한다(Oord & Lodahl, 2005). 하나님은 인류를 이처럼 사랑하기 때문에 하나님 자신을 인류에게 강요하지 않을 것이고, 이러한 이유로 인해서 웨슬리주의자들은 흔히 열린 유신론의 범위에 들어가는 신학들(Pinnock, 2001) 혹은 과정신학적 전통들(Stone & Oord, 2001)에 대해서 편하게 받아들인다. 마지막으로, 진정한 웨슬리 신학은 자연과 은혜를 나누지 않고, 따라서 하나님의 손이 기독교적 배경 밖에서 발달된 이론들과 과학에서조차도 역사한다고 주장한다(Guntor, Jones, Campbell, Miles & Maddox, 1997). 웨슬리주의자들은 Sigmund Freud와 같은 열렬한 무신론자의 이론일지라도 그것과 상호작용하고 활용할 수 있다. 나는 이러한 신학적 특수성에서 내가 개관했던 정신분석과 상호작용하게 될 것이다.

기독교적 비평

Sigmund Freud는 그의 정신분석 체계의 렌즈를 통해서 종교를 개념화하였다. 종교, 그리고 특히 하나님은 아이가 양가적인 관계를 갖는 오이디푸스적 아버지의 투사(1913)로 이해되었다. 그는 인류가 스스로를 변화무쌍한 자연과 운명에 대한 두려움으로부터 스스로를 보호하기 위해서 투사된 이러한 하나님 이미지(즉, 종교)를 필요로 한다고 가정하였다(1927). 하나님과의 이러한 관계는 양가적이어서, 인류는 또한 하나님을 두려워했고 그래서 강박적인 의례들을 통해서 달래려고 하였다(S. Freud, 2001). Freud는 건강한 아이가 결국 오이디푸스적 신경증으로부터 벗어나서 성장하듯이, 사회도 종교에 대한 필요에서 벗어나서 그것을 더욱 성숙한 과학과 이성의 체계로 대체한다(S. Freud, 1927).

많은 탁월한 저자들이 종교에 대한 Freud의 견해와 상호작용하기도 하였고 비판하기도 하였다. Freud가 틀렸다는 것이 아니라 그가 종교경험에 대한 그의 이해(Symington, 1994), 그 자신의 심리학(Rizzuto, 1998) 그리고 유대인이라는 것의 사회정치적 압박(Hoffman, 2011)에 의해 제한을 받았다는 점이 주장되었다. Freud가 종교라고 설명했던 것은 사실 원시적인 것으로 가장 잘 이해될 수 있었던 종교 경험의 한 형태였을 뿐이었다(Symington, 1994). 그는 불안, 두려움 그리고 양가감정에 기초하지 않는 성숙한 형태의 종교를 개념화할 수 없었던 것 같다. 이것은 그가 건강하고, 성숙한 기독교인들과의 따뜻하고 의미있는 관계를 갖고 있었다는 사실에도 불구하고 맞는 얘기이다(Hoffman, 2011). Freud는 모든 종교를 오이디푸스 콤플렉스의 렌즈를 통해서 이해했기 때문에, 그에게는 환영, 역설, 환상 혹은 심지어 내어맡김(surrender)을 심리적으로 긍정적인 빛 속에서 이해할 수 있는 아무런 기제가 없었다(Ghent, 1990). 후에, 관계 감수성을 가진 이론가들(최근의 Freud주의자들로 분류될 수 있는 이들)은 Freud의 환원주의적인 메타심리학을 넘어서서 반드시 병리적이지만은 않은 종교 경험을 이해하기 위해서 종교적인 분석가들을 위한 길을 더 많이 열었다(Jones, 1996; Meissner, 1984; Rizzuto, 1979; Sorenson, 2004a).

웨슬리주의의 전통은 웨슬리주의의 4대원리를 통해서 신학이 정신분석과 대화할 수 있는 자리를 쉽게 마련할 수 있다(Outler, 1985). 성경, 전통, 이성 그리고 경험으로 구성되는 4대원리는 일종의 신학적 인식론이다. 한 주제를 이해하려고 할 때, 웨슬리주의자는 전통(예를 들면, 교회의 역사), 이성(예를 들면, 철학, 논리학) 그리고 경험(예를 들면, 개인적이고 축적된 관찰) 뿐만 아니라 성경이 말하는 것(있다면)을 고려해야만 한다. Brown(2004)은 경험주의의 독특한 방법론을 통합하기 위해서 경험과학을 5번째 요소로서 4대원리에 추가한다. 이러한 5가지 요인들이 서로 공명할 때, 진리의 주제들은 더욱 분명해진다. 만약 그것들이 공명하지 못한다면, 진리는 흐릿해질 것이고, 5가지 영역의 어떤 것이 조율될 필요가 있을 것이다. 물론 모든 영역이 모든 주제에 대해 해야 할 말이 있거나 심지어 대화에서 동일한 무게를 가져야 하는 것은 아니다.[4] 그럼에도 불구하고, 이 모델은 신학과 심리치료 이론과 같은 주제들 사이의 대화(흔히 "통합"이라고 하는 것)를 위한 과정을 제공해준다 (Strawn, 2004).

다음은 최근의 Freud주의 정신분석 이론(이미 개관했듯이)과 신학(특히 웨슬리주의 신학)이 조화를 이루는 어떤 예들이다. 최근의 Freud주의 정신분석과 성경은 모두 인간을 자기-기만과 죄악된 행동으로 이어질 수 있는, 자기-추구를 향한 자기애적 성향이 있는 것으로 표현한다고 주장될 수 있다.[5] 사람들은 무의식에 의해 움직여지기 때문에, 그들은 사고, 지각, 느낌 그리고 행동에 있어서 혼란스럽다. 따라서, 그들은 그들 자신 밖에 그들을 이러한 감옥으로부터 자유롭게 하는 데 도움을 주는 어떤 것이나 어떤 사람을 필요로 한다. Wesley는 모든 인간의 능력들은 그가 "내재하는 죄"라고 하였던 것에 의해서 부패된다고 믿었고 그에 따라서 그는 사람들은 죄로 인해 병든 본성이 치유될 필요가 있다고 믿었다. 이러한 치유는 궁극적으로 하나님으로부터 오는 것으로 이해되었고 죄의 **용서**와 지속되는 죄의 **영향력**으로부터의 치유 혹은 해방에 유용하다(Maddox, 1994).

---

4) 성경은 인간의 뇌 구조에 대해 아무 것도 말해주지 않지만, 신경심리학은 삶의 의미에 대해 아무 것도 말해주지 않는다. 이것은 인간 행동의 주제들에 대해 두 분야 사이에 중요한 대화가 있을 수 없다는 것을 의미하지 않고, 어떤 상황에서 새로운 5대원리의 어떤 요소들이 다른 것들보다 말할 수 있는 것이 더 많을 수 있다는 것을 의미한다.

5) 관계중심으로 수정된 최근의 정신분석은 초기 혹은 일차 자기애가 윤리적으로 중립적이고 아동이 모종의 발달적 실패를 경험한다면 병리적이게 될 것이라고 주장할 것이다.

따라서 정신분석과 웨슬리 신학이 인간 행동의 많은 부분이 중복적으로 결정된다고 제안한다면(즉, 신학적으로는 죄에 의해서 형성되고, 정신분석적으로는 의식적인 자각 밖의 경험들에 의해 형성되는), 웨슬리 신학은 하나님이 자신의 악한 성향들을 행동으로 옮기지 않을 자유를 주셨고, 그것은 인간 안에 있는 도덕적인 하나님 형상을 회복함으로써 가능하다고 강력히 주장한다(Runyon, 1998). 앞에서 언급되었듯이, 정신분석과 신학은 자유를 증진시키고 그 결과로 변화가 일어나도록 하기 위해서 개인 외부에서 무엇인가가 요구된다고 가정한다. 웨슬리주의자들에게 이 "무엇"은 의심할 바 없이 사람을 사랑이라는 궁극적인 목적으로 이끄는 성령을 통해서 역사하는 하나님의 은혜이다. 웨슬리에게 있어서 여기에는 물리적인 수단이나 인간의 행동–그가 **은혜의 수단**이라고 하였던 것–을 통해서 전해지는 하나님의 은혜가 포함된다. 따라서 성만찬과 같은 교회의 성례들이 은혜의 수단일 수 있다면, 애찬, 언약갱신예배, 속회와 같은 일상적인 활동들도 그럴 수 있다(Maddox, 1994). 그래서 웨슬리주의자는 심리치료를 치료상황을 통해서 하나님의 은혜가 환자에게 전해지고 그들을 자기, 타자, 하나님 그리고 창조세계에 대한 사랑으로 이끄는 은혜의 수단으로서 이해할 수 있다(Strawn, 2004).

웨슬리주의자들은 또한 정신분석적 이해가 물질주의로 이어지는 환원주의(보다 Freud적인 관점)가 아니라고 한다면 사람을 신체적인 존재로 보는 정신분석적 이해에 공명할 것이다. 웨슬리주의자들은 인간이 부분적으로는 타고난 생물학적 요소와 초기 신체 경험들의 산물이고, 이것들이 무의식적으로 사고, 느낌, 지각 그리고 행동에 영향을 미친다는 생각에 대해 문제가 있다고 느끼지 않을 것이다. John Wesley 자신은 그 당시 영국의 경험주의에 기초하는 감정 심리학(affectional psychology)을 제시했다(Maddox, 2010). 그는 사람들이 동기 성향들(motivating dispositions)을 발달시킨다고 가정했는데, 그것들은 익숙해져서 영속적인 성품들(tempers)이 되는 감정 상태들이다. 감정은 일시적이었지만, 성품은 성격적인 것이었다. 이러한 성품들은(어떤 생물학적 소인들과 함께) 무의식적 동기의 깊은 구조이다. 이것들은 생물학과 관련된 경험들을 통해서 발달되고, 따라서 신체적 특성으로 구체화되고 그 사람의 세계에 영향을 받는다. 앞에서 개관되었던 정신분석은 관계성이 그리고 생물학조차도 단순하게 "단지" 물리주의(physicalism)로 환원될 수 없다고 주장하기 때문에, 이러한 접근은 환원주의와는 거리가 있다(Brown, Murphy & Malony, 1998).

요약하자면, 웨슬리 신학과 보다 Freud적인 정신분석(이것의 어떤 부분은 이미 앞에서 다루었다)의 측면들 사이의 부조화의 영역은 (1) 경직된 물질주의적 환원주의, (2) "단지" 심리적 투사로서의 하나님, (3) 사람들에 대한 지나치게 결정주의적인 이해, (4) 타인에 대한 자비로운 사랑과 같은 것을 고려하지 않는 동기 체계, (5) 인간과 인간의 변화에 대한 지나치게 개인주의적인 이해. 여기에서 개괄된 보다 최근의 Freud적 관점은 처음 세 개의 요점에 대해서는 웨슬리 신학과 더욱 조화를 이루지만, 여전히 마지막 요점에 대해서는 비판할 가치가 있다.

최근의 정신분석조차도 그것이 가진 개인주의, 자기애, 고립과 단절의 경향성들 때문에 비판을 받았다(Rubin, 1997; Cushman, 1995). 결국 연구의 일차적인 주제는 개인적인 것이고, 정신분석에는 타자에 대한 사랑의 윤리를 주장하는 어떤 윤리적 전통도 없다(Wright & Strawn, 2010). 그리고 여전히 정신분석은 정확하게 사랑에 관한 것이라고 주장하는 다른 목소리들이 있다. Rubin(1997)은 정신분석에는 그가 "무아중심주의"(non-self centricism, p. 87)이라고 했던 것의 가능성이 있다고 주장한다. Winnicott과 Klein은 정신분석이 개인을 자기몰두의 상태에서 타자들과 세상에 대한 관심으로 이행시킬 수 있다고 주장했다(Symington, 1994). 정신분석이 어떻게 마음의 이론(Siegel, 2012)을 발달시킬 수 있는가에 대한 연구에 의하면 정신분석은 사람들이 자아중심적인 시각에서 다른 사람에 대한 인식으로 이행하는 데 도움을 줄 수 있다. Jessica Benjamin(1995)과 Marie Hoffman(2011)의 연구는 타자에 대한 상호인정을 발달시키는 것을 정신분석의 중심적인 윤리로서 제기한다. Guntrip, Fromm과 그리고 Freud 그 자신과 같은 다른 사람들도 사랑을 치료 작업의 필수적인 측면으로 인식했다. 나는 다른 곳에서 정신분석의 중심 목적, 그리고 종교의 중심 목적들 가운데 하나는 사랑하고 사랑을 받아들일 수 있는 사람의 능력을 회복하고 개발하는 것이라고 주장했다(Strawn, 2004). 그러나 요점은 여전히 남는다: 정신분석은 그 자체를 어떤 특별한 전통으로부터 분리시켰기 때문에, 이 "사랑"은 매우 개인화된 방식으로 정의되고 규정되었다(Wright & Strawn, 2010). 다른 한편, 웨슬리 신학은 "사랑의 신학"(Wynkoop, 1972)이라고 불렸고 하나님의 역사를 하나님, 이웃(창조세계를 포함하여) 그리고 자기를 자기포기의 방식으로(빌 2:1-11) 사랑할 수 있는 개인의 능력을 회복하는 것으로 이해한다(그리고 나는 이러한 하나님의 역사 가운데 하나는 심리치료라는 은혜의 수단으로서 이해될 수 있다고 주장한다). 결국, 웨슬리 신학을 통해서 처리되어진 최근의 Freud주의적 관점에는 하나님, 이웃(창조세계를 포함하여) 그리고 자기에 대한 사랑이 그것의 궁극적인 목표로서 포함되어야만 한다.

그러나, 이것 가운데 어떤 것도 한 사람의 종교적인 경험이 그들의 환경에 의해 상당 부분 형성이 되기도 하고 잘못 형성이 되기까지 한다는 사실을 부정하지 않는다. 이러한 이유로 환자의 종교적 경험이 분석가에게는 Freud를 통해서 분석되어야 하는 것이 아니라 보다 원초적인 종교적인 경험에서 보다 성숙한 것으로 이행하려는 소망이 있는 정당한 게임이다(Symington, 1994).

사례연구: 토니

최근 Freud주의의 관점에서 볼 때, 토니는 기능의 신경증적 범위에 속하는 것으로 개념화될 수 있다.[6] 사례의 자료에는 경계선 기능을 시사하는, 현실검증의 어려움이나 정서 내성과 조절에서의 심각한 문제에 대한 아무런 증거도 나타나지 않는다. 그의 주요 정서적인 불평은 불안과 우울의 영역이었고, 높은 수준의 수동성과 경쟁성을 포함하는 것으로 보이는 그의 대인관계적인 문제들 역시 신경증과 일치한다(McWilliams, 1994).

토니는 기능의 신경증적 범위에 속하는 것으로 개념화되고 있기 때문에, 그의 문제는 자아 손상의 관점에서가 아니라 자기-타자 구조에서 지나치게 가혹한 초자아와 갈등으로 이어지는 오이디푸스 콤플렉스의 은유(성과 공격성을 포함하지만, Freud의 전통을 재발견한)에 의해 표현되듯이 관계에서의 갈등의 관점에서 이해될 것이다.[7] 토니는 그의 "따뜻한" 엄마에 대해 양가적이었고 아버지와는 크게 갈등이 있었다. 토니의 (아마도) 자기애적인 아버지 때문에, 그는 결코 진정으로 아버지를 동일시하거나 어머니로부터 분리되지 못했다고 가정될 수 있을 것이다. 환경이 그에게 매우 감정적이고 생물학적으로 물든 시기를 효과적으로 지나갈 수 있도록 힘을 부여해주지 않았기 때문에, 토니는 또한 그 자신의 성(그리고 어쩌면 그의 젠더)에 대해 크게 갈등을 느끼고 있었다. 이

---

6) 여기에서 사용된 진단적 접근은 McWilliams(1994)와 Mitchell(1988)로부터 가져왔다. 이것은 범주적 모델과는 반대되는 차원적 모델이다. 전 생애를 거치면서 모든 인간은 동일한 삶의 중심적인 부침(예를 들면, 관계 대 분화)에 다른 차원의 방식으로 대처해야만 한다.

7) 오이디푸스에 대한 현대적인 견해들에 대해서는 앞에 나오는 논의를 보라.

것은 그의 부모가 발달적으로 적절한 토니의 성을 받아들이지 못했기 때문일 수 있다. 토니는 이성애를 지향하는 것으로 보이고 여성과의 관계에 대한 욕구를 표현했지만, 그는 계속해서 스스로 방해를 했다. 그는 그의 어머니와 자신의 성에 대해 혼란스러운 느낌과 소망을 갖고 있고, 이러한 이유들로 인해서 그는 성관계에 대해 무의식적으로 불안해했다. 그는 그가 관련된 여성이 관계를 억지로 끝낼 때까지 관계에서 "지루해" 하거나 수동적으로 행동함으로써 성에 대한 이러한 두려움에 대해서 방어했다. 그의 강박적인 자위행위뿐만 아니라 이러한 행동들은 여성과의 실제로 친밀한 성적 관계에 있게 되는 것에 대한 두려움에 대해 그 자신을 방어하면서(그가 그의 부모에게서 경험했던 것과 같은 거절에 대한 두려움과 그 자신의 성적 충동에 대한 두려움 때문에) 그의 성적 욕구와 소망의 일부분이 충족되도록 하기 위한 타협형성으로 이해될 수 있다.

토니의 아버지는 그의 아들이 수치심 없이 그와 경쟁하도록 하는 데 큰 어려움이 있었던 것 같다. 결과적으로, 토니는 수치심과 분노와 싸우지만, 그가 경쟁적이라고 느낄 수 있었던 사람들과의 관계를 피함으로써 그의 분노에 대해서 방어한다. 사실 그는 아마도 그가 경쟁적이게 되는 것을 두려워하기 때문에 그에게 남성 친구들이 있어도 소수가 있고, 이것은 수치심과 자기혐오 혹은 그를 당혹스럽게 하는 어떤 형태의 공격성으로 이어질 수 있다고 보고한다. 다시 말하자면, 그는 회피와 수동성을 통해서 방어한다.

토니는 아마도 전이에서 그의 치료사를 과소평가하거나, 어떤 일이 일어나는가를 보는 데 그와 동의하지 않거나, 혹은 치료사를 이상화하는 그의 느낌에 있어서 동요하고 그 자신에 대해 수치스러워하면서 그의 치료사와 경쟁하려고 할 것으로 예측되었을 것이다. 토니는 그의 공격성을 풀어낼 뿐만 아니라 그의 아버지에 대한 갈등의 느낌들도 풀어내려고 했을 것이다. 물론, 그는 이것들에 대해 방어할 것이고, 분노와 따뜻한 느낌, 그리고 남성 인물과의 의미있는 관계에 대한 갈망에 대한 그의 방어를 해석하는 것은 치료사의 역할이었을 것이다. 만약 토니가 그의 치료사에 대해서 따뜻한 느낌을 가질 수 있었다면, 이것은 때때로 무섭게 성적인 것이 될 수도 있었을 것이다. 그는 이러한 따뜻한 느낌을 성적인 것으로 느끼고 그가 동성애인 것을 두려워할 수 있다(어머니와 아버지와의 관계에서 전반적으로 해결되지 않았던 젠더의 혼란의 어떤 부분과 관련이 있을 수 있는). 치료사가 이러한 느낌들을 해석하고 그것들을 견뎌주려고 한다면, 토니의 자아와 그의 지나치게 가혹한 초자아 사이에 개입해야 할 것이다. 시간이 흐르면서 이러한 관계적 개입은 토니의 초자아의 형태를 바꾸고 그가 욕망하는 것을 허용하고 그의 갈등을 이해하는데 도움이 될 것이다. 이것은 그를 자유롭게 해줘서 그의 성적인 노력이나 그의 분노에 대해서 두려워하지 않게 해주고, 다른 사람을 이상화하고 자기를 수치스러워하는 것과는 다른 자기-대상 형태를 발달시키도록 해줄 것이다.

토니의 신경증은 그의 종교 경험에서 구체화된다. 그는 그의 오이디푸스적인 아버지와의 해결되지 않은 관계를 하늘 아버지에게 투사하기 때문에, "지적으로 신학에 관심이 있기는" 하지만 친밀하게 그를 돌보시는 하나님에 대해 가깝다고 느낄 수 없다. 그는 무의식적으로 그의 하늘 아버지뿐만 아니라 지상의 아버지로부터의 처벌을 두려워할 수 있기 때문에 그는 그의 새로운 신학을 충분히 포용하는 것을 불안해할 수 있다. 그는 그가 자라면서 배웠던 규칙들과 규제들(즉, 음주와 성에 대한 도덕들)을 밀어내고(공격적이고) 싶지만, 그의 부모가 그에게 그들의 자기감과 세계관에 위협이 되지 않으면서 분화할 수 있는 여지를 제공할 수 없었기 때문에 이 영역은 갈등을 일으키게 되었다. 다시 말하자면, 우리는 지나치게 가혹한 초자아의 영향을 본다.

치료사는 토니의 종교 경험을 그의 가족 경험이 분석되는 것과 동일한 방식으로 분석할 필요가 있을 것이다. 어떤 무의식적인 소망들이 방어되고 있는가, 그리고 그러한 소망들이 용인된다고 한다면 그는 어떤 초자아의 보복을 두려워하고 있는가? 이 어렵고 시간적으로 집중해야 하는 작업은 토니가 자기, 타자들 그리고 하나님과 보다 갈등으로부터 자유로운 관계를 형성할 수 있도록 하기 위해서 그가 타협 형성을 약화시키지 않도록 도와주는 것이 될 것이다. 그리고 갈등으로부터 자유로운(혹은 더욱 자유로운) 기능의 이러한 영역들로 인해서 토니는 그의 사랑하고 사랑받을 수 있는 능력을 크게 할 수 있을 것이다.

제4장

에큐메니칼 영성, 가톨릭 신학 그리고 대상관계이론

삼겹줄의 안아주는 거룩한 공간

Theresa Tisdale

나는 기독교와 정신분석에 관한 집단 내의 그리고 집단 사이의 대화들이 확장되기를 바라는 소망과 전망 때문에 이 기획에 끌렸다. 몇 년 전 Douglas Jacobsen과 Rhonda Jacobsen은 *Scholarship and Christian Faith: Enlarging the Conversation*(2004)이라는 책을 썼고 메시아 대학에서 「학문에서의 신앙」이라는 학술대회를 주최하였다. 두 가지 맥락에서 기독교 학자들은 그들의 기독교적인 전통 안에서 그들 자신을 자리매김하고 설명하고, 그들의 전통적인 신학과 영성이 그들의 학문 작업에 스며드는 방식들을 고려해보도록 초대되었다. Jacobsen 부부가 그 당시 더 높은 차원의 교육을 위해 개척한 것을 이번에는 Earl과 Brad가 하려고 시도하고 있다. 이러한 최근의 기획에는 정신분석과 기독교의 대화에서의 개방성, 환대 그리고 포용성과 같은 에큐메니칼 정신이 반영되어 있다. 종교를 환상이라고 선언했을 때, Sigmund Freud는 신앙이라는 긍정적이고 적응적인 개념에 길고 어두운 그림자를 드리웠다. 지난 수 십 년간 이론적이고(McDargh, 1983; Sorenson, 2004a), 임상적이고(Finn & Gartner, 1992; Tisdale et al., 1997), 경험주의적인(Brokaw & Edwards, 1994; Hall & Brokaw, 1995; Lawrence, 1997; Tisdale, 1998) 문헌이 많이 나와서 그 그림자의 크기와 강도를 줄이는 데 공헌하였다. Ana-Maria Rizzuto(1979)의 *The Birth of the Living God*은 정신분석과 종교 사이의 대화를 확장하고 설명하는 데 획기적인 공헌을 하였다.

이러한 의견들에 더해서 주요 정신분석 이론가들의 종교적 또는 영적 전통에 대한 토론들과 문화적이고 개인적인 맥락이 이론의 발달과 전개에 어떻게 영향을 미칠 수 있었는지에 대한 토론들이 덧붙여졌다(Dobbs, 2009; Hoffman, 2004, 2011; Parker, 2012: Rizzuto, 1998). 이 전기적인 의견들에 더해서 자신들의 종교적 또는 영적 헌신들이 그들의 분석작업에 영향을 미치고, 스며들고, 작용하는 방식들에 관한 분석가들의 개인적인 성찰들이 추가되고 있다(Rizzuto, 2004; Aron, 2004; Fayek, 2004; Sorenson, 2004b). 이 책 그리고 관련된 CAPS 심포지엄(Bland, Strawn, Tisdale, Hicks & Hoffman, 2012)을 통해서 편집자들은 전통 고유의 대화와 담론을 시작하고 있다.

생물학에서 관계로:
대상관계 운동

대상관계이론은 근본적인 인간의 동기를 욕동에 대한 초점에서 관계에 대한 초점으로 옮긴, 정신분석에서 패러다임의 전환을 나타냈다. 임상 실제에서 수반되는 변화와 함께 이론에서의 이러한 구조적인 변화는 영국정신분석학회에서 Freud에게 충성되게 남아있는 사람들(이 운동을 이끌었던 Anna Freud와 함께)과 Melanie Klein과 동맹한 사람들 사이의 조직적인 분열(1940년대 초반에)에서도 나타났다. 이 두 진영 사이에서 영국 중도학파가 생겨났고, 후에는 영국 독립파로 불리게 되었다. 이 그룹에서 가장 영향력 있는 사람은 W. R. D. Fairbairn, D. W. Winnicott 그리고 H. Guntrip이었다. John Bowlby(1969, 1973, 1980)와 Michael Balint(1968)는 매우 탁월한 다른 회원들이었다. 그 운동에 영향력 있는 공헌자들의 연구에 대한 더 자세한 설명과 요약에 대해서는 Greenberg와 Mitchell(1983), Raner(1991), Summers(1994), 그리고 Mitchell과 Black(1995)을 참고하면 된다.

Greenberg와 Mitchell(1983)은 대상관계의 개념이 Freud의 욕동이론에서 나왔다고 기술했다. Freud는 **대상**이라는 단어를 일상 영어의 용법을 따라서 사용했는데. 그것은 사물과 목표 또는 표적을 지칭한다. 대상관계이론에서 대상은 한 사람(외적 혹은 내적 타자)에 대한 표상이고 목적(만족과 욕동 충족)으로 가는 수단으로서 보다는 그 자체가 추구된다. 그러나 이것들은 정적이거나 독립적인 대상들이 아니고, 대상과의 **관계들**이다. 그 대상(타자)은 언제나 어떤 연관된 정서와 함께 자기와 관련하여 경험된다. 실제적인 그리고 상상된 내적 및 외적 관계들 사이의 이 복잡한 정서적이고 연상적인 연결들은 성격, 정신병리 그리고 치료를 이해할 때 매우 중요하게 되었다.

Summers(1994)는 대상관계이론들이 고전적인 이론과 실제의 가정들과 한계들에 만족하지 못하는 임상가들에 의해 개발되었다고 보았다. 이 운동이 전개되면서 이러한 생각들이 고전적인 견해들을 수정하거나 대체하는 것인지 결코 완전히 분명하지는 않았다(때때로 이론가들 스스로도 여전히 이 개념과 씨름하고 있었다). 수정이든 대체든, 대상관계이론은 그것이 전개된 역사적 이론적 맥락에서 가장 의미 있게 이해되고 있다.

대상관계 운동을 요약하기란 이론적 광대함 때문에 그리고 정신분석의 이러한 가지에 누가 포함되어야 하는가에 대한 이견들 때문에 처리하기가 어려운 과제이다(Greenberg & Mitchell, 1983; Summers, 1994; Mitchell & Black, 1995). 시간과 공간 그리고 (확실히는) 개인적인 선호 때문에 나는 대부분의 학자들이 영국 독립파 안에서 가장 대표적인 주요인물이라고 동의하는 Fairbairn, Winnicott 그리고 Guntrip에 대한 연구에 초점을 맞추기로 한다.

주요 이론가들의 전기적 배경

이론들은 진공상태에서 만들어지지 않는다. 그것들은 이론가가 발달시켜 온 개인내적, 대인 관계적 그리고 환경적 맥락의 결과물이다. 이론적 배경을 이해하기 위해 대략 써 보기로 하겠다. 역사적으로, Fairbairn, Winnicott, Guntrip의 생애에 있어서 종교와의 관련성은 축소되거나 무시되어 왔다. Hoffman(2004, 2011), Dobbs(2009) 그리고 Parker(2012)의 저서 덕분에 간과된 것들이 재조정되고 있다.

William Ronald Dodds Fairbairn(1889-1964)은 에딘버러에서 태어났다. 그는 장로교 아버지와 성공회 어머니 사이의 외동아들이었다. 그는 엄격한 깔뱅주의 교육을 받았지만 그는 괘념치 않았다고 전해지고, 그의 어머니는 그가 장로교 성직자가 되기를 원했으나 그는 성인이 되어서 성공회를 받아들였다. 그는 철학 석사학위를 받았고 신학대학원에서 3년간 공부하였다. 이런 학문적 개인적 경험들의 영향들에 대한 실질적인 증거가 있다. 그의 저서 *Psychoanalytic Studies of the Personality*(1952)

에서 Fairbairn은 종종 심리적 현상을 묘사하기 위해서 종교적인 용어를 사용한다. 제1차 세계대전에서 복무한 이후 Fairbairn은 4년간의 의학공부를 마치고 1년간의 정신의학을 전공한다. 그는 독실한 기독교인인 Ernest Henry Connell과 정신분석을 경험한다(M. T. Hoffman, 개인적인 대화, 2012년 11월 7일). 관습에 얽매이지 않는 그의 훈련 경력 때문에 영국정신분석학회에서 Fairbairn의 자격증은 의문의 여지가 있는 것으로 간주되었다. 제2차 세계대전 기간 그는 오늘날 외상후 스트레스와 외상성 뇌손상으로 알려진 전쟁신경증을 경험한 군인들과 퇴역군인들과 작업을 했다. 런던이 아닌 스코틀랜드에 거주했기에 Fairbairn은 상대적으로 고립된 상황에서 연구했는데, 이것이 그의 창의성을 고양시켰을 수는 있었지만 영국정신분석학회와의 연결과 그 속에서의 환대를 저해했다. 최근 Clarke(2011)는 Fairbairn의 사상과 이론에 미친 Ian Suttie가 미친 중요한 영향력에 대해 탐구했다. Fairbairn의 저술은 대개 이론적이었고, 그의 피분석자들 가운데 두 명이었던 Harry Guntrip과 John D. Sutherland의 혼신의 노력으로 인해서 Fairbairn의 연구는 보다 넓은 정신분석 공동체에 받아들여질 수 있게 되었다. Fairbairn은 우울증, 알코올중독 그리고 파킨슨병의 합병증으로 사망했다. 이 전기적인 세부내용은 Sutherland(1989)와 Hughes(1990)에게서 가져왔다.

Donald Woods Winnicott(1896-1971)은 영국 플리머스에서 태어났다. 그의 아버지는 기사 작위를 받았고 플리머스 시장을 두 번 역임하였다. 그의 의예과 공부는 제1차 세계대전 때문에 중단되었고, 그는 해군에서 의료기사로서 복무했다. 그는 1920년 수련의 과정을 마치고 1923년 패딩턴 그린 아동병원에서 40년 재임의 첫 해를 시작했다. 또한 1923년 James Strachey(권위 있는 Freud 저서 번역가)와 10년의 정신분석을 시작했고 뒤이어 Melanie Klein의 공동연구자 Joan Riviere에게 5년 분석을 받았다. Winnicott은 Klein에게 5년간 수퍼비전을 받았다. 제2차 세계대전 동안 Winnicott은 전시 피난 때문에 가족들과 떨어졌던 많은 아동들을 치료하였다. Winnicott은 감리교인으로 자랐지만, 후에 성공회 교인이 되었다. 사회복지사로 일하다 그를 만나 결혼했고, 전시 피난 기간에 아동과의 작업을 오랫동안 함께 했던, 그의 두 번째 부인 Claire는 Winnicott을 처음엔 소아과 의사로서 후에는 분석가로서 그의 일에 아주 만족스러워하는 사람으로 묘사하였다. 그는 연이은 심장마비로 사망하였다. 종교에 대한 Winnicott의 직접적 언급은 대부분 비록 그가 저서를 통해서 종교에 대한 다른 간접적인 논평을 하긴 했지만 중간공간과 중간현상을 논의(1953, 1965, 1971, 1975)하는 맥락에서 이뤄졌다. 이러한 전기적인 세부사항은 Phillips(1989)와 Hughes(1990)로부터 가져온 것이다.

Harry Guntrip(1901-1975)은 감리교 목회자의 아들이었고 그 자신은 18년간 회중교회 목회자였다. 1946년이 되어서 그는 마침내 심리치료사가 되기로 결정했다. 그는 Fairbairn(1,000시간을 넘게 수행함)과 Winnicott에게 분석을 받았다; Fairbairn의 질병으로 인해서 그들의 작업은 이른 종결을 맞게 되었다. Guntrip의 어머니는 사망하기 전 9년간 Guntrip과 그의 아내와 살게 되었는데 그 시기에 그녀는 그녀가 결혼하거나 아이를 낳지 말아야 했었고 그녀는 사업에 더 적합했다고 말했다. Guntrip의 남동생은 Guntrip이 세 살 반이었을 때 죽었고 그는 여러 해 동안 그 기억을 억압했고 그의 어머니는 그것으로부터 전혀 충분히 회복되지 못했다. 이 비극적인 사건들은 Guntrip이 벗어나고 싶었던 불우하고 고통스럽고 냉정한 초기의 세계였다. 철수와 관계 사이의 심리내적이고 대인관계적인 긴장이 Guntrip의 삶을 지배했을 것이다. 그는 회중교회 목회자가 되기 전까지 구세군에서 종교생활을 시작했다. Guntrip은 (Fairbairn과 Winnicott과의 분석에 앞서서) 리즈대학교 정신건강의학부에서 심리치료사가 되기 위하여 전임사역을 그만두었다. Guntrip은 다른 사람들의 연구(Guntrip, 1971)를 종합하고 확장할 뿐만 아니라 종교에 대한 그의 원래의 연구에 초점을 맞추었다(1949, 1969a). 이러한 전기적인 세부내용은 Dobbs(2009)에게서 가져온 것이다.

주요 이론가들의 이론적 임상적 공헌들

동기. 모든 대상관계 이론들은 근본적인 인간의 동기를 관계라고 본다. 기본적인 욕동은 생물학적 욕구충족을 향하는 것이 아니라 연결을 위해서 타자를 향한다. Hughes(1990)는 Fairbairn이 욕동을 만족시키려는 욕구에 대해 말하는 것에 대해 항의하면서 한 환자가 "내가 정말로 원하는 건 아버지에요!"(p. 95)라고 외쳤을 때 이러한 깨달음에 이르게 되었다고 한다. Winnicott(1961, 1965, 1971, 1975)은 소아과 의사로서 그의 독특한 견해로 동기를 이해하는 데 공헌했다. 그가 종종 인용한 격언 "아기란 없다... 우리는 돌보는 커플(엄마와 아기)을 본다"(1975, p. 99)는 *The Nursing Couple*(Middlemore, 1941)이란 제목의 책에 대한 독서와 비평에서 (최소한 부분적으로라도) 영감을 받은 것 같다. Winnicott 이론의 초점은 엄마-아기의 유대관계, 그리고 건강한 발달을 위한 헌신적인 엄마의 결정적인 중요성이다. Guntrip(1969b, 1941)은 Fairbairn과 Winnicott에게 분석을 받으면서 내외적 대상들과의 관계를 위한 필요와 동기적 욕동에 대해 상세히 설명했다.

심리구조. 대상관계이론에서 심리구조는 자기(self)와 관계가 있다. 그 변화는 심리내적 기능에 대한 Freud의 지형학적(무의식, 전의식, 의식), 구조적(원본능, 자아, 초자아) 모델에서 타자와의 관계가 자기의 구조로 이어지는 과정에서 어떻게 내면화되는지에 대한 설명으로의 전환이다. 자아(ego)라는 용어가 초기 대상관계 이론가들의 저서에서 흔히 사용되었을지라도, 설명되고 있는 그 개념은 Freud가 구상했던 것과 같은 **자아**(ego)가 아니고, 타자들과의 관계, 그리고 이러한 자기-타자 관계들의 내면화를 통해서 형성될(구조화될) 필요가 있는 자기(self)이다.

Summers(1994)는 구조란 자기-정서-타자 경험들과 연결들(그가 "대상관계 단위들"이라고 했던)의 내면화를 통해서 형성된다고 보았다. 이것들은 단회적인 경험들도 아니고, 실제 경험들의 온전한 내면화도 아니다; 그것들은 시간이 흐르면서 축적된 자기-타자-정서 경험들을 그 경험들에 부여된 의미와 함께 더욱 복잡하고 미묘하게 내면화한 것이다. 그 사람의 자기는 이러한 내면화에 기초해서 형성되기 때문에, 직면은 존재에 대한 위협으로 경험될 수 있다.

Fairbairn(1952)은 내면의 드라마가 어떻게 형성되고 드러나는지에 대해 가장 분명한 설명과 그림을 발전시켰다. 어린 시절에 반복되는 고통스러운 관계적 환경적 대면들 때문에 자기와 타자는 분열되고 정서로 연결된 자기-타자 구조들이 형성된다. 나쁘거나 고통스런 대상관계들은 내면화되거나 억압되지만, 그것들의 증거는 자기 및 타자들과 관계하는 현재의 패턴에서 추론될 수 있다.

Guntrip(1969b, 1971)은 심리구조에 대한 Fairbairn의 모델을 통합했고, 우선 퇴행한 자아의 개념을 추가해서 그것을 확장했다: 관계를 갈망하지만 내적으로 혹은 외적으로 연결을 추구하는 것으로부터 전적으로 철수할 수 있는 자기의 부분(Fairbairn의 리비도적 자아). 그는 이것을 **분열성의 문제**라고 했다: 타자가 무관심하거나 심하게 침범하는 존재로 경험될 때, 자아의 반응은 연결에 대한 어떤 추구로부터도 수동적으로 철수하는 것이다.

Winnicott은 마지막 저서에서 심리구조에 대한 그의 견해를 참자기와 거짓자기를 중심으로 제시했다. 자발성과 창의성을 특징으로 하는 참자기는 충분히 좋은(완전한 것이 아니라) 엄마와의 관계적 경험들을 통해서 생겨나고 구조화된다. Winnicott은 건강한 발달을 위해 필요한 것으로서 불완전한 공급의 중요성을 언급했다. 그러나 만약 아이가 모성 실패나 침범적인 혹은 침입적인 모성 존재를 경험했다면, 거짓 자기가 발달하고 그 아이는 너무 이르게 강박적으로 엄마에게(후에는 타인들에게) 맞춰주게 된다. 그 아이는 자신의 진정한 자기를 발달시키기 보다는 자신에 대한 엄마의 이미지가 된다.

발달. 비록 각 대상관계 이론가들이 성숙에 관해 독특한 견해를 가지고 있을지라도, 그들은 모두 발달이 유아의 필요에 조율해주는 관계적 경험과 환경을 제공해 주는 초기 양육자(일차적으로 엄마)의 능력에 영향을 받는다는 견해를 공통적으로 갖고 있다. 완벽이 아닌 공급의 적절한 균형을 특징으로 하는 **촉진적 환경** 때문에 강건하고 진정한 자기가 발달할 수 있게 된다. Summers(1994)는 욕동에 비하여 관계에 의해 동기화된 애착 패러다임은 세 가지 연구 노선에 의해 적절하게 지지를 받고 있다고 하였다: 유아 애착, 자연스런 관찰 그리고 동물에 대한 실험적인 연구; 아동이 양육자가 좋든(필요를 위한 공급해주는) 나쁘든(무시하고 학대하는) 그 양육자에게 애착하고, 이러한 애착은 지속된다는 것을 보여주는, 아동에 대한 자연스런 연구; 이러한 노선의 연구에 추가되는 것은 의미 만들기라는 중요한 요소이다.

Fairbairn(1952)에게 있어서, 발달은 크게 세 단계로 묘사되었다: **유아적 의존 단계**, 유아가 엄마나 초기 양육자에게 완전히 전적으로 의존하는 단계; 뒤이어 **중간 단계**, 이 시기의 주요 발달 과제는 유기나 삼켜버림으로부터 위협받지 않는 의미 있는 유대관계를 유지하면서 양육자(엄마)로부터 분리할 수 있는 능력이다;[1] 그리고 나서 **성숙한 의존단계**, 상호성과 호혜성에 기반으로 하는 건강한 상호의존 능력. 발달에 대한 Guntrip(1969b)의 견해는 Fairbairn의 견해를 따르면서도 지속적인 대상 추구에 대한 Fairbairn의 견해와는 대조적으로 대상 추구로부터의 완전한 철수(퇴행한 자아)라는 개념을 더하였다.

Winnicott(1965, 1975)에게 있어서, 발달은 친밀한 타인과의 관계와 분화/개별적인 존재 사이에 있는 복잡한 변증법에 중심을 두었다(Greenberg & Mitchell, 1983). 발달은 유아가 엄마와 행복한 연합을 이룰 때 **절대적 의존**의 단계로 시작된다. 유아가 자신과 엄마 사이의 구별됨을 인식하게 될 때, 이것은 **상대적 의존**의 단계를 예고한다. 유아는 느끼던 전능 통제를 상실하게 되면서 자신이 엄마와 하나가 아니라는 것을 인식한다; 현실과 양가감정이 화면에 들어온다. 흔히 아슬아슬한 이 단계에서 자기를 돌보는 능력이 모성적 공급의 경험을 통해서 내면화된다. 전체 대상관계 능력(한 사람에게 긍정적인 감정과 부정적인 감정을 모두 경험하는)이 이 단계 동안에 생겨난다. **독립을 향한** 마지막 단계에는 다른 발달적 성취들 가운데 홀로 있을 수 있는 능력이 생겨난다. 이 정통한 소아과 의사이자 분석가로부터 정신분석 분야는 다음과 같은 주요 발달 단계의 개념들(임상과 관계있는)을 얻게 되었다: 일차적 모성 몰두, 안아주는 환경, 거울역할, 요구하지 않고 있어주기, 아이에게 세상을 열어주기, 적응의 점진적인 실패, 공격에 직면해서 살아남기, 보복하지 않기, 공격 이후에 보상하기가 포함되는 충분히 좋은 엄마 역할; 중간 현상/대상(그가 종교적 체험을 언급했던). Winnicott에게 있어서, 놀이(1971)와 중간 공간(1953)은 창의성과 성장을 위해 필수적이었다.

---

1) 이 단계의 네비게이션은 분리/개별화에 대한 Mahler, Pine 그리고 Bergman(1975)의 설명과 매우 유사하다.

정신병리. 초기 삶의 관계와 환경이 문제가 많고 외상적인 부작위(不作爲)나 과실로 가득 차 있다면 자기의 형성은 방해받거나 정지되고 기능은 손상될 것이다. 각자의 대상관계 이론가는 어떻게 병리가 생겨나고 왜 생겨나는가에 대해 독특한 견해를 갖고 있다; 그러나 각각의 변형된 패러다임에서, 병리는 자기의 구조와 기능을 방해하는 왜곡되거나 분열된 대상관계의 산물이다(Summers, 1994).

Fairbairn(1952)에게 있어서, 병리는 자아가 파편화되고 자아의 다양하게 분열된 부분들이 그것들의 내적 대상들에게 헌신하는 것(실제 사람들과의 관계들을 희생으로 하는)에서 비롯된다. 강력한 감정들이 이 내면화된 대상관계들에 결합되어 있고, 억압으로 인해서 건강하게 관계 맺으려는 움직임이 방해를 받는다. 병리의 유형들 사이의 양적 질적 차이는 일어나는 자아 분열의 유형과 정도에 달려있다(Greenburg & Mitchell, 1983).

Winnicott(1965, 1975)은 통합성과 자발성을 정신건강의 신호로 보았고, 자기를 표현하는 데 방해를 받으면 병리로 나타난다. 자기 기능의 손상은 충분히 좋은 엄마 경험의 결여(박탈 혹은 침범)로 인한 것이다. 모성 공급이 이뤄지지 않을 때, 성숙은 방해받고 결과로 나타나는 발달상의 필요들이 관계적인 영역을 지배한다. 한 환자가 퇴행했다면, 그것은 결여된 관계적인 경험들에 대한 추구를 반영하는 것이다. 보다 초기의 이론화 과정에서 Winnicott은 정신장애 중에서 세 가지를 분명히 구분하였지만, 1954년 그는 그것들을 생애 가장 초기의 기간에 일어난 역기능과 혼란에서 비롯된 것으로 보았다. 그는 참자기와 거짓자기를 단일한 진단 원리로서 사용했다; 진정한 의미의 신경증은 삶이 힘들다는 사실에 대한 애도였다(Greenberg & Mitchell, 1983).

Guntrip(1969b)의 견해는 초기 유아기에 강력한 자아 형성을 실패한 데서, 한 번도 촉발된 적이 없었던 실현되지 못한 성격의 잠재력들을 포함하는, 무의식의 심층에 있는 공포에 시달리고 철수한(퇴행한) 유아적인 자기가 지속되는 데서 비롯된다는 것이었다. **"잃어버린 성격의 생생한 중심이 다시 탄생하고 성장하는 것은 심리치료가 지금 해결하려고 하는 궁극적인 문제이다"**(pp. 11-12, 강조는 원래 된 것). Guntrip은 정신병리의 모든 형태들은 분열의 문제에 대한 방어들이자, 분석가와 환자가 함께 도달하려고 하는, 자기의 중추적인 핵심을 보호하려는 환자의 시도들이라고 주장했다. Guntrip은 분열의 다양한 특징들(대상 추구로부터 철수한 증거로서)을 기술했다: 철수, 자기애, 자만, 우월감, 외부 상황에서 영향의 상실, 외로움, 이인증 그리고 퇴행.

치료. 대상관계이론에서 치료는 참자기가 발현하고, 성숙하고, 더욱 효율적으로 그리고 적응적으로 기능할 수 있도록 내적인 구조의 변화를 촉진하는 데 초점이 맞춰진다. 비록 각각의 이론가가 그 과정을 독특하게 설명할지라도, 이러한 양식에서 중요한 두 개의 치료적 개입은 해석과 새로운 관계 제공이다(Summers, 1994).

Fairbairn(1952)에게 있어서 분석 과정은 쾌락을 추구하려는 충동들에 대한 무의식적 갈등을 해결하는 것이 아니라 다른 인간들과의 직접적이고 충분한 접촉을 할 수 있는 능력이 회복되는 과정으로 이해되었다. 이러한 관점에서 보면 심리치료의 과제는 무의식에서 나쁜 대상들(Summers가 관계적 단위들로 보았던, 1994)을 축출하는 것인데, 왜냐하면 그것들이 정신장애의 원인이기 때문이다. Fairbairn에게 있어서 분석의 치료적 목표는 심리내적 삶의 닫힌 체계에서 열린 체계로 변화하도록 환자를 돕는 것이고, 이 체계에서 환자는 다른 사람들과 자유롭게 상호적으로 관계할 수 있다.

Winnicott(1965, 1975)은 정신분석에서 치료적 요인이 심리적인 역동에 대한 정확한 분석의 결과가 아니라 결여된 모성적 돌봄을 제공해 주고 초기 발달상의 필요들을 채워주는 데 있다고 보았다. 분석가는 신뢰감, 세심함, 반응성, 복원력 그리고 인내가 포함되는 안아주는 환경을 제공해줌으로써 초기의 모성 실패에 대해 보상해줘야 한다. Winnicott은 또한 놀이(창의성, 환상과 유머를 포함하는)의 가치에 대해 주목했다. 이상적으로, 치료에서는 참자기가 출현하고 성숙하도록 해주는 안아주는 촉진적 환경이 제공되었다. Winnicott은 퇴행을 정체된 발달 지점을 파악하기 위한 수단으로서 이해하고 사용했다; 초기의 결핍을 보상해주는 공급은 성숙을 촉진했다.

Guntrip(1969b)에게 있어서 치료의 초기 목표는 방어적인 집착을 포기하도록 격려하는 것이었다; 이렇게 함으로써 연약한 유아의 자아가 발현되게 되었다. 그리고 나서 **대체치료**(replacement therapy)를 통해서 분석가와의 관계는 긍정적인 토대에 기초해서 자아가 세계를 재통합하고 그 속에 들어가도록 해주었다. Guntrip은 병리가 일차적으로 부적절한 초기 양육에서 기인한다는 것과 분석가들이 사람들을 더 건강하고 더 희망적인 방식으로 애착하도록 격려하는 적절한 양육 경험을 제공하도록 요청받는다는 것을 강조했다. 철수된(분열적인) 상태에 있을 때 수용되고 이해받는 경험은 환자로 하여금 희망을 느끼고 "다시 태어나는" 것을 가능하게 한다(Guntrip, 1949/1971, p. vi). Guntrip에게 있어서, 치료는 세 단계로 진행된다: (1) 일차적으로 보다 넓은 삶의 영역으로 전이되었던 부모 및 형제들과의 사랑과 증오의 양가적인 대상관계에 대한 오이디푸스적 방어와 갈등을 다루는 것, (2) 분열적인 타협(관계와 삶에 있어서 부적절하게 느끼는 것) 다루기, 그리고 (3) 퇴행과 재성장(분석가가 "삶에서 철수하여 마음 깊은 곳에 숨어있는 공포에 질린 아기와 접촉하기 시작하는" 가장 심층적인 작업 유형)(Guntrip, 1969b, p. 282)

특수성 혹은 특이성: 통합의 토대로서 전통화

몇 년 전, 남편과 내가 영국 옥스퍼드에 살고 있었던 동안, "기독교 정신의 개발"(Developing a Christian Mind)이라는 일 년 일정의 강의와 토론에 참석했는데, 이것은 신학적으로 관련된 학문적 대화에 관심이 있는 옥스퍼드 대학교 아카데믹스가 주관하였다. 신학자요 과학자인 Alister McGrath는 유창하고 유명한 강연자였는데 그는 기독교 신학과 신앙이 학자이자 임상가로서 우리의 연구에 어떻게 영향을 미치는지에 대해 풍부하고 견고하고 깊은 수준에서 설득력 있게(그리고 쉽게 하는 것처럼) 연설했다. 그는 종종 C. S. Lewis(1980)의 말을 인용함으로써 그의 이야기를 시작하곤 했다: "나는 해가 떠오르는 것을 믿는 것처럼 기독교를 믿습니다; 내가 그것을 보기 때문이 아니라 그것을 통해서 모든 것을 보기 때문입니다"(p. 140).

기독교는 현실에 대한 나의 이해에 기초와 토대를 제공하기 때문에, 그것은 통합의 출발점이요 닻이 된다. 나는 나의 기독교적 정체성과 그것이 어떻게 정신분석에 대한 나의 이해와 비평을 형성했는지 공개적으로 말할 기회에 대해 감사한다. 또한 우리의 특수성을 자세히 말할 때 서로에 대해 환대와 존중을 확장하도록 초대해준 Brad와 Earl에게 감사한다. 분명히 한 사람에게 특수성인 것이 다른 사람에게는 특이성이 될 수 있다.

신학적 그리고 영적 내러티브

나는 로마 가톨릭에서 성장했다. 나의 부모님은 두 분 모두 매우 독실한 가톨릭 신자였지만 모든 친인척이 다 그런 것은 아니었다; 나의 조상 중에는 감리교 감독, 침례교 순회 설교자 그리고 수많은 성공회 신자들이 있었다. 나는 8학년까지 가톨릭 학교에 다녔고, 교리반에도 갔고, 영

세, 고백(혹은 화해), 성체, 견진의 성사들, 그리고 병자 성사를 받았다. 자라면서 나의 가족은 저녁이면 종종 묵주신공을 함께 드렸고, 매주 미사에 참석했고 교회력의 모든 절기들을 지켰다.

고등학교 다니는 동안 나는 Young Life라는 복음주의 단체에 참가해서 별이 빛나던 밤에 산꼭대기에서 하나님과의 강력한 만남을 경험했다. 그 경험을 통해서 나는 비가톨릭적인 기독교에 입문하게 되었다. 지금까지 살아오면서 나는 많은 기독교 공동체의 일원이었다(몇 개의 이름을 대자면 남침례교, 빈야드, 성공회, 장로교 등). 나는 때때로 이 다양한 공동체들의 "우리-그들"이라는 분위기(특별히 신학 및 사회정치적으로 견해가 다른 가톨릭 신자들과 기독교 신자들에 대한)가 결코 편안하지 않았다. 나는 인생의 여정에서 하나님께서 나에게 가르쳐주시는 것으로 보이는 것에 따라서 다른 시기마다 다양한 전통들과 교회들에 끌렸다. 나는 기도와 성경공부와 신실한 삶을 강조하는 것 때문에 남침례교를 사랑했다. 나는 하나님을 향한 자유분방함, 하나님의 임재에 대한 확고한 믿음, 예배 중에 일어나는 하나님과의 깊은 만남 그리고 하나님이 나타나실 때 역사가 일어난다고 믿는 신앙 때문에 은사주의를 사랑했다.

이 다채로운 기독교 경험 때문에 나는 종종 이방인처럼 느껴졌고, 어떤 하나의 전통이나 교파에도 소속되지 못했다고 느꼈다. 이러한 탐색을 통해서 나는 나의 가톨릭적 전통과 정체성에 대해 불일치를 경험했고 나의 가톨릭에 대하여 지속적으로 경계성 상태에 머무르게 되었다. 내 삶에서 그리고 내 삶을 통해서 역사하시는 하나님의 구속과 변화의 움직임(여기에서 다 설명할 수 없는)으로 인해서 나는 나의 가톨릭적 뿌리와 화해하게 되었고, 이제 그것은 나의 기독교적 정체성을 위한 풍성한 토대를 제공해주고 있다. 나는 내가 예배의 정신이라고 부르는 것을 갖고 있다. 교회력과 교회 절기를 따르는 것은 영적으로 풍성하게 하고, 지적으로 자극을 주고, 정서적으로 만족을 주는 깊이, 의미 그리고 자원을 공급해준다.

다양한 기독교 전통들에 참여했던 경험을 통해서 나는 내가 에큐메니칼적 정체성이라고 하는 것을 받아들이게 되었다. 나는 이것이 우리의 임상사전에 나오는 단어나 개념과 관련하여 종종 경멸적으로 사용되는 용어(절충주의)를 상기시키지 않을까 하는 두려움 때문에 조심스럽게 말하고 싶다. 확실한 것은 내가 에큐메니즘의 개념을 희석된 형태의 기독교라고 생각하지 않는다는 점이다. 나는 그리스도의 몸의 지체라는 공유된 비전을 중심으로 하는 기독교적인 전통들을 초월하여 관계에 대한 열망에서, 그리고 그리스도의 몸을 나타내는 역사적인 그리고 최근의 다양한 전통들의 특수성을 인정하고 소중히 여기는 공동체 의식을 고양하려는 열망에서 에큐메니즘을 받아들인다. 그 공동체를 통해서 성령은 체계적으로(개별적으로, 대인관계적으로, 문화적으로 그리고 전세계적으로) 일어나고 있는 변화와 구속을 위해서 적극적으로 역사하신다. 나는 나의 다양한 신학적, 영적 배경으로 인해서 기독교를 개념화하고 담아내기 위한 보다 큰 틀을 필요로 하기 때문에 에큐메니즘이라는 표현에 끌린다. 나는 은혜롭고 환대적인 분위기뿐만 아니라 기독교 전통들에 대한 철저하고 균형 있는 설명 때문에 *Streams of Living Water*(Foster, 1998)에서 영감을 받았다.

핵심적인 신학적 영적 믿음들

기독교 영성에 대한 나의 이해는 주로 신경들(사도신경, 니케아 신경)에서 나온 정통 신학적 믿음들에 근거한다. 왜냐하면 그것들이 기독교의 핵심, 즉 Lewis(1952)가 *Mere Christianity*(mere의 의미는 “희석된”이라기보다는 "핵심적인"의 뜻이다)에서 쓴 것과 같다. 신경들에 더해서, 나는 역사적이고, 정통적인 기독교 신학으로부터 이끌어내고, 지난 10여년 동안 나는 철저하고 신중한 연구와 이해하기 쉬운 문체 때문에 Alister McGrath(2001a, 2001b, 2011)의 저술이 상당히 유익하다는 것을 발견했다. 나의 믿음은 하나님의 성육신하시고 계시된 말씀의 토대와 더불어 교회 역사(전통), 이성과 경험에 기초해서 형성되었다.

나는 우리가 하나님에 대한 열망과 죄에 대한 성향을 모두 가지고 있다고 믿는다. 원죄(타락으로 생겨난)의 상태에서 하나님에 대한 우리의 인식은 무디어진다. 나는 원죄를 신뢰의 상실과 하나님에 대한 의존의 필요를 인정하지 않는 것이라는 맥락에서 이해한다. 우리는 우리 자신의 죄와 죄를 범하려는 경향 모두에 의해 영향을 받는다. 치유란 하나님, 자기 그리고 타자들과의 관계 회복을 통해서 하나님의 은혜로 가능하다. 우리가 의식적인 수준에서 하나님에 대해 깨닫기 전에는, 하나님에 대한 우리의 열망이 인식 밖에 있고, 죄의 성향(하나님과 상관없이 사는 삶)은 더욱 높아진다. 하나님의 말씀이 더욱 의식적으로 깨달아지면서, 우리는 하나님에 대한 반응으로 우리의 지향성이 작동하는 교차로에 이르게 된다; 우리는 하나님의 은혜에 반응하고 변화할 것인지 그렇게 하지 않을 것인지를 선택한다.

2세기의 교부 이레니우스는 "하나님의 영광은 충만하게 살아있는 인간이다"라고 말하였다. 나는 충만하게 살아있을 수 있는 능력은 오직 하나님에 대한 그리고 하나님과의 관계에서만 가능하다고 믿는다. 행동과학은 인간이 천부적으로 연결되어 있고, 타자들과의 관계 속에서 존재를 경험하고 정체성을 발견할 것이라는 강력한 증거를 제공한다. 대상관계이론에서 설명되었듯이, 이 과정은 생애 초기 관계의 특성과 질에 기초하여 좋게 혹은 나쁘게 전개될 수 있다. 존재와 정체성은 타인과의 관계

속에서 발견될 것이다; 중요한 것은 누가 그러한 타자들(혹은 절대 타자)이 될 수 있는가 일 것이다. 웨스트민스터 교리문답의 익숙한 단어들이 그 질문에 대한 답으로 생각난다: "사람의 제일 되는 목적이 무엇입니까?" 그 답은 "하나님을 영화롭게 하는 것과 영원토록 그분을 즐거워하는 것입니다"이다. 이 간결하고 아름다운 문구는 목적과 관계 모두를, 혹은 더 잘 말하자면 관계 안에 있는 목적을 표현한다. 성례전적인 삶을 사는 것에 대한 가톨릭의 가르침들은 내가 나의 삶의 모든 부분을 하나님에 대한 예배로 살아가도록 초대하고 격려한다. 하나님의 임재에 대한 묵상적이고 분별력 있는 인식을 갖고 살아가는 것은 내가 더 나은 아내, 치료사, 선생, 가족의 일원이자 친구가 되는 데 도움이 되었다.

나는 인간에 대해 전체적으로(철학적, 신학적으로) 이해하도록 우리의 감수성을 회복함에 있어서 Dallas Willard(2002)의 저서에 감사를 표한다. 그의 책 *Renovation of the Heart*에서 그는 인간에 대한 부분적인 견해가 아닌 전체적인 견해를 기술한다. 그는 이 전체적인 견해를 "어느 계명이 크니이까?"라는 질문에 대해 "네 마음을 다하고 목숨을 다하고 뜻을 다하여 주 너의 하나님을 사랑하라... 네 이웃을 네 자신 같이 사랑하라"고 하신 예수님의 반응과 신학적으로 그리고 철학적으로 연결시킨다. 성경학자들은 어떻게 이 심오하고 세련된 문구가 우리가 우리 삶의 모든 측면에서 하나님과 연결된 사람들을 통합해야만 하고 이러한 연결이 사랑에 의해 동기화된다는 하나님의 의도를 한꺼번에 표현하는지 주목한다. 그것은 신기하고도 중요한 것인데, 왜냐하면 예수님은 섬기라, 순종하라, 따르라고 할 수 있었지만, 사랑을 선택했기 때문이다. 인간에 대한 이러한 통합되고, 전체적인 견해는 심리학, 의학 그리고 신경과학 분야에서 발견된 것들에 의해 지지된다(Koenig, King & Carson, 2012; Miller, 2012). 이제 우리에게는 철학적, 신학적, 영적, 심리적 능력이 있기 때문에 인간을 전체적으로 이해할 수 있다. 이것은 이원론이나 인간 경험에 대한 다른 부분적인 모델들이나 공식화로부터의 중요한 전환이다(Brown & Strawn, 2012; Thompson, 2010; Willard, 2002).

기독교 신학과 영성(Foster, 1998; McGrath, 2011; Shelley, 1995)에 대한 나의 연구에 기초해서, 나는 세상에서의 하나님의 역사를 화해와 구속의 관점에서 이해한다. 타락 때부터 지금까지 하나님은 우리가 창조되었을 때의 관계로 회복시키기 위해서 인도하면서 계속 일하고 계신다. 나는 죄와 정신병리(질병과 함께)는 타락의 결과로 세상에 있다고 믿는다. 우리는 우리 자신뿐만 아니라 다른 사람들의 태만의 죄와 저지른 죄에 의해 영향을 받는다. 우리는 이 세대에 사는 한 죄와 질병과 정신병리와 씨름해야 할 것이다. 우리의 영원한 영이 하나님을 향해 살게 하시는 변화의 방식으로 우리가 하나님을 만날 때, 우리는 우리 자신의 죄악된 패턴들과 깨어짐과 관련하여 상당한 수준의 변화와 구속을 경험할 수 있는 잠재력을 가진다. 하나님과의 연결이 없다면, 우리는 우리가 본래 살았어야 할 삶의 그림자를 살게 될 것이다. 우리는 하나님과의 만남을 직접적으로 경험할 수 있다; 대부분의 경우에는 다른 사람들과의 공동체를 통해서 경험한다.

상호 영향 속에 있는 조화와 부조화

나의 신학적 믿음과 영적 훈련은 나의 정신분석적 작업에서 나에게 영감을 주고 희망을 준다. 나는 하나님이 인류와 피조물을 구속하기 위해서 적극적으로 역사하고 있다고 이해하기 때문에, 나는 나의 작업을 세계와 나의 환자들의 삶 속에서 하나님의 구속적인 목적에 참여하는 성례요 예배라고 생각한다. 그 구속적인 역사가 나의 환자들 각자에게 어떤 것인지에 대해 선험적으로 이해하는 것은 아니다; 그러나 나는 그것이 일어나고 있다고 확신한다. 나는 하나님의 일반 은총을 믿는다; 그러므로, 나는 환자가 그것을 의식적으로 인지하거나 그것을 환영하기 전에도 하나님이 나의 환자들의 삶속에 역사하심을 믿는다. 나의 치료적 역할에 어울리게, 나는 우리가 함께 작업하는 동안에 영성이 어떤 방식으로 표현되든지 그것에 주의를 기울이면서 환자들의 여행에 그들과 동행하고 있다. 인간을 하나님의 형상으로 창조하신 삼위일체 하나님을 믿기 때문에 나는 인간이 관계를 위해 창조되었다는 근본적인 전제를 받아들인다; 하나님, 자기 그리고 타자들과 연결되는 것은 인간적이고 살아있다는 것에 필수적이다.

나는 우리가 각자 우리의 특정한 신학적 영적 관점들, 실제들 그리고 전통들이 우리가 분석적으로 사고하고 작업하는 방식에 어떻게 영향을 미치는지 그리고 우리의 분석 실제가 우리의 신학과 영성을 어떻게 풍성하게 하는지 고려하고 있다는 것이 이 책에서 가장 흥미롭고 중요한 측면이라고 생각한다. 나는 나의 가톨릭적인 유산을 끌어오고 있는데 그것이 나의 형성기에 가장 영향을 미쳤고 지속적으로 내 인생의 닻이 되었기 때문이다. 나는 나에게 절기에 대한 방향감각을 제공해주기 때문에 교회력에 대한 성찰들을, 나에게 예수님은 현존하신다는 사실을 기억하고 믿도록 해주기 때문에 성찬에 대한 성찰들을, 그리스도의 몸 안에서 기독교 공동체에 대한 확장된 이해를 제공하기 때문에 성도의 교제에 대한 성찰들을 포함시키고 있다.

교회력. 내 인생 전체에 걸쳐서 나는 예배력의 맥락에서 절기를 지켜왔다. 예배(liturgy)라는 말은 "사역(work)"을 의미한다. 가톨릭의 가르침에서 예배력 혹은 교회력은 예수님의 삶과 사역을 지향하고 있고, 각 절기를 의도적으로 지킴으로써 우리는 세상에서 하나님의 사역에 참여하도록 초대받는다. 각 절기에는 과거, 현재 그리고 미래를 아우르는 독특한 초점이 있다; 거기에는 그때-거기와 지금-여기 사이의 변증법이 있다.

교회력은 대림절("오다"의 라틴어)로 시작한다. 이것은 기다림의 절기이다: 지금 여기에서 예수님의 재림을 즐겁게 기다리는 것뿐만 아니라 그때 거기에서 예수님을 탄생을 기다리던 다른 사람들을 기억하는 것. 성탄절에는 현현절로 끝나는 성탄절의 전통적인 12일이 포함된다. 현현절("나타남"의 라틴어)은 예수님이 만국을 대표하는 동방박사에게 나타나심을 기념한다. 영국 국교회에서는 현현절이 예수님의 성전 봉헌 축일(2월 2일이나 그 무렵) 때까지 계속된다. 연중 시기("순서를 나타내는"[ordinal])혹은 "산정되는"[counted]이라는 말에서 나온)라고 불리는 절기는 몇 주의 기간을 따른다. 사순절은 재의 수요일로 시작되는데, 이때 재를 뿌리면서 우리는 "너는 흙이니 흙으로 돌아갈 것을 기억하라"는 말씀을 듣는다. 기도, 금식 그리고 구제를 통한 40일 간의 회개는 죄악된 현실과 구세주의 필요성에 집중한다. 종려주일은 예수님의 승리의 예루살렘 입성을 기념한다. 고난주간은 그 다음날 시작되는데, 그 주간의 성서일과는 예수님의 죽음에 이르는 사건들에 대해 자세히 설명해준다. 파스카 성삼일은 성목요일 저녁에 시작하여 부활주일 저녁에 끝난다. 종려주일과 부활절은 승리에서 비극으로 다시 승리로 가는 것이다. 예수님의 생애의 흐름은 개별적으로 그리고 집단적으로 우리 삶의 흐름이다. 우리 모두에게는 죽음(정신적 혹은 실제적)과 상실과 배신과 정화로 가득 차 있는 성금요일과 같은 삶의 절기들이나 시기들이 있다; 우리에게는 모든 소망이 사라지고 공허해지는, 죽음과 공허를 느끼는 성토요일과 같은 절기가 있다; 그리고 우리에게는 새로운 생명과 부활과 회복된 기쁨이 있는 부활절과 같은 절기가 있다. 부활절 후 40일은 예수님이 하늘로 승천하시기 전에 나타나셨던 40일을 기념한다. 성령강림절은 부활절기의 마지막에 온다; 이 날은 성령강림 그리고 예수님이 다시 오실 때까지 우리와 영원히 함께 하심을 기념한다. 이 축제 후에는 교회력이 대림절에 다시 시작할 때까지 연중시기의 절기가 이어진다.

나에게 교회력은 삶에 깊고 풍성한 기반, 즉 언제나 진북을 가리키는 나침반이신 예수님을 공급해준다. 그 절기들은 반성, 묵상, 회개와 기쁨으로의 초대장들이다. 해마다 이러한 절기들을 되짚어보면 나 자신, 하나님 그리고 다른 사람들을 새롭고 신선한 방식으로 발견할 수 있게 된다. 교회력의 각 절기에서 나는 예수님을 기억하고 알아가는 데서 오는 위로를 통해서 환자들과 하는 나의 작업에 대한 영감을 얻게 되는데, 그 분은 인간 경험의 깊은 곳까지 내려 가셨고, 인간의 고통에 대해 승리를 경험하셨으며, 성령을 통해 우리 안에 그리고 우리와 함께 거하시며, 인간과 피조물을 위한 하나님의 구속적인 목적을 성취하기 위해서 그의 살아있는 몸을 통해서 계속적으로 역사하시며, 영광 중에 다시 오실 것이다.

성찬에 참여함. 성찬은 "감사의 축제"를 의미한다. 그것은 예수님의 삶, 죽음 그리고 부활을 통한 우리의 구속을 축하하는 것이다. 그것은 대부분의 기독교 전통들에서는 성례이다. 신경들에서 선포되고 확인되고 십계명을 통해서 순종해야 하는 하나님은 성례들에서 만나게 된다(Kreeft, 2001). 미사의 한 시점에 사제가 마지막 만찬에서 예수님이 하셨던 말씀으로 기도할 때, 빵과 포도주(비록 그것이 계속 그렇게 보일지라도)는 그리스도의 살과 피로 변한다. 가톨릭 신자들은 이것을 **화체설**이라고 한다; 그리스도는 실제로, 정말로, 실질적으로 현존한다–살과 피, 영과 신성(*Catechism of the Catholic Church*, 1995; Kreeft, 2001; Smith, 1955). 이것은 마술이 아니라, 분명하게 신비요 기적이다. 변화된 빵과 포도주를 받는 것은 성도의 교제라고 불린다; 그것은 살아계신 하나님을 받아들이고 그분과 교제하는 시간이다.

대상관계이론에서는 타자들과의 관계 경험이 내면화된다.[2] 비록 이론가들이 그것에 대해 기술하려고 했지만, 나는 이 과정이 어떻게 일어나는지에 대해서는 신비가 있다고 생각한다. 자신의 독특한 기질, 지각, 감각과 감정을 가진 각 사람은 자기의 구조(그 사람이 어떤 사람이 될 것인지)를 형성하는 방식으로 타자들과의 실제 혹은 지각된 만남을 내면화한다. 반복해서 일어나는 관계적인 경험들은 자기와 성격을 형성한다. 치료, 특히 정신분석적 심리치료 혹은 분석을 통해서, 일어나기를 바라는 것은 관계 경험을 통한 변화이다; 이것은 자기의 재형성으로 이끄는 새로운 타자를 받아들이는 것이다. 성만찬을 통해서 그리스도를 받아들이는 것은 변화(Transformation)의 원인이 된다. 치료적인 만남들을 통해서 타자를 받아들이는 것은 변화(transformation)로 이어진다. 성령이 주도하는 힘 북돋아주기(empowerment)를 통해서 이뤄지는 소명으로서의 치료는 transformation에서 Transformation으로 이끄는 데 도움이 될 잠재력이 있다.

성도의 교제. 사도신경의 마지막 부분에는 성도의 교제에 대한 믿음의 고백이 있는데, 나는 그것을 가톨릭 교육에서 처음 배웠다. 성도의 교제는 그리스도 안에서 죽고 그리스도의 몸의 살아있는 지체들로서 구름같이 허다한 증인들의 일부인 자들로 이뤄진다. 어떤 기독교적 전통들(가톨릭, 정교회, 성공회)에는 매우 모범적인 신앙의 삶을 살아서 복자(Blessed) 또는 성자의 칭호를 받은 사람들이 있다. 여기에는 어거스틴과 아퀴나스 같은 초대교회 교부들과 아씨시의 프란시스, 누르시아의 베네딕트나 로욜라의 이그나티우스와 같은 교리 혹은 수도회의 창시자들,

---

2) 타자들을 받아들이는 것을 의미하기 위해서 사용된 말은 이상하게도 **함입**(incoporation)이라고 불리는데, 이 말은 "몸을 형성하다"(to form into a body)를 의미하는 라틴어 *incorporare*에서 나왔다.

십자가의 요한, 아빌라의 테레사 그리고 리지외의 테레사(나에게 붙여진 이름이기도 한)와 신비가들, 캘커타의 테레사, 교황 요한 바오로 2세, 파드레 비오와 같은 현대의 인물들이 포함된다. 나는 그리스도를 신실하게 따르고 매우 거룩하고 인간적인 삶을 살았던 이러한 여성들과 남성들의 삶에 대해 배우면서 나의 신앙에서 많은 영감을 받았다. 그들은 아마도 우리가 친구나 가족의 일원에게 기도를 요청하는 것처럼 중보를 요청받았을 것이다(Kreeft, 2001). 그들이 이 땅에서 했던 독특한 사역 때문에 그들은 비슷한 소명을 받은 사람들에게 특별히 중요할 수 있다.

나의 영적인 삶에 있어서 나는 성도의 교제로부터 영감과 위로를 받는다. 나보다 앞서 갔고, 고통을 받았지만 인내했던 사람들의 확신과 증언은 나를 그리스도께로 이끌어준다. 실제적으로 나는 예수님을 신실하게 따랐던 아주 많은 성자들의 인생 역정을 통하여 고난을 인내한 사실에 의해 영감을 받았다. 보이지 않지만 실재하는 성도의 교제는 특별히 세속적인 관계들을 얻거나 유지하는 것이 너무 무섭거나 어려운 사람들에게 희망을 준다. 성도의 교제 안에서 실제 타자들과의 의미있는 연결이 가능하다. 고통을 견뎌낸 성도들의 증언과 삶은 수용되고, 내면화될 수 있다. 나의 환자들과 성도의 교제에 대하여 주도적으로 대화를 하지는 않았지만, 나는 사후에라도 나의 환자들이 사랑했던 이들이 계속 존재하고 그들과 함께 있다는 실재로부터 영감과 위로를 얻으면서 이미 죽은 중요한 타자들과 연결되었다고 느끼는 환자들을 만나왔다.

지금까지 나는 주로 나의 신앙과 실제 사이의 공명과 상호 영향에 대해 살펴보았다. 물론 불협화음도 있었다. 나에게 가장 분명한 것은 기독교와 정신분석 사이에 있는 존재론적 목적론적인 차이들이다. Fairbairn, Winnicott 그리고 Guntrip의 신학적 믿음들과 영적 삶이 그들의 동기, 발달, 병리 그리고 치료에 대한 그들의 독특한 설명들에 영향을 미치고 그것들을 형성하였다고 믿을 만한 이유가 있지만, Freud에 의해 형성된 정신분석의 근본적인 가정들은 종교에 대한 부정적인 경향에서 변하지 않고 그대로 남아있다. 종교가 이 영향력 있는 사람들의 출판된 저서들에서 토론되는 방식들은 흥미롭고 때때로 다소 모순적으로 보인다. 예를 들어, Fairbairn의 일기들은 그의 개인적인 신앙에 관한 언급들로 가득하고(Hoffman, 2004), 앞에서 보았듯이 그는 심리적 실재를 설명하기 위해서 반복적으로 신학적 언어를 사용한다. 그러나, 그가 인간을 온전한 자아(pristine ego)를 가지고 태어난 존재로 기술한 것은 그가 칼뱅주의적 양육을 받은 것을 피하기 위해서라고 보이는데, 그것에는 원죄에 대한 어떤 개념(역설적이게도 타고난 공격성의 실재를 가정하는 Freud와 Klein의 저서에 반영된 것으로 보이는)이 분명하게 포함되어 있기 때문이다. Winnicott은 중간 공간 및 현상에 대한 그의 대단히 독창적이고 주목할 만한 개념에서 종교를 언급하고, 그리고 방대한 그의 저서에서 종교와 이론의 다른 측면들을 어느 정도 연결시켰지만, 이러한 생각들이 완전하게 설명된 것은 아니다. 세 사람 중, Guntrip은 종교와 정신분석을 해결하기 위해서 가장 적극적으로 노력하였다. 아마도 Fairbairn과 Winnicott 두 사람과의 분석뿐만 아니라 목회자이자 정신분석가로서의 그의 삶으로 인해서 그는 인간 경험에 대한 이 두 가지의 거리가 멀어 보이고 양분된 이해들을 설명하는 데 더 초점을 맞춘 담론이라는 엄청난 도전을 위해서 독특하게 준비되었다. 기독교 신학에 대한 존재론적이고 목적론적인 충실함이 없었기 때문에 오랫동안 치유가 필요한 종교와 정신분석 사이의 깊은 갈등이 지속되었다. 그 부조화가 완전히 해결되는 것은 불가능하지는 않다 하더라도 쉽지 않은 일이다. 기독교와 정신분석 사이에는 분명하고 깊은 부조화와 불일치가 있다; 따라서, 둘 사이의 관계는 더욱 복잡해진다. 완전한 해결을 시도하는 것은 가능하지 않을 수 있겠지만, 생산적일 수 있는 것은 기독교와 정신분석 사이의 대화를 상호 의심을 특징으로 하는 저장고에서 중간 공간(Winnicott이 표현한 것과 같은)으로 가져오는 것이다. 이러한 중간 공간에서는 기독교와 정신분석 사이의 조화와 부조화가 겸손과 환대의 태도, 그리고 진실된 대화와 진정성 있는 연대에 대한 열망으로 인정되고 존중될 수 있다; 그 대화에서는 유머와 놀이를 포함시킴으로써 이러한 교류의 창조적인 잠재력을 촉진시킬 수 있을 것이다.

사례 연구: 토니

이론적 개념화. 토니는 하나님, 그 자신 그리고 타자들과 연결되기 위해서 애쓰는 젊은이이다. 그는 "직업적인 포부에 관하여 고통스러운 무기력"을 경험하고 있고, 정체성과 이 세상에서 그의 목적과 위치를 찾는 데서 느끼는 어려움으로 갈등을 겪고 있다고 한다. 그의 생애 초기에 대한 묘사에 따르면 그의 가정환경이 전혀 따뜻함을 결여하고 있는 것은 아니었지만, 토니의 기억에는 주로 공포, 수치심, 침범 그리고 갈등의 장소로 남아있다. 토니는 엄마와의 관계를 "따뜻하지만 다소 양가적인" 것으로 묘사한다; 그의 양가감정은 엄마를 침범적으로 경험한 결과이다. 여기에서 Winnicott의 거짓자기 개념이 떠오르고, 부적절한 공급과 침범에 대한 반응인 Guntrip의 분열적 철수(schizoid withdrawal) 개념도 떠오른다.

토니는 또한 그의 아버지에 대해서 갈등을 느낀다. 자라면서, 그는 아버지와 친해지고 동일시하고 싶었지만, 오히려 조롱과 거절을 경험하였고, 이것은 수치심과 분노의 감정으로 이어졌다. 나는 비난적이고, 요구하는 분위기의 부자관계가 하나님이나 종교와 특정한 연관이 있는지 궁금하다. 이런 연결이 명시적이든 아니든, 이론적이고 실증적인 연구는 하나님에 대한 토니의 경험과 이해가 이러한 갈등적 관계에 있는 가족 상황에 심각하게 영향을 받았을 것 같음을 보여준다.

나는 또한 토니의 부모님 사이의 관계가 어떠했을지 궁금하다. 그의 아버지는 토니의 어머니처럼 비판적이고 요구가 많았을까? 토니의 어머니는 그녀의 남편에게 따뜻하지만 침범적이었을까? 토니는 그의 어머니와 함께 아버지로부터의 피난처를 찾았으나, 그녀는 토니와 함께 남편으로부터의 피난처를 찾았을까? 이러한 역동들이 토니에게 의식적으로는 잘 떠오르지 않을 수 있겠지만, 토니의 여성들과의 갈등에 영향을 주었을 수 있다. 나는 또한 토니의 여동생과의 관계, 특히 그들의 연령 차이, 그녀의 출생 시기의 집안 분위기, 그의 소년 시절과 청년 시절의 다양한 모자관계와 삼중관계 사이의 가족 역동들이 궁금하다. 이러한 다른 가족 역동에 대한 설명은 정체성과 삶의 목적에 대한 토니의 씨름과 갈등을 이해하는 것과 관련이 있을 수 있다.

현재, 토니가 인식하는 것은 타인들과의 단절에서 오는 고통스런 느낌이다. 그는 지속적인 방식으로 여성들과 의미 있는 관계를 맺을 수 없다; 초기의 관심은 지루함과 철수로 바뀌어 버린다. 그의 남성들과의 관계는 경쟁과 갈등으로 뒤덮여있다. 그의 현재 삶은 갈망과 두려움으로 표현된다. 그는 여성들 그리고 남성들과 만족스럽고 지속적인 관계를 갈망하지만, 여성들과는 회피적이게 되고, 남성들과는 경쟁적이게 되는 자신을 발견한다. 그가 "아마도 그는 속고 있었던 것일 거야"라고 의문을 가질 때 타인들과의 관계에 대한 편집증이나 피해의식에 대한 힌트가 있다. 이 고통스럽고 만족스럽지 않은 시나리오가 드러날 때 그는 불안과 우울 사이에서 마음이 흔들린다. 토니에 의해 특정하게 설명되지 않았다 할지라도, 이야기는 드러내지는 않지만 토니가 자기 자신과 하나님으로부터 단절되어 있다는 것을 보여준다. 그는 어떤 자기 위로(그의 표현)와 살아있음(나의 표현)을 경험하기 위해서 강박적으로 자위행위를 한다. 그는 어떤 수준의 신학적 믿음을 인정하지만, 하나님과의 개인적인 혹은 관계적인 어떤 연결을 경험하지 못한 것 같다.

토니는 상황(변화하는 자기-타자 관계의 상태)에 따라서 다른 시기에 다른 관계적인 표현에서 드러나는 무수히 복잡한 방식으로 타인과의 관계 경험들을 내면화 하고 있다. 예를 들어, 다음 이야기에는 그의 아버지와 관련된 설명이 담겨있다; "어느 순간에는 절박하게 아버지의 인정을 원하다가 다음 순간에는 아버지를 무식하고 고리타분하다고 과소평가하는 거죠." 이야기 속에는 그의 엄마를 다양하게 내면화한 증거가 있다: 그는 어머니를 때로는 안도감을 주는 피난처로 때로는 분노를 일으키는 침범적인 존재로 경험하였다. 이러한 변형들이 문제가 되는 것은 아니다. Summers(1994)가 말했듯이, 문제가 되는 것은 이러한 내면화된 구조가 고착되고 굳어져서 현재의 타인들과의 관계에서 선택의 여지가 감소하고 경험이 줄어드는 것이다. 이것은 토니의 이야기에서 분명하게 나타난다. 토니가 이러한 연결고리를 인식했을 수 있지만, 그는 자신의 존재 감각이 어떻게 이러한 관계 패턴을 유지하는 데 근거가 되는지 거의 인식하지 못하는 것 같다. 이러한 멸절 불안은 혼자서 직면하기에 너무 큰 것이다. 이상적으로 그리고 소망적으로, 그의 치료사와의 관계는 그가 자신과 그의 두려움에 직면할 수 있는 장소가 될 것이다.

임상적 적용. 이야기는 토니가 그의 치료사, 즉 그가 애착하고 함께 그 자신을 발견할 수 있는 사람을 갈망하고 있다는 것을 보여준다. 토니가 카우치를 사용하는 것에 대한 선호를 표현했을 때 치료사의 반응들(실제적인 것이든 지각된 것이든)에 대한 어떤 분열적인 철수나 지나친 예민성의 징후가 있다. 아주 기꺼이 자유연상을 할 수 있는 토니의 능력은 그가 주도적으로 그의 생각들과 느낌들을 표현할 수 있다는 좋은 신호이다. 긍정적인 전이는 매우 빠르게 일어날 수 있는데, 그것은 치유 과정을 촉진시킬 것이다. 그는 은둔상태에서 빠져나와서 공감, 즉 들어주고, 이해해주고, 반영해주고, 수용해주고, 정서적으로 안아준다는 느낌-Winnicott이 촉진적 환경이라고 했던 것-에 대한 반응에서 보다 온전히 생생해질 수 있을 것이다.

사례의 이야기를 생각하면, 유용할 수 있는 몇 가지의 추가적인 임상적 평가들이 있다. 그 중 한 가지는 토니의 우울증과 불안의 정도이다; 그는 자살하려고 하는가 혹은 자살하려고 했었는가? 토니의 증상의 심각성에 따라서 약물치료 평가를 위한 의뢰가 적절할 수 있을 것이다. 또한 흥미로운 것은 그의 종합적 의료 건강이다; 최근의 철저한 검사는 기질성을 배제하는 데 도움이 된다. 이러한 생물학적인 의견들에도 불구하고, 토니의 이야기는 그가 생애 초기에 받지 못했던 것을 제공해줄 수 있는 안정적이고 신뢰할만한 대상을 필요로 한다는 것을 강하게 암시한다: 경험을 통해서 공급되는 것을 꾸준히 섭취하면(Stark, 1999) 발달 과정에서의 결핍들이 채워지고 토니의 자기는 온전해지고 견고해질 것이다.

그러나, 공급만으로는 토니에게 충분할 것 같지 않다; 그에게는 통찰력도 필요하다. 그는 부모와 타인들(특별히 여자들)과 관계에서 반복적인 패턴에 갇혀 있고 강박적으로 자위행위에 몰입한다. 그가 어디를 가는지는 사적인 것이라고 보고했을지라도, 그것들은 실제적으로는 공적인 것처럼 보인다(공공 화장실, 그의 차 등등). 만약 토니가 숨고 있다면, 그는 잘 보이게 숨고 있는 것이다. 의식적으로, 그는 이러한 일화들을 스트레스와 지루함에 연결시켰다. Horner(1991)는 강박적인 경향을 가진 환자들은 타자들로부터 멀어지는 것이 사랑의 상실이라는 두려움을 촉발시킬 수 있고 타자들을 향해 가는 것이 곧 일어날 듯한 거절과 비판 때문에 실망할 것에 대한 두려움이 따를 수 있는 보다 초기의 발달단계와 관련된 접근-회피 갈등들로 고통 받고 있을 수 있다고 제안했다. 이것들은 토니의 생애 초기와 관련하여 그럴 듯한 가정들이다. 토니의 치료사는 관계와 직업적 정체성으로 인한 토니의 갈등들뿐만 아니라 그의 강박적 행동, 불안과 우울의 감정에 영향을 미치고 있는 무의식적 갈등의 본질과 정도를 설명해줄 수 있는 해석들을 개념화하고 제공해야 할 것이다. 이러한 해석들은 그의 과거의 관계들, 현재의 갈등들, 그리고 이러한 역동들이 치료사와의 관계에서 나타날 수 있는 방식들을 연결시켜줄 것이다.

해석들(통찰을 얻기 위한)과 교정적인 정서의 공급(결핍을 치유하기 위한)에 더하여, 토니는 또한 그의 관계적 어려움들의 해소를 촉진하기 위해서 치료사의 진정한 자기(주관성)와 관계에 참여하고 경험하는 것이 필요하다. 환자와 치료사의 주관성이 만나게 되는 상호 참여(mutual engagement)를 통해서 토니는 그의 대인관계적 갈등들과 관계적 패턴들에 직면하여 그의 치료사와 작업할 수 있고, 타자들과 관계 속에 있는 한 사람으로서 자기 자신이 되는 새로운 방식들을 경험적으로 배우기 시작할 수 있을 것이다. 토니와 치료사가 이러한 교류에 함께 들어가게 될 때, 관계에서의 새로운 경험들을 함께 만들어가게 된다. 토니의 동기, 통찰 능력, 그리고 치료사와 긍정적으로 관계할 수 있는 능력 때문에, 치료는 그에게 많은 유익이 될 수 있다. 통찰, 공급 그리고 경험을 통해서, 토니는 그 자신, 타자들 그리고 하나님과의 의미 있는 관계를 맺게 될 것이다.

토니가 통찰, 더 강력하고 안정적인 자기감, 그리고 타자들과 진실하고 의미 있는 관계를 맺는 더 큰 능력을 얻게 되면서, 그는 만족스러운 직업에 대해 보다 분명한 결정들을 할 수 있게 될 것이다. 나는 토니가 여러 가지 점에서(아마도 무의식적으로) 그가 돌보고 있는 발달 장애인과 동일시하고 있는지에 대해 의구심을 갖지 않을 수 없다. 아마도 그 사람을 돌보면서 토니는 이 사람에게 투사되었던 그 자신의 어떤 부분을 돌보고 있는지도 모른다. 토니가 더 통합적이게 되면서 그는 직업적인 진로를 더욱 분명하게 볼 수 있고 그렇게 함으로써 Freud가 말했던 건강의 지표들을 획득할 수 있다: 사랑과 일. McWilliams(1999)는 Chessick(1983)이 사랑과 일에 대해 흔히 인용되는 Freud의 어구에 "놀이"를 추가하였다고 언급했다. Chessick에게 있어서, 놀이는 창조성과 재창조를 통해서 즐거움의 능력을 회복시키는 것이다. McWilliams는 놀이할 수 있는 능력을 성공적인 치료의 열매일 수 있다고 한다. 현재 토니의 삶은 진정한 즐거움이나 창조적인 표현이 없어 보인다.

치료가 진전되면서 토니가 그 자신을 생생하게 경험하고 사랑, 일 그리고 놀이에서 성공할 수 있는 가능성이 증가할 것이다. "하나님의 영광은 온전하게 살아있는 인간이다"라는 이레니우스의 적절한 말은 소망하고 기도하건대 그에게 현실이 될 것이다. 토니는 자신을 발견하고 삶에서 그의 독특한 목적을 발견할 수 있는, 하나님과의 깊고, 지속적이고, 생명을 공급해주는 관계가 필요하다. 토니의 치료사는 토니가 되도록 창조되었던 그 사람이 되고, 타자들과 공동체에서 의미 있고 목적을 향하여 가는 삶을 살아가고, 그 자신과 하나님과 더욱 깊은 평안을 누리면서 살아가는 토니의 여정에서 신실한 동반자로서 섬길 수 있는 기회를 얻은 것이다.

제5장

자기심리학과 기독교적 경험

Earl D. Bland

불행하게도, 여러 가지 면에서 정신분석의 역사는 진보적이고 규범적인 지식 운동과는 다른 길을 갔다. Freud 사후, 정신분석가들은 표준에 맞는 실제를 체계화하고 감시하기 위해서 창조적인 탐구와 혁신을 현저하게 방해하는 사실상의 신정국가를 수립하였다. 특히, 의학적 정신건강 의학을 정신분석의 문지기로 세운 것은 Freud(1926)의 원래 비전에 맞지 않았을 뿐만 아니라 1970년대에 대부분의 장애들을 위한 바람직한 심리적 치료였던 정신분석이 점차 밀려나게 되는 결과를 가져왔다(Stepansky, 2009). 엘리트 고립주의 그리고 정신건강과 신경과학 분야에서의 학문적 진보에 대한 저항 때문에 정신분석적 사고는 학계에서의 진보와 현대의 지적 시대정신으로부터 멀어지게 되었다. 내부적으로는, 경쟁하는 이론적 모델들이 정체되고 있는 고전적인 견해들과 싸우게 되었고, 근시안적인 훈련 기관들은 빠르게 고립된 영지들이 되어가고 있었다(Bornstein, 2001; Kirsner, 2001, 2004; Goldberg, 1990; Ornstein, Ornstein, Zaleznik & Schwaber, 1977; Rubin, 1998; Rangell, 2004; Stepansky, 2009)

정신분석이 점점 더 침체되고 있는 와중에 자기심리학이 대상관계이론과 자아심리학에 이어 새롭게 출현해서 지난 30여 년 동안 정신분석 이론을 점유했던 관계적 르네상스에 중요한 공헌을 하게 된 것은 아마도 놀라운 일일 것이다(Mitchell, 1988, 1991; Lee & Martin, 1991; Wolf, 1988). 정신분석의 현대적인 흐름의 하나인 자기심리학은 일차적으로 Heinz Kohut의 연구에 그 기원을 두고 있다. 제 2차 세계대전 와중에 미국으로 이주한 비엔나 출신의 의사인 Kohut은 시카고정신분석연구소에서 정신분석 훈련을 받았고, 그곳에서 1972년까지 교수로 있었다. 그는 1981년에 죽었다. 초기 이력에서 프로이트주의자로 자처했던 사람이었던 Kohut의 자기심리학은 자기애성 장애에 대한 그의 광범위한 연구로부터 더디게 진전되어 나온 것이었다(Siegel, 1996). 자기심리학은 분석적 탐구 방식에 대한 기술적인 변화들로 시작해서(Kohut, 1959) 정신분석의 본질적인 변화로 정점에 이르면서(Kohut, 1984), 발달, 심리적 장애의 원인, 자기와 대상관계의 본질, 치료와 치유에 대한 우리의 이해에 대한 정신분석적 관점에서 패러다임의 전환을 이루게 되었다(Fosshage, 1998; Lee, Roundtree & McMahon, 2009; P. H. Ornstein, 2008; Siegel, 1996).

자기심리학의 개념들을 소개하기 위해서 나는 상호 관련된 세 가지 중심 주제로 시작한다: 결정적인 치료적 태도로서의 공감, 중심적인 정신장애로서의 자기애, 그리고 심리적 삶의 중심으로서의 자기. 이러한 폭넓은 임상적 주제들로 인해서 Kohut의 사고에서 이론적 전환이 활성화되었고, 정신분석적 연구의 초점이 삼원구조의 마음과 심리내적 갈등에서 자기와 **자기대상** 기능의 발달과 변화로 이행되었다. 동기, 발달, 정신병리 그리고 치료적 변화는 모두 자기의 과정들(self-processes)과 관련하여 이해되었다. 나는 나의 신앙 전통이 자기심리학과 어떻게 조화를 이루는지에 대한 간략한 비평과 성찰로 우리의 논의를 마무리하고, 토니의 사례를 자기심리학자의 시각으로 살펴볼 것이다.

공감

1장에서 20세기 중반에 전통적으로 수용되었던 과학적 객관주의의 검증가능성에 중요한 변화가 일어났었음을 상기해보라. Kohut의 이론이 발달하면서, 객관적인 진리를 수집하는 공정하고 중립적인 과학적 관찰자의 이상적인 그림은 Charles Dickens(2005)의 소설 *Hard Times*에 나오는 가공의 인물인, 사실에 강박적으로 집착하는 토마스 그래드그라인드 만큼이나 터무니없음이 점차 분명해지고 있었다. Donna Orange(2011)가 지적했듯이, Kohut의 가장 두드러진 변화는 초기에 정신분석 작업과 관련된 지식을 얻는 일차적인 방법으로 공감적인 내성적 입장을 강조하는 것으로 이행했다는 점이었다. Orange는 "경험의 철학"(p. 175)으로 기울어진 것을 드러내면서, 과학적 학문(정신분석)은 그것의 관찰 혹은 자료수집 방법에 의해 규정된다는 Kohut의 주장을 설명한다. 일차적인 연구의 도구인 공감을 통해서 치료사는 환자의 관점에서 임상 자료를 이해할 수 있는, **경험에 가까운**(experience-near) 관점을 형성한다. Kohut에게 있어서 이것은 정신분석 치료에 적합한 유일한 종류의 자료였다. 치료사가 환자에 대해 깊은 공감의 태도를 유지할 때, 그 환자는 증상, 전이 그리고 발달적 경로를 포함하는 자신의 내적 경험의 의미를 이해할 수 있다.

아이러니하게도, 아마도, Kohut(1959)이 그것의 의미들을 인식했는지 분명하지 않지만, 그가 공감에 대해 강조한 것은 기존의 정신분석 공동체에 치료 과정에서 어떤 것을 안다는 것이 의미하는 바에 대해 직면이 되었다. 지속적으로 공감적인 탐구 방식을 사용하는 것은 실제로 20세기 중반에 정신분석을 지배했던 위계적인 한-사람 심리학(one-person psychology)에서는 체제전복적인 태도였다(Stozier, 2001). 초연한 태도로 치료적인 관찰을 하고 이전부터 존재하는 지식의 범주들로 해석하는 것은 더 이상 타당하지 않기 때문에 지속적인 공감의 방법은 임상적 자료를 근본적으로 바꿔어 놓았다. 관찰 도구인 공감은 자료를 수집하기 위한 개체기술적 방법(idiographic method)이다(Stolorow & Atwood, 1992). 그 다음에, 자료의 의미는 환자와 치료사 모두가 최종적인 이해에 기여하는 공동구성(co-construction)을 통해서 결정된다. Kohut(1975)이 믿었고 나중에 많은 사람들이 목도했듯이, 공감적인 태도는 치료사와 환자가 지각과 의미의 형성과정에서 협력적인 공동참여자였던 두-사람의 치료적 과정을 Kohut의 논리적 귀결점으로 만들면서 치료에서 위계적 질서의 많은 부분을 없앴다(Fosshage, 1998; P. H. Ornstein, 2008; Stern, 1992; Stolorow, Brandchaft & Atwood, 1987).

Kohut이 처음으로 공감을 정신분석적 치료에 임하는 중요한 방식으로 규정한 것은 아니지만, 그로 인해서 공감이 자기심리학의 중요한 구성개념이 되었다(Lee & Martin, 1991; Levy, 1985). 인상적인 것은, Kohut이 1981년 림프종으로 죽기 4일 전에 행한 진심어린 강연에서 환자의 주관적인 세계에 접근할 수 있는 도구로서만이 아니라 폭넓고, 삶의 질을 높여주는 행위로서 공감의 중요성을 강조했던 것이다. "인간 존재들 사이의 다리"(1975, p. 361)로서 공감의 치유적 효과에 대해 이전에 언급했던 것을 반영하면서, Kohut의 성숙한 관점에 의하면 공감은 건강한 자기-기능의 형성과 유지에 결정적인 것으로 이해된다. 공감은 치료적 자료를 이해하고, 해석하고, 설명하는 데 필요한 정보를 제공해 준다; 인간들 사이의 공감은 소외를 몰아내고, 치유하고 자기를 회복시키는 효과를 나타내며, 반응적인 발달 환경의 필요한 요소이다. Bacal과 Carlton(2010)은 공감의 치료적 효과는 치료사가 환자의 주관적인 경험을 이해하는 치료적 도구로서의 공감을 구분함으로써 설명될 수 있다고 제안함으로써 임상 상황에서 공감의 이러한 다른 의미들을 명료하게 하였다. 둘째, 공감은 이해와 조율의 치료적 반응인데, 이것은 어떤 해석 과정과도 별개로 개선 효과들을 나타낼 수 있다.

그러나, 공감에 대한 자기심리학적 초점은 공감을 넘어서 복잡한 치료 행위에 대한 비판으로 이어진다. 관계적 이론가들은 공감이 환자의 주관적인 경험을 이해하는 데 실로 결정적이지만, 공감은 치료의 고유한 두-사람 관계적 본질을 분명하게 다루지 못하기 때문에 그것 자체로 정신분석 과정을 이해하는 데 충분한 것은 아니라고 주장한다(Mitchell, 1993; Wachtel, 2008). 본질적으로, 자기심리학이 공감적 조율을 강조한다고 하지만 그것이 효과적인 경청을 위해서 필요한 기술 수준을 확인해주는 것 외에 치료사의 성격이나 주관성에 대해서 아무것도 말해주지 않는다(Aron, 1991). 원래 Kohut에 의해 인정되었던 관계적 결속을 강조하면서, Aron(1996)은 "공감, 혹은 분석적 사랑은 상호적으로 주어지고 상호적으로 받아들여져야만 한다"(p. 136)고 하였다.

이러한 비판들은 자기심리학의 입장을 명료하게 하는 데 도움이 되는데, 그것은 결코 공감적 태도에만 기초하는 정신분석적 치료를 주장하지 않았다. 공감의 단일성을 배제하면, 언제나 치료사들이 환자를 이해하기 위해서 사용하는 이론적 전제들이 있다(Goldberg, 1988). 더구나, 유아 연구의 외적인 자료, 치료 결과 자료, 신경과학 그리고 확장된 이론적 발달들은 효과적인 치료에 중요한 기여를 한다(Basch, 1990;

Lichtenberg, 1989). Teicholz(2006)는 부모-유아 조율의 상호조절적인 특성에 대한 연구에서 단서를 발견하고, "환자와 분석가 사이의 어떤 공동의 노력-그것이 치료적으로 성공적이려고 하면-에는 치료를 위해 요구되는 어떤 다른 특성들과 관계없이 상호공감을 위한 절대적인 노력이 포함된다"(p. 55). Fosshage(1997a)는 경청의 방식들을 구분하면서 경험에 가까운 경청의 방식-공감적으로 환자의 경험과 연결시키는 것-과 환자의 외적인 견해를 존중하는 "타자 중심의 경청의 관점"(p. 38)을 확인했다. Geist(2007)는 지속적인 공감적 관계에서 형성된 깊고, 강력한 결속이 깊이 이해받고 있다는 경험을 촉진한다고 주장함으로써 관계적인 비평에 대해 직접적으로 논박한다. Geist에게 있어서, 지속적인 공감은 치료사의 주관성을 감소시키지 않으면서도 주관적인 입장에서 벗어나서 효과적으로 반응할 수 있는 능력을 증진시킨다:

> *장기간의 공감적인 몰두는 기술적인 책략이 아니다; 그것은 환자에게 반응하는 법을 분석가에게 제공하는 데 도움을 주는 분석적인 감수성으로 정의되는 것이 더 좋다. 이러한 반응들에는 분석가가 불가피하게 자신의 주관성과 진정성을 표현하는 것이 포함된다.* (p. 16, 원문에 이탤릭체)

보다 최근에 Geist(2013)는 상호적인 혹은 양방향적인 것으로서의 공감적인 관계에 대한 최근의 자기심리학적 견해에 대해 말했다. 그것으로 우리는 "우리가 환자에 대해 경험한 것에 대한 우리의 이해를 우리 자신의 주관성의 맥락에 있는 우리의 이해를 정정하거나 명료화하거나 수정하도록 환자를 초대하는 방식으로 전달한다"(p. 267).

이러한 포스트-Kohut적인 토론에서 공감의 주제는 공감의 정의와 특성들에 관한 것이라기보다는 치료사와 환자 사이의 치료적 도구 혹은 그것의 관계적인 기능으로서의 공감의 충분성에 대한 것이다. 지금은 모든 정신분석 이론들이 탐구 방식이자 치료 효과의 촉진적 요소로서의 공감의 중요성을 인정한다고만 해두겠다. 아마도 공감에 대한 최근의 자기심리학적 견해의 가장 두드러진 특징은 바람직한 심리치료적 태도로서의 지속적인 공감적 몰두의 중요성일 것이다. Goldberg(2011)가 지적했듯이, 한 순간의 공감은 오랜 기간에 걸쳐서 환자를 이해하는 지속적인 공감적 태도와는 다르다. 심리적, 행동적 및 관계적 역동은 치료사가 지속적인 공감적 관계 속에서 환자와 연결되었을 때 보다 깊은 수준에서 이해된다.

자기애

Kohut이 바람직한 치료적 태도로서 공감을 좋아했던 것은 일차적으로 그가 상당한 수준의 공감적 반영을 필요로 하는 유형의 환자를 치료하고 있었기 때문이다. 점점 더 그는 어떤 환자들이 치료적 이해의 변화들에 대해 정교하게 민감하고 그들의 자존감을 조절하는 데 어려움이 있다는 것을 발견하였다. 이러한 환자들은 고전적인 전이 신경증을 발달시키기 보다는 그들의 자기감에 있어서 과도한 붕괴를 경험했고 그에게 그들의 자기애적 욕구들의 타당성을 인정하고 긍정해줄 것을 기대했다. 이러한 임상 경험들로 인해서 Kohut(1966, 1968)은 건강이 자기애의 근절을 의미하는 것이 아니라 그것을 그 사람의 생명력의 다양한 표현들과 세상에 대한 참여로 변형시키는 것을 의미한다고 제안함으로써 자기애에 대한 고전적인 견해에 대해 명백하게 도전하게 되었다.

원래 Freud(1914)는 리비도적 혹은 정신적 에너지가 일차적으로 자아에 투자되는 것에서 성숙한 대상-중심 리비도로 이행하는 것을 건강한 발달로 보았다. 본질적으로 그 이행은 자기-사랑에서 대상관계로 이어진다. 반대로, Kohut은 자기사랑이 자아발달과는 다른 그 자체의 발달 궤적을 따를 가능성을 열었다. Kohut은 자기애의 억제와 근절보다는 이타주의적인 서구의 가치들이 인정, 야망, 이상화, 관계적 연결 그리고 성장과 같은 자기-욕구들의 타당성을 약화시켰다고 주장한다(Kohut, 1977). 그는 자기의 발달과 그것에 대한 관심을 정신분석적 치료의 초점이 될 수 있는 정당한 심리적 과정으로 보았다(Lachman, 2008). Kohut이 전이를 환자의 반복되는 아동기 패턴에 기초한 심리적 갈등으로 해석하는 데서 환자의 취약한 자존감과 정서적 파편화에 대해 공감적으로 이해하는 것으로 그의 관심을 바꾸게 되면서, 보다 깊은 수준의 치유와 증상 개선이 일어났다. 본질적으로, 그는 환자가 자기감을 지지하고 응집하기 위해서 치료사를 사용하고 있다는 것을 발견했다. 드러나는 전이 역동은 자기애적으로 생겨난 것이고 과대감에 대한 반영과 인정에 대한 욕구, 치료사를 이상화하고 싶은 욕구, 혹은 치료사에게 동일성과 유사성(쌍둥이가 됨)의 경험을 자아내고 싶은 욕구가 포함된다.

결국 자기심리학은 정신분석적 치료에서 고전적인 관점을 멀리해서가 아니라 "특정 시대의" 문화적 흐름에 직면하여 치유에 대한 Freud적인 관점의 한계를 인식하게 되면서 그것으로부터 벗어나게 되었다(Kohut, 1984, p. 57). Kohut(1971, 1977)은 Freud적인 분석이 마음의 갈등에 대한 진화하는 문화적 은유에 깊이 영향을 받는 정신적 세계에 대해 특정한 이해에 메여있다고 주장했다. 마음은 성적, 공격적 욕동들을 제거함으로써 문명화시키려는 인류의 시도와 싸우는 바람직하지 않은 원시적 소망들과의 전쟁터였다. 본질적으로 심리적인 삶에 대한 Freud의 설명에서는 모든 형태의 신경증에 있는 고유한 정서 과정으로서 죄책감을 중요하게 보았다. Kohut(1977, 1984)은 이 **죄책감에 시달리는 인간**을 현대 인간이 직면하고 있는 근본적으로 다른 딜레마와 대비시

켰다: 자기성취, 의미 그리고 자기의 잠재력 혹은 그가 "자기의 핵심적인 프로그램" (1984, p. 148)이라고 했던 것의 실현을 위한 분투. 비극적이게도, 현대의 삶은 자기의 충분한 잠재력과 목적을 성취하거나 실현할 수 있는 우리의 능력을 무력화하는 장애들, 장벽들 그리고 놓쳐버린 기회들로 가득하다. Kohut은 현대의 심리적 동요를 **비극적인 인간**에게 속한 것이라고 하였다. 욕동들에 대한 자아의 통제를 확대하는 것이 Freud의 **죄책감에 시달리는 인간**의 목표인 것처럼, 충분히 통합된 자기를 표현하는 것은 Kohut의 **비극적인 인간**의 핵심이다.

자기

자기라는 개념에는 복잡한 역사가 있고(Taylor, 1989), Kohut이 정신분석학계에서 자기에 대해 말했던 첫 번째 혹은 유일한 사람은 아니었다.[1] Kohut(1971)은 처음에는 Freud가 원본능, 자아 그리고 초자아를 이해한 것과 다르지 않게 자기를 마음에 있는 구조로 이해했지만, 그의 이론적 통찰이 성숙하게 되면서 Kohut(1984)은 자기를 모든 인간의 심리를 이해하는 데 바람직한 정신적 형태(psychic configuration)라고 생각했다. 1970년대 중반에 그는 그가 핵심 자기라고 했던 것의 영역과 기능을 확장하고 싶었다. 그는 자기의 발달, 동기 그리고 그것이 정신분석적 치료에 중심이 된다는 것을 정교화 함으로써 복잡한 임상적 장애들을 이해하기 위한 개념으로서 자기의 유용성을 입증했다.

> 이 구조[자기]는 주도성과 지각의 독립된 중심이라는 우리의 감각의 토대이고, 가장 중심적인 야망들과 이상들, 그리고 우리의 몸

1) Kohut(1971)은 Heinz Hartmann이 자기를 자아와는 독립된 것으로 개념화한 첫 번째 사람이었다는 점을 인정한다. 그러나 D. W. Winnicott(1965)이 1950년대에 자기에 대해 쓰고 있었다는 것과 수십 년 전에 Carl Jung이 자기를 다뤘다는 것은 주목할 가치가 있다.

과 마음이 공간적으로는 하나의 단위를 시간적으로는 연속체를 형성하는 우리의 경험과 통합된다. (1977, p. 177)

Kohut(1984)에게 있어서, 자기는 태어날 때 존재하고 관계적 맥락에서 나타나서, 성격의 핵심을 담아내고 심리적 경험을 조직하는 역할을 하는 상위의 심리적 구조가 되었다. 그는 자기에 대해 너무 철학적이게 되는 것을 꺼렸고 그의 생각을 자기-경험이 공감적 경청 방식을 통해서 이해될 수 있는 임상적인 교류에 가깝게 유지하려고 했다. "그것[자기]은. . . 우리가 우리의 지각, 사고 그리고 행동의 '나' 로 경험하는 것이다"(1970, p. 9). 더구나, Kohut은 자기를 어느 정도의 항상성을 내포하는 정신 구조라고 하였지만, 그는 또한 "동일한 사람 안에 다르고 심지어 모순적인 자기들이 있을 수 있는 가능성, 다양한 정도의 안정성과 다양한 정도의 중요성을 가진 자기들이 있을 수 있는"(Kohut, 1970, p. 10) 가능성을 열어두고, 자기의 경험적인 본질과 기원들을 유지하기를 원했다(Teicholz, 2000).

Ronald Lee와 그의 동료들(Lee et al., 2009)은 자기에 대한 Kohut적인 관점을 유용하게 요약하면서, Kohut의 저술에 나타난 자기-경험의 세 가지 다른 차원을 설명한다. 첫 번째는 파편화-응집성의 차원인데, 여기에서는 존재의 병리적인 상태와 건강한 상태에서 나타나는 자기-기능의 저하나 강화를 다룬다. 두 번째, 주변 자기와 핵심 자기라는 개념에서, 어떻게 자기-경험의 어떤 측면들이 보다 표면적이고, 한 사람의 야망, 기술, 이상과 같은 다른 측면들이 핵심 자기를 형성하는지 보여주기 위해서 공간적인 은유가 사용된다. 마지막으로, 상대적으로 변하지 않고 지속되는 자기-분할(수직 분열) 혹은 자기의 독특한 영역이 있다(예를 들면, 종교적이거나 전문적인 정체성들, 특화된 기술들, 혹은 미학적인 추구들). Lee와 동료들이 지적했듯이, 자기의 다른 영역들을 확인할 수 있는 Kohut의 능력 때문에 심리적으로 건강하거나 건강하지 않은 것이 의미하는 바가 확장될 수 있다. 모든 무의식적 갈등을 해소하는 완전하고 총체적인 분석에 대한 생각은 적어도 자기의 어떤 영역에서 웬만큼 건강하면 상당히 의미있고 몰입하는 삶을 유지하는 데 충분할 수 있다는 보다 제한되고 아마도 현실적인 이해와는 대조가 된다.

Kohut이 자기에 대해 다소 느슨하고 일반적으로 기술했기 때문에, 정신분석학계에서 자기가 의미하는 바에 대해 중요한 지지, 논쟁 그리고 물의가 있었다. 길게 토론하는 대신에, 나는 정신분석적 틀 안에서 자기에 대한 우리의 이해에 중요하게 도전을 주고 그것을 확장했던 두 가지 사고의 흐름을 강조할 것이다. 첫 번째 도전은 Kohut이 사용한 **자기**라는 용어의 혼란스러운 이론적 및 철학적 특성을 강조한다. "나는 오늘 내 자신이 아니다"라는 흔한 말을 생각해보자. 이게 어떻게 가능한가? 주관적인 "나"로 경험되는 나의 자기가 내가 나의 자기로 기술하는 것과 어떻게 다를 수 있는가? 다른 말로 하면, 어떻게 한 사람의 자기가 그것 자체의 경험으로부터 떨어져서 행위자(agent)의 입장에서 그것에 대해 말할 수 있을까? Riker(2010)는 "만약 '내'가 자기와 동일한 것이라면 어떻게 '내'가 '자기를 가지거나' '자기가 될' 수 있는가?"(p. 73)라고 질문한다. 확실히, "내"가 자기로서 경험하는 자기와 다른 "나"에 대한 주관적인 경험이 있다. Stolorow와 Atwood(1992)는 Kohut의 체계에서 자기의 이중적인 의미를 강조함으로써 이것을 지적했다. 자기심리학에서 **자기**는 (1) 파편화를 경험할 수 있는 자기라고 불리는 경험의 조직, 그리고 (2) 응집감을 회복하기 위해 어떤 것을 경험하는 행위자를 의미할 수 있다. 결과적으로, 자기는 구체화된 구성개념 혹은 마음의 구조로 이해될 수 없다. 단일화된 지속적 자기의 개념은 자기 경험이 언제나 상호주관적이거나 관계적인 맥락에서 발달되거나 유지된다는 전제에 의해 도전을 받았고, 사실, 자기라고 불리는 정신 구조의 개념은 상호주관적 영역에서만 이해될 수 있는 구성물이다(자기에 대한 상호주관적 개념에 대해서는 6장을 보라).

단일화된 혹은 응집적인 자기구조의 개념에 대한 두 번째 도전은 대인관계 정신분석가인 Philip Bromberg의 최근 연구에서 강조되었다. 외상 환자들과의 광범위한 작업과 자기의 본질에 대한 최근 신경정신건강의학의 발견들에 근거해서 볼 때, 자기-항상성의 경험은 실제로는 고도로 상황에 의존적이고 특정한 기억 형태들, 사고들, 행동 목록 그리고 관계 기대들이 수반되는 감정적인 경험들을 중심으로 형성되는 다중적인 자기-상태들 사이의 유동성에 대한 환영(illusion)인 것 같다(Siegel, 2012). 이 지점에서 다양한 정서적 기능들 혹은 자기-능력들은 상호 연결된 뇌의 다른 부분들 혹은 구조들에서 구성되고 생겨난다는 것이 매우 확실하다(Lindquist, Wager, Kober, Bliss-Moreau & Barrett, 2012). 좌뇌반구는 "언어의 자리"(seat of language)(Pinker, 1997, p. 271)이자 의식적인 언어적 표현의 자리이지만, 우리의 감정 경험은 지배적인 어떤 부분도 없이 훨씬 더 많이 분산되어 있다(Uttal, 2011). 더욱이, 암묵적인 정서적 혹은 감정적 과정들은 뇌의 의식적인 처리과정이나 행동적인 반응과 상관없이 활성화될 수 있다.

일련의 책들과 논문들에서 Bromberg(1998, 2011)와 다른 사람들(Panksepp, 2009; Schore, 2011; Siegel, 2012)은 자기가 다양한 상황에서 다른 현실 욕구들과 관계적 요구들을 다루는 반성적 의식의 다양한 상태들의 비선형적이고 비구조적인 감정적 형태(configuration)로서 가장 잘 이해될 수 있다고 주장한다. 다른 말로 하면, 우리는 하나의 단일한 자기가 아니고, 우리는 자기-상태들의 형태이다. 이러한 상태들 사이의 연속감은 다른 상태로부터 우리 자기가 되는 특별한 방식들을 격리시키거나 고립시킬(해리시킬) 필요가 없는 우리의 비해리적인 건강한 처리과정을 반영한다. 건강한 자기-기능은 다른 자기-상태들 사이의 의식적이지 않은 유동성을 나타낸다. 중요한 외상으로 인해 고통받고 있는 사람들은 다양한 자기-상태들 사이의 분열을 경험할 가능성이 더 많다.

최근의 자기심리학은 이러한 도전들을 고려하여 자기에 대한 이해를 발전시켰다. Kohut이 정신분석적 탐구의 자리로서 자기에 몰두한 결과, **자기**의 의미가 풍부해졌고 확장되었다. 자기는 우리가 육체라는 한계 안에서 연결과 공동체적인 관계맺음뿐만 아니라 연속성, 행위주체성, 독특성에 대한 느낌을 경험하도록 해주면서 정서와 지각을 통해서 입력된 것을 조직하는, 관계적으로 영향을 받아 생겨나는 생체심리학적 감정 체계로서 가장 잘 설명되는 것 같다.

자기대상

전이 패턴들이 과거의 관계들을 반복할 뿐만 아니라 자기-조절에 영향을 미친다는 점을 인식했을 때, Kohut(1971, 1977)은 자신이 환자들을 위해서 심리적인 기능들을 제공하고 있었음을 알게 되었다. 특히 그는 분석 관계에서의 세 가지의 특별한 자기-욕구들을 주목하였다: (1) 치료사를 이상화하려는 욕구, (2) 치료사의 완벽한 조율과 이해에 대한 욕구 그리고 (3) 치료사와 비슷하거나 같아지려는 욕구. Kohut은 이것들을 순서대로 이상화, 거울 그리고 쌍둥이 전이 욕구들이라고 하였다. 더구나, 그는 치료적 관계가 이러한 이상화, 거울 그리고 쌍둥이 욕구들을 채워줄 때, 환자는 자기-응집성 혹은 활력으로 반응한다. 본질적으로, 치료적 관계에는 자기를 고양시켜주는 특성들이 포함되고, 그는 이 과정을 **자기대상** 기능이라고 하였다(Kohut & Wolf, 1978). 그러나, 자기대상 경험은 단지 임상적인 현상만이 아니다. 자기의 존재와 유지에 필수적인 것은 자기의 표현이 다양한 정도로 충분한 공감적 조율에 의해 인정되고, 지지되고, 확인되는 반응적인 관계적 환경이다. 다른 말로 하면, 자기의 심리적 공간에는 자기의 통합감과 응집감을 유지하는 데 도움이 되는 대상들(사람들)이 있다. 우리의 자기는 이러한 자기대상 경험들을 자기애적으로 사용해서 자기-욕구들을 충족시키고 심리적 삶을 유지한다. 자기대상들은 대인관계적 특성들이나 외적인 특질들의 관점에서 이해되는 것이 아니라 필요한 자기-기능들을 수행하는 자기-경험의 일부로서 이해된다(Kohut, 1971, 1977, 1984).

자기대상의 의미와 적용가능성을 명료화하기 위한 어떤 시도들이 있었지만, 자기대상 개념은 Kohut이 남긴 불후의 유산이다. 최근에 자기대상 경험 혹은 기능의 개념은 한-사람 심리내적 정신분석 이론과 두-사람 관계적 정신분석 관점들 사이에서 긴장 속에 있는 자기심리학의 입장에서 중심적인 것이 되었다. Kohut은 초기에 자기대상을 개별적인 정신의 기능으로 보았다. 그 개념이 관계성(우리는 자기대상 경험을 제공해주는 실제적인 사람을 필요로 한다)을 제안하지만, 그는 자신의 생각을 Freud의 심리내적 모델과 연결시키면서 양가적이었고 자기대상의 개별적인 자기-기능의 관점에서 말했던 것 같다(Goldberg, 2002, 2011; Bacal & Newman, 1990; Stolorow, 1994a). 반대로, Kohut의 이론을 관계적인 것으로 주장하는 사람들은 자기대상 경험들에 대한 그의 광범위한 토론과 두-사람 심리학을 위한 자기대상 개념의 의미들을 강조한다. 자기가 자기대상 환경 속에 태어나고 전 생애에 걸쳐서 반응적인 자기대상들을 필요로 한다면, 자기심리학적 패러다임이 최근의 관계적 및 상호주관적 정신분석 이론들(6-7장을 보라)에서 발견되는 명백한 관계적 인식론을 포함하지 않는다 할지라도 그것에는 관계성이 확실하게 내재되어 있다(Geist, 2008; Lee et al., 2009; Summers, 1996; Tolpin, 1986). 상호주관적 이론가들인 Stolorow, Brandchaft 그리고 Atwood (1987)는 자기대상 기능들은 일차적으로 정서들을 "자기경험의 조직으로 통합하는 것에 관한 것이고... 자기대상 관계에 대한 욕구는 생애주기의 모든 단계에서의 감정 상태에 대한 조율적인 반응성의 욕구와 가장 중심적으로 관련이 있다"(p. 66)고 주장함으로써 자기대상 관계의 관계적 본질을 분명히 하였다. 더욱이, Geist(2008)는 자기대상 관계의 비대칭적인 자기 고양 및 활력 기능을 주장하지만, 그는 이러한 경험들을 그가 **연결성**(connectedness) 혹은 "다른 사람이 자기 자신의 주관적인 삶에 참여하는 것으로 경험하는 동시에 다른 사람의 주관적인 정서적 삶을 공유하고 그것에 참여한다는 의식적인 혹은 의식적이지 않은 느낌"(p. 131)이라고 한 자기대상 관계의 형태 속에서 가장 잘 이뤄지는 것으로 설명한다.

요약하자면, 자기경험을 조직하는 것은 생애에 걸쳐서 작용하고 관계적 모체 안에서 의미와 확인을 얻는 감정들과 느낌들이다. 인간은 자기의 응집감으로 이어지는 다양한 감정적인 인상들을 구별하고, 통합하고, 담아내는 데 도움을 주는 자기대상 경험들을 제공해줄 반응적인 타자들을 필요로 한다. 다른 말로 하자면, 자기대상 경험들은 대칭적인 및 비대칭적인 관계적 상황 속에서 자기를 위해 심리적으로 유지시켜주는 기능을 제공해주는 관계적 경험들이다. 자기대상 관계들이 부재하거나 충분하지 않을 때, 자기는 감정 상태들의 무질서하고, 끔찍하고, 외상적이고, 모순되는 특성 때문에 파편화되기 쉽다.

자기심리학에서의 동기와 발달

발달적으로 볼 때, Kohut은 자기를 두 개의 노선 혹은 극을 따라서 일차적 자기애의 자리로부터 생겨나는 것으로 이해했다. 그는 중요한 애착인물, 전형적으로는 부모에게 안전, 힘 그리고 좋음의 완전함들을 투사함으로써 그것들을 유지하려고 하는, 대체가능한 이상화 자기 극과 함께 인정과 반영을 추구하는 자기의 과대적 혹은 과시적 표현에 대해 설명했다. 외상이 없을 경우, 자기애의 이러한 초기의 원시적인 형태들은 타고난 재능들과 획득한 기술들의 한계들 안에서 자신의 잠재력을 실현하도록 자기에게 동기를 부여하고 그것을 안내해주는 성숙한 형태의 야망과 이상으로 점차 변화해간다. P. H. Ornstein(1995)은 다음과 같이 요약했다: "인간의 근본적인 동기는 응집적인 자기를 형성하고 유지하는 것이다. 일단 응집성이 성취되면, 다른 사람들과의 관계를 유지하면서 자신의 야망과 이상에 맞게 자신의 내적 의도를 실행하는 것이 평생 동안의 기본적인 동기이다"(p. 51).

자기-응집성을 유지하고 회복하려는 욕구와, 공감적이고 반응적인 환경의 중요성의 상호관계에 대한 Kohut의 인정에도 불구하고, 자기심리학은 실제로 이것이 어떻게 성취되는가에 대해 자세히 설명하지는 않았다. 예를 들면, **"충분히 좋은 엄마"**에 대한 Winnicott(1965, p. 145)의 폭넓은 생각과 유사하게, Kohut은 완벽한 반영이나 조율이 건강한 자기-발달을 위해서 가능하지도 바람직하지도 않다고 생각했다. 그는 부모-자녀 관계를 특징짓는 자기대상 기능에서의 불가피한 실패와 중단을 설명하기 위해서 **최적의 좌절**(나중에 Howard Bacal[1985]에 의해 **최적의 반응성**이라는 개념으로 확장되는)이라는 용어를 제안했다. 만약 자기대상의 파열이 외상적이지 않고, 공감의 단절을 회복하려는 충분한 공감과 노력에 의해 보류된다면, 아동은 점차 자기대상 기능들의 내면화-

Kohut이 **변형적 내면화**(transmuting internalization)라고 하였던 과정를 통해서 자기감을 형성한다(Kohut, 1971, 1977; Tolpin, 1971).

자기-대상 관계에 지속적으로 참여하는 것은 자기의 응집과 유지에 결정적이다. 유아연구, 애착이론 그리고 인지신경과학에서의 최근의 성과들은 자기의 응집, 지속력 그리고 성장을 위한 중요한 인간의 동기에는 공감적인 조율과 반응성에 몰두하는 발달적인 틀이 요구된다는 자기심리학의 인식을 입증한다(Beebe & Lachmann, 1998; Lyons-Ruth, 2006; Schore, 2003; Sroufe, 2002). 좀 더 구체적으로 말하면, 자기 발달의 추진력은 단순함에서 복잡함으로의 움직임이다. 발달은 점진적인 과정이 아니라 아동과 환경의 상호작용에서 보다 큰 수준의 복잡함이 드러나거나 나타나는 과정이다(Siegel, 2012; Thelen & Smith, 1994). 자기의 목표는 응집감과 연속감이 형성되고 유지되도록 하기 위해서 경험을 시작하고, 조직하고, 통합하는 것이다. 아동이 최적으로 수용하고 존중해주는 부모와의 관계에서 자신의 자기애적인 과대함과 웅장함을 경험할 때, 느낌들, 지각적 인상들, 기대들, 기억 그리고 행위에 대한 자기-묘사와 조직이 형성되기 시작한다(Fonagy, Gergely, Jurist & Target, 2002; Siegel, 2012; Stern, 1985; Stolorow & Atwood, 1992). 자기 자신의 일관성과 응집성은 이전에 인정해주던 경험들을 계속 확장시키는 기억 그리고 특정 조건들과 상황들 속에서 일어나는 강화들에 좌우된다. 자기의 어떤 표현들은 그것들이 일관된 상호작용과 참여의 패턴들에 더 영향을 받게 되면서 더 가능해진다. 뇌에서는, 지속되는 삶의 경험에서 유발된 정서적 반응들과 감정 상태들이 일차적으로 중요하다. 왜냐하면, 이러한 신경세포의 익숙한 흥분 패턴들이 자기-체계가 활성화되고 반응하는 방식에 영향을 미치기 때문이다(Siegel, 2012).

뿐만 아니라, 유아 연구에서는 발달의 상호작용적인 특성을 지속적으로 입증해왔다(Beebe & Lachman, 1988, 1998; Lichtenberg, 1989; Stern, 1985; Thelen & Smith, 1994). 우리가 아기를 충분히 반응적인 자기대상 환경의 매우 수동적/수용적인 참여자로 이해했다면, 이제 유아가 적극적으로 영향을 미칠 수 있다는 것이 분명해졌다. 생리적 조절, 탐구와 자기 확신, 관능성(성욕), 애착, 돌봄, 소속 그리고 철수/적대감을 포함하는 특정 동기 체계들이 확인되었다(Lichtenberg, 1989; Lichtenberg, Lachmann & Fosshage, 2011). 내적인 욕구들과 외적인 요구들에 의존해서 위계적으로 자기를 조직하고 구성하는 한정된 동기 체계들에 의해 안내를 받기 때문에, 유아는 양육자와 상호적으로 영향을 미치는 춤을 추게 된다(Lichtenberg et al., 2011). 자기-조직을 위해서는 어머니나 양육자로부터의 공감적인 확인과 함께 내적인 욕구(허기, 새로운 자극, 느낌 있는 참여)에 대한 지각이 필요하다. 상호적으로 영향을 미치는 이러한 비선형적인 교환들 속에서 유아의 동기적인 상태들은 자기의 정당한 표현들로서 인정된다. 일정한 동기적 상태들 안에서의 그리고 그것들을 초월하는, 지속성과 응집성에 대한 정서적 경험으로 인해서 결국 "나"의 출현이 가능해지는데, 나의 연상 기억과 지각적인 기대들은 지속적으로 행위자와 참여의 공고한 경험으로 이어지는 환경적인 상호작용을 형성한다(Trevarthen, 2009). 다른 말로 하자면, 사람들은 자신이 자신의 경험을 결정함에 있어서 공동참여자인 것처럼 느낀다: 건강한 기능을 위해서 필요한 부분적인 나, 부분적인 타자의 교류가 필요하다.

정신병리

수용적이고 공감적인 발달적 환경이 부재하면 충분한 동기와 목표들을 가진 주도권의 독립적인 중심으로서의 자기가 효과적으로 조직될 수 없다. 자기의 지속감, 응집감, 일관성을 다양한 정도로 방해하는 일방적인 자기애적 욕구들에 의해 한 사람의 행위주체감(sense of agency)과 관계적 연결감은 약화된다. 전 생애에 걸쳐서 자기대상이 충분히 반응해주지 못하면, 과대함과 이상화에 대한 일차적 자기애 욕구들이 부모 혹은 다른 양육자의 사랑하고 이해해주는 시선 속에서 포기되지 않기 때문에 그것은 파괴적인 영향을 미칠 수 있지만 특히 초기 발달에 문제가 된다. 오히려 이러한 욕구들은 부정 혹은 해리를 통해서 외상적으로 거부되고, 미래에 영향들을 수정하기 위해서 사용될 수도 없게 된다. 야망들에 의해 동기부여가 되고 이상들에 의해 움직여지는, 활기차고 응집적인 자기 대신에, 그 사람의 자기 경험은 약화되고, 고갈되고, 파편화되기 쉽다.

자기-병리는 아동이 초기의 관계적 연결에서 효과적으로 경험하거나 공감과 돌봄을 사용할 수 있는 능력이 방해받음으로써 야기되는, 자기-발달과 기능에서의 결핍들 때문에 일차적으로 생겨난다. 발달은 **정지되고**, 그것은 자기를 조직하고 조절하는 것을 이루기 위해서 대안적인 경로를 찾아야만 한다. 자기의 경향성과 동기들은 일반적으로 애착을 유지하려고 하기 때문에, 그것은 흔히 반영, 이상화, 쌍둥이 욕구를 채워주는 다른 자기-자기대상 경험들을 대충 꿰맞춤으로써 일차적인 자기대상 환경에서 누락된 것을 보상할 수 있다. 원래 요구되었던 것처럼(Kohut, 1977; Tolpin, 1997), 이러한 보상적인 관계 혹은 **구조**로 인해서 연약한 자기-상태를 든든히 해주고 좌절된 발달적 노력들을 마무리 지을 수 있는 새로운 기회가 제공된다. Kohut(1984)은 자기심리학이 근본적으로 희망적임을 강조하면서 여러 종류의 건강한 자기가 있다고 주장하였다. 초기의 관계적 연결이 상실되었거나 파열되었다면, 그것은 충분하게 반응해주는 그 후의 관계적 맥락에서 회복될 수 있다(Fosshage, 1997b).

자기-병리는 무수한 행동들과 관계적인 경향성들로 나타나지만, 전통적인 자기심리학은 자기애적 행동장애와 보다 심각한 자기애적 성격장애를 구분했다. 전자는 보다 심각하고 여기에는 중독, 범죄행위들, 왜곡된 성적 행위 혹은 공허한 자기를 고무하거나 위로하고 해체되고 파편화되었다는 느낌들을 달래기 위해서 의도된 다른 행동이 포함된다. 성격장애에서 발견되는 것처럼 더욱 만연한 장애에는 이미 언급된 행동들을 포함하지만 심층적인 수준에서 흔히 정서적인 폭풍, 과도한 의존과 신랄한 거부로 대인관계를 왜곡시키거나 어렵게 만드는, 인정, 수용, 확인에 대한 극심한 허기를 반영한다. 이러한 병리를 이해하는 데 중요한 것은 증상 행동과 요구가 지나친 관계적 교류는 파편화와 붕괴로부터 자기를 보호하는 것을 목적으로 한다는 인식이다. 장애가 있는 자기는 연약하기 때문에, 내적 혹은 외적 촉발요인에 의해 생겨난 정서적 조절부전(emotional dysregulation)은 통합적인 자기-경험에 매우 위협적일 수 있다.

심리장애의 상황에서는 언제나 두 개의 동시적인 요인이 작용한다. 첫 번째, 자기심리학은 전체성과 완전성을 추구하는 점진적이고 진보하는 자기 개념을 옹호한다는 사실을 기억하라. 사람들이 확인해주는 자기대상 경험들을 지속적으로 추구하기 때문에 결함이 있는 자기-조직에는 통일성과 건강을 위한 가능성이 있는 것이다. 그러나, 이러한 추구는 흔히 주어진 유전학적 가능성들과 유효한 환경적 반응들의 복잡한 상호작용의 실패에 의해 야기된, 완벽함에 대한 암묵적인 기대들의 실망으로 인한 불안과 우려에 의해 채색된다. 채워지지 않은 자기대상 욕구들과 연관된 고통을 반복하는 것에 대한 지속적인 두려움 때문에 한 사람의 상호작용은 조심스럽고 방어적이게 된다. 그 관계가 이상적인 조율에 대한 환상을 활성화시킬 경우 특히 그렇다(A. Ornstein, 1974). 사람들이 절박하게 확인 받으려고 하는 것은 거울, 이상화 그리고 쌍둥이 같음에 대한 초기의 과대적인 욕구들에서 헤어나지 못하는 것이다. 반응이 충분히 주어지지 않을 때, 그 사람은 거부와 거절이 반복되는 것으로 경험하는데, 그것은 방어적인 반응에 대한 필요성을 확인시켜준다. Marion Tolpin(2002, pp. 168-69)의 말에서처럼, 모든 증상에는 좌절된 자기-욕구들을 실현하려는 소망을 포함하는 "앞전"(leading edge)과 연약한 자기-상태들을 보호하고 강화하기 위한 방어적인 "뒷전"(trailing edge)이 있다.

두 번째, 정신분석적 의미를 바꾸어 임상적이고 실제적인 삶의 경험을 성찰하면서, Kohut은 그의 환자들을 분노와 파괴의 표현으로 몰아가는 것은 공격적 욕동이 아니라 충분한 반응과 지지를 제공해주는 자기대상 경험의 실패였다는 것을 발견했다. 발달적으로 적응적인 혐오와 철수의 능력들을 존중하기는 하지만(Lichtenberg et al., 2011), 많은 공격성과 자기애적 분노는 상처받은 경험으로부터 나타나며 관계적 연결이 실패한 데 따르는 산물들이다. 연약한 자기를 가진 사람들은 위축감과 공허감을 둘러가지 않으면서 일상적인 삶의 엄중한 요구들을 처리하기 위해서 분투한다. 발달과정에서 반응이 충분하지 않았기 때문에, 그들은 다루기 어려운 분노나 공격성을 경험하기 더욱 쉽다. 왜냐하면, 격노는 이러한 취약한 자기-상태들을 보호하고, 강화하고, 응집시키기 위해서 작동하기 때문이다. 자기대상 기능을 충분히 내면화하지 못하면 확인시켜주는 자기대상 관계를 제공해주는 외적인 관계 환경에 지나치게 의존하게 된다. 그 환경이 실패할 때, 그것이 불가피하다 할지라도, 그 사람은 상처받았다고 느끼고 격노를 경험할 수 있다. 불행하게도, 이러한 부정적인 대인관계의 영향 때문에, 대체적으로 분노와 격노가 생겨나고, 파괴적인 관계적 결과가 영속된다.

치료적 변화

처음부터 이해되었듯이, 자기심리학의 치료 과정은 해석과 통찰에 대한 보다 고전적인 이해로부터 급진적으로 이탈한 것이 아니었다. 차이점들에는 일차적으로 자기대상 장애의 정확한 본질과 환자의 독특한 자기경험 조직을 이해하기 위한 방법으로 환자의 주관적인 삶에 대한 공감적인 몰두가 두드러지는 것이 포함된다고 이해되었다. Kohut은 처음부터 공감적인 내성적 태도(자신의 공감의 입장을 제공하기 위해서 환자의 상황에 대해 동일시하는 느낌에 접근함으로써 치료사가 환자의 주관적인 경험을 이해한다는 의미에서 내성적)를 옹호했지만, 그가 반드시 공감을 증상 해결 혹은 치유로 가는 일차적인 길로서 보았던 것은 아니다. Kohut은 치료적 행위의 매개로서 해석의 1순위를 강조하면서, 관계적 요소들을 전이 자료의 효과적인 해석을 위한 촉진적인 분위기 이상의 어떤 것으로 인정하려고 애썼다. 보다 전통적이고 언어적으로 표현하는 것에 중심을 두는 환자와 치료사 사이의 이러한 과정에서는 치료적 교류들의 이론적 의미에 대한 의식적인 성찰이 강조된다. 특별히, 치료에는 정서적으로 고조된 순간들, 명시적으로 일화적인 서술적 기억들 그리고 무의식적 과정들, 특히 전이에서 활성화된 것들에 대한 환자의 이해를 증진시키기 위해 발달적 맥락에 대한 탐색이 포함된다.

Kohut에게 독특한 것은 자기애적 혹은 자기대상 전이에 대한 논의이다. 보다 고전적인 전이 신경증-그 치유는 반복하는 것보다는 통찰력 있게 기억해내는 것인- 대신에 Kohut은 그의 환자들이 양극적인 자기의 한 가지 혹은 그 이상의 표현들이 포함되는 자기애적 애착을 형성하는 것을 경험했다. 각각의 치료 관계에서 자기대상 전이에는 거울, 이상화 혹은 쌍둥이 같음에 대한 추구가 포함된다. 환자들이 장기간에 걸친 공감적 치료 환경에 머무를 때, 전이 관계에서 이러한 자기애적 욕구들이 깊게 나타나면 치료사의 공감적 연결을 통해서 필요한 자기대상 기능들이 제공될 수 있다.

말로 표현하는 과정들이 치료적 의미와 이해의 기반으로 중요하긴 하지만, Kohut이 죽은 후에 치료적 변화의 두 번째 경로가 나타났다(Fosshage, 2011, 2012). 치료적 변화에 결정적인 것은 환자와 치료사가 환자의 정서적 삶을 확인하고 인정해주는, 새롭고 건강한 상호작용에 참여하는 새로운 관계 경험이다. 다른 말로 하면, 기능의 명시적인 인지적 및 언어적 영역과 함께 정서적인 단서들, 절차 기억, 숨겨진 기대들 그리고 의미부여, 신체화된 의사소통, 그리고 자기조절 과정이 포함되는 암시적인 영역도 있다(Fosshage, 2005; Schore, 2011). **암시적인 관계적 앎**(Stern et al., 1998)이나 관계적 무의식(Schore, 2009)으로 불리는, 치료사와 환자 사이의 무의식적 의사소통은 항상 존재하는 실체이다. 자기심리학적 치료는 환자에게 정서 조절, 인정과 관계, 야망의 고무, 그리고 삶의 목표 실현과 같은 자기-고양 과정에 대해 명시적이고 암시적인 지지를 제공한다. 보다 심각한 사례에서 치료사들은 초기적이고 미숙한 발달적 노력들을 허용하는데, 그것들은 환자의 관계적 삶과 기능적 추구에서 지속적으로 방해가 되었음에도 불구하고 지금까지 분열되고, 인식되지 못하고, 혹은 어렴풋이 인식된 채로 남아 있었다. 치료적 변화를 구성하는 것은 환자가 자기의 결핍들을 안전하게 다루도록 해주면서, 지속적인 공감적 몰두에 의해 가능해지는, 자기-욕구들에 대한 보다 깊은 이해를 고려하는, 점진적인 발달과정을 다시 경험하는 것이다. 치료사의 공감적인 현존을 경험하면서, 환자는 서서히 자신의 이야기를 풀어내고 대체로 수치심, 죄책감, 두려움 그리고 격노와 뒤섞여있는 결핍과 고통을 재검토할 수 있게 된다. 원래의 부정적이고 외상적인 경험들과 연결된 깊은 기억들과 관계적 기대들이 검토된다. 꺼리지 않고 이해와 공감으로 반응하는 치료사가 공감적으로 현존하는 가운데 수치심, 격노 그리고 두려움을 경험하는 것은 정서적인 재조직 그리고 왜곡된 지각, 기대들 및 절차 기억들의 재구성을 가능하게 한다. 본질적으로 이러한 치료적 대상관계 기능으로 인해서 고질적인 자기-상태들과 연결된 이전의 강박적이거나, 불안하거나 문제를 일으켰던 행동에 대한 의식적인 성찰과 보다 응집적이고 안정적인 자기감으로의 통합이 가능해지면서 정신적 공간 혹은 분화가 촉진된다.

이 과정에서, 그리고 그것의 효과적인 실현을 위해서 몹시 필요한 것은 강력한 자기애적 전이들을 견뎌낼 수 있는 치료사의 능력 그리고 효과적인 회복과 재설정을 가능하게 하는 치료적 관계에서 분열 상태를 능숙하게 다룰 수 있는 능력이다. 특히, 치료사가 불가피하게 실수할 때, 공감적 공명이 중단되면 자기대상의 반응의 외상적인 상실을 반복하고 외상적인 조직 패턴을 활성화할 수 있다(Fosshage, 2012). 수치심, 두려움, 격노, 철수 혹은 위축과 같은 환자의 정서적인 반응은 공감적으로 그 실수를 인식할 수 있는 치료사의 대화 속에서 인식되고 처리되어야만 한다. 환자가 분열을 촉발하는 것이 포함될 수 있는, 자기대상의 파열이 일어나는 상호주관적인 맥락에도 불구하고, 자기심리학은 자기대상의 실패가 현재 관계에서 외상적인 것으로, 그리고 환자의 이전의 외상을 재현하는 것으로 인식이 되는 공감적 태도를 중요하게 본다. 치료사가 환자의 경험을 허용하고 수용할 때, 환자의 삶이라는 보다 넓은 맥락에서 그 분열을 검토할 수 있는 여지가 있다. 더구나, 누가 그리고 무엇이 자기대상의 단절에 기여하는지에 대한 환자의 인식을 확장시키기 위해서 환자의 무의식적인 기대들과 선택적인 주의가 포함되는 치료적 관계가 탐구된다. 자기 욕구들과 자기-파괴적인 과정들은 상호 공감적인 분위기에서 철저하게 검토된다.

분열의 기원들과 관계없이, 회복이 효과적으로 이뤄질 때 Kohut이 "변형적 내면화"라고 했던 것을 통해서 환자의 자기감은 강화되고 생동감있게 만들어진다. 본질적으로, 발달과정에서 적절한 자기대상 기능들의 내면화는 재구성된다. 자기심리학에 능숙한 치료사는 자기 자신의 실패를 검토함으로써 공감적 태도 쪽으로 기울어져서 신뢰의 해석학이 포함되는 안전한 해석의 틀을 옹호한다. 환자의 실패는 터무니없는 행동조차도 환자의 독특한 구조적 역동에 비추어 이해된다. Geist(2011)가 공감적 관계에 대한 그의 논의에서 명확하게 밝혔듯이,

> 자기심리학적 분석은 관계의 맥락에서 건강한 발달을 재활성화하는 것이다. 동기나 전이에 대한 해석 이상으로, 기법 이상으로, 자기심리학적 치료를 구별 지어는 주는 것은 각각 상대방의 주관적인 정서적 삶을 나누고 그것에 참여하는 느낌을 점차 경험하게 되면서 건강한 발달적 노력들을 다시 불러일으키려고 하는 두 개인의 주관적인 여행이다. (pp. 235-36)

다른 말로 하면, 치료 과정은 관계적이고 비대칭적이지만, 그것이 치료사가 진실성, 전체성 혹은 독특성을 피하는 과정은 아니다. 오히려 Donna Orange(2011, 2012)가 설명했듯이, 자기심리학적 감수성에는 Levinas-타자에 대한 강조-가 나타난다.

전통적인 기독교적 비판

내 자신을 신학적으로 자리매김하면서 나는 우리가 어떻게 우리의 심리학 이론들을 **선택하고** 그것들에 의해 **선택되는가**에 대한 역설적인 경험을 보여주고 싶다. 만약 우리의 자기감이 참으로 환영적인 동일성 경험에서 함께 엮어진 다중적인 자기 상태들을 반영한다면, 나는 영성이 우

리의 동일성에서 필요한 발달적인 작은 닻이나 통합하는 끈을 구성한다는 Pamela Cooper-White(2011)의 제안에 동의한다. 이러한 끈의 복잡성을 입증하기 위해서 나는 나의 기독교적 유산과 자기심리학 사이의 대화의 세 가지 영역을 간략하게 다룰 것이다. 나는 나의 웨슬리안 오순절 전통이 하나님과의 관계 속에 있는 자기를 이해하는 수단으로서 생생한 경험에 몰두하는 것을 통해서 자기심리학의 미덕들과 공명하는 것을 요약함으로써 시작한다. 다음으로, 나는 자기심리학적 관점에서 종교에 대해 생각하는 가장 대중적인 방법을 검토한다: 자기대상 경험. 마지막으로, 나는 공감적 연결성과 하나님의 사랑에 대해 논의한다.

나의 기독교적 뿌리는 20세기 중후반의 오순절주의, 특히 캐나다의 오순절교회의 경험적 세계에 깊이 내려져 있다. 웨슬리안-성결 전통과 거의 일치하지만 19세기 후반에 교단의 전통이 융합됨에 따라서 생겨났기 때문에, 어떤 전통도 오순절주의자들보다 영적 경험의 추구를 더 충분히 포용하지 못한다. 그들은 회심 이후의, 만남 중심의 영성에 독특하게 몰두한다. 그것의 예외성을 성령세례, 방언, 기적적인 치유와 다른 영적 부흥의 징후들에 견고히 뿌리내리고서, 오순절주의자들은 바울의 좀 더 교훈적인 문헌과 대조되는 누가-행전의 이야기 본문을 받아들인다(Dayton, 1987; Wacker, 1999). 성경에 대한 접근은 사도행전 2장에서 논의되는 오순절 내내 다락방에서 기다리고 있던 첫 번째 그리스도인들의 기대를 상기시키는 주관적이고 감정적인 해석학으로 이뤄진다. 방언을 말하는 것이 중요한 식별자가 되었지만, 열광적인 기도, 춤, 방언 찬양, 결신 기도, 치유 그리고 예언과 같은 감정 중심의 영성 실천들을 중심으로 하는 실제적이고 공동체적인 경건은 올바른 삶을 위한 성결의 결단을 강조하였다. 잘 체계화된 조직신학이 없기 때문에, 오순절주의의 논리는 개혁파의 명제적이고 철학지향적인 교리들의 그것과는 일치하지 않는다. 오히려, Jacobsen(2003)이 관찰했듯이. 적어도 초기의 오순절 신학은 흔히 오순절적 경험을 따른다. Spittler(1999)는 이러한 정서적인 역동들이 매우 매력적일 수 있다고 주장하고 오순절주의가 성숙한 영성 형성에서 회심자들을 돕기 보다는 그들을 기독교에 회심시키는 데 더 좋은지에 대해 의문을 갖는다. 그는 오순절주의를 고린도적 영성, 즉 "육체에 비해 영혼의 가치를 원칙적으로 과장하는 영성"(p. 4)으로 설명한다. 대조적으로, 성찰적이지 않은 경험적 추론에 확실히 취약하겠지만, 저술과 신학적 담론의 많은 부분이 서술적이고, 일화적이고, 느껴지는 욕구들에 독특함에도 불구하고, 오순절적인 저술들에서는 기독교적 삶의 방식에 대한 신학적 정교함과 깊이가 분명히 드러난다(Dayton , 1987; Jacobsen, 2003; Warrington, 2008). 오순절주의는 조직신학에 있어서는 유연하지만(그것의 웨슬리적인 뿌리들처럼), 이해의 방식들을 보다 비선형적이고 경험적이며 상황의존적인 범주들로 전환시킨다.

오순절주의자들은 또한 문화적 구별과 분리에 대한 복음주의적 몰두를 널리 받아들인다. 예배 중의 경험과 자발성을 격려함에도 불구하고, 자유와 탐색은 종종 **성령 충만한** 엘리트주의를 조장하는 문화적 및 공동체적 언어에 의해 제한된다. 나의 경험으로 보건대 이 공동체적인 종교적 틀은 다소 엄격하고, 율법주의적이고, 오순절주의자가 아닌 사람들에 대해서 어느 정도 편견이 있다. 하나님에 대한 체험은 마지막 날에 **부어지는** 성령의 종말론적인 비전 안에서 그 의미가 발견된다. Harvey Cox (1995)는 오순절주의의 원초적이고 감정지향적인 특성이 영적 기능에서 인지와 감정 사이의 위계적인 구분을 없앤다고 주장한다. 오순절주의는 신자들을 강력하고 변화를 일으키는 하나님의 현존으로 인도하려고 하는 초대 교회의 열정을 반영한다. 초기의 하나님 표상들은 감정 상태들이 하나님에 대한 애착을 나타내는 깊은 정서적 표현의 틀에서 발달한다. 수용할 수 있는 행동에 대한 엄격한 해석 그리고 세속적 세계에 대한 잦은 의혹과 짝을 이룰 때, 자기-조직은 흔히 분열된다: 파괴하려는 육체와 생명을 가져오는 성령. 비극적인 상황에서 감정적 영성과 혼란스럽게 하는 문화적 엄격함이 뒤섞이면 영적 삶은 수치심과 죄책감, 고백과 회개, 황홀한 소속과 타락한 불명예라는 순환적인 경험들을 중심으로 조직된다.

가장 좋을 경우, 오순절주의는 정신이 정서적인 자기-경험의 조직을 선호하고 그것에 참여함으로써 Kohut의 공감적이고, 경험에 가까운 치료적 입장과 공명한다. Jacobsen(2003)이 오순절 신학을 생기를 불어넣어주는 성령과의 감정적인 만남을 통해서 이해되는 것으로 설명했던 것은 무시하기 어렵다. 응집적이고 생기를 불어넣어주는 성령의 능력이 세상에서의 삶과 개인의 목적에 대한 의미와 이해를 분명하게 해줄 때 이러한 경험중심의 신앙은 강력한 조직 혹은 자기대상 기능들을 수행한다. 비록 나는 나 자신을 더 이상 오순절 공동체의 일원으로 생각하지 않지만, 나는 여전히 나의 영적 방향타에 웨슬리적인 체험적 경향이 있음을 발견한다. 나는 교리적인 것을 피하는 대신에 기독교의 폭넓은 신조적 표현 안에서 영적으로 정서적인 공동체들을 추구하는 경향이 있다.

어떤 종교적 경험도 자기대상의 특성들을 가질 수 있지만(Kohut, 1985), 성숙한 오순절 신앙은 Geist(2008, 2011)의 연결성 개념과 더욱 가까운 어떤 것을 추구한다. 기독교적인 체험은 성령의 내주하심과 성령 안에서의 삶을 지속적으로 실천하는 것으로 이해된다. 이러한 **내주하심**의 언어는 융합의 이미지들과 강력하고 이상화된 부모에 대한 원시적인 비전을 촉발할 수 있지만, 이것은 단지 하나의 가능한 표현이다. 종교적인 자기-경험은 복잡하고, 의미들은 상황과 이용가능한 자기-상태의 조직들에 따라 다르다. 종교적 자기대상 경험들에 대한 논의에서 Holliman(2002)은 우리의 자기애를 보다 깊은 자기-성찰과 초월적인 가치들에 대한 연결 그리고 자기-분화를 위해서 성숙한 관계를 허용하는 목적으로 발달시키고 변화시키는 기능들과 함께, 파편화되고 약해진 자기 상태들을 강화해주는 보상적이거나 자기-응집적인 기능들을 제시한다. Jones(2007)에게 있어서 신앙이 자기대상 기능을 수행하는 이러한 이중 방식은 정신생활에서 종교에 대한 피상적인 이해들을 넘어서도록 우리를 인도해준다. 종교는 추가적인 발달과 변화가 없어도 대상에 허기진 사람을 지탱해줄 수 있다. 또는 그것은 자기의 확장과 발달을 촉진할 수 있다. 후자의 상황이 일어나기 위해서 종교적 신앙은 생기를 불어넣어주고, 자발성과 창의성을 허용하고, 자신의 경험에 대한 개별화된 표현을 촉진해야만 한다. 환자에게 영적 경험들의 새로운 의미를 확인하는 것은 유익한 것으로 증명될 수 있다. 어떤 이에게, 종교는 외상과 비극의 상황에서 지탱해주는 필수적인 자기-응집적인 특성들을 포함하고 있지만, 다른 이에게 그것은 하나님과 피조세계에 대한 사랑과 수용이라는 보다 큰 우주적 개념과의 자기-고양적이고 자유롭게 하는 연결이다.

오순절주의에서, 진리는 그리스도와의 관계라는 경험 세계에 대한 합리적인 지식 속에서 이해된다. 은혜와 사랑은 초월적인 하나님과의 깊은 정서적인 연결이라는 경험적인 형태에서 가장 강력하기 때문에, 우리는 이러한 사랑과 은혜를 소통할 수 있는 능력이라는 관점에서 치료적 관계를 평가할 수 있다. 나는 자기심리학적 치료에 존재하는 깊은 공감적 이해가 기독교적 메시지에 너무나도 필수적인, 변화를 일으키는 사랑의 힘을 구현한다고 믿는다. 신앙공동체에서 혹은 정신분석적 상담에서 일어나는 깊이 연결된 관계들은 David Benner(1983)가 심리치료의 성육신적 경험으로 표현했던 것을 보여준다.

Lothane(1998)에게 있어서 자기심리학은 (Ferenczi와 이후 Ian

Suttie에 의해 가장 명료하게 표현된) 공감적 이해라는 언어에 감춰진, 변화를 일으키는 사랑의 힘에 대한 Freud의 원래의 진술들을 재해석한 것이다. 타자들을 사랑하는 것이 자기-사랑을 고갈시킨다는 고전적인 정신분석의 개념과는 다르게. 마태복음 22장 39절에 대한 Kohut의 생각은 자기-사랑이 타자를 효과적으로 사랑하는 것의 필수조건이라는 것이었다.[2] Browning과 Cooper(2004) 그리고 Riker(2010)에게 있어서 Kohut의 자기심리학에는 발달과 관계적 존재라는 심리적 실체들 속에 구현된 돌봄, 생산적이고 공감적인 상호성, 신뢰, 진실성, 그리고 용기의 미덕들의 기초가 되는 암묵적이고 명시적인 윤리적 언어가 담겨있다. 공감적이고 반응적인 자기대상 관계 안에서 자기의 발달 과정은 세상에서 윤리적으로 행동하는 데 필요한 자기-조직이 생겨나는 필수적인 정서적 및 관계적 맥락들을 제공한다. 사랑, 정직, 상호성, 이웃을 내 몸과 같이 사랑하는 것-이 모든 윤리적 개념들은 자기심리학에 선행한다. Kohut은 사람들에게 가장 성공적으로 미덕을 생성시킬 수 있는 발달적 환경의 조건들을 제시했다. 인간의 자기애에 공감과 이해로 반응함으로써, Kohut은 문화적으로 강화된 자기-부인의 무익함을 드러내고 그것을 창조된 자기의 정당성과 긍정에 대한 요구로 대체했다. Freud에게 있어서 목표는 타자들에 대한 사랑을 위해서 자기애적 욕망들을 약화시키는 것이었다. Kohut에게 있어서 공감적이고 사랑해주는 타자들과의 깊고 인정해주는 연결을 통해서 우리의 이기심이 변화되면 우리 자기들의 진정한 초월과 내어맡김(surrender)이 가능해지게 된다. 사랑해주고 돌봐주는 관계들은 신뢰, 자기-동기의 진실성, 상호성 그리고 이후의 관계에서 동일한 미덕들이 지속되는 것을 더욱 가능하게 만드는 다른 미덕들을 촉진한다.

---

2) "둘째는 그와 같으니 네 이웃을 네 몸과 같이 사랑하라."

Geist(2008)는 자기심리학적 치료에서 관계적 우선성에 대한 그의 설명에서 이러한 의견에 대한 깊은 이해를 드러낸다: "연결성(connectedness)은... 다른 사람이 자기 자신의 주관적인 삶에 참여하는 것으로 경험하는 동시에 다른 사람의 주관적인 정서적 삶을 공유하고 그것에 참여한다는 의식적인 혹은 의식적이지 않은 느낌이다"(p. 131). Geist(2011)는 치료사들이 "환자의 자기대상 욕구들을 [그들] 자신의 [삶]에서 느껴지는 현존으로서 경험할 수 있다"(p. 244)고 하면서 이러한 감수성을 설명한다. 치료 관계에서의 이러한 공감적 연결성이 하나님의 아가페적인 현존을 반영하기 때문에, 고통은 변형된다. 이러한 과정은 단순히 정서적 재조직으로 이어지는, 자기대상 경험들의 내면화가 아니고, 연결된 치료 관계를 초월하시며 내주하시는 성령의 적극적인 사역이 포함된다. 고통은 과시되지도 않고 진정되지도 않는다: 우리는 그것이 드러나는 것을 무시하지도 않고 추구하지도 않는다. 그러나 치료사와 환자 모두가 상호적 공감의 한계들을 탐구하게 되는 깊은 연결성의 안전함 안에서 고통은 드러난다. 이 순간에 우리는 치료사로서 우리의 고난당하시는 구세주와 가장 비슷하게 되고 우리의 환자들은 성령을 가장 분명하게 경험한다. 치료사들은 그리스도의 현존의 연장선에서 자기 자신의 내어맡김으로부터 나오는, 환자에 대한 예리하고 압도적인 지식을 갖게 된다. 이러한 공감적인 몰입에서 우리는 자기 자신에 대한 진실-자기에 대한 자유로운 표현-을 발견한다. 그리고 자유의 필요성은 무엇인가? 진실-그것은 당신을 자유롭게 해줄 것이고, "아들이 너희를 자유롭게 하면 너희가 참으로 자유로우리라"(요 8:36).

사례 연구: 토니

자기심리학의 임상적 적용은 기술과 설명이라는 이중의 목적을 수행함으로써 우리의 치료적 이해를 돕는, 경험에 가까운 입장을 가정한다(Carlton, 2009; Colburn, 2011). 다른 말로 하자면, 자기 이론은 토니의 삶에 대한 **어떤 것**을 파악하려고 시도하는 기술적인 혹은 현상학적인 의미에서 이해될 수 있다. 토니는 어떠한가? 그는 무엇을 생각하고 느끼는가? 그가 데이트를 하거나, 자위행위를 하거나, 가족과 함께 있거나 상담실에 앉아 있을 때 그는 어떤 환상을 갖고 있는가? 자기는 우리가 토니의 현재 자기-조직과 표현으로 이어졌던 맥락이나 상황을 이해하려고 시도하는 설명적인 방식으로 이해될 수도 있다. 이 후자의 의미에서 우리는 토니의 자기 경험을 불러일으키거나 자극하는 다양한 압력들과 맥락들을 보고 있다. 본질적으로 우리는 토니가 왜 그런가를 보고 있다. 이 방법들은 모두 유익하고 치료적 만남에서 토니를 이해하고 그에게 반응할 수 있는 다양한 통찰들을 제공해준다.

여러 면에서 토니의 이야기는 마음에 **비극적 자기**를 드러낸다(Kohut, 1971). 그의 불안하고 우울한 상태는 재미, 응집감 그리고 인정을 갈구하는 평범한 존재를 드러내지만, 그가 추구하는 것들로부터 지속적인 의미나 열정을 불러일으키지는 못한다. 토니는 정체되고 활기없는 자기-조직 때문에 연결과 활기에 대한 열렬한 추구와 부적절감이나 고통스러운 실패감의 주눅든 상태를 오가고 있다. 4가지의 주요 자기-상태는 폭넓은 흐름에서 토니의 인생을 보여준다: (1) 관계적 참여, 인정 그리고 상호성의 희망적인 추구. (2) 활력이 결여된, 고갈되고 주눅들기 쉬운 자기감; (3) 사랑과 증오, 분노와 갈망, 욕망과 두려움의 공존하는 감정으로 드러나는 관계적 양가성. (4) 그를 약화시키고 고립시키는, 어리석고 진부한 야망들. 토니의 발달 지체는 뚜렷해 보인다. 그 자신에게만 집중하도록 하는 치료적 허용의 필요성은 사랑과 수용을 위해 경쟁하는 것에 지쳐있는, 반영에 허기진 청년을 보여준다.

자기심리학적인 설명의 틀을 사용하면, 토니의 현재의 무기력으로 이어졌던 문제의 발달 경로를 이해하는 것은 어렵지 않다. 인생의 두 번째 달까지 유아들은 기초적인 자기-타자 구별과 인식을 발달시킨다(Rochat, 2003). 반응적이고 조율된 자기대상 환경은 아동의 독특한 특성들을 존중하고 촉진하고 이러한 자기-타자의 변증법을 반영할 때, 연결, 확인 그리고 인정에 대한 자기애적 욕구들은 확인되고 파열과 회복의 정상적인 경로를 통해서 완화될 수 있다. 이 과정의 다양한 성공은 독특한 자기 체계들에 기여하는 것이다(Bromberg, 2004; Siegel, 2012). 토니에게 있어서, 적절한 자기대상의 반응성을 통해서 그는 그의 경험의 많은 부분을 그의 부모로부터 구별할 수 있게 되지만, 그의 자기감이 만족스러운 삶의 목표들을 효율적으로 추구하고 상호적으로 보상해주고 지속가능한 관계들 속에서 작동할 만큼 충분히 안정적이라고 할 수는 없다. 우리가 토니의 삶의 이유를 살펴볼 때 세 가지 설명적인 영역이 수렴된다: 자기대상 경험, 동기체계 그리고 자기-조직.

첫째, 토니의 발달이 적절하게 이뤄지지 않은 것은 심한 외상이나 방치와 관계가 없지만, 초기 삶에서 불가피하게 나타났던 덜 극적이고 덜 복잡한 자기-대상 실패와 관련이 있다. 침범적인 통제와 끊임없이 요구하고 거절하는 이중구속의 위협으로 인해 토니는 숨 쉴 공간이 거의 없는 경직된 관계 체계에 갇히게 되었다. 토니가 어떤 사람이어야만 하는가에 대한 이기적인 욕구와 인식에 사로 잡혔기 때문에 어머니와 아버지는 어떤 확신을 가지고 토니의 독특성 혹은 그들 자신의 종교적 및 관계적 요구들과의 가능한 차이를 반영하는 것이 어려웠다. Wolf(1988)가 기술했듯이, "한 사람의 자기감은 다른 사람이 그의 내적 경험을 이해한다는 것을 앎으로써 향상된다"(p. 36). 토니에게 이러한 관계 패턴의 불행은 다중적인 동기 체계들이 손상되었다는 것이다. 왜냐하면, 이로 인해 토니가 자신감을 가지고 그의 독특성을 탐색하고 주장하기는 어렵기 때문이다. 우정과 성숙한 관능적/성적 관계를 포함하는 애착에 대한 욕구들은 긍정되지 않았다. 바랐던 감탄과 자부심 대신에 토니의 자기애적 갈망들 가운데 많은 부분이 소홀히 되고 부적절하거나 한심한 것으로 비웃음을 당했다. 그 결과로 나타나는 수치심의 아픔은 떨쳐버리기 어렵고, 억압되어 지속적으로 존재하게 되고 암묵적인 정서적 관계 기대들의 일부가 된다. 잠재력을 개선하는 데 도움이 될 수 있는 의식적인 검토가 이뤄지지 않기 때문에, 그가 자기주장과 친밀함에 대한 욕구를 경험할 때마다 이러한 기대들, 절차 기억 그리고 암묵적인 자기-평가가 나타난다. 활력을 주는 새로운 관계를 경험하고 소중하게 여겨온 야망/이상을 성취하는 것에 대한 기대는 수치심과 부적절감이라는 두려운 정서의 홍수와 공존한다.

다른 사람들의 과도한 기대와 함께 자기의 노력에 대한 과소평가는 효과적인 자기-조직에 방해가 되었고, 토니를 약화시키고 우울증과 절망에 빠지기 쉬운 상태로 만들었다. 정서 조절은 수동적인 철수와 위로해주는 자위행위 환상을 통해서 이뤄진다. 친밀한 관계 속에서 휘둘릴 것에 대한 두려움 그리고 그의 수용가능성과 적절함에 대한 고통 때문에 직업에 있어서 그리고 친밀한 관계적 교류에 있어서 그 자신의 욕구와 욕망에 대한 탐색은 심각하게 방해를 받는다. 분명한 예로는 정서적으로 유리되어 있는 하나님 경험이다. 관계적인 관심은 유지되지만, 조심스럽게 거리를 둠으로써 회복을 위한 기지로 사용될 수 있는 연결의 추구가 어려워진다.

토니에 대한 우리의 담론에서 기술과 설명이 구별된 기능처럼 보일 수 있지만, Carlton(2009)은 이론화하는 각각의 방법이 다른 것에 영향을 미칠 수 있음을 지적한다. 토니가 경험하고 있는 것에 대해 이야기 할 때, 우리는 불가피하게 토니가 특정한 자기-상태를 경험하고 있는 이유를 설명해주는 개념들과 범주들을 사용하게 된다. 반대로, 우리가 이야기하고 있는 것에 대해 기술하는 데 강력한 영향을 미치지 않으면서 왜 어떤 것이 일어났거나 존재하는가를 설명하는 것은 어렵다. 토니가 그 자신과 그의 경험(무엇)을 묘사할 때 선택하는 언어는 자기 경험의 원인(왜)을 이해하는 방법을 구성하는 데 도움이 된다. 자기심리학은 두 가지 모두를 귀중히 여긴다; 토니를 이해하는 데 너무나도 중요한, 공감적으로 형성된 연결은 설명을 위한 범주들로 이어지고 그것들을 공동으로 구성한다. 치료에서, 토니와 함께 있어주고(being with) 토니를 위해서 있어주는(being for) 것은 우리의 기독교적 이야기에 너무나도 중요한 희생과 자기비움의 사랑을 구현한다.

제6장

상호주관적 체계 이론

Mitchell W. Hicks

Faces in a Cloud(Stolorow & Atwood, 1979)의 출간을 시작으로, 상호주관적 체계 이론이 하나의 이론적 틀로서 발달했다. Robert Stolorow, Donna Orange, George Atwood와 Bernard Brandchaft의 지속적인 공동연구, 일반적으로 정신분석에서 나온 수많은 주요 개념들, 그리고 특히 Kohut(1977, 1984)의 자기심리학은 철학적 전제들이 변하는 것에 비추어 재고되었는데 이것들은 다음에서 자세히 살펴볼 것이다. 다음의 내용은 이러한 전제들, 그것들의 이론적 추론들 그리고 그것들을 토니의 사례에 적용한 것을 설명하려고 하는 시도이다.

상호주관적 체계 이론의 서론

여러 가지 방식으로, 상호주관적 체계 이론은 하나의 장(場) 이론(field theory)으로 가장 잘 설명될 수 있다. 이러한 접근은 초기 공식화

과정에서 "정신분석은 두 개의 주관성—환자의 것과 분석가의 것—의 교집합으로 구성되는 특정 심리 영역에서 나타나는 현상을 조명하려고 한다" (Stolorow & Atwood, 1984, p. 64)라고 하였다. Orange, Atwood와 Stolorow(1997)는 더 나아가 상호주관성 이론을 하나의 메타이론으로 설명한다: "그것은 모든 형태의 정신분석적 치료의 장-두 개의 주관성이 만들어내고 그것들이 생겨나는 체계 속의 두 주관성-을 다룬다" (p. 3) 이러한 인용문들은 각각 환자와 심리치료사 사이의 특정한 상호작용을 말하고 있지만, 자기, 정서 그리고 해석에 대한 개인의 모든 경험들은 언제나 상호주관적인 맥락의 모체에 영향을 받는다는 점이 인정된다. 이러한 맥락들은 한 사람의 역사 및 문화의 맥락뿐만 아니라 사람들의 어떠한 조합에 의해서도 생겨날 수 있다(Orange, Atwood & Stolorow, 1997).

상호주관적 체계 이론을 정신분석적 담론에서 사용된 상호주관적 및 상호주관성이라는 용어의 다른 용례들과 구분하는 것이 중요하다. Benjamin(1990, 1999)과 Aron(1996)과 같은 저자들의 공헌들과는 대조적으로, 이러한 이론가들은 상호주관성을 발달적 성취로 고려하지 않는다. Orange와 그녀의 동료들(1997)은 상호인정이 후기의 발달적 성취일 수 있다고 제안하지만, 상호주관적 체계 이론은 두 주체 사이에 존재하는 관계적인 맥락과 과정에 더욱 초점을 맞춘다.[1)]

상호주관적 감수성의 주요 기여자들은 그 접근의 근본적인 전제들을 설명하기 위해서 엄청난 수고를 하였지만, 다른 정신분석적 이론들에서 철학적 및 경험적 문제들이라고 믿었던 것도 따져 물었다. 다음은 이러한 비평들을 소개한 것이다.

---

1) 상호인정 개념에 대한 비평에 관심이 있는 독자는 Orange(2010a)를 보라.

현상학적

Orange, Atwood 그리고 Stolorow(1997)는 상호주관적 접근이 상황에 있는 개인의 환원불가능한 주관적 경험에 초점을 두는 현상학에 굳건히 뿌리를 두고 있다고 한다. Orange(2009)는 현상학적 감수성에 투철한 정신분석의 세 가지 함의를 제시했다. 첫째, 현상학자는 환자의 생생한 경험과 고통을 이해하는 데 초점을 두면서 전제들, 이론들, 과학적 "사실들" 그리고 문화적 렌즈들을 임시적으로 유지할 것이다. 선도적인 상호주관적 이론가들은 이론들과 다른 자료들에서 나온 선입견이 사실상 개인에 대한 심리치료사의 이해를 제한할 수 있고, 그것은 지금까지 해리되었던 정서적 경험들의 명확한 표현을 위한 공간을 제공하지 못하는 해로운 영향을 미칠 수 있다고 보았다(Atwood & Stolorow, 1993; Orange, 2009, 2011; Orange, Atwood and Stolorow, 1997).

둘째, Orange(2009)는 치료에 대한 현상학적 접근이 관계성은 "우리의 일차적인 인간의 상황이다. 이것은 우리가 관계성 속에 태어난다는 것과 우리의 대응 능력들과 우리의 혼란들이 관계적으로 발달하고, 유지되고, 변화된다"(p. 120)는 전제를 받아들인다는 것을 의미한다고 보았다. 개인의 주관성은 상호주관적인 맥락에서만 생겨나고 수정될 수 있기 때문에, 이러한 접근은 불가피하게 관계적이다(Orange, Atwood & Stolorow, 1997). 이러한 특별히 밀접한 관계는 뒤에서 논의될 데카르트적인 "고립된 마음"에 대한 Stolorow와 Atwood(1992)의 의문과 직접적으로 관계가 있다.

마지막으로, 현상학적 정신은 심리치료사에게 무거운 비대칭의 윤리적 요구를 부여한다(Orange, 2009). 상호성을 기대하기 보다는 "정신분석적 현상학자들은 어떤 충분한 보상에 대한 기대도 없이 마치 충분히 좋은 부모님들이 오랫동안 한 것처럼 공감적으로 손을 내밀고, 접촉을 위해서 다가가고, 이해하는 우리의 능력을 강조하는 이론들과 임상적 태도들에 끌리는 것 같다"(p. 120).[2)]

고립된 마음

Stolorow와 Atwood(1992)는 정신적 삶에 대한 보다 초기의 한-사람 공식화들의 철학적이고 이론적인 한계들의 많은 부분이 그들이 "고립된 마음이라는 신화"(p. 7)라고 언급하는 것으로 요약될 수 있다고 본다. 이 신화는 사람이 그 사람이 존재하는 보다 큰 맥락들로부터 분리되거나 소외되었다고 제시한다. "문화적 경험이라는 증상으로 본다면, 고립된 마음의 이미지는 현대인이 겪는 자연으로부터의, 사회생활로부터의, 주관성 자체로부터의 소외를 나타낸다" (1992, p. 8). 어쩌면 데카르트적인 고립된 마음의 가장 중요하게 문제가 되는 영향들 가운데 한 가지는 그것이 개인을 자신의 관계적 맥락으로부터 단절시킨다는 것이다. 그러나 상호주관적 체계 모델의 비판들과는 대조적으로, 이 관점을 지지하는 사람들은 심리내면적인 것을 충분히 고려한다. Orange, Atwood 그리고 Stolorow(1997)는 오히려 심리내면적인 것이 상호주관적인 맥락에 상호적으로 영향을 미치는 것으로 본다. 보다 구체적으로 말하자면, 한 사람의 주관적인 경험은 그 사람이 이제 자신을 발견하는 관계적인 맥락에 영향을 주기도 하고 받기도 한다.

무의식의 재공식화

이러한 이론적 재고에 근거하여, 주요 상호주관적 체계 이론가들도 무의식을 환자의 상호주관적인 맥락 밖에서 이해될 수 없는 일련의 과

---

2) 아이와 부모는 이러한 비대칭의 관계에서 제공해야 할 필요가 있음을 주목한 Shabad (2001)와 비교해보라.

정으로 재개념화했다. 여러 가지 자료들로부터 끌어낸 무의식의 네 가지 상호연관된 측면들은 다음과 같이 설명된다(예를 들면, Stolorow, 2007; Stolorow & Atwood, 1992; Stolorow, Brandchaft & Atwood, 1987).

역동적 무의식(dynamic unconscious)은 개인의 양육자들이 정서가 담긴 경험들에 만성적으로 조율해주지 못했기 때문에 충분히 표현될 수 없었던 그러한 경험들에 의해 구성된다. 이러한 정서들은 필수적인 관계적 연결에 위협적인 것으로 경험되었기 때문에, 그것들은 억압되고 상당한 정신적 갈등의 원천이 될 수 있다. **전반성적 무의식**(pre-reflective unconscious)은 경험의 패턴들을 이해하기 위한 관계적인 발견법들로 구성된다. 이러한 발견법들, 혹은 핵심적인 조직 원리들은 개인의 관계적인 경험들을 정서적인 수준에서 주제화하는 역할을 하고 일반적으로 자신의 의식 밖에서 작동한다. 예를 들어, 어떤 사람이 자신이 설명할 수 없는 이유로 다른 사람들이 자신의 감정을 이해하지 못한다고 느끼는 경향이 있을 수 있지만 그것은 정서적인 친밀함이 깊어질 때마다 삶 전체를 통해서 상기되기도 한다. **확인되지 않은 무의식**(unvalidated unconscious)에는 확인해주거나 반응해주는 관계적 환경이 없기 때문에 표현될 수 없었던 이러한 정서적 경험들이 포함된다. 마지막으로, Stolorow(2007)는 "자신의 존재감 상실을 나타내기 위해서"(p. 26) **존재론적 무의식**(ontological unconscious)을 추가했다. 그는 특별히 외상에 대한 반응에서의 자기-상실과 둔화 그리고 이러한 외상적 경험들이 "관계적인 안식처" 혹은 이러한 감정들이 명확하게 표현되고 공감적 조율이 경험될 수 있는 일련의 대인관계적인 경험들을 발견할 수 없는 무능력을 언급하고 있다.

물화(物化)를 피하기

지금까지 볼 수 있었듯이, 상호주관적 체계적 감수성의 발달에 영향을 미치는 것 가운데 많은 부분은 "구조"나 "사물성"(thingness)을 제안하는 정신분석의 다양한 개념들에 대한 철학적 의문이었다. 이러한 이론가들은 물화된 구조의 확인과는 사뭇 다르게, 보편적으로 존재하는 내용들에 대한 확인보다는 주관적이고 상호주관적인 경험의 **과정**에 초점을 둔 메타심리학을 구체화하기 시작했다(Orange, Atwood & Stolorow, 1997; Stolorow & Atwood, 1992; Trop, Burke & Trop, 2002). 더 나아가서, 그들은 "환자의 주관적인 세계를 드러내고, 조명하고, 변화시키는 것"을 일차적인 기획으로 하는 정신분석에 대한 접근법을 공식화하려는 근본적인 목적을 갖고 이론 개발에 접근했다(Stolorow, Brandchaft & Atwood, 1987, p. 9). 결국, 선도적인 상호주관적 맥락주의자들은 "경험에 가까운 개념들을 연구하고, 판단들과 진단적인 충동들을 가능한 한 가볍게 유지하려는, '최소한으로 이론적인' 정신분석"(Orange, 2009, pp. 120-21)을 시도했다. 따라서, 모든 심리치료는 환자의 고통에 대한 이해-어떤 기존의 정신분석 이론으로부터 이끌어낼 수 있거나 특별한 치료적 이자관계에서 생겨날 수 있는 이해-를 함께 만들어 가는 것으로 구성된다. 이것은 어떤 하나의 사상 학파에 대한 충성을 맹세하도록 강요되지 않는 것을 주장하면서 동기, 발달 그리고 정신병리의 중심적인 이론들을 설명하려는 도전을 만들어낸다.

동기

앞에서 언급했듯이, 상호주관적인 맥락주의적 접근의 주요 기여자들은 Heinz Kohut(1977)의 이론적인 기여들에 매우 강력하게 영향을 받았다. 그의 가장 중요한 공헌들 가운데 하나는 공감적-내성적 태도와 의식적 및 무의식적 자기 경험에 대한 강조를 명료화한 것이다 (Stolorow, Brandchaft & Atwood, 1987). "Kohut이 직접적으로 언급하지 않았지만, 이러한 강조의 각별히 중요한 의미는 그것이 불가피하게 본능적인 욕동의 동기적인 우선성에서 정서 및 정서적인 경험의 우선성으로의 이론적인 전환으로 이어졌다는 것이다"(p. 16). Stolorow(2002)는 정서의 동기적인 영향을 중요하게 봄으로써 심리내면적 모델에서 상호주관적 입장으로 옮겨가는 결과를 가져왔다고 보았다.

> 데카르트적인 고립된 마음의 내면 깊은 곳에서 생겨난 욕동들과는 다르게, 정서(affect)-주관적인 감정적(emotional) 경험인-는 태어날 때부터 계속해서 지속되는 관계 체계들 속에서 조절되거나 잘못 조절되는 어떤 것이다. 따라서, 정서를 중심에 두게 되면, 사실상 인간의 심리적 생활의 모든 측면들을 근본적으로 맥락화하는 것이 자동적으로 수반된다.(Stolorow, 2007, p. 1)

중요한 것은, Stolorow가 사용한 정서의 개념이 정신건강 분야에서 전형적인 것보다 훨씬 폭이 넓다는 점이다. *Befindlichkeit*(처해있음, "자기 자신 됨을 발견하는 방법"으로 번역되는)라는 용어를 사용했던 Heidegger의 저술들에 의지해서 Stolorow(2007)는 Heidegger에게 있어서 정서는 사람이 어떻게 느끼는가 뿐만 아니라 이러한 느낌이 일어나는 맥락을 의미한다고 하였다. Stolorow(2007)에게 있어서 정서는 "어떤 상황에서 자기 자신에 대해 느껴지는 기분"(p. 2)이다.

임상적으로 볼 때, 정서로의 이러한 전환이 갖는 중요한 의미는 그것이 개인이 자신의 경험을 조직하는 주된 방식이라는 인식이다. 이러한 관점을 반영하는 보다 초기의 저작들 가운데 하나에서 Socarides와 Stolorow(1984/1985)는 Kohut주의자들의 자기대상 기능 개념을 확장해서 정서 통합의 과정을 포함시켰다. 상호주관적 체계 이론은 유아 연구자들(예를 들면, Beebe, Jaffe & Lachmann, 1992; Stern, 1985)의 결과들과 일치되게, 정서적인 경험을 그것의 관계적 맥락에서 조절해주냐 혹은 잘 못해주느냐는 심리적 발달과 이후의 자기-경험의 조직에 중요한 영향을 미친다.

발달

상호주관적 맥락주의적 접근의 특징은 그것이 자신의 발달적 맥락 속에 있는 환자를 이해하고 그 맥락이 환자와 그 사람 주변의 다른 사람들뿐만 아니라 분석가와 환자 사이에 있는 상호주관적 공간에 어떻게 영향을 미치고 있는가를 이해하려고 시도한다는 점이다(Orange, Atwood & Stolorow, 1997). Stolorow와 Atwood(1984)는 심리적 발달은 그것이 일어나는 특정한 관계적 맥락들 속에서 고려되어야만 하고 그러한 맥락들이 다양한 발달 과제들과 단계들을 통해서 아동의 발달을 어떻게 촉진하는지 혹은 방해하는지도 고려되어야만 한다고 주장한다.

Stern(1985)의 경험적인 연구에 의지해서, Stolorow, Brandchaft 그리고 Atwood(1987)는 출생이후 계속해서 자기-발달과 자기-분화라는 중심 과제는 아동이 양육자와 정서작용의 상호적인 나눔을 통해서 일어난다고 하였다. 많은 현대 이론가들이 이러한 결과들을 통합하려고 시도했지만, 이러한 저자들은 그들의 자기심리학적 뿌리로 돌아와서 Kohut(예를 들면, 1977)의 공헌의 어떤 부분을 확장하였다.

상호주관적 맥락주의 학파의 가장 초기 공헌들 가운데 하나는 Kohut(1977)의 자기대상 개념을 다음과 같이 재공식화하고 확장한 것이다.

자기-경험의 유지, 회복, 그리고 변화와 관련된 일종의 심리적 기능들. 따라서, 자기대상이라는 용어가 그것이 가진 엄격하게 정신분석적인 의미와 일치되게 사용될 때, 그것은 환경적인 존재나 양육자를 말하는 것이 아니다. 오히려, 그것은 자기대상 기능들을 제공하는 것으로 주관적으로 경험되는 대상을 말한다. (Stolorow & Brandchaft, 1987, pp. 241-42; 또한 Orange, Atwood & Stolorow, 1997를 보라)

자기대상 기능들은 단순히 과대감 혹은 보다 강하고, 보다 유력한 세력과 연합하려는 욕구들을 반영하기 보다는 어떠한 정서적 경험의 대사과정에서 다른 사람의 그러한 경험들과 관련이 된다(Socarides & Stolorow, 1984/1985).

자기대상 기능의 중요성은 과장하기 어렵다. 자기-경험의 구조화와 관련하여, Stolorow, Brandchaft 그리고 Atwood(1987)는 최소한 4가지의 중요한 결론이 있다고 하였다.[3] 첫째, 아이가 자기-경험을 명확하게 표현할 수 있는 능력을 증진시키기 위해서, 자기대상 기능들을 제공하는 양육자들은 변화하는 정서 상태에 조율해주어서 아이가 그들 사이에서 분화할 수 있도록 도와주어야 한다. 둘째, 적절한 자기대상 기능에는 양육자가 긍정적이고 부정적인 정서들이 확인되고 통합될 수 있도록 일치되지 않는 정서 상태를 아동이 종합하도록 도와주는 것이 요구된다. 예를 들면, 아이는 친척의 방문에 좋으면서도 불편한 반응을 보일 수 있다. 새로운 놀이 상대가 있고 평소에 받지 않던 관심을 받는다는 것은 매우 즐겁고 신날 수 있다. 그러나, 손님은 또한 아이의 일차 양육자들의

---

3) 상호주관적 맥락주의자들이 구조 그 자체에 대해 말하지 않는다는 사실을 주목하는 것이 중요하다. 오히려, 구조에 대해 말할 때 그들은 전반성적 방식으로 지속적인 관계 경험을 조직하는, 관계 경험의 폭넓은 패턴들을 말하고 있다. (예를 들어 Stolorow, Brandchaft & Atwood, 1987를 보라.)

관심과 에너지를 필요로 할 수 있기 때문에 그것은 상실이나 경쟁으로 느껴질 수 있다.

셋째, Stolorow와 그의 동료들(1987)은 정서 상태를 명료화하고 분화를 도와줄 수 있는 양육자의 반응성과 능력은 아이가 압도적이고 불쾌한 정서를 견뎌내고 조절할 수 있는 능력을 개발하는 데 도움이 된다고 제안했다. 우리는 이러한 기능이 Winnicott(1965)의 "안아주는 환경"과 Bion(1977)의 담아주는 그릇(container) 은유와 같은, 정신분석의 다양한 이론적 개념들로 표현되었다고 본다. 연관 지어 말하자면, 정서를 견뎌내는 이러한 능력 때문에 새로운 감정들을 심리적 외상을 드러내는 것이라기보다는 자기-상태의 변화들을 나타내는 것으로서 사용되도록 할 수 있다. 마지막으로, 정서적인 언어의 발달로 인해서 정서의 탈신체화가 가능해진다. 이것은 정서 상태가 신체적으로 경험되지 않을 것이라는 것을 의미하지 않는다. 오히려, 그러한 신체적 감각들이 상응하는 언어적 구조를 갖게 될 것이다.

지속적인 성숙을 향한 변화들과 증대된 자기-조직 때문에 양육자의 반응성에 있어서 상응하는 변화들이 필요하다. 아이가 다양한 정도의 자율성, 공격성 그리고 성적 관심을 표현할 때, 양육자는 이러한 변화들에 반응하는 방식을 수정할 수 있어야 한다. 그렇게 하지 못하면, 아이의 심리적 발달에 심각하게 부정적인 결과를 낳을 수 있다(Stolorow & Brandchaft, 1987; Stolorow, Brandchaft & Atwood, 1987).

정신병리

앞에서 살펴보았듯이, 상호주관적인 장(場), 정서에 대한 그것의 반응성 그리고 자기대상 기능을 적절하게 제공할 수 있는 양육자의 능력은 아이의 건강한 심리 발달에 핵심이 된다. 공감적 조율에서의 혼란은 정상적이고, 예상되고 어쩌면 심지어 건강한 심리 발달을 위해서 요구되기도 하지만, Stolorow(2007)는 아이의 정서 상태에 대한 만연되고 현저한 부조율은 결과적으로 심리적 갈등으로 발전한다고 보았다. "그렇게 통합되지 못한 정서 상태들은 그 사람의 심리적 조직과 필수적으로 필요한 관계들에 위협으로 경험되기 때문에 일생동안 지속되는 감정적인 갈등과 외상적 상태에 대한 취약성의 원인이 된다"(p. 3; 또한 Stolorow, Brandchaft & Atwood, 1987를 보라). Stolorow(2007)는 계속해서 발달과정에서의 외상에는 견뎌 내거나, 표현되거나 통합될 수 없는, 감당할 수 없는 정서의 경험이 포함되는 것을 관찰했다. 이것은 결과적으로 정서와 인지의 단절, 혼란스러운 상태, 어쩌면 병리적 순응의 발달을 가져온다(Brandchaft, 2007; 병리적 순응에 대한 논의는 아래를 보라).

Stolorow(2007)는 역사적으로 양육자에 의해서 확인되지 않고, 통합되지 않고, 거절된 정서 상태에 대한 경험은 지속적이고 파괴적인 의미들을 갖게 된다고 보았다. 이전에 채워지지 않은 발달상의 소망들과 수용할 수 없는 정서적 경험들은 불쾌한 자기 결핍의 증거로서 이해되기 때문에 부정된다. 그러한 발달상의 외상이 정서적인 경험에 심각한 제약을 가져오는 것은 놀라운 일이 아니다. 더구나, 이러한 수용할 수 없는 느낌들과 갈망들이 부정되거나 포기되는 "방어적인 자기-이상"(2007, p. 4)이 자리 잡는다. 이와 같이 불쾌한 정서 상태가 생겨나면, 그것은 자기-이상에 대한 침해로 경험되고, 흔히 방어되어야만 하는 수치심과 고립감을 수반한다(Orange, Atwood & Stolorow, 1997; Stolorow, 2007).

Stolorow(2007)는 더 나아가서 고려할 만한 외상 경험의 세 가지 다른 중요한 영향들에 주목한다. 첫째, 외상은 Stolorow가 일상생활의 절대주의들(absolutisms of everyday life)이라고 하는 것의 붕괴로 이어진다. 이것들에는 토론이나 고려의 여지가 없지만, 병리적인 형태로 방어적인 기능을 할 수 있는, 세상에 대한 안정적이고 예측할 수 있는 신념들이 포함된다. "다음에 보자"라는 단언이 하나의 예가 될 수 있다. 일상적인 용례에서, 매일의 이별들이 일시적일뿐이고 이후에 재회가 이뤄질 것처럼 삶을 살아간다. 비록 그러한 말이 미국 문화에서 규범적일지라도, 그것은 어떤 이별도 사실 마지막 이별일 수 있다는 현실을 외면한다. 그러나, 그러한 말이 사랑하는 이의 임박한 죽음을 무시한다면 그것은 병리적인 것으로 고려될 수 있다는 사실에 주목해야만 한다. Stolorow (2007)는 외상을 입은 개인에게서 이러한 절대주의들이 무너진다고 지적했다; 그럼에도 불구하고 죽음에 대한 불안을 피하려는 이러한 규범적인 환상들은 외상을 입은 개인에게는 더 이상 기능하지 않는다.

둘째, 이러한 절대주의들의 상실로 인해서 고립감, 혹은 그 누구도 외상을 입은 개인이 경험하고 있는 것을 이해할 수 없다는 느낌이 생겨난다. Stolorow(2007)는 이것을 설명하기 위해서 암으로 그의 아내를 외상적으로 상실하고 얼마 되지 않아 전문가 학회에 참여했을 때의 경험을 이야기했다. 그는 다음과 같이 기술했다.

> 그 학회에서 모든 참가자들을 위한 만찬이 있었는데, 그들 가운데 많은 사람들이 나의 오래된 좋은 친구들이자 가까운 동료들이었다. 그러나, 내가 만찬장을 둘러보았을 때, 그들은 모두 낯설고 다른 존재로 보였다. 혹은 보다 정확하게 말하자면, 내가 이 세상의 존재가 아닌 낯설고 다른 존재로 보였다. 다른 사람들은 너무나도 즐거워 보였고, 활기차게 서로 교제하였다. 반대로, 나는 예전의 나의 모습이 약해지고 무너진 것처럼 느꼈다. 좁혀질 것 같지 않은 심연이 열리고 나를 내 친구들과 동료들로부터 영원히 분리시킬 것 같았다. 이제 우리는 전혀 다른 세상에 살고 있었기 때문에

그들은 나의 경험을 결코 짐작할 수 없었다고 나는 스스로 생각했다.(p. 14)

Stolorow에게 있어서, 외상은 부분적으로 한 사람이 매일의 절대주의들이 위안을 제공해주는, 상실, 죽음 그리고 고립과 같은 실존적인 현실들에 직면한다는 것을 의미한다.

마지막으로, 외상은 시간 속의 존재(being-in-time)라는 감각을 파괴하는 영향을 미친다. Stolorow(2007)는 외상에 직면했을 때 과거, 현재 그리고 미래의 연속체가 붕괴된다고 보았다. 마치 외상경험이 현재, 개인이 벗어날 수 없는 현재에 멈춰버린 것 같다. 이것은 흔히 외상후 스트레스 장애와 관련된 재현으로 드러날 수 있지만, 그것은 흔히 계속해서 마치 외상이 지속되고 항상 있는 것처럼 세상을 보는 것으로 이어진다.

Brandchaft(2007)는 지속적인 공감의 실패의 결과에 대한 상호주관적 체계적인 이해를 더욱 확장했다. 그는 아이가 필요한 대상관계를 유지하기 위해서 자기의 부분들을 해리시키도록 강요된 결과로서 병리적인 순응이 나타난다는 점을 주목한다. 폭넓은 정서, 흥미 그리고 필요들의 경험이 허용되는 것이 아니라 아이는 양육자들의 필요들에 순응하기 위해서 이러한 경험을 억압해야만 한다. 과도하게 양육자들의 필요에 맞춰지게 되면서, 아이는 지속되는 양육자의 외상적인 실패들을 피하기 위해서 명령들 혹은 "해야만 하는 것들"의 목록을 내면화할 것이다(Brandchaft, Doctors & Sorter, 2010). 그 이후에 이러한 명령들은 미래의 관계에 영향을 미치는 원형이 된다.

치료적 변화

상호주관적 체계이론적 관점에서의 치료는 그것이 어떤 감수성에 대한 전제에 힘을 쓰는 것만큼 많이 기법적인 권고에 힘을 쓰지는 않는다(Orange et al., 1997). "그것은 관찰자와 피관찰자의 불가피한 상호작용에 대한 지속적인 감수성의 태도이다. 그것은 우리가 다른 사람의 경험에 들어가서 몰두하는 대신에, 상호주관적 공간에서 다른 사람과 함께 한다고 가정한다" (p. 9). Stolorow, Brandchaft와 Atwood(1987)는 중립적 입장 혹은 치료적 절제를 교조적으로 제시하기보다는, 어떤 순간에 개입하거나 개입하지 않을 것인지에 대한 결정들은 개별적인 환자의 주관적인 경험의 명료화, 명확한 표현 그리고 변화에 도움이 될 것 같은 것에 의해 안내를 받아야만 한다고 본다. 그들은 계속해서 심리치료사의 행동이 환자에게 어떤 의미가 있을 수 있는지에 대해 주의를 기울여야만 한다고 지적한다. 더 나아가서 Orange, Atwood 그리고 Stolorow(1997)는 분석적 대화가 기법에 초점을 두기보다는 실제에 초점을 두어야만 한다고 지적한다. "기법과는 다르게, 실제에서는 언제나 세밀한 부분에 집중하고... 질문, 숙고 그리고 발견의 태도를 구체화하고... 규칙들을 피하고 질문들을 사랑한다"(p. 27).

실제로, 정신분석(혹은 어떤 심리치료 이론)의 다양한 이론적 전통들로부터 끌어내는 것에는 치료적 공간을 위한 깊은 의미들이 있을 수 있다. 예를 들어, 훈련에서 Melanie Klein의 저작에 크게 영향을 받은 분석가는 시기심과 공격성의 경험에 잘 맞출 수 있다. 동일한 환자를 보더라도, 자기심리학 전통의 분석가는 자기애적 상처에 대해 공감적으로 언급할 수 있다. 이러한 관찰의 목적은 이론을 전적으로 피하려는 것이 아니다. 오히려,

> 여기에서의 의미는 분석가들이 임상적 자료를 정리하기 위해서 지침이 되는 이론적 개념들을 사용하지 않아야만 한다는 것이 아니라

> 분석가들이 환자의 주관적 세계에 대한 그들의 이해의 한계를 정하고 분석 과정의 방향을 함께 결정함에 있어서 그들의 지침이 되는 틀의 영향을 인식해야만 한다는 것이다.(Orange et al., 1997, p. 21)

Orange와 그의 동료들은 더 나아가서 환자가 기대하는 것에 대해서 미리 알려고 하는 태도를 고수하는 것은 매우 해롭고 피해야만 한다고 주장한다.

이러한 언급들에도 불구하고, 상호주관적 체계적 접근의 철학적 및 이론적 내용들에는 해석, 자기 노출 그리고 전이-역전이 모체에서의 작업을 위한 의미들이 담겨있다.

해석

심리치료사는 "문제가 되는 주관성의 측면들을 구성하는 무의식의 '영역' 을 함께 탐구하는 데" 정서적으로 안전한 치료적 공간을 함께 만들어가기 위해서 환자의 주관적인 경험에 대한 지속적인 공감적 질문의 태도를 통해서 그 사람과 함께 협력적으로 작업한다(Orange et al., 1997, p. 8). Stolorow, Brandchaft 그리고 Atwood(1987)는 분석적인 시도의 참여자들이 모두 지속적인 상호 영향과 각자의 조직하는 행위들을 통해서 이러한 치료적 공간의 상대적인 안전성 혹은 위험성에 기여하고 있다고 보았다. 여기에는 해석, 자기-노출 그리고 개입의 선택을 위한 의미들이 담겨있다.

Stolorow, Brandchaft 그리고 Atwood(1987)는 해석이 분석가에게서 나오는 것도 아니고, 언젠가 Freud가 제안했듯이 무의식에 대한 고고학적 발굴을 통해서 드러나는 것도 아니라고 본다. 오히려, 환자의 주관적인 경험에 대한 이해를 풍성하게 해주기 위해서 활용할 수 있는 다양한 의미들은 치료적 관계의 상호주관적 공간에서 함께 만들어가는 것이다. 상호주관적 체계적 감수성을 위한 해석을 이해하는 데 중요한 것은 데카르트적인 이분법의 부산물인, 정서적인 이해와 분리된 지적 활동으로서의 해석의 실제에 대한 비판이다(Orange et al., 1997). 사실, Stolorow (2007)는 해석 행위가 심리치료사와 환자 사이의 정서적인 연결의 분리할 수 없고 결정적인 측면이라고 본다. 그는 계속해서 변화를 일으키는 해석은 환자에게 자신의 경험과 감정이 이해되고 있다는 사실 뿐만 아니라 그러한 이해에는 "환자가 그 경험을 분석적 개입에 의해 활성화되는, 씨줄과 날줄로 엮인 발달적 소망들로 엮어갈 때" (p. 5) 특별한 전이적 의미들이 있다는 사실도 전달해준다고 주장한다.

자기-노출

상호주관적 체계적 이론가들은 또한 심리치료사가 자기-노출을 피할 수 없다고 본다. 사실, 치료사는 치료적 공간의 상호 영향의 체계에서 적극적인 주체이기 때문에 자기노출을 하지 않는 것은 불가능하다. 정신분석가들(예를 들면, Greenson, 1967)의 전형적인 태도와는 대조적으로, 자기-노출은 분석 과정에 필수적인 요인으로 이해된다.[4] 그러한 것들을 통해서 치료사는 치료사가 어떤 주제들 혹은 감정들에 접근할 때 여유롭게 하는지 혹은 그렇지 않은지에 대해, 그리고 심지어 주거나 보류하는 과정에 대해 관심을 기울이게 되는데, 이 모든 것이 환자에게 정보를 제공해준다(Orange, Atwood & Stolorow, 1997). 드러내고 감추는 이러한 과정이 치료적 공간에 중요한 영향을 미치고, 이러한 노출의 영향이 환자

4) 치료적으로 유익한 자기-노출에는 전형적으로 심리치료사의 이력이나 상황들에 대한 정보가 포함되지 않는다는 것이 분명하다. 그러나, 어떤 치료적 관계의 맥락에서는 그러한 노출이 매우 유익할 때가 있을 수 있다.

의 명백한 자기표현을 증진시킴에 있어서 이해되고, 고려되고, 활용될 수 있도록 자기-인식에 지속적인 관심을 기울이는 것은 심리치료사의 의무이다. 이러한 노출이 치료에서 어떻게 다뤄지는가와 상관없이, 언제나 요구되어지는 것은 치료의 과정과 내용에 대한 자신의 영향을 다르게 바라보고 반성할 수 있는 능력이다(Stolorow, Brandchaft & Atwood, 1987).

전이와 역전이

정신분석 전통에 있는 대부분의 접근들처럼, 상호주관적 체계적 관점의 지지자들은 전이-역전이 모체에 대해 특별히 강조한다. Stolorow, Brandchaft 그리고 Atwood(1987)에게 있어서, 전이는 본질적으로 퇴행이나 왜곡이라기보다는 경험을 조직화하려는 인간의 경향(**전반성적 무의식**을 보라)의 표현으로 이해된다. 정신분석적 탐구의 목표는 그것을 포기하도록 하는 것이 아니라 오히려 "전이 경험을 수용하고 분석을 통해서 확장된 환자의 심리 조직 속으로 통합하는 것"(p. 45)이다. Kohut(1984)의 권고에 따르면, 이것은 환자의 자기대상 경험의 파열, 분리 그리고 단절에 대한 공감적, 내성적인 질문을 통해서 이뤄질 것이다(Orange, Atwood & Stolorow, 1997; Stolorow, Brandchaft & Atwood, 1987).

환자가 치료사와의 관계에서 다시 외상을 경험하게 될 것을 예상할 때마다 더욱 오래되고 경직된 조직 원리들이 나타나기 쉽고, 그것은 흔히 저항의 형태로 드러난다(Stolorow, 2007). 부적절한 행동 혹은 "행동화"로 이해될 수 있는 것을 다룰 경우에는 이러한 이해를 충분히 고려할 필요가 있다. 전통적으로, 그러한 행동들은 분석과정에 대한 저항으로 이해되었고 개인의 웰빙에 위협을 야기한다. 그 행동은 결국 자기파괴적이라는 가능성이 정확할 수 있지만, 그것은 그것이 또한 재외상화를 미연에 방지함으로써 좋은 결말에 기여하고 있다는 것을 고려하지 못한다.

이러한 행동들을 단지 혹은 일차적으로 행동화로 해석하는 것은 "그것들이 환자에게 이질적이고 비본질적인 경험의 조직화를 덧붙이고, 그렇게 함으로써 자기-분화의 과정을 틀어지게 하고 그것으로부터 지탱시켜주는 모체를 박탈하기 때문에 환자에 의해 구속하는 속박의 일부분으로 경험되기 쉽다"(Stolorow, Brandchaft & Atwood, 1987, p. 57). Brandchaft(1983, 1986)의 이전의 공헌들에 의지해서, Stolorow, Brandchaft 그리고 Atwood(1987)는 특별히 전이 분석이 환자에게 복종을 유도하기 위해서 어떻게 오용될 수 있는가에 대해 우려했다. 이것에 대해 경계하기 위해서는, 심리치료사가 환자에게 어떤 이유로든 자신에게 위협이 되는 것으로 경험될 수 있는 감정이나 주제를 탐색할 있는 여지를 기꺼이 만드는 것이 특별히 중요하다. 다음의 예를 고려해보자. T박사는 새로운 부임한 심리학 박사이고, 그녀는 새로운 역할에 적응하고 유능한 치료사가 되는 것에 대해 매우 염려하고 있다. 그녀는 자신이 박사 과정의 인턴과정이 5개월 정도 남았을 때 시작했던 치료에서 M양을 만나왔다. T박사는 M양의 감정적이고 관계적인 관심들의 어떤 중요한 변화들을 알 수 없었지만, M양은 T박사가 그녀에게 얼마나 놀랍고 도움이 되었는지에 대해 상당히 많이 말을 하는 것 같았다. 특히 그녀가 실제로 M양에게 진전이 없음에 대해 개방적으로 말하는 것은 위협이 된다는 것을 감안한다면 T박사가 이러한 칭찬들을 매시간 넘치게 허용하는 것은 매우 만족스러울 수 있었다. 위협이 되는 이러한 대화를 터놓고 하는 것은 M양의 자기-이해를 심화할 수 있는 가능성들을 열어주고 그녀 자신에게 손해를 주면서 다른 사람들을 돌보려는 욕구로부터 그녀를 자유롭게 할 수 있는 가능성을 제공한다. 이러한 탐색에서 명료해지는 상세한 내용들에도 불구하고, 위협이 되는 주제를 끌어내지 못하면 병리적인 순응의 구조를 재현하게 될 뿐이다(Brandchaft, 2007; Brandchaft et al.,

2010).

신앙 비판

전통화. 상호주관적 체계적 관점의 핵심 요소들을 분명하게 설명하는 것은 벅찬 과제이지만, 내 자신의 신학적 전통을 명료하게 설명하려고 하는 것보다는 훨씬 쉬울 것 같다. 그리스도를 따르는 자로서 나를 형성했던 전통들의 핵심적인 신학적 토대를 언급하는 것은 어렵다. 다음의 내용은 나의 잠재의식적인 영향들의 어떤 의미를 제시하려는 시도이다.

나는 하나님의 교회(Church of God)에서 자랐는데, 그곳은 1800년대 미국에서 일어난 성결 운동 시기에 시작되었다(Faculty of the Anderson University School of Theology, 2007). 삶의 지침이자 표준으로서 성경에 충실했지만, 이 운동은 또한 하나님의 바람은 모든 신자들이 그들에게 있는 차이들에도 불구하고 평화와 조화 속에 살아가는 것이라는 원리에 근거를 두고 있다. 그것 자체로는, 그리스도가 공통적인 토대가 된다. 하나님의 진리와 계시의 역동적인 본질을 확언할 뿐만 아니라 "그 운동은 일련의 공통적으로 견지되는 신념들에 의해서가 아니라 예수 그리스도에 대한 공통의 경험에 의해 함께 연결될 것이다"(Faculty of the Anderson University School of Theology, 2007, p. 1)라는 확신도 있었다. 정직하게 말하자면, 나는 하나님의 교회를 특정 신학 전통으로 보려고 할 때까지 이러한 근본적인 확신을 인식하지 못했지만, 이제는 다른 문제들에 대한 매우 넓은 불일치에도 불구하고 예수 그리스도에 대한 신앙을 고백하는 모든 사람들을 널리 환영하는 신앙을 실천하고 싶다는 나의 바람을 형성했다는 것을 볼 수 있다.

지난 15년 동안, 나는 메시아적 유대교 운동에 참여해왔는데, 그 자체는 폭넓게 다양한 믿음들을 나타내고 하나의 신학적 전통으로 보기 어렵다. Kinzer(2000)에 따르면, 메시아적 유대교 운동은 예수를 히브리 성경의 약속된 메시아로 확신하는 유대인들과 이방인들로 이뤄진다(Schiffman, 1992를 보라). 게다가, 우리는 전통적인 유대교의 예배 형태, 의식, 그리고 문화 행사에 참여함으로써 보다 큰 유대교 공동체와의 동일시를 유지하는 데 전념했다. 이것 때문에 메시아적 신자(유대인이든 이방인이든)는 문화적 동일시와 종교 의식과 관련해서 모호한 위치에 자리매김 된다(Yangarber-Hicks & Hicks, 2005).

메시아적 유대교 공동체나 조직에 대한 특정 신학의 영향력에도 불구하고, 비록 모두는 아닐지라도 대부분은 하나님과 이스라엘 사이의, 그리고 확장해서 하나님과 메시아 예수에 대한 믿음을 통해서 공동체에 접붙여진 사람들 사이의 언약 관계의 중심성을 확언한다(Kinzer & Juster, 2002; Yangarber-Hicks, 2005). 다른 말로 하자면, 메시아적 유대교 신자들은 공동체와의 연결을 강조한다. 게다가, 억압당한 사람들을 위해 싸우면서도 **티쿤올람**(Tikkun olam), 혹은 선행, 친절함 그리고 사랑 의 일을 통해서 오실 메시아(메시아적 신자들의 경우에는 예수의 재림)를 준비하기 위한 세계 회복의 윤리는 메시아적 유대교 사상이 공통적으로 되풀이 되는 말이다.

일치와 불일치. 그렇다면, 상호주관적 체계적 관점의 실제는 연결 그리고 세계 회복을 위해 일하는 것을 중요하게 여기는 신학적 전통과 어떻게 조화를 이룰 수 있는가? 첫째, 누구도 타자에 대한 인정이라는 Levinas의 윤리적 명령을 피할 수 없는데, 이것은 상호주관적 관점에 의해 뚜렷한 초점이 되었다(예를 들면, Orange, 2011). 의심할 바 없이 제 3제국에 의한 나치 독일의 공포, 강제수용소 그리고 유대인(그 자신의 가족을 포함하여)과 "바람직하지 않은 존재"로 간주된 다른 사람들에 대한 조직적인 살인에 깊이 영향을 받아서, Levinas(1969, 1989)는 타자의 얼굴

앞에서 타자를 다르게 보고 부정을 통해서 폭력을 행하지 말라는 무거운 윤리적 명령이 개인에게 부여된다고 보았다(Dueck & Parsons, 2007; Orange, 2011). 이것의 치료적 의미들에 대한 탐구는 다른 곳에서 보다 충분히 다뤄졌지만(예를 들면, Dueck & Parsons, 2007; Goodman & Grover, 2008), 몇몇 중요한 요점들은 여기에서 고려해볼만 하다. 타자의 얼굴에 대한 반응에서, 한 사람의 "타자성"을 객체화하거나 손상시키거나 혹은 축소시키지 말라는 것은 의무이다. 이것이 상호주관적 관점에서의 실제가 경험에-가까운 구성개념들을 추구하고 환자에게 그들의 관심에 대해 미리 생각한 개념화로 접근하는 것을 피하는 주요 이유이다.

타자의 얼굴을 진지하게 고려하게 되면 자기와 타자 사이의 거룩한 연결도 역시 강조된다. 그것에 의하면, 각각의 그리고 모든 타자에게는 **하나님의 형상**이 있다.(Dueck & Parsons, 2007).

> 고통을 겪는 과부, 고아, 혹은 이방인은 나의 환대를 받을 만한 가치가 있다.... 절대 타자의 필요는 나를 초월한다.... 단지 반응하고, 거만하게 범주화하고 판단하는 것을 멈추라고 그분은 말씀하시곤 했다. 반응하는 것은 단순하다. **내가 여기 있나이다.** 받아서 먹으라. 받아서 마시라. (Orange, 2011, p. 56)

일치하는 것은 타자의 고통에 대해 반응하지 않는 것이 윤리적 의무의

---

5) Levinas는 흔히 자기-타자 관계에 완전한 혹은 거의 완전에 가까운 자기희생이 요구되는 비대칭이 있다고 말하고 있는 것으로 이해되곤 한다. Orange(2011)가 이러한 관점을 적어도 제한적으로 포함하고 있는 것처럼 보임에도 불구하고, 이것은 사실 상호주관적 장(場)을 조성함에 있어서 둘 혹은 그 이상의 사람의 상호 참여를 강조하는 상호주관적 체계적 관점과 불일치하는 것 같다. 심치리료의 실제에는 분명히 치료의 초점이 환자의 고통에 있다는 것이 요구되지만, 이것은 상호성과 자기의 필요들이 부정되는 곳에서는 이뤄질 수 없다(M. Hoffman, 2011년 8월 개인적인 대화에서). 이러한 입장을 충분히 받아들이게 되면 치료사가 병리적인 순응을 해야만 하는 치료 공간이 조성되는 것 같다.

위반인 것 같다는 점이다.[5)] 우리는 강도 만난 사람이 피 흘리며 쓰러져 있을 때 그냥 지나칠 수 없다(눅 10:25-37). 우리는 고통에 반응하지 않는 것을 정당화할 수 없다.

이러한 두 가지 전통 사이에서 일치하는 또 다른 주제는 고통당하는 자들을 위로하라는 소명이다. 예언자 이사야의 말씀은 다음과 같이 전한다.

> 너희의 하나님이 이르시되
> 너희는 위로하라 내 백성을 위로하라
> 너희는 예루살렘의 마음에 닿도록 말하며
> 그것에게 외치라
> 그 노역의 때가 끝났고
> 그 죄악이 사함을 받았느니라
> 그의 모든 죄로 말미암아
> 여호와의 손에서
> 벌을 배나 받았느니라
> 할지니라 하시니라. (사 401:1-2)

이사야는 계속해서 하나님의 구속과 승리의 소망을 선포하는데, 그것은 위로하는 것의 초점이다. 그러나 히브리 단어 **나함**(위로)에는 연민, 불쌍히 여김 그리고 슬픔을 견뎌냄이 포함되고(Goodrick & Kohlenberger, 2004), 소망뿐만 아니라 현재의 고통 경험을 위한 여지를 만드는 보다 포괄적인 반응이 제안된다. 외상과 고통에 대한 그러한 반응은 Stolorow(2007)의 관계적 안식처 개념과 유사한데, 그곳에서는 정서적 반응들이 부정되거나 무시되기 보다는 확인되고, 명확하게 표현되고, 이해된다. 그러한 반응은 환자의 초기 삶의 경험들에서 간과되고 있었기 때문에, 그렇게 안전한 장소를 조성하기 위해서 애쓰는 것은 치료사의 의무이다.

마지막으로 일치하는 주제는 해방의 주제인데, 그것은 앞에서 토론되었듯이 상호주관적 체계적 접근에 대한 Brandchaft와 동료들(2010)의 획기적인 공헌들 가운데 하나이다. 그들의 연구를 통해서 우리는 대상과의 관계를 유지하기 위해서 자기의 부분들이 어떻게 해리될 수 있는지에 대해 더 많이 이해하게 되었다. 나의 경험으로 볼 때, 정말로 하나님을 사랑하고 따르려고 하는 나의 환자들 가운데 많은 사람들은 종교적인 언어와 행동 기준들이 모든 정서적 표현을 억압하는 그러한 방식으로 이용되는 병리적인 순응 체계를 통해서 억제된다. 그러한 개인들은 의도적인 내어맡김의 과정에서 격려되기 보다는 복종하도록 압력을 받아왔다. Benner(2011)는 그러한 공허하고 방어적인 종교성 때문에 개인은 생명을 주고 순수한, 하나님에 대한 신앙과 관계를 빼앗기게 된다(또한 시 40:6; 호 6:5-7; 마 9를 보라). 아마도 이것은 정신분석적 탐구가 옥에 갇힌 자들을 자유롭게 하는 데 도움이 될 수 있는 또 하나의 방법일 것이다.

어떤 신자들을 당황하게 할 수 있는 한 영역은 상호주관적인 접근의 명백한 주관성뿐만 아니라 현상학적 접근에 대한 의존이다. 사실, Stolorow와 동료들(1987)은 개인의 주관적 현실은 정신분석적 연구를 통해서만 접근할 수 있다고 주장한다. 그들은 계속해서 흔히 "객관적" 현실이라고 믿어지는 것은 사실 주관적 진리를 구체화한 것이고, 그것은 흔히 심리치료사들과 다른 사람들이 왜곡과 같은 개념들에 대해 말할 때 사용한다. 객관적이고, 인식할 수 있는 진리를 규명하려고 하지 않는 것은 어떤 기독교 치료사들에게는 휴식을 줄 수 있다. 그러나, 두 가지의 설득력있는 반응들은 이러한 주관적이고 상대주의적인 입장을 옹호하기 위해서 제시될 수 있다.

첫째, 정신분석적 탐구의 목적은 객관적으로 옳은 것과 환자의 경험에서 실제로 잘못된 것을 정확하게 서술하는 것이 아니다. 게다가, 그것은 반드시 존재론적 도덕적 진리를 탐구하는 것이라기보다는 개인의 경험에 대한 탐색과 정확한 표현에 도움이 되는 것이다. 최근에 로스쿨에 입학한 23세의 학생을 예로 들어보자. 이 학생은 치료사에게 왜 그녀가 그녀의 가족에 대한 분노 폭발을 통제할 수 없다고 느끼는지 이해할 수 있도록 도와달라고 상담을 한다. 질문의 많은 수준들이 이러한 불안정한 정서적 장애를 이해하는 데 유용한 것으로 증명될 수 있다. 그러나, 환자가 가족과의 그러한 갈등 상황에서 무엇을 성취하기를 바라는지를 명확히 하는 것을 넘어서서, 왜 도덕적 행동 반응에 대한 논의나 누가 혹은 무엇이 객관적으로 "옳은" 것인지에 대한 논의가 그것들에 포함되곤 했는지는 분명하지 않다. 그러나 이러한 만남에 대한 그녀의 주관적인 경험을 상호주관적 틀로 탐구함으로써 환자와 심리치료사는 그녀가 이러한 경험을 조직해왔던 방식들을 확인하고 그녀의 분노 폭발을 통해서 드러난 정서들을 명확하게 표현할 수 있게 된다. 그러한 탐구의 목표는 그녀 자신이나 다른 사람들에게 상처가 되었던 행동들을 용서하는 것이 아니라 그 사람이 보다 자유롭게 대안 행동을 탐색할 수 있도록 그것들의 의미들을 이해하는 것일 것이다.

둘째, 관계 상황에 대한 환자의 개인사나 경험을 탐색할 때, 심리치료사는 어떤 상황에서 실제로 일어난 것에 대해 거의 직접적으로 접근하지 않는다. 치료 상황의 상호주관적 맥락에서도 심리치료사는 그 상황에 대한 그 자신의 **경험**에 접근할 수 있을 뿐이다. 앞 단락에서 논의되었던 로스쿨 학생의 사례를 재검토하기 위해서, 환자의 가족에게 어떤 일이 있었는지에 대한 통찰을 얻게 될 한 가지 방법은 분석 상황에서 그것의 실연을 통해서일 것이다. 환자는 치료사를 정서적으로 냉담하고 드러내지 않는 것으로 경험할 수 있지만, 이것에 직면했을 때 치료사는 이것이 일어나고 있다는 사실을 부인할 수 있다. 누가 "옳은"가? "객관적 진실"은 무엇인가? 치료사가 그는 정서적으로 냉담하지 않다고 말하고 싶을 수 있겠지만, 그는 그 자신을 냉담한 것으로 경험하지 못했다고 말하는 것이 상호주관적 체계적 관점에서는 더 정확할 것이다. 그리고 치료적으로는 치료사와 환자의 상호작용에서 무엇이 냉담함으로 경험되고 있는지 이해하는 것이 더 중요하다.

사례 연구: 토니

상호주관적 체계적 접근의 현상학적 감수성을 생각하면, 토니의 사례에 대해 반응하는 것은 어떤 흥미로운 도전이 된다. 특별히, 해석과 개입은 환자와 치료사 사이의 상호주관적 공간에서 유기적으로 생겨난다. 그러나, 내가 토니와의 초기 회기 동안 이 이야기를 들은 후에 고려할 수 있는 여러 가지 주제들을 자세히 열거하는 것은 불가능하다.

이러한 주제들 가운데 첫 번째는 그가 보고한 여성과 정서적으로 더욱 친밀한 관계를 유지할 수 없는 무능력의 의미들에 대해 생각해보는 것일 수 있다. 토니는 그가 "지루해지고" "수동적이게" 되었다고 하는데, 이것 때문에 나는 이것이 그가 그의 어머니의 침범에 대해 반응했던 것처럼 "조용하고 회피적이게" 되는 것과 유사한 모종의 자기보호 수단을 나타내는 것이 아닐까 의문을 갖게 되었다. 그래서, 누군가는 이러한 철수가 그의 자기-분화 의식을 유지하는 데 도움이 되는지 의문을 가질 수 있다.

이러한 초기의 접촉 이후에 나는 이것이 그의 아버지와 어떤 유형의 관계를 유지하기 위해서 요구되었던 것 같은 병리적인 순응의 일부분인지 생각하였지만 그의 남성과의 관계에서 무엇이 잘못되었는지에 대해서는 거의 알려진 것이 없다. 토니는 우리에게 갈등으로 가득 찬 이러한 관계가 그가 유능하다는 느낌과 그의 아버지가 그의 남성성을 지지해주어야만 한다는 느낌이 아니라 경쟁으로 얼룩져있었다고 말한다. 그는 실망스러운 아버지에 대한 그의 경험에 대한 반응에서 분노와 수치심을 느끼고 있음을 어느 정도 인식하는 것 같지만, 우리는 또한 "이긴다는 것"이 그가 아버지와 가졌던 관계를 파괴할 것이라는 사실을 그가 발견했는지 의문을 가져야만 한다. 이러한 역동의 여파는 성공에 대한 명백한 양가감정뿐만 아니라 목표와 주도성의 결여로 나타날 수 있다. 이러한 가설 때문에 토니는 남성 치료사의 반응을 흥미롭게 관찰하지 못하도록 하기 위해서 카우치에 눕는 것으로 결정했고, 실제로 그것은 정서적인 건강과 자유를 위한 긍정적인 방법이 될 수 있다. 게다가, 그것은 그 자신을 찾기 위해서 아버지에게 맞춰 사는 것을 멈추어야만 한다는 자각을 반영할 수 있다.

때때로 그가 아주 공적인 공간에 있는 것으로 인정하는 한 그것이 정말로 어느 정도까지 "사적인" 문제인지 의문의 여지가 있지만 내가 이러한 초기 회기 이후에 고려할 수 있는 세 번째 주제는 알려진 대로 강박적인 자위행위가 중심이 된다. 그러한 정보 때문에 나는 망설일 수 있지만, 치료사는 이러한 행동이 그것을 빨리 제거하는 방향으로 가기 보다는 다양한 의미로 이해될 수 있다는 입장을 취하는 것이 중요하다. 법적인 문제의 가능성을 생각한다면, 이것은 나에게 정말 압박일 것이다. 이것은 우리 사이의 공간에 영향을 미칠 수 있고, 법적인 문제를 피하기 위해서 적어도 반공개적인 자위행위를 멈추도록 격려하는 것과 이해를 위한 공간을 만들고 침범하지 않으려는 것 사이에서 나의 긴장을 드러내는 것이 유용할 수 있을 것 같다. 무엇이 이러한 행동을 하게 할 수 있는지에 대한 초기 가설들과 관련해서, 나의 초기 생각들은 정서 조절, 침범 당한다는 느낌(지루함) 그리고 해리된 욕구들이나 정서 상태들에 대한 질문들로 바뀐다.

마지막으로, 나는 토니가 보고한 하나님과의 비개인적이고 단절된 관계가 어떤 방식으로 그의 신앙 교육의 어떤(확실하게 생각된) 요소들뿐만 아니라 세 가지의 다른 주제들의 잠재적인 의미들을 어떻게 모아주는지 고려할 수 있다. 그는 그가 결코 충족시킬 수 없는 불가능한 도덕적 기준들이 있는 전지한(침범적인) 하나님에 대한 반응에서 조용하고 회피적일 수 있다. 이러한 느낌은 그가 성과 같은 주제들에 대해 받았던 전통적인 교육으로부터 벗어났음에도 불구하고 지속되는 것 같다. 게다가, 우리는 양심이나 반항을 강박적인 자위행위의 추가적인 동기로 고려할 수 있다.

결론

앞선 논의에서 상호주관적 체계적 틀을 그것의 현상학적 감수성과 함께 적용하는 것이 자신의 기독교 신앙과의 공명을 찾으려고 하는 정신분석적 심리치료사에게 도움이 될 수 있는 어떤 방법들을 조명했기를 바란다. 살펴본 대로, 이러한 틀에서 임상을 하기 위해서는 심리치료사와 환자가 흔히 상호적인 자기-발견으로 드러나는 여행에 착수할 때 그들 모두에게 관계적이고 정서적인 요구들이 주어진다.

제7장

관계 정신분석

Lowell W. Hoffman

관계 정신분석은 하나의 조직된 정신분석 학파라기보다는 정신분석의 새로운 전통으로 생각할 수 있다. Greenberg와 Mitchell(1983)은 H. S. Sullivan의 대인관계 정신분석과 영국의 대상관계의 상호침투를 촉진함으로써 보다 확고한 이론을 형성하려는 맥락에서 **관계 정신분석**이라는 용어를 처음으로 사용했다. Stephen Mitchell은 "정신분석가들 사이의 대화에 전념했고 경직된 신념체계나 기술적인 제한에 대해 집착하는 권위주의를 싫어했다. 그는 열린 토론을 옹호했고... 새로운 목소리를 장려했다"(Aron & Harris, 2012a, p. ii). 관계 정신분석은 시작부터 점진적으로 그 범위를 넓혀서 자기심리학, 실증적 유아 연구, 애착이론, 최근 Freud주의와 Klein주의의 이론, 인지신경과학, 그리고 신경정신분석의 공헌들을 기꺼이 받아들였다. 관계 정신분석가들은 통일된 목소리를 내지 않을 정도로 주로 각자 저술을 하고 서로에 대해 차이를 소중하게 생각한다. 개별적인 관계 정신분석 이론가들은 흔히 이론적으로 Sullivan,

Fairbairn, Winnicott, Klein, Kohut 혹은 Freud의 관점으로 치우친다.

아마도 관계 정신분석가들의 이질성에 대한 이해에 여전히 적절한 것은 Randall Lehman Sorenson(2004a)의 연구일 것이다. Sorenson은 다차원척도를 활용해서 10여 년 동안 *Melanie Klein and Object Relations*와 *Progress in Self Psychology*에서 출판된 논문들이 그것들의 인용에 있어서 이질적인 경향이 있다는 것을 실증적으로 보여주었다; Klein 학파와 자기심리학 논문의 저자들은 일차적으로 그들 각자의 지향 안에서 이론가들을 인용했다. 이와는 대조적으로, 관계 정신분석 학술지인 *Psychoanalytic Dialogues*에서 출판된 논문들은 흔히 프로이트주의자들, 대인관계주의자들 뿐만 아니라 클라인주의자들과 자기심리학자들도 인용했다. Sorenson에 따르면, "*Progress in Self Psychology*와 *Melanie Klein and Object Relations*의 저자들은 [개관된 정신분석 문헌의] 각각 21%와 25%에 달하는 긴밀하게 연관된 개념적 공간에 할당되었다"(2004a, p. 8). 이와는 대조적으로, Sorenson은 "관계주의자들이 지적 영역에서 두 배 이상(54%)을 차지했다"(2004a, p. 8)는 것을 발견했다. 보다 최근에는, Ringstrom(2010a, p. 197)과 Reis(2010, p. 233)가 Sorenson이 실증적으로 보여주었던 이러한 지속적인 경향에 대해 경험적인 관찰들을 제공하였다.

관계 정신분석의 이질성은 또한 Jessica Benjamin, Muriel Dimen, Virginia Goldner 그리고 Adrienne Harris–모두가 뉴욕대학교의 심리치료 및 정신분석 박사 후 과정 교수이다–를 포함하는 관계 정신분석가들에 의해 발전된 여성주의적 비판들과의 확고한 상호학문적 상호작용 때문에 이해될 수 있다. 관계 정신분석에서 두 번째 중요한 상호학문적 영향은 다양한 포스트모던적 비판들이다; 대부분의 관계 정신분석가들이 기술하는 공유된 감수성은 그들이 Aron(1996)의 용어로 다각적 현실주의 혹은 다각적 관계주의, 혹은 Hoffman(1998)의 용어로 사회구성주의의 인식론에 의존한다는 점이다.

다각적 현실주의의 관계적 인식론은 정신분석에서 이전에 배제되었던 관점을 위한 여지를 열어놓았다: 유신론적 영성과 종교.

사실, 관계 정신분석 시리즈 1권(Mitchell & Aron, 1999, p. 1)의 첫 번째 논문은 Michael Eigen의 "The Area of Faith in Winnicott, Lacan, and Bion"이라는 제목의 논문이다. Lewis Aron과 Adrienne Harris에 의해 편집된 Relational Book Series는 기독교 정신분석가인 Sorenson(2004a)과 Hoffman(2011)의 저작을 포함하여 4권의 책으로 출판되었다. 유신론적 종교에 대해 쓴 다른 관계 정신분석가들에는 유대교적 관점의 Aron(2004)과 Starr(2008)가 포함된다.

관계적 이론에 기여하는 관점들의 합류점을 나타내기 위해서는 추가된 하나의 범주가 필요하다. 많은 관계이론가들은 문화적 트라우마에 대해 반응하는 철학적 전환으로부터 사회적 의식이 생겨난 사회행동가들이다. 예를 들어, Jessica Benjamin은 프랑크푸르트 학파에서 공부했는데, 그곳은 또 하나의 홀로코스트를 피하는 방법과 같은 문화적 이상들을 연구하고 영향을 미치기 위해서 설립되었다. 아마도 가장 주목할 만한 관계적 행동주의는 미국심리학회가 CIA의 심문에 참여하는 것에 대한 Neil Altman의 정직하면서도 확고부동한 저항과 정신분석적 렌즈를 인종, 계급 그리고 문화에 적용하는 것에 미친 오랜 영향이다. 갈등하는 이스라엘과 팔레스틴의 관계에서의 Jessica Benjamin과 Andrew Samuels의 행동주의와 Nancy Caro Hollander에 의한 남미 테러리스트 정부에서의 여성 인권의 옹호가 있다. 다른 관계적 행동주의자들에는 Ghislaine Boulanger, Stephen Hartman, Lynne Layton, Steven Reisner 그리고 Nina Thomas가 포함된다. 이들과 많은 다른 이들은 모두 객체화된 타자를 위한 정의를 추구하고 이러한 생생한 경험을 그들의 정신분석적 사고에 가져온다.

Donna Orange(2012)는 그녀 자신을 "대문자 R" Relational psychoanalysis의 이론적 지향의 설명의 범주 안에 포함시키지 않고 "소문자 r" relational psychoanalysis의 포괄적이고, 현상학적인 발달과 동일시하는 것을 허용하는 방식으로 "Relational psychoanalysis"과 "relational psychoanalysis"를 구분했다. Orange는 그녀 자신을 그녀가 관계 정신분석의 데카르트적인 경향들이라고 생각할 수 있었던 것으로부터 거리를 두기 위해서 이러한 구분을 한 것 같다. Philip Ringstrom (2010a, 2010b)는 Clement(2010), Jacobs(2010) 그리고 Reis(2010)와의 대화는 관계 정신분석에서 진술된 데카르트적인 경향들에 대해 가장 유용한 토론을 제공한다. 그는 "**관계주의자들**은 그들이 Freud가 물려받았던 데카르트적인 세계와 **상호주관주의자들**이 포용하는 맥락주의의 포스트-데카르트적인 세계 사이에서 선택해야만 한다는 [Orange와] **상호주관주의자들**의 충고를 따르는 것을 꺼린다"(2010b, p. 241)고 하였다.

Ringstrom은 계속해서 다음과 같이 말했다.

> 대신에, **관계주의자들**은 그들이 이러한 정반대의 세계관을 취하는 변증법적인 입장을 중시한다. **관계주의자들**은 전형적으로 환자의 주제들이 드러나는 방식에 분석가의 참여에 대한 맥락주의적 관점을 공감적으로 유지하면서 그것들의 심리내면적인 복잡성(상호주관주의자들에 의해 데카르트 철학의 유물로 기술되어지는)을 받아들인다. (2010b, p. 241)[1)]

---

1) 이러한 대화의 전체 텍스트는 *Psychoanalytic Dialogues*, 20(2), 196–250에 나와있다.

주요 이론가들

관계 정신분석은 *Object Relations in Psychoanalytic Theory*를 공동으로 저술했던 Stephen Mitchell과 Jay Greenberg의 획기적인 기여의 영향으로 정신분석의 이론과 실제에서 하나의 전통으로 발달했다. 그들은 다음과 같이 기술했다.

> 정신분석적 사상의 역사에서 가장 중요한 긴장은 본능적 욕동을 출발점으로 삼았던 원래의 Freud 모델과, 개인의 다른 사람들과의 관계로부터만 구조를 발달시켰던 Fairbairn과 Sullivan의 작업에서 시작된 포괄적인 대안 모델 사이의 변증법이었다. (Greenberg & Mitchell, 1983, p. 20)

Greenberg와 Mitchell은 욕동 이론과 대안 모델이 인간의 본질에 대한 다른 두 가지의 견해로부터 나오기 때문에 양립할 수 없고 통합될 수 없다고 주장한다.

Greenberg와 Mitchell(1983)은 Klein, Fairbairn, Winnicott, Balint, Sullivan, Fromm, Kohut과 Loewald를 포함하는 대안 모델 이론가들을 제시하였다. 1988년에 뉴욕대학교에서 심리치료와 정신분석 분야의 박사 후 과정 프로그램에서 관계적 트랙을 개설했던 5명에 의해 이러한 대안 모델에 "관계적"이라는 이름이 주어졌다: Philip Bromberg, Bernard Friedland, James Fosshage, Emmanuel Ghent 그리고 Stephen Mitchell. 분명히, Merton Gill(1982)과 Robert Stolorow, Bernard Brandchaft 그리고 George Atwood(1987)를 포함하는 다른 곳의 정신분석가들은 그 대안 모델의 발달에 기여하고 있었다. 그러나, Aron(1996)은 "[뉴욕대학교 박사후 과정]의 트랙 체계 때문에 [관계 정신분석]이 특별히 뚜렷한 외형을 가진 윤곽을 취하게 되었다"(p. 4)라고 주장한다. 최근의 관계적 이론가들에는 Altman(1995, 2010), Aron([Harris와 함께] 1993, 1996, [Harris와 함께] 2005, [Suchet과 Harris와 함께] 2007, [Harris와 함께] 2012a, 2012b), Atwood와 Stolorow(1984, 1993), Beebe와 Lachman(2002), Benjamin(1988, 1995, 1998), Bromberg (1998, 2006, 2011), Chodorow(1978, 1991, 2011), Davies와 Frawley (1994), Ehrenberg(1992), Eigen(1981, 1998), Fosshage, Lachmann 그리고 Lichtenberg(1992, 1996), Ghent(1990), Harris(Aron & Harris, 1993, 2006, 2007, 2012a, 2012b), Hoffman(1998), Maroda (1999, 2004, 2009), Mitchell(1988, 1993, 1997, 2000), Ogden(1982, 1994), Orange(2010b, 2011), Pizer(1998), Renik(2006), Shabad(2001), Slochower(1996, 2006), Spezzano(1993), Stern(1997, 2010), Stolorow([Brandchaft와 Atwood와 함께] 1987, [Orange와 Atwood와 함께] 2002, 2007), 그리고 Wachtel(1997, 2008)이 포함된다.

2000년 요절할 때까지 Stephen Mitchell이 관계적 전통의 창시자들 가운데 가장 저술을 많이 하고 영향을 크게 미쳤고, 그의 기여들이 관계적 이론을 배우고 이해하는 데 중심이 된다는 점은 거의 의심의 여지가 없다. 본장에서 다뤄지게 될 최근의 두 명의 다른 관계적 혁신가는 Jessica Benjamin과 Lewis Aron이다. Benjamin의 저작은 그녀의 상호주관성 이론 때문에 다른 모든 관계적 이론가들보다 탁월해서, 관계적 사고에 대해 너무나도 많은 것을 제공해준다. 분명 Aron과 관계 정신분석의 관계는 사도 바울과 기독교의 관계와 같다. 그는 Stephen Mitchell의 업적과 정신을 확장했을 뿐만 아니라, Sandor Ferenczi의 유산을 되살리는 데 전념함으로써 관계적 패러다임 전환을 확대하였다(Aron & Harris, 1993).[2] Aron은 Adrienne Harris 그리고 Jeremy Safran과 함

---

2) Ferenczi의 부흥에 기여했던 다른 사람들에는 Andre Haynal(2002); Judith Dupont

께 New School for Social Research에 페렌찌 센터를 설립하는 데 주된 역할을 했다.

관계 정신분석과 기독교 내러티브의 통합에 대해 저술한 관계적 이론가는 Marie Hoffman(2011)이었다. 그녀의 저작에 대해, Aron은 "내가 정말로 관심을 가지고 있는 영역의 하나는 정신분석과 종교이다... Marie Hoffman은 지난 100여 년 동안의 많은 분석가들의 저작에 대한 기독교의 영향에 대해 정말로 흥미로운 저술을 해왔다"(Safran, 2009, p. 112). Aron도 그녀가 Benjamin의 업적을 상호주관성 이론에서 통합적으로 연결하려고 했던 것을 포함해서 상호주관성 이론에 대한 Hoffman(2011)의 공헌을 인정했는데, 그것은 "삼위일체에 대한 기독교 신학과 조화를 이룬다"(Aron & Harris, 2012b, p. 235).

동기에 대한 관점들

Stephen Mitchell의 동기에 대한 토론의 시작점은 모든 정신분석적 이론들이 인간에 대해 대상을 추구하는 것으로 이해한다는 그의 확신이다(1998). 예를 들어, Freud는 인간을 성적 및 공격적 욕동의 해소를 위해서 대상들을 추구하는 것으로 이해했다. Sullivan은 인간이 통합을 향한 경향성들의 만족을 위해서 대상들을 추구한다고 믿었다. Harry Sullivan과 Ronald Fairbairn은 모두 인간이 본질상 사회적 존재라는 정신분석의 새로운 패러다임을 추구했다. 실존적으로 혼자였고 자기애적인 목적 혹은 필요를 위해서 인간관계를 하는 Freud의 인간과는 대조적으로, Sullivan과 Fairbairn의 인간에게는 존재의 자연스러운 상태로서

(1988); Arnold Rachman(1997); Martin Stanton(1991); Peter Rudnytsky, Antal Bokay 그리고 Patrizia Gampieri-Deutsch(1996); Jay Frankel; 그리고 이전에 그 누구보다도 Michael Balint(1933, 1949, 1959, 1968)와 Izette DeForest(1954)가 포함된다.

관계하려는 깊은 갈망이 있다: 태어날 때, 인간들은 이미 다른 사람들과의 관계적인 모체들을 추구하도록 회로가 내장되어있다. Mitchell에 따르면, "Fairbairn은 대상 추구가... 특정 욕구의 만족을 위한 매체가 아니고, 우리의 본질, 즉 우리가 명확하게 인간이 되게 되는 양식의 표현이라고 주장하고 있었다"(1998, p. 117). Mitchell은 인간의 동기를 "다른 사람들과의 상호교류를 통해서만 실현되도록 만들어진 유기체의 그 본질에 의해"(1998, p. 121) 중개되는 것으로 이해하였다.

동기에 대한 관계적 접근은 인간의 마음에 대한 "이자적이고, 사회적이고, 상호작용적이고, 대인관계적인" 이해를 주장한다(Aron, 1996, p. x).[3] 마음의 관계적 개념에 대한 Mitchell의 기여는 토대가 되는 것이다. Mitchell은 상호작용을 통해서 생겨나고 구조화되는(1988, p. 4) 마음에 대한 이론을 강조한다.

Mitchell은 마음의 내용이 "관계적인 구성형태들"(relational configurations, 1988, p. 3)의 혼합물이라고 단언한다. 나아가서 그는 관계적인 마음의 충동들은 "언제나 관계성의 맥락에서 경험된다"(1988, p. 3)고 주장한다. Mitchell의 관계적 마음보다 상위에 있는 것은 한 사람의 경험에 부여되는 의미가 "관계 패턴들"(1988, p. 4)로부터 나온다는 이해이다. Aron은 마음에 대한 Mitchell의 관계 모델을 확장해서 마음의 맥락을 실제 타자들과의 "상호호혜적인 쌍방향" 만남들에 밀접하게 연결되어있는 것으로 이해한다(1996, p. x). 나아가서 Aron은 마음에 대한 관계 모델이 타자들과의 대인관계에서 "관계적으로 그리고 대화적으로 생성된다"고 주장한다(1996, p. xii). Mitchell은 관계적인 구성형태들을

---

3) 구성개념으로서 마음은 여기에서 마음—몸 이원론의 유지를 지지해주기 위해서 사용되는 것이 아니라 명시적으로 그리고 암시적으로 저장된 생생한 경험의 동기와 내용을 통합하는 심리기구를 지시하는 것으로서 사용된다.

동기의 원천이라고 이해했다. 관계적 구성형태들은 다른 사람과의 관계에서의 자기 자신에 대한 정신적 표상들이다. 이러한 구성형태들은 자기에 대한 표상들, 타자에 대한 표상들 그리고 "자기와 타자 사이에서 일어나는 특정 상호작용들"(Mitchell, 1988, p. 33)에 대한 표상들을 포함하고 있는 것으로 조금 더 분석될 수 있다.

Benjamin(1988, 1995)은 동기에 대한 Mitchell의 이해를 확장해서 한 사람의 인지 능력을 설명하는 모델을 개발했는데, 그녀는 그것을 "주관성의 분리되고 동등한 중심"(1995, p. 7)인 다른 주체를 경험할 수 있는 한 주체의 능력으로 정의한다. Benjamin은 "충분히 좋은" 아동기를 아동들이 양육자들로부터 인정을 받고 다른 사람들에게 인정을 주는 법을 배우는 시기로 이해한다. 인정을 받고 주는 이러한 능력 때문에 주체들 사이의 상호인정이 가능해질 수 있다(1995, p. 30). Benjamin의 상호주관성이론은 발달에 대한 다음 절에서 보다 충분히 토론될 것이다.

동기에 대한 관계적 이론을 고려하기 위해서 상호인정이 다른 주체들을 본질적으로 자기 자신과 다른 것으로, 본질적으로 자기 자신과 유사하거나 같은 것으로, 자기 자신에 대해 똑같이 중요한 것으로 인정하는 평행 과정들을 의미한다는 Benjamin의 상호주관성 이론에 대해 강조하는 것이 중요하다. 다른 주체가 자기 자신에게 동등하게 소중한 것으로 인정될 수 있을 때, 타자에 관한 이러한 의미 때문에 타자의 심리내적인 의미에 대한 자신의 해석에 기초하기 보다는 한 사람이 타자의 유익을 위해서 타자와 관계하도록 동기부여가 될 수 있다. Benjamin의 상호주관성 이론에서 파생된 것은 자기 자신의 주관성에 민감하면서 동시에 타자의 주관성에 대해 민감하려는 주체의 의도에 의해 가능해지는 관계적 동기 모델이다.[4)]

---

4) 나는 동기에 대한 이 절에 대해 Drozek(2010)의 공헌에 빚을 지고 있다.

발달에 대한 관점들

Vitz(Vitz & Felch, 2006)는 대상관계이론이 유일하게 포괄적인 정신분석적 발달이론을 제공한다는 점에서 독특하다고 주장했다. Mitchell은 인간 발달에 대한 이해의 출발점으로 Fairbairn(1952)에게 의존했기 때문에 Vitz의 주장에 대해 반대하지 않았던 것 같다. Mitchell은 발달을 초기 대상관계들의 일차적인 내면화로부터 비롯되는 것으로 이해했다. 그러나, Mitchell은 유아를 외적인 것으로부터 내적인 것("me"와 "not me")을 분화시키는 것으로 이해하기 보다는 아기가 자신의 돌보미들과의 관계적 모체 속에 충분히 뿌리 내린 삶을 시작한다고 믿는다. 그는 자기 자신에 대한 감각이 미분화된 관계적 모체로부터 점진적으로 발달한다고 믿었다. Mitchell에게, "me"와 "not me"는 Klein과 Fairbairn이 믿었듯이 투사와 내사, 혹은 합일화와 방출의 방어 과정을 통해서 일어나지 않는다. 오히려, Mitchell은 자기와 타자들 사이의 경계선들을 애매한 것으로 이해했기 때문에, 강렬한 정서관계적 상호작용 경험 속에서 누가 누구인지를 아는 것은 가능하지 않다. 이 개념에서 Mitchell(2000)은 Phillips(1995, p. 22)를 흔쾌히 인용한다. "두 사람이 서로에게 말할 때, 그들은 곧 밀접하게 된다: 말은 전염성이 있다." 그러나, Mitchell은 미분화된 인간의 자기들에 대한 견해에 빠져들지는 않았다. 그는 "Loewald(1980)의 일차적 **정서의** 통일성(primary affective unity) 개념을 Stern(1985)의 대상들에 대한 **지각의** 분화(perceptual differentiation of objects) 개념과 통합하는"(1998, p. 124, 강조는 첨가됨) 것이 가능하다고 믿었다.

Greenberg와 Mitchell(1983)은 발달에 대한 역사적으로 핵심적인 세 가지 분석적 이론을 제시했다: (1) 욕동-본능 모델들, (2) 관계 모델들 그리고 (3) 혼합 모델들. 욕동-본능 모델에서 아기는 내적인 긴장을 감소시키기 위해서 동기화되고 자기 자신을 다른 사람으로부터 분화시키는 데 단지 이차적으로 관심을 가진다. Freud와 Klein의 발달 이론은 이러한 모델의 예들이다. 반대로, 관계 모델에서 아기는 일차적으로 인간관계를 향해 동기화된다. 대인관계 정신분석, 자기심리학 그리고 애착이론은 이러한 관계 모델에 포함된다. 혼합 모델은 욕동-본능 모델과 관계 모델의 특정한 통합을 구체화하는 데 집중한다. Winnicott(1960)과 Anna Freud는 혼합 모델의 대표적인 예들이다.

정신분석에서 관계적인 전환을 일으켰던 Mitchell의 획기적인 책들(1988, 1993, 1997, 2000)은 정신분석에서의 새로운 패러다임은 새로운 페미니즘, 신경과학 및 유아관찰 연구, 그리고 포스트모던적인 비판을 포함하는 많은 요인들에 의해 요구된다고 주장했다. 발달은 개인이 정신발달의 고유한 촉진자요 조직자인 관계적 모체 속에서 함께 만들어지는 두-사람 체계로서 이해되어야만 한다. 따라서, 개인의 마음 안에서가 아니라 사람들 사이에서의 역동적 상호작용은 인간 발달의 필수적인 도가니이다. 더욱이, "현실은 심리내면적인 것과 동등하고, 과거와 현재는 어느 것도 다른 것으로 환원되기 보다는 역동적인 상호작용 속에 있다" (Seligman, 2003, p. 482). Stephen Seligman의 설명은 상호주관적-현상학적 철학과 해석학적-구성주의적 비판의 새로운 경향들의 맥락에서 대인관계적 발달이론과 대상관계적 발달이론 사이의 긴장을 유지하려는 Mitchell의 헌신을 요약하였다.

Seligman은 또한 발달에 대한 관계적인 견해와 직접적으로 유사한 유아 연구로부터 나온 개념들을 열거한다. 그는 이러한 유사점들에는 다음과 같은 것이 포함된다고 기술한다.

상호 영향을 주는 구조로서 유아-부모 관계에 대한 견해; 상호교

> 류적인 체계의 관점; 정서와 이자적인 내면의 표상들에 대한 강조; 상호작용과 비언어적 소통에 대한 관심; 발달에서 현실의 중심적인 역할; 초기 발달과 후기 발달 사이의 연속성에 대한 가정; 근본적인 동기 체계로서 애착과 상호주관성에 대한 개념화... 주관성과 상호주관성의 발달과 인정의 역동에 대한 분석적 관심에는 결정적인 [관계적] 차원이 추가된다. (Seligman, 2003, p. 483)

Jessica Benjamin(1988)은 그녀의 상호주관성 이론으로 발달에 대한 Mitchell의 공헌들을 현저하게 확장하였다. Benjamin은 유아가 양육자에 대한 의존이라는 맥락에서 자기 자신의 주관성을 확립하려고 세우려고 애쓰는 두-사람 상황에서 일어나는 지배와 복종의 초기 역동을 묘사한다. 그녀는 아동이 주체들 간의 상호인정의 능력을 발달시키는 최적의 발달 환경을 가정한다(1995, p. 30).

Benjamin은 상호인정을 한 사람이 다른 사람을 근본적으로 다르면서도 근본적으로 유사한 존재로 지각하는 동시 발생적인 경험들로 이해한다. 이러한 한 쌍의 지각이 함께 "인정의 두 가지 중심적인 요소"(1988, p. 170)를 형성한다. Benjamin은 상호인정이 다른 사람의 차이에 대한 인지적인 수용 이상의 것이라고 강조한다; 상호인정에는 다른 사람에 대한 공감 능력이 포함된다(1988, p. 76). 이러한 공감 능력은 상호 존중, 즉 "다른 주체를 동등한 존재로 존중할 수 있는"(1988, p. 8) 능력과 비슷한 것으로 이해될 수 있다. Benjamin은 상호인정에 긍정(1988, pp. 15, 60), 이해(1988, pp. 15, 28, 54, 177, 195) 그리고 사랑(1988, pp. 16, 106)이 포함되는 것으로 이해한다. Benjamin에게 있어서, 상호인정에는 다른 주체의 독특한 차이를 인정하면서도, 다른 주체와 자기 자신 사이의 공유된 유사성을 인정하고, 다른 주체의 고유한 가치를 자기 자신의 가치와 동등한 것으로 인정할 수 있는 동시적인 능력이 포함된다.

Benjamin은 동일시와 복종에 대한 헤겔주의적인 개념들을 사용해서 그녀의 상호주관성 이론을 구성했고, Winnicott을 도입함으로써 헤겔의 사고 체계에서 "절대화" 경향들을 바꾸었다. 헤겔 사고 체계의 기독교적 토대와 Benjamin의 상호주관성 이론은 Hoffman(2011)에 의해 설명되었다. Reis(2009)은 관계주의자로서 저술을 하면서 Benjamin이 Hegel에 의존한 것을 비판한다:

> Benjamin에 의해 사용된 인정에 대한 Hegel의 패러다임에는, Winnicott의 낙관주의를 추가함으로써 완화되기는 했지만, 그것과 연관된 독특한 세계관이 담겨있다. Hegel의 세계는 주체들로서 언급되는 다른 사람들이 그들의 상호적인 의존을 부정하기 위해 투쟁하는 방식으로 서로 싸우는 방해자들로서 이해되는 곳이다. 따라서 Hegel에 기초를 두고 있는 상호주관적인 이론들은 분리된 주체들이 서로를 동등한 경험의 중심으로서 인정할 수 있는가를 이해하는 문제를 중심으로 만들어진다. (Reis, 2009, p. 567)

Reis는 Benjamin의 질문에 대답하면서 Kelly Oliver를 흔쾌히 인용한다: "인간 관계들은 본질적으로 호전적이라는 추정으로부터 우리는 어떻게 그들이 평화롭다고 상상할 수 있을까?"(Oliver, 2001, p. 4). 그래서 Reis(2009)는 다음과 같은 세계관을 옹호한다.

> 마음들이 이미 그들의 감정과 의도를 그들이 직접적으로 관계하는 다른 사람들과 소통할 수 있게 [태어난] 체화된 존재들로 변화된다는 세계관. 다른 사람들의 강렬한 적개심과 부정으로 가득한 사회적 상황 대신에, 이 세계는 우정과 교제를 기쁘게 나누는 것과 좋은 친구가 되려는 동기를 가정한다. (p. 560)

Reis(2009)는 다음과 같이 결론 내린다,

> 우리의 주관적인 삶은 우리의 육체적 삶이기 때문에, 우리의 삶을 활성화시키는 우리의 모든 경험들과 의미들은 세상에 대한 우리의 적극적인 육체적 및 상호 육체적 참여에 기초한다. 따라서 우리가 다른 사람들을 볼 때, 우리는 그들의 존재를 의심할 필요가 없다. 오히려, 뉴런의 전기적 신호는 다른 사람들 그리고 우정을 나누려는 그들의 동기를 드러내면서 순식간에 데카르트적인 주관주의의 문제를 해결한다. (p. 577)

우리는 **사회적 동일시의 신경 기반**(Gallese, 2009), **상호주관성의 신경생물학적 의미들**(Ammaniti & Trentini, 2009), 그리고 **인간의 의미에 대한 심리생물학**(Trevarthen, 2009)이 공격성과 적대감으로부터 구원받은 세상의 왕국에 대한 열쇠들을 소유하고 있다는 Reis의 종말론적 소망을 듣지 않을 수 없다. 철학적인 어조로 Reis는 데카르트적인 정신-육체 이원론을 해결했다고 주장하는 최근의 과학도 악의 문제를 해결할 것이라고 가정함에 있어서 범주의 오류를 범한 것 같다.

인간의 발달 과정에서의 공격성과 악의 문제의 보다 포괄적인 치료는 Hoffman(2011)의 작업이었다. Hoffman은 정확히 선을 오염시키는 경향에 의해 훼손된 인간의 상황을 인정하고 부정하지 않는 것의 발견적 가치 때문에 Benjamin의 상호주관성 이론을 유지한다. Hoffman은 **성육신**에서 시작되고, **십자가 죽음**에서 진전되고 **부활**에서 절정에 이르는 예수 그리스도의 상호주관적 앎의 진전에 대해 언급하는 Hegel의 신학적 개념들의 언어자료를 다시 이용함으로써 Benjamin의 상호주관성 이론을 확장하였다. Hoffman은 성육신의 기독교적 의미와 동일시의 관계 정신분석적 의미의 공명을 분석하고, 십자가 죽음의 기독교적 의미와 내어맡김(surrender)의 관계 정신분석적 의미의 공명을 분석한다. 그녀가 Benjamin을 일차적으로 확장한 것은 부활의 기독교적 의미와 감사의 정신분석적 의미 사이의 공명을 분석하는 데 있는데, 그녀는 그것을 정신분석적 언어자료에서 폐기되었던 것에서 되살려낸다. Hoffman은 동일시, 내어맡김 그리고 감사를 관계에서의 한 사람의 일생에서 국가와 문화의 흥망성쇠에 이르기까지, 새 하늘과 새 땅에서 정점에 이르는, 성경에 의해 예견되는 목적에 이르기까지 인간 존재의 모든 수준에서 주기적으로 반복하는 상호주관적 관계에서의 세 가지 변화로 이해하는 인간 발달의 과정을 가정한다.

정신병리에 대한 관점들

관계적 문헌의 독자는 관계적 이론이나 실제에서 정신병리의 언어를 찾는 데 어려움을 느낄 것이다. 이렇게 놓쳐진 정신병리적 언어가 관계적 유아론(唯我論, solipsism)으로 오해되어서는 안 된다. 오히려 기술적인 용어인 **정신병리**의 의미에 고유한 한 사람 심리학의 체화된 의미 때문에 정신병리의 개념은 많지는 않다 할지라도 어떤 관계주의자들에 의해 회피되었다.[5] *Psychoanalytic Dialogues*가 시작된 이후, 단지 세 개의 논문이 제목에 **정리병리**라는 용어를 포함하였다.

정신병리가 관계적 문헌에서 크게 나타나지 않는다는 사실은 또한 뉴욕대학교의 박사후 과정의 관계적 트랙이 대인관계적-인본주의적 트랙 출신의 교수진에 의해 형성되었다는 점을 기억한다면 그리 놀라운 것으로 다가오지 않는다. 이 트랙의 독특한 점들에는 인본주의 심리학의 선구자인 Erich Fromm을 교수진으로 포함시켰다는 것이 포함된다.

---

5) "한-사람" 심리학과 "두-사람" 심리학에 대한 설명과 토론을 위해서는 이 장에 있는 "치료적 변화에 대한 관점들"을 참조하라.

어떤 관계 정신분석가들이 진단을 싫어했다고 주장하는 것은 그다지 지나친 일이 아니다: 실제로, 어떤 사람들은 *Psychodynamic Diagnostic Manual*(PDM Task Force, 2006)을 그들의 서재에 포함시키지 않는다. 관계 정신분석적 감수성은 "경험에 가깝다"; 분석가는 만남에서 나타나는 현상에 가까이 머물러 있으면서 공간에서 자발적으로 일어나고 있는 것을 방해하지 않는 데 전념한다. 진단적 범주 혹은 정신병리적 이해는 정신분석적 관계에서 다른 사람에 대해 물화하고 제한하는 관점으로서 회피되었다.

더구나, 관계 정신분석의 다각적 인식론은 바람직하지 못한 것으로 경험되어질 수 있는 것(정신병리적 증상들)도 필요하고, 심지어 바람직한 것으로 인정될 수도 있다는 점을 이해한다. 이러한 이해에 대한 관계적인 반복은 Davies(2004)에게서 발견될 수 있는데, 거기에서는 그녀의 심하게 어려운 환자에 대한 일시적인 증오가 환자의 부드러움에 접근하는 데 도움이 되었다. 마찬가지로, Aron(2005)은 Fromm과 Solovetchik를 활용해서 선악과에 대한 성경의 이야기를 검토하고, 악에 선도 포함될 수 있는지에 대한 뉘앙스들을 해석한다.

Mitchell(1988)은 정신병리를 발달 정지의 누적으로 이해하는 지나치게 단순화된 발달적 관점들에 대한 건설적인 비판을 추구한다. 그는 현재에서의 과거의 가능한 영향들에 대한 변증법적인 접근을 추구했다. Seligman(2003)은 Mitchell이 한편으로는 "정서 및 인지적 미성숙의 필수적인 영향들"을 매우 진지하게 다루었고 "환상, 욕동, 혹은 원시적 욕구와 마음의 상태와 같은 개념들"을 등한시 하지 않았다고 하였다(p. 489). Mitchell은 아동기의 사건들이 정신병리에서 가장 영향을 미치는 것으로 이해했다. 다른 한편, 정신병리에 대한 Mitchell의 접근은 "발달이 부적절하게 진행된다면 성인기에 직접적으로 유지될 수 있는 내생적이고, 유아기적인 상황에 의해 조직된 아동 심리학의 개념에 의존하지" 않았다(Seligman, 2003, p. 489).

Mitchell은 성인 정신병리가 유아기 자기에 의해 좌우된다는 발달 정지 개념으로부터 거리를 둔다. 그의 관계적-갈등적 관점은 초기 관계에서 형성되고 성인기에 드러나는 장애들을 유아기 욕구들의 고착이라는 틀에서가 아니라 발달적 환경에서 사용할 수 있었던 것으로부터 대인관계적인 세계(혹은 대상관계의 세계)가 형성되는 복잡한 과정으로 이해했다.

더욱이, Mitchell은 표준적인 발달로 이어지는 심리성적 혹은 심리사회적 단계들의 예상되는 체계들을 피하고, "실제로 일어났던 것" 때문에 문제가 되었던 아동기 경험들로부터 발생하는 정신병리에 대해 현실에 기초한 관심을 기울였다. 애착과 상실에 대한 Bowlby(1969, 1980, 1988)의 강조, 인정과 인정 실패의 우여곡절에 대한 Kohut(1977)의 자기대상 개념, 외상후 병리의 스펙트럼에 대한 Davies와 Frawley(1994) 그리고 Bromberg(1998)의 관심이 정신병리에 대한 관계적 의미들의 많은 부분의 기초를 형성한다. 또한, 방어 구조로서의 해리 (Bromberg, 1998; Davies, 1996), 다중적인 자기상태(Bromberg, 1998) 그리고 공식화되지 않은 경험으로서의 해리(Stern, 1997)는 정신병리적인 관계 패턴의 발생과 유지에 대한 관계적 관점들이다.

치료적 변화에 대한 관점들

정신분석의 새로운 패러다임이 급진적으로 인정이 되면서 관계 정신분석가들은 관계를 정신적 의미에 동기를 부여하고 그것을 형성하는 것으로 이해하게 되었다. 정신분석에서의 역동은 더욱 상호관계적이고 덜 정신내면적인 것으로 이해되었다. 개인의 정신 구조와 발달에 대한 고전적 정신분석의 욕동-본능 모델, 정신병리 그리고 임상 실제는 포기되었고, 두 사람 체계들은 사람들 사이의 상호주관적 공간에서 뿐만 아니라 각 사람의 안팎에서 구체화하는 정신 조직의 기초적이고 근원적인 단위들로 인식되었다. 각 사람의 자기 이해는 그 사람이 다른 사람들에게 보여지는 대로 형성되고 각 사람은 다른 사람들을 아는 사회적 맥락에서 자기 자신을 생각한다. 한-사람 심리학에서 두-사람 심리학으로의 이러한 전환에서 분석가의 권위는 환자의 정신내면적 세계의 복잡성을 해명해줄 수 있었던 실증과학으로부터 나온다기보다는 분석적 관계 속에 있는 것으로 재개념화 되었다.

아마도 새로운 패러다임이 임상 기술에 대해 가지는 가장 중요한 의미는 분석가의 행동에 대한 관계 정신분석가의 감수성일 것이다. 분석가의 중립성과 절제라는 고전적 정신분석의 입장은 실제적으로 지켜질 수 없는 것으로 무효화되었다. 환자와 분석가는 바람직한 순간 순간의 관여 속에서 서로에게 상호적으로 영향을 주는 타자-와 함께 있는-자기(self-with-other)단위이다. 역전이는 치료를 오염시키기 보다는 필요하고 편재하는 치료의 요소이다. 부모-자녀 이자 관계에서처럼, 분석가의 상호작용은 퇴행적이기도 하고 발전적이기도 할 수 있다.

분석가의 상호작용은 분석가가 분석적 관계를 포함하는 자신의 관계에서 환자에 의해 반복적으로 재현되는 억제된 관계 패턴인 실연(enactment)에 사로잡혀 있을 때 퇴행적이다. 자신의 관계 패턴에 환자의 부적응 패턴을 "유발 시키는 특성(Valency)"이 포함되기 때문에 분석가는 이러한 실연에 빠져든다. 실연은 치료사와 환자가 무의식적으로 치료에서 나타내는 자발적인 행동이기 때문에, 치료사에게는 비판적인 안목이 요구된다. 치료사는 분석 공간에서 작용하고 있는 역동들을 추적하면서 그 순간에 환자와 함께 있을 수 있는 능력인 자기반영성

(self-reflexivity)이라고 불리는 진동기능(oscillating function)을 제공해야만 한다. Aron은 이러한 자기반영 기능을 "내적인 분리, 건강한 해리, 현실들 사이에 있는 '공간에 서있음' (Bromberg, 1998), 다리를 조성함(Pizer, 1998), 초월적인 진동 혹은 변증법적 기능을 위한 [분석가의] 능력에 기초하는 것"(2000, p. 677)으로 설명한다. 이러한 자기반영성의 능력에서 "분석적 제삼자(analytic third)"가 생겨난다. 제삼자는 치료사에게 자신이 환자와의 실연에 얽히게 된다는 것을 지각하도록 해주는 대안적인 관계적 감수성이다. 제삼자에 의해 실연이 일어나고 있다는 사실을 자각하게 되고 실연으로부터 벗어나는 방법이 제공된다. 관계적 치료에서 치료적 변화의 행동들 가운데 하나는 이러한 실연의 변화이다. 분석가가 자신이 몇 분, 며칠, 몇 주, 몇 달 혹은 심지어 몇 년 동안 사로잡혀 있었던 실연에 대해 자각하게 될 때, 그 사람은 실연의 결과를 바꿀 수 있는 가능성을 성취하게 된다. Mitchell(1998)은 이러한 변화의 과정을 간결하게 설명하였다:

> 피분석자는 협소한 관계적 모체를 갖고 치료에 온다; 그는 익숙하고, 제한된 관계 패턴들을 투사하고 재창조하고, 이전과 동일한 방식으로 모든 중요한 관계들(특히 분석가와의 관계)을 경험함으로써 연결을 추구한다. 그는 지속적으로 이러한 관계 형태를 재내면화하고 강화한다. 정신분석적 치료에서 **중심 과정**은 이러한 관계적 패턴들에 매어있는 것을 포기하는 것이고, 그렇게 함으로써 새롭고 보다 풍성한 두 사람 사이의 관계들에 대해 개방적이게 되는 것이다.(p. 170, 강조는 추가됨)

치료적 변화의 관계적 도가니는 (1) 환자의 초기 부모와의/중요한 타자와의 관계들의 형성적인 관계 경험들에 대한 성찰, 그리고 (2) 분석적

이자관계에서 "지금 순간"(Stern et al., 1998)의 변형적인 행동으로 이뤄진다. 분석가의 점진적인 상호작용들은 발달 정지를 개선하기 위한 "재양육"으로 이해되지 않는다; 치료의 초점은 자유를 제한하는 오래된 관계 패턴들을 포기하고 "환자들에게 어려움에도 불구하고 그들 스스로 삶을 개선할 수 있는 가장 큰 기회를 제공해주는, 그들과 함께 있는 방법을 찾는 것"(Hoffman, 1998, p. xxxi)이다. 이러한 발전적인 상호작용의 방법들에는 부정적으로 채워진 정서를 담아주기와 안아주기, 치료적 관계에서 분열을 극복하기, 성찰 기능 및 다른 많은 기능들을 강화하기가 포함된다.

Aron(1996)은 관계적인 분석적 관계를 "비록 비대칭적일지라도 상호적인 것"으로 설명한다. 분석적 관계에 대한 Aron의 개념에는 환자와 분석가에게 동일하지는 않은 역할 분담, 책임과 윤리적 의무를 포함하는 다중적인 의미들이 담겨있다. 현재적인 것을 고려하면, 분석가의 권위와 관련하여 비대칭이 있다. 분석가의 권위는 유동적이고, 발달하는 분석 관계에서 협의되고 재협의된다. 분석가의 훈련과 경험 때문에 환자는 그러한 관계를 찾게 되지만, 환자를 그 관계로 이끄는 것은 전이-역전이 상호작용이다.

Mitchell(1998)은 실증주의적 정신분석의 인식론적 확실성을 회피했지만, 그는 또한 환자와 결코 다투지 않거나 논쟁하지 않는 절대적 상대주의의 불합리도 피했다. 그는 "분석가가 지위를 악용하지 않는 것과 필요할 때는 자신의 입장을 고수하는 것이 모두 중요하다"(Mitchell, 1997, p. 228)고 주장했다. 그는 Wilfred Bion을 긍정적인 의미로 인용했다, "정신분석가로서 나는 대답을 안다고 주장하지 않지만, 그렇다고 해서 나는 나에게 분석을 위해서 오는 사람들이 더 잘 안다는 것을 의미하지도 않는다"(Mitchell, 1993, p. 67).

해리 과정에 대한 관심은 관계적 접근에서의 치료의 중요한 초점이다. 해리는 심각한 외상의 선행사건으로서 뿐만 아니라 많은 형태들 속에 존재하는 방어적인 조직으로 이해되었다. 해리는 억압에 대한 가정이 Freud주의자들에 의해 당연하다고 생각되는 것만큼 관계주의자들에 의해서 널리 가정된다. 해리는 결국 "공식화되지 않은 경험"(unformulated experience) (Stern,1997)이 될 수 있고 자기-조직의 다중성에 관련이 된다. Bromberg(1998)는 초기 발달과정에서 신뢰할 수 없는 양육자들과 연관된 혼란과 외상 때문에 통합되지 못한 채 남아있는 해리된 "자기들"로 이해되는 다중적인 자기-상태가 존재함을 제안했다. Bromberg (1998)는 환자의 해리되어 고통스럽고 불안에 시달리는 경험들을 마음으로 안아줌으로써 이러한 해리된 자기들의 "공간에 서있는" 분석가를 옹호한다.

관계적 맥락에서의 치료적 변화에 대해 추가적으로 고려해야 할 것은 정신분석의 역사에서 Sandor Ferenczi의 초기 공헌들이 급속히 통합되고 있다는 사실이다(Aron & Harris, 1993). Ferenczi는 1932년에 "사랑을 받는 것은 아기의 자연스러운 정서적 [욕구]이다...... 사랑에 대한 첫 번째 실망은... 모든 경우 외상적인 영향이 있다.... 나중에 한 사람의 연애생활에서 나타나는 그 후의 모든 실망은 이러한 소망 성취로 퇴행할 수 있다."(Ferenczi, 1995)고 기술했다.

Ferenczi에게 치료의 가장 중요한 목표는 특별한 종류의 사랑의 양과 질을 [필요로 하는] 고통받는 사람들"(Ferenczi, 1995)의 분열을 극복하는 것이었다. Ferenczi는 분석가들에게 "환자의 죽은 자아-파편들을 되살리기 위해서... 많은 인내와 자기 희생을"(Ferenczi, 1995) 제공하라고 하였다. 그는 "오직 공감이 치유한다.... 적절한 곳(분석)에서, 적절한 방식으로 공감하기 위해서는 이해가 필요하다. 공감이 없이는 어떤 치유도 없다.... [그러나] 우리가 모든 사람을 사랑할 수 있는가? 그것에는 아무런 한계가 없는가?"(Ferenczi, 1995)라고 했다.

기독교인 스코틀랜드 분석가 Ian Suttie는 Ferenczi에게 동의하면서, *The Origins of Love and Hate*에서 분석가는 "이해와 통찰로 그 역시 [환자의] 경험으로 인해 고통스러웠고, 그래서 '고통을 나누는 교제' 가 이뤄진다는 것을 보여준다.... 나는 '의사의 사랑이 환자를 치유한다' 는 Ferenczi의 경구를 전적으로 받아들인다."(Suttie, 1935, pp. 212-13)고 하였다. Zvi Lothane은 Ferenczi의 많은 공헌들은 "새로운 통합의 원리에 의해 새롭게 잘 통합되었다. 그 새로운 원리는 사랑의 개념이고, 삶과 그것의 다양한 심리적 과정들(분석 과정을 포함하는) 속에 존재하는 담아주고 포용해주는 개념이다"(Lothane, 1998, p. 37). 치료적 변화에 대한 이 부분은 Lew Aron의 공헌한 바에 의해서 적절하게 요약된다. 나는 새로운 관계적 전통에서 Aron의 상당한 영향들 한 가운데 가장 중요한 것은 사랑, 관계적 이론과 실제에 대한 Sandor Ferenczi의 억압된 유산의 귀환이라고 믿는다.

기독교적 비평

특정 기독교 전통들은 그 자체가 고정된 신념 체계들이 아니라 비슷한 감수성을 가진 사람들이 공유한 유동적으로 조직된 관점들이다. 수 세기에 걸쳐서 기독교 전통은 신학적 전제들에 영향을 미치는 그 시대의 문화적 긴장들의 맥락 속에서 발달하고 쇠퇴해왔다. 역사적으로 볼 때, 이러한 전통들은 율법과 은혜, 하나님의 주권과 인간의 책임, 성례전주의와 신앙, 스콜라주의와 경건주의와 같은 긴장들을 둘러싸고 응집되었다. 정통 기독교 내에서, 신학적 전통들은 개인주의적이고 공동체적인/관계적인 신학적 고려들을 따라 지금도 재구성되고 있다. 이신칭의에 대한 개인주의적 강조는 개인구원(나는 멸망으로부터 구원을 받았고 죽으면 천국에 갈 것이다)에 초점을 두지만, 복음의 공동체적인/관계적인 강조는 하나님과 모든 백성을 향한 하나님의 목적(하나님의 나라가 가까웠고, 하나님의 나라가 여기 있고, 하나님의 나라가 도래하고 있다)에 초점을 둔다.

나는 복음의 새로운 전통 속에 나 자신을 자리매김하는데, 그것은 현재의 하나님 나라와 도래할 하나님 나라를 구현하고 세상(새 하늘과 새 땅)을 재건하기 위해서 의도적으로 작동한다.[6] 나는 예수님이 처음 세상에 오셨을 때 칭의의 일을 마무리하셨다고 믿는다. 나는 하나님의 영역 혹은 나라를 완성하려는 예수님의 행위와 협력하여 일해야 한다고 믿는다. 나는 많은 다른 사람들과 함께 예수님의 사역보다 "더 위대한 사역들"을 하고 예수님이 "아버지께서 내 안에, 내가 아버지 안에 있는 것 같이 그들도 다 하나가 되어 우리 안에 있게 하사 세상으로 아버지께서 나를 보내신 것을 믿게 하옵소서"(요 17:21)라고 기도하셨듯이 하나님의 가족을 회복할 것이라는 소망 속에서 하나님을 사랑하고 내 이웃을 사랑함으로써 이 일을 해야만 한다.

내가 웨스트민스터 신학교에서 신학 연구를 하는 동안 강화되었던 나의 개혁 신학에서는 인격화된 악이 예수님의 구속의 성취로 인해서 묶이고 전세계적으로 제한되었다고 이해한다. 인격화된 악이 세상에서 지속적으로 영향력을 미치는 한, 이것은 한 사람의 자기 상태 속에서 그리고 대인관계적인 인간관계의 관계적 모체 안에서 악의 누적을 통해서 일어난다. 악에 대한 이러한 관점은 Mitchell의 관계적 갈등 모델에서도 나타나는데, 그 모델은 초기의 관계적 모체에서의 장애들(성경적인 이해에서는, 부모

---

6) 나는 기독교 신학자 Jürgen Moltmann과 N. T. Wright, 그리고 철학자 Paul Ricoeur와 John MacMurray의 기독교적 사상에 가장 크게 빚을 졌다.

의 죄)이 그 후의 관계성을 심각하게 왜곡하고 손상시킨다고 이해한다.

나는 "팽팽한 적개심과 다른 사람들에 대한 부정으로 가득 차있는 사회적 상황"("발달에 대한 관점들"을 보라)을 무시한 Reis(2009)를 포함하는 관계적인 이론가들도 Mitchell의 발달에 대한 관계적 갈등 이해를 거부하고 악이 존재할 수 있는 여지를 고려하지 않는, 인간의 본질에 대한 Kohut적이고 Winnicott적인 이해를 선호하는 것으로 이해한다. 충분히 무르익은 관계 이론은 Mitchell의 정신을 따르는데, 그는 우리의 개인적인 감수성과 모순되거나 심지어 반대될 수 도 있는 긴장들을 안아주는 데 전념했다. 관계 정신분석은 역설과 신비를 포용하고 우리가 설명할 수 있는 것보다 더 많은 복잡성을 담고 있는 것으로 겸손하게 인정하는 긴장들을 무너뜨리지 않을 것이다. 관계적 이론은 하나님의 인격적인 존재, 영향력과 자율성을 주장하지도 부인하지도 않기 때문에 본질적으로 하나님에 대해서 불가지론적이지만, 그것은 하나님을 신비한 개인적 경험에 직면해서 인정하도록 강요될 수 있는 귀무가설(null hypothesis)로 상정할 수 있는 친절한 불가지론이다.

나에게는 상호인정을 상호주관적인 공간에서의 바람직한 일로서 강조하는 관계적 감수성이 "하나님의 형상으로 지음 받았고" 이것만으로 충분히 무조건적으로 존중받는 각 개인들에 대한 유대 기독교적인 이해를 반향한다. 실연에 대한 관계적 이해는 보다 많은 자유를 허용하는 제3의 관계방식을 찾아야 할 필요성을 강조한다. Jessica Benjamin(2009)의 "도덕적 3자"는 어려운 시기에 사랑해주시고 인정해주시는 하나님의 임재를 간구하는 방법으로서 기도를 고무하는 유대 기독교적 내러티브를 위한 여지를 제공한다. 덧붙여서 말하자면, 관계적 접근은 환자에 대한 사랑을 효과적인 치료의 중요하고 심지어 필요한 적극적인 요소로 인정한다. 관계적 분석가는 동료들의 반대에 대한 두려움 없이 환자를 사랑할 수 있는 자유를 누릴 수 있다.

나는 내가 선호하는 기독교적 이해들과 정신분석의 관계적 관점 사이에 많은 일치점을 발견했다. 나의 기독교적인 관점과 관계적 관점 사이의 불일치의 영역들은 어떤 관계적인 저자들의 개인적인 입장들과 더 관계가 있다. 나는 긴장들을 무너뜨리려고 하지 않았던 Stephen Mitchell의 정신을 따르는 관계주의자들을 선호한다. 관계주의자가 거의 낙관적인 Kohut주의적 이해 혹은 거의 비관적인 Klein주의적 이해 혹은 Fairbairn주의적 이해로 치우칠 때, 기독교 복음에 대한 나의 입장과 불일치를 경험한다. Ricoeur처럼, 나는 인간들이 근본적인 악을 정당화하고 저지를 수 있다고 믿는다: Ricoeur처럼, 나는 그러한 동일한 인간들이 풍부한 선을 이루고 누릴 수 있는 잠재력을 갖고 있다고 믿는다.

사례 연구: 토니

관계주의적 치료는 독특한 두 사람의 유일한 관계이다. 분석가가 진정으로 자기 자신이 되는 것 이외에 정신분석 작업을 위한 독특한 모델은 없다. 그것에는 가정된 두-사람 심리학의 가능한 예외가 있고, 분석가는 자신의 면허의 윤리적 원칙들과 지침들을 엄수해야 한다는, 관계적 치료의 규정된 어떤 틀도 없다. 나는 관계주의 정신분석가로서 내 자신의 독특성의 맥락에서 토니의 사례를 토론할 것이다.

토니는 초기 예약을 하는 동안 말이 많고 붙임성이 있었다: 결과적으로 나는 치료가 초기부터 새로운 전이-역전이 역동이 경험될 수 있는 가능성과 함께 토니의 삶에 대해 배우기 위한 협력적인 동맹으로서 시작될 것이라고 예상했다. 내가 남성이기 때문에 초기에 고려한 것은 전이-역전이 역동이 토니와 아버지의 관계와 관련해서 더욱 쉽게 생겨날 것이라는 점이다. 나는 이러한 고려가 내 자신의 기대라고 생각하며, 기대함으로써 토니가 나누는 것을, 더욱 영향을 미침으로써 토니가 말하려고 하는 것을 방해하려고 하지 않을 것이다. 나는 카우치를 사용하려는 토니의 선택에 대해 양가감정이 있다. 나는 토니의 선호를 존중하고 그의 내적인 경험에 초점을 맞추려는 토니의 소망을 받아들였다. 이러한 소망은 토니가 그가 아버지와의 관계에서 경험했던 그런 것들과 비슷한 경쟁적인 긴장들을 피하고 그가 어머니와 함께 했던 것과 유사하게 조용해지는 것으로 이어질 수 있는 나의 응시의 침범을 피하고 싶어 한다는 것을 의미할 수 있다. 동시에, 나는 토니가 카우치를 사용하려는 것이 우리의 치료적 관계에서 상호성의 발달을 방해할 것이고 자유연상에 대한 토니의 선입견이 보다 관계적인 자기와 타자 단위를 방해할 수 있는 한-사람 심리학의 기대와 모순될 수 있다는 것이 염려가 되었다. 나는 치료가 진전되면서 내가 토니에게 카우치 사용에 대해 재고하기를 기대한다는 자기 이해를 갖고 카우치에 눕겠다고 하는 토니의 선택을 존중한다.

나는 토니가 그의 발달사에 대해 제공하는 모든 것을 고무하고 이해한 다음 중요 타자들과의 경험들에 대한 토니의 현재 느낌들을 불러일으키는 질문들을 한다. 나는 또한 토니의 현재 관계들과 이러한 관계들 속에서 그 자신에 대한 지각에 관심을 표현한다. 나는 여성과의 연애 관계에서의 지루함과 수동성, 그리고 남성과의 관계에서의 경쟁과 불신의 주관적인 경험에 대해 구체적으로 질문한다. 나는 그가 재내면화하고 그의 현재 관계에서 강화하는 원가족 관계의 익숙한 재현으로서 토니의 현재의 옹색한 관계 패턴들에 대해 얘기하기 시작한다.

또한 토니가 혼자 있을 때의 정서적 상태와 행동도 중요하다. 불안과 우울, 묵상에 잠긴 듯한 정신 상태와 지루함, 이러한 자기 상태로부터 나오는 강박적인 행동의 증상들은 연민과 이해하려는 진지한 호기심으로 탐색된다. 나는 분석 과정이 진행되면 토니가 나와 함께 토니의 초기 삶에서 그가 지각하고, 표현하고, 처리하고, 해소할 수 없었던, 해리되고, 심하게 스트레스를 주는 정서적인 자기-상태들을 재경험할 것으로 예상한다. 나는 자위행위를 중독으로 물화시키지 않고, 토니가 공공장소에서 자위할 때, 그 자신 혹은 다른 사람들을 위험으로 몰아가지 않는다는 사실을 분명히 해주기 위해서 주의했다. 나는 토니의 꿈들을 토니의 정서적인 자기-상태들에 대한 검열이 없는 극적인 묘사로 이해하고 토니가 상담 중에 그의 꿈들이 탐색될 수 있도록 그것들에 대해 말하도록 초대한다.

나는 토니와의 관계를 다른 사람과 함께 있는 토니의 협소한 관계적 모체에 휩싸인 진정한 관계로서 이해하고 경험한다. 나의 치료적 접근에서는 내가 자주 무의식적으로 토니의 제한된 관계 패턴에 얽히게 될 것으로 예상이 된다. 나는 토니 안에서 일어나고 있는 것, 내 안에서 일어나고 있는 것, 그리고 토니와 나 사이의 공간에서 일어나고 있는 것에 귀를 기울이는 관계적 현존(relating presence)을 실행하려고 한다. 인정에 대한 토니의 절망적인 갈망 때문에 그는 나에게서 아버지의 교양 없고 보수적인 종교적 관점들에 대한 동의를 기대할 수 있을 것이다. 나는 동의한다고 할 수 있지만(아마도 토니와 일치하는 내 자신의 경험 때문에), 그렇게 할 때 어머니와 함께 아버지로부터의 제한하는 피난 경험을 추구하고 있는 토니와의 실연에 휘말릴 수 있다. 혹은 나는 토니가 그의 아버지의 종교에 대해 어떻게 지각하는지에 대해 물어보고 토니에 대해서 인정하지 않고 실망하는 그의 아버지를 되풀이하는 실연에 휘말리게 될 수 있다. 그러한 실연에서 나는 토니와 내가 현재 함께 고통당하고 있는 협소한 관계적 모체로부터 벗어날 수 있는 3자를 찾는다. 이러 저러한 실연들로부터 벗어나는 방법을 찾으면서, 토니와 나는 새롭고 풍성한 관계적 모체를 함께 만들고 있다. 파열과 회복의 이러한 과정은 우리의 치료적 관계의 과정 내내 일어날 수 있는 것으로 예상된다. 토니가 실연들을 극복해가는 데서 유익을 얻기 위해서, 그는 오래되고 제한하는 관계 패턴들에 대한 연결들을 포기해야 할 필요가 있을 것이다. 치료하는 내내 나는 토니의 소망들과 꿈들에 귀를 기울이고 들으려고 할 것이고, 토니가 어떤 사람이 되기를 갈망하는가를 염두에 둘 것이다.

토니는 초기에 심리치료 약속을 일주일에 한번으로 요청했다. 나는 머지않아 일주일에 2-3회 정도 만나는 기회를 제공할 것이다. 일주일에 여러 번 만나면 전이-역전이의 강도가 깊어져서 실연을 극복해가는 과정의 적절함이 강화되고, 토니가 그에 대한 나의 사랑을, 그리고 바라기는 조만간 서로에 대한 우리의 사랑을 보다 깊이 경험할 수 있는 충분한 공간을 조성해준다.

제8장

애착중심 정신분석 치료와 기독교

관계 안에 있는 존재

Todd W. Hall과 Lauren E. Maltby

정신분석의 역사를 보면, Freud의 "욕동/구조 모델"로부터 두 개의 넓은 관계적 전통이 생겨났다. 하나는 자아심리학이 오늘날 빠르게 확산되고 있는 대상관계이론과 같이 많은 가닥의 "관계/구조 모델"로 이행하는 것을 통해서 확인될 수 있다(Greenberg & Mitchell, 1983). Fairbairn의 대상관계이론은 다른 여러 가지 중요한 이론들과 함께 최근 이론가들이 관계 정신분석을 발전시키기 위한 토대를 형성했다. 무수한 이유들 때문에, 애착이론은 관계/구조 모델에 필적하기는 하지만 독립적인 이론적 궤적을 발달시켰다. 오랫동안 관계적으로 보면 사촌이라고 할 수 있는 이들은 서로에게서 소외되어 있었다. 그것들은 학자들의 분리된 사회정치적 집단 속에서 발달하였다. 그들에게는 각각 그들만의 언어, 훈련 프로그램들, 학술지와 학술대회가 있었다. Mitchell(2000)이 말했듯이, 이러한 "광범위한 분열" 때문에 애착이론은 학문적인 심리학 분야에서 하나의 연구 전통으로서 더욱 발달했다.

그러나, 최근에 이러한 이론의 두 노선 사이에 화해가 이뤄졌는데 이것은 부분적으로는 지난 수십 년 동안의 유아연구(Beebe & Lachmann, 2002; Stern, 1985; Tronick, 2007), 감정 신경과학, 이야기 심리학에서의 중요한 발달들에 자극을 받았다. 여기에는 임상적으로 중요한 의미들이 담겨있다(Fonagy, 2001; Holmes, 1993; Mitchell, 2000). 이러한 발달들의 의미들은 치료에 적용되고 또한 이론 발달에 영향을 미친다. 이 장에서, 우리는 주요 이론을 위한 배경으로서 애착이론의 출현, 선도적인 이론가들(John Bowlby와 Mary Ainsworth), 그리고 애착이론의 원래 기둥이 놓인 이후 최근의 혁신들에 대한 개관을 제공한다. 그 다음에, 우리는 동기, 발달 그리고 정신병리라는 제목 아래 애착이론의 주요 견해들을 재검토한다. 그리고 나서 우리는 애착이론이 "신학적 전통을 가진" 복음적인 기독교와 상호작용함에 있어서 우리의 몫에 대해서 토론한다. 마지막으로, 우리는 치료적 변화 과정에 대해 토론함으로써 장을 마무리하고 우리의 애착중심 접근법을 편집자들에 의해 제공된 사례에 대한 치료에 적용한다.

애착이론의 출현

신프로이트주의 정신분석학이 전개되면서, Anna Freud와 Melanie Klein, 그리고 그들 각각의 추종자들이 각각 Freud의 이론적 왕좌에 대한 권리를 주장함에 따라서 영국정신분석학회에는 논쟁이 넘쳐났다. 이들 두 집단 이외에도 **독립파**들의 세 번째 집단, 또는 **중도 집단**은 초기 관계 이론들의 발달에 있어서 선구자들이었던 W. R. D. Fairbairn, John Bowlby, D. W. Winnicott 그리고 Michael Balint와 같은 이론가들로 구성되었다. Klein뿐만 아니라 Anna Freud의 집단으로부터 생겨난 대상관계적 자아심리학 전통들은 모두 철저하게 다른 방식이긴 하지만 온전한 관계/구조 이론을 위한 길을 닦았다. 대상관계적 자아심리학자들은 자아가 그 발달을 위해서 초기 (대상)관계에 의존한다는 완전히 새로운 생각을 발달시켰다. 반면에 Klein은 욕동들에 대한 Freud적인 개념을 본질상 근본적으로 심리적인 것으로, 그리고 그것들의 일부가 되는 내적 대상들을 가진 것으로 철저하게 재정의하였다. Fairbairn은 내면화된 대상들에 대한 Klein의 이론을 기반으로 해서 논의를 시작했다. 그는 환자들이 초기 관계의 잔재들을 가져오는 것을 보았던 그의 임상적 경험과 우리가 관계하는 마음에는 구조들이 있다는 생각을 통합하였다(Fairbairn, 1952). 그렇게 하면서, 그는 그의 중심적인 이론적 원리-우리는 환상화된 이미지들이 아니라 실제 관계의 경험들을 내면화 시킨다는-를 발전시켰다. 그는 관계에 있어서 연결이 우리의 일차적인 동기이자 필요라는 생각에 기초하여 성격과 발달에 대한 이론을 발달시켰던 초기 이론가들 가운데 한 사람이었다. 그의 이론은 또한 처음으로 마음을 욕동 세력들이 아니라 관계의 의미들에 대한 주관적인 경험들에 의해 구조화되는 것으로 보려고 했던 것들 가운데 하나였다. Fairbairn은 1940년대 이후 이뤄진 이론적 발달들에 매우 큰 영향을 미쳤다. 그것들이 그의 앞에 있는 개념적인 레이더망에 전혀 나타나지는 않았지만, 이제 관계성에 대한 Fairbairn의 기본적인 생각들은 연구와 이론의 대들보가 되었다.

선도적인 이론가들: John Bowlby와 Mary Ainsworth

동시에, 영국의 정신건강의학과 의사인 John Bowlby는 욕동이론을 재구성하기 시작했다. Bowlby는 주변 학문에서 방법론을 빌려와서 정신분석적 인식론의 경계를 넘어서 밖으로 나갔고, 결과적으로 애착이론이라고 하는 관계이론의 독립적인 전통을 형성하였다.

Bowlby의 이론은 모성 박탈에 대한 그의 연구의 맥락에서 만들어졌는데, 여기에서 그는 모성 박탈에서 생겨나는 반응들과 과정들이 초기 삶에서 모성 분리의 영향으로 인해 여전히 고통을 겪고 있는 성인들의 그것들과 연관성이 있음을 발견했다. 그는 관계 장애의 두 가지 독특한 패턴이 있는 것을 관찰했다: 한 집단은 의존형 성격에서 흔히 보이듯이 다른 사람들에게 과도하게 요구하고 그 요구가 채워지지 않을 때 불안해하고 화를 냈고, 두 번째 집단은 깊은 관계를 발전시키지 못하고 "정서적으로 자족하고 모든 감정적인 관계들로부터 독립해있다고 주장하기 위해 막대한 노력을 기울인다"(Bowlby, 1980, p. 202). 뒤에, Bowlby(1980)는 상실에 대해 논의하는 맥락에서 "강박적인 돌봄"(p. 206)이라고 하였던 세 번째 패턴을 규정하였다. 정신병리의 넓은 스펙트럼에 나타나는 이러한 패턴들은 어머니로부터 분리되었던 아동에게서 그가 관찰했던 패턴들을 반영하는 것 같았다. Bowlby는 모성 박탈의 영향이 지속된다는 것을 발견했는데, 이것은 그의 **내적 작동 모델**(internal working models) 개념으로 이어지는 통찰이었다. 그의 연구로부터 나온 모든 증거는 일차 양육자에 대한 사회-정서적 필요가 낮은 수준의 필요들로 환원될 수 없다는 사실을 분명하게 보여주었는데, 이것은 당시 Freud적인 정신분석 이론과는 모순되었다.

Bowlby가 애착이론을 고안했다면, Mary Ainsworth는 애착이론을 견고한 경험적 기반에 올려놓으려고 했던 그 누구보다도 더 많은 것을 했다. 1950년에 Ainsworth는 런던에 있는 Bowlby의 연구팀에서 일했다. Ainsworth는 우선 어린 아동에 대한 James Robertson의 관찰 자료를 분석하는 일을 하였다. 그녀는 자연적 관찰법에 큰 인상을 받았고, 그것을 1953년 우간다에서 어머니-유아 애착에 대한 그녀의 연구들에 적용했다. Ainsworth의 결과는 어머니-유아 상호작용의 질뿐만 아니라 유아의 신호들에 대한 어머니의 민감성에 대해 보여주고 있었다. Ainsworth는 간다족 유아들에게서 세 가지 독특한 애착 패턴들을 관찰했다(Ainsworth, Blehar, Waters & Wall, 1978). 안정형 애착 유아들은 많이 울지 않았고 그들의 어머니가 있는 가운데 탐색하는 것을 즐겼다. 이와는 대조적으로, 불안정 애착 유아들은 자주 울었고 탐색 행동도 많이 하지 않았다. 아직 애착형성이 되지 않은 유아들은 그들의 어머니에 대해 별다르게 특이한 행동을 보이지 않았다. Ainsworth는 또한 어머니의 민감성의 지표들이 안정 애착과 긍정적으로 상관관계가 있다는 사실을 발견했다.

Ainsworth는 계속해서 1963년에 분리와 재회를 경험하는 동안 어머니-유아 행동을 면밀하게 관찰하는 표준화된 행동 관찰법인 "낯선 상황"을 개발했다. "낯선 상황"을 통해서 유아들의 행동을 관찰하는 것을 통해서 세 가지 애착 유형들을 확인하게 되었다(Ainsworth, Blehar, Waters & Wall, 1978). **안정형 애착** 유아들은 짧은 분리 후에 스트레스를 받을 때 적극적으로 어머니와 함께 놀이하고, 탐색하고, 접촉하려고 하고, 어머니에게 쉽게 위로를 받고, 빨리 그들의 놀이로 복귀하는 패턴을 보였다. **애착형성이 불안하고 회피적인** 유아들(불안-회피형)은 어머니가 나갔을 때 관심을 보이지 않았고 재회를 해도 그녀를 피하는가 하면, 스트레스로부터 적극적으로 기분을 전환하기 위한 활동들에 몰두했다(Rholes & Simpson, 2004). 마지막으로, **애착형성이 불안하고 저항적인** 유아들(불안-저항형, 혹은 불안-양가형)은 어머니와 접촉하려고 하는 것과 접촉에 저항하는 것 사이에서 동요하였다. 나중에, 유아들이 엉뚱하고 해리형의 행동을 보이는 **혼란형 애착**이라고 이름이 붙여진 네 번째 유형이 발견되었는데, 이 유형은 어머니에게 가까이 다가가기 위한 조직된 전략이 유아들에게 없음을 보여주었다(Main & Solomon, 1986).

애착이론은 처음에 정신분석학계에서 거부되었기 때문에, Bowlby의 이론이 정신분석학계에서 새로운 학파로 이어지지는 못했다. 결과적으로, 오늘날 애착이론이 있기는 하지만, **애착중심 치료**의 성숙한 양식은 최근까지 있지 않았다. 체계적인 관찰과 경험적 연구에 대한 Bowlby의 경향 때문에, 애착이론은 경험적인 것을 지향하는 학문 공동체(예를 들면, Mary Ainsworth)에서 인기를 끌었고, 발달심리학 분야와 임상심리학의 연구 전통에서 중요한 이론적 패러다임이 되었다. 최근에 새로운 애착중심 정신분석적 치료(예를 들면, Eagle, 2013; Wallin, 2007)에 대한 윤곽을 제시하면서 애착이론은 더욱 임상에 초점을 두게 되었다. 우리가 되돌아가게 될 관계 정신분석과 공통되는 부분이 있는 이러한 새로운 임상적 양식은 주로 이론 중심의 연구와 정신분석적 치료가 중요한 대화를 재개했던, 애착이론에서의 최근의 혁신들 때문에 발달해왔다.

최근의 혁신들

Bowlby와 Ainsworth에 의해 애착이론이 형성된 이후, 몇몇 혁신들이 그 이론과 방법들을 세련되게 하고 애착이론을 이론들의 한 가족이라고 생각하는 것이 아마도 타당할 수 있는 지점까지 확장하였다. 이러한 혁신들에는 (1) 성인 애착 평가하기와 "성인 애착 면담"의 개발, (2) 자기-보고 수단들을 사용해서 성인 애착을 평가하기, (3) 애착과 적응의 "역동적인 성숙 모델" 개발, 그리고 (4) 안정 애착에 필수적인 부분으로서의 정신화가 포함된다.

성인애착 평가하기

Mary Main과 성인애착 면담. 1980년대 초에 Mary Main(Mary Ainsworth

의 학생이었던)과 그녀의 동료들은 애착이론을 "표상의 수준"-애착이론의 주요 혁신으로 알려졌던 발달-으로 이행시켰다(Main, Kaplan & Cassidy, 1985). 유아와 아동의 애착에 대한 종단 연구의 일부분으로서, Main과 당시 그녀의 학생들이었던 Nancy Kaplan과 Carol George는 부모가 자신의 이야기를 하는 방식이 그 부모의 아이의 낯선 상황 유형을 예측할 수 있게 해준다는 것을 발견했다(George, Kaplan & Main, 1996). 이것은 애착과 관련된 기억들을 조사함으로써 애착 체계를 예측하기 위해서 고안된 반구조화 면담인 성인애착면담(AAI)의 개발로 이어진다. 우리는 AAI 코딩 체계를 통해서 애착과 관련하여 몸에 밴 정서적 의사소통 패턴을 반영하는 성인의 마음 상태를 평가할 수 있다(Main, Goldwyn & Hesse, 2003). 본질적으로, 우리는 AAI를 통해서 개인의 애착 이야기들의 내용이 아니라 그들이 자신의 이야기를 하는 방식에 응집성이 있는가를 평가한다.

몇몇 연구들은 그들의 아이가 태어나기 전에 어머니들과 AAI를 실시했고, 어머니들의 **출산전** AAI 면담과 그들의 아이들이 1세일 때의 낯선 상황 유형 사이에 강력한 일치(안정형 대 불안정형의 경우 거의 75%)가 있음을 발견했다(Fonagy, Steele & Steele, 1991). 이것은 그 관련성이 부모와 아동의 상호작용의 어떤 영향 때문일 수 있다는 가능성을 일축한다. 간단히 말하자면, AAI를 사용하는 연구자들은 내적 작동 모델-몸에 밴 정서적 의사소통 패턴-이 세대에서 세대로 전수되고 있다는 사실을 발견함으로써 이 분야를 발전시켰다. 이러한 결과들은 치료사들이 비언어적인 채널들에 크게 의존하는 정서적 의사소통을 통해서 보다 안정형의 내적 작동 모델들을 내담자들에게 전수할 수 있음을 제안하기 때문에 임상 작업에 엄청난 의미가 있다.

Mary Main의 공헌들-내용적으로 그리고 방법론적으로-은 Bowlby

와 Ainsworth가 토대를 놓은 이후 거의 틀림없이 애착이론에서 가장 중요한 혁신들을 보여준다. 내용적으로, Main과 그녀의 동료들은 성인애착 분류의 특성들에 대한 이해를 세련되게 하고 발전시켰다. 방법론적으로, Main과 그녀의 동료들은 처음으로 성인애착에 대한 함축적이고, 비자기-보고 방법을 개발했고, 자기-보고의 전통이 독립적으로 발달하게 되자 그것은 시간이 흐르면서 더욱 중요해지게 되었다.

자기-보고 전통과 측정 논쟁. Bowlby의 모범을 따라서 Hazan과 Shaver(1987)는 남녀관계가 일종의 애착관계이고 따라서 일반적으로 유아들과 성인들과 동일한 기본적 애착의 내적 작동 모델을 나타낸다고 가정하였다. 그들은 유아의 낯선-상황 분류에 기초해서 성인 애착 유형(안정형, 불안형 혹은 회피형)에 대한 자기-보고 척도를 개발했다. 그들의 세 등급 척도는 여러 연구자들에 의해 개정되고 확장되어서, 가장 현저하게는 **두려워하는** 애착이 추가된 네 가지 범주의 모델로 확장되었다(Bartholomew & Horowitz, 1991). 그때까지 존재하는 모든 영어 애착유형 척도들에 대한 집중적인 요인 분석에 근거해서 Brennan, Clark와 Shaver(1998)는 기저의 두 가지 차원을 발견했다: 애착과 관련된 회피와 애착과 관련된 불안.

4가지 성인애착 유형은 2가지 기본적인 차원에서 나올 수 있다. 안정형 애착은 자기-보고 척도에서 낮은 불안과 낮은 회피를 나타낸다. 불안형 애착은 높은 불안과 낮은 회피를 나타낸다. 회피형 애착은 낮은 불안과 높은 회피를 나타낸다. 두려워하는 애착은 높은 불안과 높은 회피를 나타내고 불안/집착형 및 회피/거부형 애착의 특징들을 같이 나타낼 수 있다. 이러한 전통은 애착 측정에 대해 AAI 면담 전통과는 다르게 접근하고, 다른 연구 질문들에 의해 동기부여가 되었지만(Mikulincer & Shaver, 2007), 분명히 그것은 특히 남녀관계 영역에서의 성인 애착에 대한 이해를 현저하게 진전시켰다. 그러나, 그것은 AAI와 같은 함축적인 면담-중심의 척도들과 비교할 때 무엇을 평가하는가에 대해서 다소의 논쟁을 일으켰다. 이러한 논쟁을 해결하려고 시도하는 것은 성인애착에 대한 이해와 평가 방법을 발전시켰다.

성인애착의 역동적인 성숙 모델. 1980년대 중반 선보인 이후, Main과 Goldwyn의 채점 방법(M&G-AI; Main et al., 2003)과 결합된 AAI (George et al., 1996)는 가장 널리 사용되는 면담중심의 성인애착 도구였다. 위에서 언급했듯이, M&G-AI는 애착이론의 중심 내용을 확증하는 데 도움이 되었던 연구 노선을 개척했는데, 가장 두드러진 것은 애착의 세대 간 전수였다(Fonagy et al., 1991). 그러나, 그것도 한계가 있는 것이다.

M&G-AI의 어떤 한계들과 인지 신경과학에서의 새로운 발달에 반응해서, Mary Ainsworth의 학생이었던 Patricia Crittenden은 개정된 애착모델에 근거한 AAI의 담화분석(채점 방법)-애착과 적응의 역동적인 성숙 모델(DMM)을 개발했다(Crittenden, 1995, 2008; Crittenden & Landini, 2011). DMM은 불확실한 소통에 내재하는 의미를 이해하는 방법과 왜곡된 의사소통과 역기능적 행동에 대한 이론적인 모델을 제공한다(Crittenden & Landini, 2011). 흥미롭게도, DMM의 접근법은 특별히 정신화 접근과 공명한다(다음 부분을 보라); 즉, 그것은 표면상 역기능적이고 그래서 무의미하게 보이는 행동과 의사소통(특히 장애가 있는)에 내재하는 마음의 상태, 의도적인 구조와 의미를 이해하려고 한다. 사실, 저자들은 심리적 장애를 이해하기 위해서 필요로 하는 것은 "의미를 공유하는 언어"라고 말했다(Crittenden & Landini, 2011, p. 3).

일반적으로, DMM-AI에 대한 연구는 (1) 그것이 적응적인 개인들과 비적응적인 개인들을 구별하고, (2) 임상적으로 의미있는 방식으로 장애

유형들을 구별하고, (3) 심리적 기능의 측면에서 장애 행동을 공식화할 수 있고, (4) 정보처리 패턴이라는 측면에서 정신건강의학적 진단의 하위집단들을 규정할 수 있다고 주장한다. DMM-AI에 대한 연구는 아직 초기 단계에 있지만, 그것은 이론과 임상 분야를 현저하게 발전시킬 것이라는 약속을 보여준다. DMM의 이론과 방법론의 결합된 발전은 AAI가 25년 전에 그랬던 만큼이나 획기적인 것으로 증명되었다.

안정애착에 필수적인 부분으로서의 정신화

지난 10여년 동안 Peter Fonagy와 그의 동료들은 정신화(mentalizing)와 성찰 기능의 상호관련된 개념들을 발전시킴으로써 메타인지에 대한 Mary Main의 연구를 확장하였다(Fonagy, Gergely, Jurist & Target, 2002). Main은 AAI를 하는 동안 성인들이 그들 자신의 생각을 어떻게 검토하는가에 초점을 맞추었다. Fonagy의 보다 넓은 관점에는 일반적인 마음 상태, 특히 다른 사람들의 마음 상태에 대한 성인들의 관심이 포함된다(Wallin, 2007). 정신화 개념은 "애착이론의 틀에서 꽃을 피우게" 되었고, 그래서 임상적으로 중요한 의미를 가진 애착이론의 중요한 혁신을 보여준다(Allen, Fonagy & Bateman, 2008, p. 8).

정신화는 대부분의 임상가들에게는 익숙하지 않은 용어이지만, 거의 틀림없이, 치료의 새로운 개념 혹은 새로운 유형이 아니다(Allen et al., 2008). 사실, 일반적인 개념은 비정신적인 신체적 과정들을 마음의/정신적 경험으로 변형시키는 Freud의 개념을 상기시키고, 그것은 Bion (1962a, 1962b)의 담아주기(containment) 개념과 유사한데, 여기에서는 정신화를 통해서 강한 정서들이 조절된다. Fonagy와 동료들은 인간 발달과 심리치료에 너무나도 근본적인 과정에 초점을 선명하게 하였기 때문에 그들은 정신화가 "심리치료적 치료들 가운데 가장 근본적인 공통 요소"(Allen et al., 2008, p. 1)라고 대담하게 주장한다. Fonagy와 동료들은 정신화를 "우리가 마음이 우리의 경험 세계를 중재한다는 사실을 인식하는 과정" (Fonagy et al., 2002, p. 3)이라고 하였다. 따라서, 가장 넓은 의미에서 정신화할 수 있는 능력은 개인들이 다른 사람들과 관련하여 심리적 자기를 발달시키는 과정에 기초하는데, 그 심리적 자기는 안정 애착이 생기게 하고 안정적이고, 상호주관적인 애착관계의 맥락에서 발달된다. 정신화의 일반적인 개념이 새로운 것이 아닐 수 있지만, Fonagy와 동료들이 그 개념을 세련되고 정교하게 만듦으로써 애착이론과 치료의 틀을 풍부하게 하였다.

동기, 발달 그리고 정신병리

애착이론의 기원, 창시자들 그리고 핵심적인 발달에 대해 간략하게 살펴보았기 때문에, 이제 그것의 주요 내용에 관심을 돌려보자. 우리는 3가지의 독특하면서도 중복되는 영역을 중심으로 우리의 토론을 구성하였다: 동기, 발달 그리고 정신병리.

동기. 가장 넓은 의미에서 애착체계는 애착인물들과의 동기, 정서, 기억 과정에 영향을 미치고 조직하는 타고난 동기 체계이다(Siegel, 2012). 애착 관계는 정서적으로 중요하거나 선호되는 양육자(애착 인물)와의 관계인데, 그것은 보이지 않는 애착 결속에 기초한다. 이러한 관계에서, 아동(그리고 성인은 그들 자신의 유형을 가진다)은 4가지의 상호연관된 애착행동 유형을 나타내는데, 그것들은 함께 애착 관계를 규정한다(Bowlby, 1982).

첫째, 아동은 그들의 애착 인물들에게 가까이 가려고 하는데, 이것은 일종의 "애착 행동"이다(Bowlby, 1982, p. 180). 이것은 울기, 따라다니기 그리고 매달리기와 같은 다양한 기제를 통해서 이뤄질 수 있는데, 이 모든 것은 애착 인물에 대한 신체적 및 심리적 접근성을 증가시키는 것을 설정된 목표로 하는, 목표-수정적인 애착행동체계의 일부분이다. 이러한 동기체계의 다른 면은 아동이 그들의 애착인물들로부터의 분리에 저항하고 그들이 분리되었을 때 좌절을 나타낸다는 것이다. 관계된 애착행동은 모두 아동을 해로움으로부터 보호하고, 따라서 애착 체계는 위험에 매우 민감하다(Crittenden & Landini, 2011; Siegel, 2012). 셋째, 아동은 **안전기지**와 **안전한 피난처**를 찾는다(Ainsworth et al., 1978; Bowlby, 1982, pp. 337-38). 안전기지의 기능은 아동이 자신의 환경을 탐색할 수 있도록 해주는 것이고, 안전한 피난처는 스트레스에 직면했을 때 아동이 양육자를 찾는 것을 말한다. 넷째, 아동이 정서적인 의사소통과 관련된 친밀함과 소속에 대한 감각인 **일차적인 상호주관성**을 추구한다는 증거가 있다(Trevarthen, 1979), 폭넓게 말하자면, 상호주관성은 두 주체성 혹은 두 마음 사이의 상호작용을 말한다(Wallin, 2007). 그것은 애착관계와 심리치료의 발달에 핵심적으로 중요하다.

애착유형(때때로 애착에 대한 방향감각 혹은 마음의 상태라고 하는)이라는 용어는 일반적인 의미로 개인의 애착의 전반적인 상태와 특성을 말한다(Holmes, 1993). 좀 더 구체적으로 말하자면, 애착유형은 사람들에게 있는 (1) 애착인물들로부터 위로와 지지를 구하는 경향성들, 그리고 (2) 애착 인물들이 관계를 위한 시도들에 대해 얼마나 민감할 것인가에 대한 암묵적인 기대들에서 상대적으로 안정적인 개인의 차이들을 말한다(Rholes & Simpson, 2004). 애착의 특성은 두 개의 주요 유형으로 나뉜다: 안정형과 불안정형. 불안정 애착은 3가지의 하위유형(집착형, 거부형 그리고 혼란형/미해결형)으로 나뉘고, 결과적으로 아동기와 성인기 모두의 4가지 주요 애착유형이 된다.

이러한 전략들이 주로 무의식적이기는 하지만 이러한 유형들은 관계를 위한 전략들로 생각될 수 있다. 이것은 Bowlby(1973)가 나중에 아동이 자신의 애착인물의 정서적 가용성을 평가한다는 것, 그리고 안전감을 느끼는 것이 애착체계의 궁극적인 목표라는 생각에 대해 강조했던 것과 일치한다(Sroufe & Waters, 1977). 안정 애착 양육자들은 관계와 위로를 위한 시도들에 민감하게 반응하고, 정서적으로 사용할 수 있게 됨으로써 유아를 위해 관계를 편안하고 순조롭게 만든다. 불안정 애착 양육자들은 다양한 방식으로 민감하거나 정서적으로 사용할 수 없기 때문에 이것을 더욱 어렵게 만든다. 결과적으로, 결코 이상적이지 않은 관계 환경이 주어진다면, 유아는 그러한 애착 인물들과 관계하면서 무의식적으로 양육자의 부족한 민감성과 가용성에 맞춰 관계하고 관계를 최소화하는 전략들을 발전시킨다. 이러한 "차선책의" 전략은 Mary Main(1991)이 "이차적으로 느껴진 안전감"(secondary felt security)이라고 했던 것이다.

범주들에 대한 경고가 여기에서 적절하다. 연구 문헌이 애착의 범주들을 강조하기 때문에, 사람들이 범주들에 쉽게 맞지 않는다는 것을 분명히 하는 것은 중요하다. 내담자들의 관계 유형들을 지나치게 단순화하긴 하지만, 이러한 범주들은 여전히 그들이 그들의 삶에서 정서적으로 중요한 사람들에 대한 정서를 어떻게 다루는가에 대해 실제적이고 의미있는 그림을 획득하는 데 도움이 된다. 심리치료의 맥락에서 애착의 범주들을 논의하면서, David Wallin(2007)은 우리에게 우리가 내담자들을 더 잘 알게 될수록 "우리는 흔히 그 환자가 어떤 사람인가에 대해 덜 분명하게 느낀다-혹은, 적어도 분명함이 더 이상 한 개의 범주로 환원될 수 없다는 사실을 상기시켜준다"(p. 97). 우리가 내담자들의 이야기들의 상세한 내용에 대해 명료하게 할 때에도, 그 상세한 내용은 범주 상자에 점점 안 맞을 수 있다. 범주들이 유용한 추측 기제들이기는 하지만, 우리는 내담자들이 하나의 범주에 꼭 맞는다고 생각하지 않는 것이 중요하다.

발달. 애착의 렌즈를 통해서 전 생애의 심리적 발달을 고려하면서 Bowlby (1973)는 성인 애착패턴의 발달적 뿌리에 대해 두 가지 중요한 명제를 제시했다: (1) 애착 패턴은 아동기 동안의 원가족에서의 실제(환상과는 반대되는) 관계 경험들로부터 생겨난다, (2) 애착 패턴은 대개 새로운 관계 경험들에 의해 변화될 수 있고 변화되기는 하지만, 전 생애를 통해 거의 변동이 없다.

Bowlby는 개인이 발달적으로 방해받을 수 있는 하나의 노선에서의 일련의 연속적인 단계들에 대한 Freud적인 생각을 거부했다. 대신에 그는 복합 선로체계-당시의 영국의 것과 유사했던-의 비유를 사용해서 이미 언급된 두 개의 명제를 통합하면서 다중적인 발달 경로 모델을 제안했다. Bowlby는 부모(그리고 다른 애착 인물들)와의 초기 경험들은 개인들이 삶의 초기에 많은 발달 경로 가운데 어떤 것을 선택하는가에 크게 영향을 미치고, 그것은 나중에 그들이 성인이 되었을 때 친밀한 관계에서 어떤 애착 패턴을 나타내는가에 영향을 미친다고 주장했다.

연구는 전 생애에 걸쳐 애착 패턴에 일반적인 연속성이 있음을 지지한다(Grossmann, Grossmann & Waters, 2005). 그러나 Bowlby (1973)는 또한 삶의 어떤 지점에서 새로운 상황이 현재의 애착 패턴에 도전이 되는 애착 패턴으로 이어지고 그것에 의해 수정될 수 있다는 이론을 제시하였다. 아동기 동안의 애착 패턴의 변화와 아동기의 애착관련 경험이 이후 청소년기와 성인기 애착에 미치는 영향을 다루는 문헌이 증가하고 있다(Mikulincer & Shaver, 2007).

30여개가 넘는 연구가 성인기 애착 패턴의 불변성에 대해 조사하였다(Mikulincer & Shaver, 2007). 볼비는 이러한 패턴이 항상 변화에 열려

있지만, 시간이 흐르면서 더욱 변하지 않게 된다고 주장했다. 다양한 연구에서 애착 유형에 대한 평균적인 재검사 일치는 거의 70%가 되었다(Mikulincer & Shaver, 2007). 이러한 결과들은 매우 높은 수준의 불변성을 보여주는데, 이것은 다양한 기간에 걸쳐서 유사하다. 24개의 이러한 연구들에 대한 메타분석은 성인기 애착 패턴의 전반적인 불변성(.54)이 아동기(.39) 보다 더 높다는 사실을 보여주었다. 이것과 일치되게, 이전에 강조되었던 종단 연구들은 일반적으로 유아기 애착 패턴과 성인기 애착 패턴 사이의 "정당한 불연속성"에 대한 증거를 보여준다. 대부분의 경우에, 애착과 관련되어 스트레스가 되는 삶의 사건들(예를 들면, 부모의 죽음, 부모의 이혼, 학대, 부모의 물질남용, 엄마의 우울증)은 한 사람의 애착 유형의 변화와 관련이 있을 수 있다(Grossmann et al., 2005).

정신병리. 애착이론은 초기부터 정신병리에 관심을 가져왔다. Bowlby(1944)는 절도범들에게서 초기의 정서적 박탈과 후기의 정신병리 사이의 관계를 설명하려고 하면서 애착이론을 위한 틀을 발달시켰다. 그것은 근본적으로 정상적인 발달과 정신병리 모두에 대한 이론이다. 정상적인 발달과 정신병리는 모두 "여정의 어느 단계에서나 그 순간까지 그것이 발달시켜왔던 유기체와 그것이 그것 자체를 발견했던 환경 사이의 상호작용을" 나타내는 역동적인 과정으로 개념화되었다(Bowlby, 1982, p. 364).

Bowlby(1973)의 다중적인 발달 경로의 철도 모델은 이제까지의 경험과 현재의 사건들이 어떻게 상호작용해서 정신병리로 이어지는가에 대한 그의 생각을 위한 개념적인 틀을 제공한다. 이러한 철도 모델에 영향을 받은 몇 가지 개념들은 애착의 관점에서 정신병리를 이해하는 데 적합하다(Egeland & Carlson, 2004). 첫째, 정상적인 기능에는 많은 변형이 있다. 둘째, 어떤 발달 경로는 적응에 실패했음을 보여주는데, 그것은 후기의 정신병리의 가능성을 증가시킨다. 불안정 애착의 변형들과 관련된 이러한 경로들은 그 자체가 정신병리로 규정되지는 않고, 정신병리의 위험 요인들로 기능한다. 주어진 경로의 결과는 다중적으로 결정된다: 어떤 개인들은 정신병리를 발달시킬 수 있고 다른 개인들은 그렇지 않을 수 있다. 초기의 경로에 의해 최종적인 결과(특정 형태의 정신병리와 같은)가 결정되는 것은 아니고, 오히려 어떤 제약들이 있는 일련의 가능성들이 열리는 것이다. 셋째, 정신병리는 정서 조절에서의 결핍을 핵심으로 하는 일련의 부적응으로부터 비롯된다(Schore, 2003). 넷째, 앞에서 언급되었듯이, 비록 이전의 부적응에 의해서 제한을 받기는 하지만 변화는 발달 경로의 어느 지점에서도 가능하다. 따라서, 미래의 정신병리는 개인의 발달 궤적에 근거해서만 완벽하게 예측될 수 있는 있는 것은 결코 아니다. 왜냐하면 그 궤적은 시간이 흐르면서 비선형 방식으로 전개되는 복잡한 역동적 과정이기 때문이다.

여전히, 애착, 부적응 그리고 특정 정신병리들 사이에는 깊은 관련이 있다. 높은 수준의 애착 안전성과 낮은 수준의 부정적 정서 및 정신건강의학적 증상들 사이의 관계를 일관되게 주장하는 연구에 더하여, 이제 애착 패턴을 특정 정신병리들과 관련시키는 중요한 문헌이 존재한다. 연구들은 애착 패턴과 (1) 정동장애, (2) 외상, PTSD 그리고 해리, (3) 반사회적 행동, (4) 성격장애, (5) 정신분열증, (6) 자살 경향성 그리고 (7) 섭식장애 사이의 연관성을 조사하였다. 일반적으로, 연구는 불안정 애착들과 모든 형태의 정신병리 사이에 이론적으로 유의미한 연관성이 있음을 보여주었다(Mikulincer & Shaver, 2007). 더구나, 연구는 일반적으로 위험 요인 모델을 지지한다; 즉, 특정한 불안정 애착들이 직접적으로 혹은 불가피하게 특정 장애로 이어지는 것이 아니다. 오히려, 그것들은 어떤 영역의 장애들에 대한 개인들의 취약성을 증가시킨다. 그러나, 많은 다른 요인들(예를 들면, 유전적 소인, 관계적 환경)이 어떤 장애가 생겨나는 데 있어서 어떤 역할을 한다.

치료적 변화의 과정

특정 사례를 다루기 전에, 여기에서 우리는 애착의 관점에서 치료적 변화의 과정을 다룬다. 무엇보다 먼저, 애착중심 정신분석은 치료사에 대한 환자의 애착이 변화 과정의 토대가 된다고 가정한다. 고전적 정신분석(예를 들면, Freud와 자아 심리학적 접근들)과 애착중심 정신분석 사이의 중요한 차이는 초기 아동기의 실제 관계들-그것들에 대해 내적으로 작동하는 환상들이 아니라-이 근본적으로 성격을 형성한다는 Bowlby의 확신이다. 결과적으로, 애착중심 정신분석에 의하면 치료사에 대한 환자의 환상이 아니라 치료사와의 실제 관계가 변화를 가져온다. 치료사와의 관계는 상호 조절하는 과정이 되고, "그러한 감정을 조절하는 상호작용을 통해서 생겨난 안전감에 의하여 치료적 관계는 환자의 부정되거나 해리된 경험들에 접근하는 맥락을 제공해줄 수 있다.... 전반적으로, 애착중심 치료의 중심이 되는 관계적/정서적/반영적 과정은 부정된 경험의 통합을 촉진해서, 환자에게서 보다 일관되고 안정된 자기감을 형성한다"(Wallin, 2007, pp. 2-3). 임상적으로 볼 때, 이것은 치료사가 치료사에 대한 환자의 경험을, 그리고 때때로 환자에게 적절할 때 치료사의 정서적인 자기-노출을 강조한 것에서 나타난다. 예를 들어, 만약 환자가 치료사에게 치료사가 자신에게 화를 냈다고 말한다면, 치료사는 이것을 치료사에 대한 투사적 환상으로 해석하기 보다는 치료사 자신이 실제로 환자에게 화가 났는지를 먼저 고려할 것이다. 그리고 나서 치료사는 그 상황에 대한 느낌을 환자와 나누는 것을 고려할 것이다.

애착중심 정신분석의 또 하나의 중심 개념은 심리적 건강은 감정들이 기능에 적응적으로 기여하는 것들이 최대화될 수 있도록 그것들을 충분히 경험할 수 있는 능력이라는 개념이다. 감정들을 충분히 경험하기 위해서는 강력한 감정을 조절하는 데 도움이 되는 중요한 관계를 활용할 수 있어야만 한다. 그러나, 유아와 아동에게는 강렬하거나 고통스러운 경험들을 관리할 수 있는 감정 조절능력이(신경학적으로나 정신적으로) 아직 없다. 대신에, 그들은 이러한 경험들을 함께 조절하기 위해서 이자관계의 힘을 사용한다. 점진적으로, 유아와 아동은 그들이 강력한 감정들을 조절하는 데 다른 사람들이 확실하게 도움이 될 수 있고, 그들이 그렇게 할 수 있다는 것을 배운다. 그리고 그들은 그들이 압도되지 않을 것이라는 확신을 가지고 심리내적으로 그리고 대인관계적으로 세상에 충분히 참여할 수 있다.

이 개념은 제시된 문제가 우울증이고 일차적인 증상이 동기가 없는 것인 상황에서 매우 분명하게 나타난다. 애착중심 정신분석의 관계에서 보자면, 환자는 긍정적인 것들을 포함하여 모든 감정들을 경험할 수 없는 무능력 때문에(우울증의 사례에서처럼) 그러한 감정들이 적응적으로 기여할 수 있는 것들을 사용하지 못한다(예를 들면, 자신의 분노를 충분히 경험할 수 없는 환자가 건강한 경계선들을 설정하고 유지하기 위한 에너지를 찾는 데 애를 먹기 쉽다). 애착중심 정신분석은 아동이 중요한 애착 관계에서 지속적으로 함께 조절하는 것을 통해서 그들의 모든 감정들을 경험하는 것이 안전하다는 것, 그리고 그들이 자신들의 감정 상태에 의해 압도되지 않을 것이라는 것을 배운다고 가정한다.

반대로, 불안정 애착관계를 형성한 유아들은 강력한 감정을 조절하기 위해서 애착관계의 힘을 이용할 수 없다. 오히려, 그들은 압도되는 것을 피하기 위해서 어떤 감정 상태나 경험들을 부정하거나 해리시키는 법을 배워야만 한다. 애착중심 정신분석의 관점에서 보자면, 병리는 감정들을 충분히 경험하지 못하거나 감정 경험들을 조절하기 위해서 중요한 관계들을 사용하지 못하는 무능력이다. 따라서, 이런 관점에서 치료의 목표는 환자들이 강력한 감정을 조절하기 위해서 치료 관계를 사용할 수 있도록 도와주고, 그렇게 함으로써 어떤 감정적 경험들을 회피하거나 부정할 필요를 제거하는 것이다. 환자들이 이러한 목적을 위해서 치료 관계를 활용할 수 있을 때, 그들은 안전하게 모든 감정 상태들에 접근해서 그러한 감정들이 긍정적으로 기여할 수 있는 면들을 최대화할 수 있다. 이러한 경험을 통해서 환자들이 다른 사람들과 관계하는 애착 유형이 변화되고, 그들은 치료사와의 관계이외의 다른 관계들을 유사한 방식으로 활용할 수 있게 된다. 다음에는, 이러한 과정이 다른 사람들과의 안전하고, 친밀한 관계를 촉진한다.

기독교적 비평:
우리의 기독교 신학적 전통

우리 두 사람은 모두 매우 유사한 교회 및 신학적 배경을 갖고 있다. 우리는 독자들에게 우리가 애착이론과 치료를 평가하는 폭넓은 신학적 관점에 대한 견해를 제시하기 위해서 우리의 신학적 전통을 설명할 것이다. 우리 두 사람은 모두 복음주의 기독교인이다. 복음주의 흐름에서도, Todd는 침례교회에 출석하면서 성장했고 Lauren은 침례교회와 복음주의 자유교회에 출석하면서 성장했다. Todd는 장로교와 공동체 교회를 포함하는 보수적인 복음주의 교회에 출석했지만, 그의 현재 소속 교회는 침례교이다. Lauren은 복음주의 자유교회를 현재 소속 교회로 하고 있다.

물론, 복음주의 기독교인이라는 것이 의미하는 바에 대해 많은 논쟁이 있고, 그 운동을 구성하고 있는 수백 개의 교단들 사이에 그리고 내부에 신학적 차이들이 있다. 우리는 복음주의 기독교에 대해서 "고전적인 기독교 정통에 뿌리를 두고, 대개 복음에 대한 개신교적인 이해에 의해 형성되고, 18세기의 치우침에 의한 다른 흐름들과는 구별되는 운동"(18세기의 치우침은 대각성 운동을 말함)(p. 24)이라고 한 교회 역사가 Douglas Sweeney(2005)의 설명을 따른다. 우리는 고대 기독교 신조에 나타나고 Luther, Zwingli 그리고 Calvin과 같은 종교개혁자들에 의해 발달된 정통을 따른다.

복음주의 운동의 일원으로서 우리는 (1) 그리스도에 대한 믿음을 통한 구원 그리고 교회 자체의 제도적인 권위(로마 가톨릭의 경우) 위에 있는 성경의 권위를 강조함에 있어서 종교개혁과, (2) 개인의 회심 경험 그리고 유사한 회심 경험이 있고 핵심적인 공통의 신앙을 고수하는 누구와도 교파를 초월해서 동일시하는 것을 강조함에 있어서 18세기 대각성 운동과, 그리고 (3) 한편으로는 성경에 대한 보수적인 교리와 다른 한편으로는 보다 넓은 문화와 지적 추구에의 참여를 함께 고수함으로써 중간 입장(분열보다 앞서 존재했던)을 유지함에 있어서 현대주의자-근본주의자의 분열과 연관이 있다.

복음주의 운동의 중심은 수많은 핵심적인 신학적 신념들로 이루어진다. 이러한 핵심 신념들을 요약하는 다양한 분류들이 있지만, 우리는 Alister McGrath(1995)의 6가지 "기본 확신"에 동의한다: (1) 성경이 가지는 최고 권위, (2) 성육신하신 하나님과 구세주로서 예수 그리스도의 영광, (3) 성령의 주권, (4) 개인적 회심의 필요성, (5) 복음전도의 우선성, (6) 영적 양육, 친교, 성장을 위한 기독교 공동체의 구심성. 복음주의자들이 그들의 기본 확신과 공동 선교를 강조하지만, 복음주의라는 매우 다양한 운동 안에는 이차적인 주제들에 대한 폭넓은 스펙트럼의 신학적 견해들이 있다. 우리는 우리의 특정 전통들에 영향을 받았기 때문에 제한 속죄론을 고수하지는 않지만 성경의 무오성과 원죄와 구원론에 대한 개혁주의적 견해(아담의 죄로 인해 모든 사람이 타락한 본성을 갖고 태어나고 하나님 앞에서 죄인이라는)를 고수한다. 하나님의 형상은 원죄로 인해서 철저하게 손상되었지만, 우리는 그것이 타락이후에도 유지되고, 공동체 속에서 그리스도의 모양으로 새롭게 되고 있다고 믿는다.

우리는 또한 우리 가운데 누구도 복음주의 내의 성결교, 오순절 혹은 은사주의 전통에서 성장하지 않았음을 주목한다. 따라서, 우리의 감수성은 점진적 성화 모델과 우리가 진정한 의미에서 영적이라고 믿는 자연적인 관계의 과정들을 통해서 역사하시는 하나님에 더욱 중심을 두고 있다. 동시에 우리는 성장의 "영적" 메커니즘을 엄격하게 심리적인 것으로 환원하지도 않는다(Coe & Hall, 2010). 우리는 기독교인들이 변화를 일으키는 성령을 통해서 하나님에 대한 매우 실제적인 경험(그리고 단지 하나님에 대한 내적 작동 모델에 대한 것이 아닌)을 한다고 믿는다. 그럼에도 불구하고, 원죄에 대한 어거스틴적이고 개혁주의적인 견해에 대한 우리의 믿음과 우리의 정신역동적 배경은 죄에 대한 심층적인 견해(Coe & Hall, 2010, 14장을 보라), 즉 우리의 죄가 만연해 있고 우리가 우리의 죄의 패턴에 대해 항상 인식하는 것은 아니라는 견해로 이어진다. 우리의 견해에서, 성화는 그것이 항상 우리의 직접적인 통제 아래 있는 것은 아닌 우리의 관계 패턴들을 변화시키는 것에 집중되기 때문에 매우 어려운 과정이다. 우리는 인간관계의 이러한 패턴들을 변화시키는 데서 역사하고 계신 하나님을 보고 심리치료는 이러한 노력에서 중요한 역할을 할 수 있다고 믿는다.

이것을 말하면서, 우리는 현세에서의 개인적인 성결과 성화의 추구에 대한 소명에 완전히 동의한다. 더욱이, 우리는 하나님으로부터의 초자연적인 "제2의 축복"의 개념을 고수하지 않고, 방언으로 말하는 것을 개인적으로 하지 않는 반면, 하나님을 경험하는 것, 즉 때때로 보수적인 복음주의 흐름에서 충분히 강조되지 않았던 어떤 것의 중요성을 믿는다. 모든 관계에는 당신이 관계하고 있는 사람을 경험하는 것이 포함된다. 우리의 견해로는, 이것은 동료 인간들뿐만 아니라 하나님과의 관계에도 적용된다. 이것은 우리의 특별한 신학적 감수성에 뿌리는 두고 있으며, 그것은 삼위일체적이고 관계적인 신학적 패러다임을 폭넓게 지향하고 있는데(Leupp, 2008), 이것은 이어지는 논의에서 살펴본다. 이것은 하나님의 형상에 대한 관계적 견해를 강조하는데(예를 들면, Brunner, 1939; Grenz, 2001; Gunton, 1998), 여기에는 세 가지 구성요소가 있다: (1) 인간성의 관계적 본질, (2) 하나님의 형상의 회복으로서 성화의 관계적인 과정, (3) 하나님과 이웃에 대한 사랑으로서 성화의 관계적 목표. 따라서 우리는 우리의 신학적 관점을 "관계적 복음주의 신학"이라고 할 수 있다.

요약하자면, 우리는 분명히 어떤 의미에서 보수적인 복음주의 운동을 배경으로 하고 있다. 이것은 애착이론에 대한 우리의 기독교적 비평뿐만 아니라 일반적으로 애착이론을 대하는 데 분명히 영향을 준다. 우리는 이것이 독자들이 애착이론에 대한 우리의 기독교적인 비평을 이해하고 평가하는 데 도움이 되길 소망한다. 우리의 신학적 전통은 우리가 인식하고 극복하기 위해서 최선을 다해야 하는 어떤 부담을 주기도 하지만 그것은 또한 예수 그리스도의 복음으로부터 흘러나온 공통의 유산 및 정신과 결합된 문화적이고 교파적인 노선들을 초월하는 풍성한 다양성의 축복을 주기도 한다. 이제 애착이론과 우리의 특별한 복음주의 기독교적 관점 사이의 조화와 부조화의 영역에 관심을 돌려보자.

애착이론과 우리의 관계적 복음주의 신학 사이의 조화

우리는 애착이론과 치료의 많은 영역이 기독교 세계관과, 관계적 본성과 하나님의 형상, 내적 작동 모델, 그리고 관계적 과정으로서 성장과 치유를 포함하는 우리의 복음주의적 배경에 특이한 관계적 견해와 조화가 된다고 믿는다.

관계적 본성과 하나님의 형상. 조화의 첫 번째 영역은 중요한 토대가 된다. 하나의 전체로서 애착이론은 사람들은 근본적으로 정서적으로 중요한(즉, 애착) 관계의 맥락에 의해 동기화되고 그 속에서 발달한다고 주장한다. Bowlby(1982)는 선택적인 이점을 제공해주는 애착 행동을 강조하는 진화심리학적 틀을 받아들였지만, 그는 또한 애착 인물과의 따뜻하고 안전한 관계의 중요성을 강조했다. 애착이론에 대한 후속 연구에서는 초기 삶과 전 생애에 걸쳐서 건강한 발달에 관계가 중심이 된다는 점이 입증된다.

애착이론의 이러한 관계 패러다임은 관계성을 하나님의 형상으로 창조되었다는 것이 의미하는 바의 핵심이 된다고 주장하는 기독교 신학의 풍성한 삼위일체적 주제와 깊이 조화를 이룬다. 하나님의 형상에 대한 명시적으로 삼위일체적인 견해는 인간 존재 속에 있는 하나님의 형상을 **삼위일체의 형상**으로 설명했던 Augustine(1991)에게로 거슬러 올라간다. 위대한 종교개혁자인 Luther와 Calvin은 **하나님의 형상**에 대해 일반적으로 더욱 관계적인 견해를 채택하면서 이성적 능력으로서 **하나님의 형상**에 대한 오랫동안 지속되어온 견해(Cairns, 1973)로부터 벗어났다. 20세기 중반 이후 삼위일체 신학의 부흥과 함께(Leupp, 2008), **하나님의 형상**에 대한 삼위일체적-관계적 견해에 대한 관심이 증가하고 있다.

하나님의 형상에 대한 이성적인 견해로부터 관계적인 견해로의 일반적인 전환에는 존재 유비(즉, 이성적 능력과 같이 사람에게 존재하는 본질, 속성, 능력들)에서 형상을 찾으려고 하는 데서 관계 유비에서 형상을 찾으려고 하는 것으로 이행한 것이 포함된다. 이러한 사고의 노선은 Stanley Grenz(2001)와 Colin Gunton(1998)과 같은 현대 신학자들에 의해 제안되었다. 예를 들어, Gunton은 감동적인 방식으로 애착이론과 분명한 관계가 있는 이러한 관계의 유비를 설명한다:

> 우리는 어떤 면에서, 특히 다른 사람들과 상호적으로 구성하는 관계 안에 있다는 점에서 삼위일체의 위격들과 유사하다. 우리가 누구이며 어떤 존재인가는 우리의 창조주이신 하나님과의 관계뿐만 아니라 우리를 우리 되게 만들었고 계속해서 만들고 있는 다른 사람들과의 관계로부터 생겨난다. 성부, 성자 그리고 성령이 하나님의 존재를 구성하듯이, 창조된 사람들은 그들이 진정으로 인격적인 한... 상호적으로 구성하는 관계에 존재하는 것을 특징으로 하는 이들이다.... 따라서 하나님의 형상으로 존재하는 것은 그렇게 만들어진 다른 사람들과 없어서는 안 되는 관계 속에 있다는 것이다.... 따라서 형상에 대한 교리에 의하면, 우리는 다양한 방식으로 첫째 창조주 하나님과, 그 다음에는 다른 사람과, 그 다음에는 세계와 다층적인 관계망 안에 있는 것이다.(pp. 208-11)

우리가 볼 수 있듯이, 하나님의 형상에 대한 삼위일체적-관계적 견해는 애착이론에서 표현된 관계적 본성의 많은 부분을 신학적 관점에서 표현했다. 애착이론은 애착하지 못했던 유아들은 "성장의 실패"를 경험하고 이러한 아이들의 10~20%는 죽었다는 사실을 보여주었다(Karen, 1998). 분명하게, 인간들은 하나님뿐만 아니라 애착 인물들과의 관계들을 필요로 하고 그것들에 의해 구성되는 근본적인 방식이 있다. 애착 관계들은 다른 어떤 유형의 관계보다 더 우리의 정체성, 자기감, 힘, 발달 그리고 웰빙을 조성한다.

20세기 중후반의 관계 유비로의 전환은 거의 예외 없이 존재 유비에 대항해 싸워왔다. W. Norris Clarke(2008)는 사람의 관계적인 측면에서 풍성한 발달이 이뤄지면서 "**실체**로서의 사람에 대한 개념에 대해 의심하거나 혹은 심지어 확실히 적대적이게 되기까지 했음을"(p. 4) 주목했다. 이것은 관계를 인간 존재에 **본질적인 것**이라기보다는 **부속적인 것**으로 보는 고전적인 아리스토텔레스적인 개념화에 대한 이해할 만하지만 오도된 반동을 나타낸다. 그러나, 우리는 존재 유비와 관계 유비를 상호 배타적이라고 생각하기 보다는 양자가 **관계-안에 있는-존재**(being-in-relation)로서의 **하나님의 형상**에 대한 관계적 견해와 복잡하게 엮여있다고 제안할 것이다. 예를 들어, Douglas John Hall(1986)은 삼위일체의 하나님이 "관계-안에 있는-존재"인 것처럼 인간들도 "하나님과-함께 있는-존재들"과 "인류와-함께 있는-존재들"이라고 주장한다. W. Norris Clarke (2008)는 Thomas Aquinas의 사고를 확장하고 이러한 사고의 노선을 보다 충분히 발달시켜서 충분히 인간적인 것은 **관계-안에 있는-실체**인 것을 의미한다고 주장했다. 그는 "관계성은 모든 실재의 근본적인 차원이고, 행위가 존재로부터 분리될 수 없는 것처럼 그것의 실재성으로부터 분리될 수 없다.... 따라서, 결국 관계성과 실재성은 두 개의 구분되지만 분리될 수 없는 실체의 방식으로 함께 간다"(p. 14).

관계-안에 있는-존재의 한 측면에서, 형상의 담지자로서 인간에게는 본성 혹은 본질이 있다. 실체는 관계를 포함하는 모든 것의 기초가 되는 일차적인 방식이다. 관계 자체가 관계를 하는 그 사람과 동일시되지는 않는다. 그러나, 그것은 인간의 관계성을 부정하기 보다는 실체-로서의-인간-존재의 "그 자체"의 차원-에 내재하는 본성은 근본적으로 관계적이라는 것을 보여준다. 다른 말로 하자면, 관계성은 인간의 실체에 내재되어 있기 때문에 실체-로서의-존재는 관계-로서의-존재에로 자연스럽게 흘러들어온다(Clarke, 2008). Hall이 지적했듯이, "우리는 하나님과의 관계를 위해서 사는 존재일 수밖에 없다"(p. 144).

관계-안에 있는-존재의 다른 측면에서, 애착 관계와 다른 형태의 의미있는 인간관계가 결여된 사람은 하나님이 인간에게 의도하신 것을 충분히 드러내지 못한다는 것은 마찬가지로 분명하다. 불안정 애착 및 애착의 상실을 다른 사람들에게 관련시킨 연구는 이것을 고통스럽지만 분명하게 보여준다. 다른 사람들과 관계하려는 것은 존재하는 존재로서의 한 사람의 본성으로부터 나온다. 아리스토텔레스적인 용어를 사용하자면, 특정한 사람과의 특정한 관계는 "부속적일" 수 있지만, 어떤 형태의 관계들과 특히 애착 관계는 인간에게 "부속적이지" 않다. 오히려, 삼위일체의 세 위격 사이의 발현의 관계들이 부속적이지 않고 거룩한 실체의 본성을 구성하는 것처럼 관계성은 인간 실체의 본성을 구성한다(Clarke, 2008). 관계적 실재성에서 이러한 유사함이 나타나는 이유는 인간이 삼위일체 하나님의 형상으로 지음 받았다는 것이다.

우리는 애착이론이 이러한 견해와 일치할 뿐만 아니라 실제로 관계-안에 있는-존재로서의 형상의 담지자에 대한 보다 심층적인 이해를 제공해줄 것이라고 주장한다. 애착이론은 존재 그 자체의 차원을 구성하는 존재의 "타자를 지향하는" 생득적인 차원에 대해 설득력 있는 그림을 제공해준다(Clarke, 2008). 예를 들면, 존재의 그 자체의 차원 때문에, 유아들은 애착인물의 상실에 대해 필연적으로 저항, 절망 그리고 초연이라는 예측할 수 있는 순서를 따라서 반응한다(Bowlby, 1980). 인간들에게는 이러한 일반적인 반응에 영향을 주는 실체적인 본성이 있기 때문에 그들은 무작위로 다른 방식으로 반응하지 않는다. 애착인물에 대한 갈망은 우리의 본성을 구성하기 때문에 애착인물과의 접촉을 상실하는 것은 고통스러운 일이다. 동시에, 상실에 대한 이러한 반응은 마찬가지로 인간에게 있는 존재의 관계적이고, 타자지향적인 측면 때문이다. 만약 하나님이 우리의 존재를 타자들과의 애착에 대한 충동으로 만들지 않았다면, 애착인물과의 신체적 혹은 정서적 접촉의 상실이 심리적 고통으로 이어지지는 않을 것이다. 간단히 말하자면, 애착이론가들은 하나님의 형상으로 지음 받았다는 것이 의미하는 것—**관계-안에 있는-존재**—의 가장 근본적인 측면을 확실히 지적했을 수 있다.

내적 작동 모델들. 우리의 특정한 복음주의적 기독교의 관점과 조화가 되는 두 번째 요점은 애착 패턴들과 관련이 있다. 우리가 관계-안에 있는-자기의 모델들을 내적 작동 모델들로 내면화 한다는 생각은 그리스도의 몸의 상호연관성(고전 12), 결혼(엡 5), 그리스도 안에 거함(요 15) 그리고 성령이 신자들 안에 내주한다는 생각을 포함하는, 성경에 나오는 수많은 관계적인 강조들과 유사하다. 관계 경험들이 암묵 기억으로 자기의 일부가 되어 무의식적 지각에 영향을 미친다는 사실을 보여주는 애착-관련 연구는 인간관계와 인간-하나님 관계에서의 상호연관성과 연합에 대한 우리의 비전을 구체화해준다. 이러한 인간의 상호연관은 성령이 신자의 인격 안에 거할 때 하나님과의 보다 깊은 연합의 증거가 된다. 이러한 연합은 인간의 관계성을 능가하지만(Coe & Hall, 2010), 애착이론은 분명히 우리에게 바른 방향을 가리킨다.

관계적인 과정으로서 성장과 치유. 조화의 다음 세 가지 요점은 발달, 성장 그리고 치유를 다루는 데 있어서 밀접한 관계에 있다. 애착이론은 성장과 치유를 관계적인 과정으로 서술함에 있어서 성화에 대한 성경적인 견해와 조화를 이룬다. 안정 애착이 반응적이고 정서적으로 유용한 돌봄으로부터 발달하는 것처럼, 고통스러운 애착-관련 경험들로부터의 심리적 성장과 치유도 반응적이고, 유용한 애착관계에서 일어난다. Robert Karen(1998)은 이러한 생각을 우리는 사랑받음으로써 사랑하게 된다는, 애착에 대한 그의 요약에서 멋지게 담아냈다. 이것은 성경이 관계적인 과정으로서의 성화에 대해 제시하는 큰 그림과 유사하다.

기초적인 의미에서, 성화는 타락으로 인해서 심각하게 손상되었던 **하나님의 형상**의 갱신이다. 만약 하나님의 형상이 관계-안에 있는-존재를 의미한다면, 우리가 제안했던 대로, 성화는 관계-안에 있는-존재(하나님과 다른 사람에 대해)의 갱신이다. 관계-안에 있는-존재는 관계에 의해서만 갱신될 수 있다. 이것은 암묵적인 관계 인식(Process of Change Study Group, 1998)은 같은 종류의 관계 인식 혹은 경험에 의해서만 직접적으로 영향을 받을 수 있다는 사실을 나타내는 애착이론과 연구에 의해서 현저하게 분명해졌다(Bucci, 1997). 성장과 치유의 기제는 관계적일뿐만 아니라 그것은 또한 하나의 **과정**이다. 신약성경은 그리스도의 형상을 따르는 관계적 과정으로서 성장에 대한 그림을 보여주는데, 그것은 **하나님의 형상**의 갱신이다.

애착이론과 관계적 복음주의 신학의 부조화

애착이론을 우리의 복음주의 기독교 신학의 전통과 접촉시킬 때, 몇몇 부분에서의 불일치도 분명해진다: 내면화와 원죄, 그리고 애착이론의 자연주의적 세계관.

내면화와 원죄. 그가 저술하고 있었던 역사적 상황을 고려하면, Bowlby가 내면화의 경험에서 아동의 역할을 충분히 강조하지 않았을 수 있었던 것은 이해할 수 있는 일이다. 내적 "환상"에 대한 교조적으로 지나친 강조에 반대해서, 그는 유아와 아동이 부모에 대한 그들의 경험을 상당히 숨김없이 내면화한다고 제안했다(Bowlby, 1980). 발달과 정신병리에 있어서 관계적인 환경을 이처럼 강조하는 것은 원죄의 역할에 대한 여지를 거의 두지 않는다. 원죄 때문에 발달에서의 "차이"가 있을 수밖에 없겠지만, 우리의 기독교적 세계관은 모든 인간이 삶의 초기부터 죄에 대한 경향이 있다고 주장할 것이다. 유아와 어린 아동이 경험하고, 경험을 내면화하고, 애착 인물들에 반응하는 과정에 알게 모르게 그들의 죄의 성향을 가져오는 것은 당연한 일이다. 따라서, 완전한 관계적 환경에서라도, 유아들은 여전히 완전하다고 할 수 없는 내적 작동 모델을 발달시키게 된다. 이것은 죄의 역할과 도덕적 책임을 함께 무시하는 정신역동적 심리학의 보다 일반적인 경향과 관계가 있다(Jones & Butman, 2011). 간단히 말하자면, 애착이론의 전반적인 단점은 불안정 애착과 정신병리에서 원죄와 죄악된 행위들에 대한 설명이 부족하다는 것이다.

진화론적 심리학의 자연주의적 세계관. 애착에 대한 Bowlby(1982)의 이해는 본능적 행동을 진화론적 틀에서 보는 데 뿌리를 두고 있다. Bowlby는 인간의 타고난 행동 패턴들(본능적인 행동들)이 유인원류의 그것과 유사하고 동물들의 원형을 나타낸다고 주장했다. 그는 많은 증거가 다른 종들과 일치하는 본능적인 행동이 인간에게 있다는 것을 보여준다고 결론내렸다. 애착이론이 원래 영향을 받았던 이러한 자연주의적 세계관에 의해 관계성이 비본질적이라는 이론이 만들어졌다. 관계성은 결국 종들의 생존 수단이다. 말할 수 있는 어떤 목적론이 없다. 물론, 이것은 우리가 자연주의적 세계관에 근거해서 수립된 이론으로부터(그것이 내적으로 일관성이 있다면) 기대하는 것이다. Bowlby가 진화론을 위해서 목적론으로부터 명시적으로 거리를 두었고, 그런데도 그의 저술 곳곳에 의도의 언어를 사용했음을 주목하는 것은 흥미롭다. 더구나, Bowlby가 주기적으로 목적론적 언어를 사용하였다는 사실은 인간 본성의 관계적 의도 및 목적론과 별개로 일관된 행동 체계를 설명하는 것이 어렵다는 것을 보여준다. 기능이 체계의 구조에서 생겨난다고 설명하면서, 그는 이것이 "여전히 살아있는 유기체 안에서 그러한 독창적인 구조가 어떻게 존재하게 되는가를 이해하는 문제를 남긴다"(1982, p. 126)고 하였다. 이것은 사실 하나의 문제이고, 우리가 믿기에 기독교적인 세계관이 자연주의적 세계관보다 더 잘 설명해주는 것이다.

사례연구: 토니

토니에 대한 제공된 최소한의 정보를 고려할 때, 우리는 우리가 사례를 토론함에 있어서 많은 가정을 할 수 있다는 점을 미리 주목하기를 원한다. 사실, 개념화는 언제나 출발점이고 다소 잠정적인 것으로 고려되어야 하고, 지속적으로 새로운 자료에 기초한 재해석의 대상이 되어야만 한다. 간결하게 하기 위해서, 우리는 애착중심의 관점에서 토니에 대해 생겨날 수 있는 경쟁적인 가설들을 설명하지는 않을 것이다. 대신에, 우리는 애착중심 관점에서 주요 주제들과 가장 가능성 있는 가설들을 확인할 것이다.

개념화. 대부분의 경우, 어떤 사례를 애착중심 정신분석의 틀에서 개념화하는 첫 번째 단계는 환자의 애착 유형을 확인하는 것이다. 이것은 그것이 환자의 현재 증상들과 과거 역사를 이해할 수 있는 렌즈를 제공해주고, 적합한 치료 목표들을 확인하도록 해주고, 복잡한 상황에 직면했을 때 치료실에서의 결정을 안내해준다는 점에서 임상가에게 유용하다. 그러나, Wachtel(2010)이 지적했듯이, 범주적 언어의 발견적 가치에도 불구하고 애착은 언제나 차원적이다. 따라서, 환자들이 무엇보다 중요한 하나의 애착 유형을 나타내지만, 일차적인 관계 유형이 강렬한 감정을 효과적으로 관리하는 데 도움을 주지 못할 때 나타나는 이차적인 유형을 갖게 되는 것은 보기 드문 일이 아니다. 이것은 토니의 경우에도 그런 것 같다.

사례의 정보에 기초하면, 토니는 일차적으로 몰두형 애착을 가진 것으로 보인다. 성인에게서 몰두형 애착의 특징은 애착체계의 과잉활성화(유기 위협과 스트레스의 징후를 포함하는)와 유기에 대한 두려움이다. 토니는 가능한 관계적 유기의 징후를 살피듯이(애착체계의 활성화의 증거) 치료사의 반응을 확인하면서 시간을 보내고 있었다. 몰두형 애착은 또한 강렬한 감정을 조절하는 것을 어려워하는 특징이 있다. 토니가 부정적인 감정을 압도적인 것으로 경험하고 그것을 조절하는 데 어려움을 겪고 있다(예를 들면, "그는 우울증과 모호한 무망감에 빠져들 것이다")는 점에서 그의 스트레스 경험은 또한 몰두형 애착 유형과 일치한다. 또한 토니가 유기에 대한 두려움을 경험하고 있다는 어떤 암시가 있다("그가 적절하고 받아들여질 수 있을지 모르겠기 때문에 다른 사람들과의 관계에서 그는 높은 수준의 불안을 보고 했다"). 이것은 몰두형 관계 유형과 일치하는데, 여기에서 그 사람은 생각과 상황을 "다루기"보다는 "느낀다"(Fosha, 2000).

토니의 이야기는 몰두형 애착 유형과 유사하게 일치한다. 일관성 없는 돌봄은 몰두형 애착을 예측할 수 있게 해준다(Ainsworth et al., 1978). 토니의 어머니는 단지 일관되지 않게 유용했을 뿐이었다; 그녀는 때때로 침범적이었고, 그렇게 함으로써 토니가 압도적인 경험들을 조절하는 데 도움을 주기 보다는 그에게 압도적인 경험을 일으켰다. 그러나, 토니의 어머니가 항상 침범적인 것은 아니었고, 때때로 토니는 어머니에게서 어떤 위로와 조절을 경험했던 것 같다("그는 아버지로부터 벗어나 그녀에게서 피난처를 찾곤 했다"). 그녀가 일관되게 돌보지 못했기 때문에 토니는 그의 정서적이고 관계적인 필요들을 채우기 위해 가장 신뢰할 수 있는 방법은 그의 스트레스의 징후를 과장하는 것임을 배우게 되었다. 게다가, 그녀의 침범으로 인해서 자율성을 향한 토니의 발달 욕구들은 존중받지 못했고, 그는 관계적인 고립과 독립을 암묵적으로 연결시킬 수 없을 뿐만 아니라 독립적일 수 없다는 암묵적인 믿음이 생겨났다. 몰두형 애착을 발달시킨 아동은 "자기의심으로 가득 차 있고 너무 독립적이게 되지 않을까 두려워한다"(Wallin, 2007, p. 224). 토니가 스트레스의 징후를 과장하는 것은 그의 의존감과 무능감과 결합되어서 그를 무너뜨리는 압도적인 감정 상태를 형성한다.

토니는 그의 관계에서 더 많은 친밀감을 원하지만("그의 일차적인 불평은 친구 관계와 이성 관계로부터의 단절감이었다"), 그의 몰두형 애착 유형으로 인해서 그는 가능한 유기의 징후들에 대해 과도하게 경계하게 되었다. 그래서, 토니는 홀로 그 자신에게 의존하면서 강박적인 자위행위를 통해서 압도적인 느낌들을 조절하고, 자기-위로를 얻으려고 했다. 불행하게도, 토니는 자위행위에 따르는 죄책감을 경험했고, 그는 자신의 느낌들을 조절하는 데 부적절하다는 믿음을 더욱 강화시켰고, 그가 벗어나기를 바라는 압도적인 감정 상태로 되돌아가게 되었다. 강렬한 감정을 고립시키는 행위로 조절하려는 이러한 패턴은 이해할 수 있지만 결국 자기-파괴적이다. 토니는 그의 느낌들을 다루기 위해서 그가 정당하게 필요로 하는 도움을 관계 속에서 얻을 수 없었고, 그가 자기-조절(즉, 자위행위)을 시도한 후에 경험하는 부정적인 느낌들은 그가 그 자신을 적절하게 혹은 효과적으로 위로할 수 없다는 믿음을 강화하였고, 그의 수치심과 고립시키는 행위를 더 증가시켰다.

토니의 핵심 애착 유형은 몰두형으로 보이지만, 때때로 그는 특히 남성들에게는 무시형을 더 많이 나타내는 것 같다. 토니의 아버지와의 관계는 정서적 친밀감이 부족했고 수치심과 부적절감을 일으켰다. 이러한 감정들을 극복하기 위해서, 토니는 그의 아버지와 다른 남성들과의 친밀함에 대한 관계적 욕구들을 억제하는 법을 배웠고, 대신에 힘을 발휘하는 것을 통해서 관계를 추구하였다(토니는 다른 사람들, 특히 남성들에 대해 경쟁적인 태도를 취한다). 불행하게도, 그의 경쟁적인 태도는 흔히 다른 사람들을 멀어지게 하고, 남성들은 관계할 수 없다는 그의 믿음을 더욱 강화시킨다.

치료 목표. 폭넓게 말하자면, 애착중심 정신분석 치료의 목표는 정서 상태에 접근해서, 너무 압도적이거나 강렬해서 혼자 직면할 수 없는 그러한 정서 상태를 조절하는 데 중요한 관계를 사용할 수 있는 능력을 키우는 것이다. 다른 말로 하자면, 교정적 정서 경험(corrective emotional experience)을 통해서 안정형 애착을 발달시키도록 돕는 것이 애착중심 정신분석의 궁극적인 목표이다. 그러나, 이러한 폭넓은 목표를 이루기 위한 수단은 환자의 독특한 애착 유형에 따라 달라지고 거기에는 다양한 애착 범주에 독특한 단기적인 목표들이 포함된다. 토니 혹은 몰두형 애착 유형의 다른 사람들을 위한 치료 목표에는 정서적인 균형, 자존감 그리고 신뢰를 위한 능력을 강화하는 것이 포함된다. 애착 체계의 과도한 활성화는 몰두형 애착의 특징이고, 따라서 토니의 치료는 그에게 이러한 과잉활성화 전략에 대한 대안을 제공하는 관계, 즉 발달을 촉진하는 관계를 제공하는 데 초점을 두어야만 한다(Lyons-Ruth, 1999).

발달을 촉진하는 관계들은 포괄성과 발달적 기울기(developmental gradient)를 특징으로 한다. 다른 말로 하자면, 그것들은 환자들이 자신들의 경험-특히 최초의 애착 관계가 허용하지 못했던 경험들-과 가능한 한 많이 연결되도록 격려하는 것을 목표로 한다. 토니에게 이러한 경험들에는 분노감과 격노감, 자율성과 독립, 그리고 남성들과의 친밀함에 대한 욕구가 포함된다. 발달을 촉진하는 관계에는 또한 발달적 기울기가 있다; 치료사는 환자들이 처음에 할 수 있다고 느끼는 것보다 더 많은 것을 그들에게 기대해야 한다. "물론 우리는 지금 환자가 있는 곳에서 만나야 한다. 그러나 환자가 어디까지 갈 수 있는가에 대해 우리가 너무 쉽게 가정하면 대개 환자에게 도움을 주지 못한다. 환자가 겉으로 보이는 것보다 실제로는 더 깊이 느끼고 생각할 수 있다고 가정하는 것이 더 많이 도움이 된다"(Wallin, 2007, p. 230).

따라서, 토니의 치료에서는 그에게 자신의 압도적인 감정들에 대해 말하고 토니가 그렇게 할 수 없다는 생각을 하지 않도록 부드럽게 격려하는 것이 중요할 것이다. 시간이 흐르면서, 발달적으로 촉진하는 관계로 인해서 토니의 현재 몰두형 관계 유형은 불필요해지게 될 것이다. 그와 치료사와의 관계에 그의 정서적 경험들을 위한 여유가 있다는 것과 그 관계는 그가 그러한 강렬한 정서들을 조절하는 데 도움이 될 수 있다는 것을 발견하게 되면서, 토니는 더 이상 거절과 유기의 징후들 때문에 그의 환경을 지속적으로 살피거나 그의 치료사가 반응적인지 확실하게 하기 위해서 그의 스트레스의 징후들을 과장할 필요가 없을 것이다. 토니는 치료사의 느낌을 지속적으로 유용하고 그에게 조율된 것으로 내면화하기 시작할 것이고, 결국 토니는 그의 치료사가 물리적으로 없는 상황에서도 이런 느낌을 가질 수 있을 것이다.

두 번째 치료 목표는 토니의 하나님에 대한 애착과 하나님을 인격적으로 경험할 수 있는 능력과 관련이 있다. 흔히 하나님에 대해 남성적인 것으로 생각하고 (종종 배타적으로) 남성 대명사를 사용하는 것을 고려하면, 토니의 하나님 이미지는 뚜렷하게 남성적일 수 있다. 한 중요한 연구 모임은 하나님에 대한 애착이 인간의 애착 관계와 일치하는 경향이 있음을 입증하였다(Hall et al., 2009). 따라서, 토니가 하나님과 분리되고 거리가 있는 관계를 경험하고 있다는 것은 놀랍지 않은 일이다. 그것은 아버지와 같이 남성과의 관계 경험과 유사한 것으로 보이기 때문이다. 토니의 아버지에 대해 그 관계에 있어서 은혜나 차이를 위한 여지는 거의 없이 경직되고 근본주의적인 것으로 경험한 역사가 하나님에 대한 그의 애착에 전이되었던 것으로 보인다. 자위행위에 따라오는 토니의 강렬한 스트레스는 경직되고 비하하는 것으로 경험했던 남성 인물들에 대한 그의 경험에 뿌리를 두고 있는 죄책감을 나타내는 것일 수 있다. 토니가 하나님에 대한 직접적이고 주관적인 정서적 경험들을 포함하는, 그의 정서적 경험들에 접근할 수 있도록 도와줌으로써, 토니는 최근과는 다르게, 즉, 친밀함과 연결감을 위해 더욱 유용하고 더 비하적이고 판단적인 것으로 경험하기 시작한 것 같다.

역전이. 토니를 치료하면서, 치료사는 특히 토니의 압도하는 무력감과 무망감을 고려하여, 구해주고 싶은 강렬한 욕구를 느끼는 것 같다. 토니는 독립성과 자율성을 거절 혹은 유기와 연결시켰기 때문에 그의 감정을 조절할 수 있는 자신의 내적 자원들을 기꺼이 사용하려고 하지 않았다. 그러한 환자들과 함께 할 때 치료사는 구해주고 이상화되려고 하는 자신의 욕구에 대해 인식해야만 한다. 이러한 역동이 행동으로 나타난다면, 치료사는 토니와 이것에 대해 성찰하고, 그렇게 함으로써 치료사와의 관계의 맥락에서 토니의 경험의 새로운 면들을 조명할 수 있는 기회를 갖게 된다. 게다가, 토니에 대한 어떤 역전이는 또한 치료사의 성별에 따라서 달라질 가능성이 있다. 토니가 자신의 초기 애착 경험을 재현하기 때문에 남성 치료사에게는 경쟁심을, 그리고 여성 치료사에게는 개입해서 그를 구해주고 싶은 욕구를 더 많이 유발할 수 있다. 그러나, 이것은 토니가 여성 치료사를 그의 아버지를 경험했던 것과 유사하게 경험하지 않을 수 있다고 말하는 것이 아니다.

애착중심 개입방법. 애착중심 정신분석이 그 관점에 특정한 임상적 개입을 분명히 설명하는 것은 더욱 느렸지만, 더 많은 임상가들이 애착이론을 적용하는 방법들에 대해 기술하게 되면서 점점 더 명쾌한 설명들이 나타나고 있다. Wallin의 책 *Attachment in Psychotherapy*(2007), Fosha(2000, 2009)의 가속 경험적-역동적 심리치료 모델(AEDP), Lieberman과 Van Horn(2008)의 아동-부모 심리치료(CPP), 그리고 Process of Change Study Group(1998)의 연구 등은 애착이론의 임상적 적용을 보여주는 언어가 급성장하고 있음을 보여주는 좋은 예들이다.

그러한 연구에 근거해서, 우리는 애착중심 정신분석의 실제에서 대부분의 치료적 개입들이 속하게 되는 5가지 범주를 밝혀냈다. 어떤 개입들은 다른 형태의 정신역동 심리치료에도 공통된 것들이고, 어떤 것들은 애착중심 정신분석에만 독특한 것들이다. 이것들은 조율/공감적 개입, 관계적 개입, 성찰적 개입, 해석의 적절한 활용, 그리고 정서적인 자기-노출이다.

토니의 치료에서, 그가 "많은 불안과 우울한 증상들"을 제시했기 때문에 그의 감정에 조율하는 것은 초기에는 쉬워 보일 수 있다. 그러나, 몰두형 환자가 주는 도전은 언어적으로 표현되지 않은 채 남아 있는 기저의 감정들에 공감하는 것이다. 토니의 유기에 대한 강렬한 두려움 그리고 자율성은 유기로 이어진다는 은연중의 믿음 때문에, 토니는 예를 들면, 그가 믿기에 치료사가 토론하기에 편할 감정들을 표현하면서 표면적으로는 고분고분할 가능성이 있다. 그러나, 만약 토니와 모든 감정들, 치료사에 대한 분노와 좌절까지도 포함하는 관계를 형성할 수 있다면, 치료사는 토니에게 그의 애착 유형을 변화시키는 데 필요한, 발달을 촉진하는 관계를 제공하고 있는 것이다. 따라서, 말로 표현되는 공감이 중요하기도 하지만, 토니의 암묵적이고 말로 표현되지 않은 정서 상태들에 대한 조율 역시, 어쩌면 훨씬 더 중요하다. 그것은 치료사가 그의 모든 감정들을 견뎌줄 수 있고 이러한 상태들에 대해 표현하다고 해도 관계가 상실되지 않을 것이라는 점을 확신시켜줄 것이다. 결과는 Fosha가 "긍정적인 관계적 감정"(Fosha, 2000)이라고 했던 것, 즉, 자기에 대한 핵심적인 고통스러운 감정을 경험한다고 해도 애착 인물과의 조율에서 생겨나는 긍정적인 감정이 될 수 있다.

토니의 기본적인 감정들에 대해 조율해주면, 치료사와의 관계에 대한 성찰을 통해서 관계적인 개입을 위한 풍성한 기회가 생겨난다. 토니와 치료사의 상호작용을 다루는 것은 토니와 치료사가 다른 관계에서 토니의 행동을 이해하는 데 도움이 될 뿐만 아니라, 토니의 모든 감정 상태들이 치료사에게 잠재적으로 위협이 될 수 있음을 알 때에도(예를 들면, 치료사에 대한 분노나 실망감 등등), 토니가 그의 치료사에 대해서 그것들을 모두 견뎌주는 사람으로 경험하는 데 도움이 될 것이다.

토니의 몰두형 애착 유형 때문에, 성찰적인 개입들, 혹은 토니가 그의 경험을 정신화 하도록 도와주는 것은 더욱 어려울 수 있을 것이다. 스트레스가 고조되는 경험을 하는 토니의 경향성은 "무질서한 경험에 대해 질서있는 감각을 형성할 수 있는 언어중심의 좌뇌의 능력을 이용하는 것을 어렵게 하고"(Wallin, 2007, p. 224), 그의 경험으로부터 잠시 벗어나서 그것을 치료사와 함께 관찰하는 것을 하지 못하도록 할 수 있다. 정신화에는 한 사람의 정신 상태뿐만 아니라 다른 사람의 정신 상태에 주의를 기울이는 것이 필요하기 때문에, 이것은 무엇인가 새로운 것을 할 수 있는 그의 능력에 대한 확신과 공감에 대한 필요의 균형을 잡는 것이 필수적인 또 하나의 공간이다.

애착중심 정신분석에서 해석의 사용은 다른 형태의 정신역동적 심리치료에서 보다는 덜 강조될 수 있다. 여전히, 그것은 환자들이 자신의 경험을 이해하도록 돕는 데 중요하다. 치료사는 토니가 자기 자신에 대한 공감을 개발하는 데 도움을 주고 치료사와의 관계를 촉진하기 위해서 주로 해석을 제공한다. 다른 말로 하면, 애착중심 정신분석은 "환자에게 필요한 것은 왜 그런가에 대한 이유보다는 관계이다"(Wallin, 2007, p. 126)라는 견해를 채택한다. 예를 들어, 토니의 양육자와의 일관되지 못한 경험을 그의 유기에 대한 예상과 강박적인 대처(즉, 자위행위)와 연결시키는 해석들은 그것들이 그 자신과 치료사와의 관계를 증진시킬 때에만 제공될 것이다. 애착중심 정신분석에서, 통찰만으로 환자의 암묵적인 관계적 지식을 변화시키기에는 충분하지 않기 때문에, 해석들은 그 자체를 위해서 제공되지는 않는다(Process of Change Study Group, 1998).

마지막으로, 치료에서 정서적인 자기-노출의 사용은 애착중심 정신분석적 치료의 특징이다. 정서적인 자기-노출에는 치료사 자신의 감정적인 경험을 명확하고 적절하게 표현하는 것이 포함된다. 이런 유형의 개입은 특히 환자의 경험에 대해 조율할 경우 특히 중요하다. 예를 들면, 토니가 그에게 비하하는 듯 느껴졌던, 저녁 식탁에서 이뤄진 그의 아버지와의 상호작용에 대해서 설명할 때마다 치료사는 마음이 아프다고 말할 수 있다. 이것은 환자 자신의 경험과 감정적으로 공명하는 자기-노출의 예이다. 치료사가 이러한 토니의 이야기에 대한 자신의 경험을 나눌 때, 토니는 자신의 내적인 반응에 대해 더 많이 인식하게 되고 치료사가 그의 고통의 심층을 정말로 이해하고 경험한다는 확신을 증진시킬 수 있다.

정서적인 자기-노출은 또한 어느 특정 시점에 치료사가 환자에 대한 자신의 경험을 나누는 형태를 취할 수 있다. 예를 들면, 치료가 진전되고 토니가 그의 치료사에게 애착을 느끼기 시작하면서, 그는 그의 치료사가 회기 사이에 항상 그에 대해서 생각하는지 궁금할 수 있다. 애착중심 정신분석에서, 치료사는 암묵적인 질문을 명확하게 하고 나서, 그 질문이 토니에게 어떤 의미가 있는지 탐색한 후 그 질문에 대답할 것이다(예를 들면, "저는 회기 사이에 토니씨에 대해서 생각합니다; 저는 토니씨가 여기 없을 때에도 계속 토니씨를 생각하곤 하지요"). 치료사가 그에 대해서 생각할 수 있는 것에 대한 토니의 환상(상상의 관계)을 탐색하는, 보다 전통적인 정신분석적인 반응은 환자와 치료사 사이의 실제 관계에 대한 탐색보다 덜 중요하게 고려된다.

요약하자면, 이런 관점에서 토니와의 치료의 목표는 토니가 치료사를 정서적인 수준에서 지속적으로 조율해주고, 가용하고, 열려있는 것으로 경험하도록 도와주는 것이 될 것이다. 이런 모든 것에는 토니의 감정에 순간순간 조율해주고, 긍정적인 관계적 감정을 유지하고, 관계(치료사와 토니 사이의)에 대한 토론을 촉진하고, 동시에 토니가 그의 경험을 이해하고 느끼는 데 도움이 되는(Siegel, 2012) 공감적인 해석을 제공하고, 정서적인 자기-노출을 사용함으로써 애착관계를 발달시키는 것이 요구된다. 이러한 모든 것은 토니에게 그가 돌보미로서 애착하고 있는 치료사에게 영향을 미치고 있다는 사실을 알게 해준다. 바라는 바는 토니가 점차 안전한 내적 작동 모델, 친밀한 관계, 그리고 전반적인 정서적 및 영적 웰빙을 발달시키는 것이다.

결론

애착이론은 1940년대 시작된 이래 엄청나게 성장했고, 최근에는 치료적 과정에 더욱 명백하게 적용되고 있다. 이제 이론적 모델이 임상 실제에 채택되었기 때문에, 독특한 양태가 나타나기 시작하고 있다. 애착이론에서, 심리적 건강은 감정들이 기능에 대한 적응적인 기여가 최대화될 수 있도록 그것들을 충분히 경험할 수 있는 능력이다. 감정들을 충분히 경험하기 위해서, 우리는 강렬한 감정을 조절하는 데 도움이 되는 중요한 관계들을 사용할 수 있어야만 한다. 다른 한편, 병리는 감정을 충분히 경험할 수 없거나 감정적인 경험들을 조절하기 위해서 중요한 관계들을 사용할 수 없는 무능력이다. 따라서, 애착의 관점에서 치료의 목표는 환자들이 강렬한 감정을 조절하기 위해서 치료적 관계를 사용하고, 그렇게 함으로써 어떤 감정적인 경험들을 회피하거나 부인할 필요를 제거하는 데 도움을 주는 것이다. 환자들이 이러한 목적을 위해서 치료적 관계를 사용할 수 있을 때, 그들은 모든 감정적 상태들에 안전하게 접근하고 그러한 감정들의 적응적인 기여들을 최대화할 수 있다.

병리/건강에 대해 이렇게 이해하기 때문에, 애착중심 정신분석은 치료사에 대한 환자의 애착이 변화 과정에서 일차적이라고 믿는다. 따라서 치료사에 의해 시행된 공통적인 개입들은 환자-치료사 관계에 초점을 두고 조율/공감적 개입들, 관계적 개입들, 성찰적 개입들, 해석의 적절한 사용, 정서적인 자기-노출을 포함한다. 이러한 개입들의 예들은 토니의 사례의 맥락에서 제시되었는데, 그것들은 또한 성인-애착 범주들(예를 들면, 무시형, 몰두형)의 적용도 입증했다.

애착중심 정신분석은 쉽게 그리고 깊이 기독교적인 신념들과 통합될 수 있다는 것이 우리의 믿음이지만, 병리의 발달에 있어서 환경적인 요인들에 대해 배타적으로 강조한 것(즉, 원죄에 대해 다루지 않음), 자연주의적 세계관을 가정하는 것, 관계성을 인간성에 고유한 것이 아니라 외적인 것으로 자리매김한 것을 포함하여, 조화가 되지 않는 몇몇 요점들이 남아있다. 이러한 요점들에도 불구하고, 우리는 애착중심 정신분석과 기독교 사이에 조화를 이루는 요점들이 훨씬 더 중요하다고 믿는다. 여기에는 애착이론의 본질적으로 관계적인 패러다임이 포함되는데, 이것은 인간 존재에 있는 하나님의 형상 그리고 관계적인 과정으로서 성장과 치유에 대한 이해와 잘 일치한다. 우리가 사례 연구에서 이러한 요점들을 설명하고 입증했기를 바라고, 우리는 기독교인 학자들이 계속해서 애착중심 정신분석을 다뤄갈 때 새로운 방향들이 생겨나기를 열망한다.

제9장

정신분석적 커플치료

서론 및 통합

Earl D. Bland

커플치료에는 용기가 필요하다! 갈등이 있는 관계 경험의 늪을 헤쳐 나가는 것은 가장 숙련된 임상가들에게 조차도 흔히 벅찬 일이다. 연결과 이해에 대한 상호 갈망의 한 가운데에서 서로 다른 개인적인 우선순위들의 대조적인 힘 때문에 치료자의 공감의 즉시성은 타격을 입게 되고 서로에게 상처를 주는 두 사람을 목격하는 것과 관련된 극심한 고통이 두드러진다. 또, 환자들은 치료사에게 도움을 구하는 것이 어렵고 종종 수치스럽다고 생각한다. 낯선 사람을 관계의 긴밀한 암투에 끌어들이게 되면서 두 사람의 대인관계상 약점들이 드러나고 실패에 대해 구체적으로 인식하게 된다. 커플 작업이라는 고된 일에서는 긴밀한 동반자 관계를 유지하는 것과 관련된 복잡한 관계적 역동들이 강조된다. 커플이라는 것은, 발달 과정에서의 불가피한 상황에도 불구하고, 지독한 이기심, 지배 그리고 경멸의 가능성과 공존하는 깊은 사랑, 헌신 그리고 희생의 관계적인 원천이다.

이 장에서는 자기와 관계 이론의 보다 최근의 이해에 근거해서 커플 작업에 대한 정신분석적 시각이 간략하게 요약된다. 공동 치료를 위한 단일한 방법은 없지만, 우리 분야는 결과를 향상시킬 수 있는 임상적 통찰들과 치료 전략들을 구체화할 수 있는 지점에까지 발달해왔다.

정신분석적 관점에서 볼 때, 이러한 성공적인 치료적 접근들에서는 의도적으로 환자들을 무의식적 정신 과정의 영역에 끌어들이고, 과거 경험의 영향, 정서적 표현, 방어적인 반응 패턴, 관계적/애착 조직들, 전이 현상을 이해하려고 한다(Gabbard, 2010; McWilliams, 2004; Shedler, 2010). 커플치료의 상황에서 우리는 이러한 정신분석적 개념들에 대한 고려를 확장해서 커플 전이 실연의 개념, 치료 회기에서 치료사의 활동이 증가될 필요성, 삼자(triadic) 관계 패턴에 대한 민감성, 각 커플에게 독특한 대상관계 영역에서 활성화되는 복잡한 방어 체계들을 포함시킨다(Bagnini, 2012; Gerson, 2001; Greenbaum, 1983; Pizer, 2008; Ringstrom, 2012; Scharff & Scharff, 1991; Zeitner, 2012). 이 장에서는 사례 자료를 사용해서 커플 치료를 위한 두 가지의 공존하면서도 서로 관련이 있는 우선사항들을 고려한다: (1) 커플 상호작용의 정서적 과정을 이해하고 다룰 필요성, 그리고 (2) 이러한 상호 교류로부터 발생하는 방어적인 행위들의 본질과 기능. 이러한 방향의 토론 다음에는 보다 정신분석 중심의 커플 작업에서 사용할 수 있는 전략들에 대한 보다 실용적인 개요가 제시된다. 끝내기 전에 나는 하나 됨과 피차복종(surrender)으로서 결혼에 대한 기독교적 상상력 안에서 커플 작업의 목표에 대해 논의할 것이다.

본격적인 논의로 들어가기 전에 나는 내가 커플/부부치료 과정에 대해 만든 몇 가지 가정들을 밝히고 싶다. 이것들은 나의 커플 작업을 위한 일반적인 조건들을 설정하는 데 도움이 되는 기본적인 가치들에 대한 가정들이다. 나는 이러한 기본적인 가정들의 타당성을 추론하기 보다는 그것들을 단순히 나의 임상 작업과 이론적 선호성을 형성하는 문화적, 종교적, 철학적 관점들의 특징들로 제시한다. 첫째, 나는 인간이 단지 공동체적 유대를 필요로 하는 사회적 존재로서가 아니라 이자관계의 일부일처제에 충실하는 것에서 일차적으로 성취되는 보다 깊은 결합적 친밀함으로서의 관계적인 참여를 위해서 창조되었다고 가정한다. 게다가, 이 고유한 관계성에는 자기에 대한 우리의 심리적인 과정들과 경험을 도전하고, 바꾸고, 향상시키거나 훼손시키는 독특한 특성들이 포함된다. 둘째, 나는 보다 폭넓은 성평등주의를 지향한다. 나는 독특한 생물학적 특성들에도 불구하고 남성과 여성 사이에 아무런 본질적인 존재론적 차이도 없다고 본다. 사람의 정신과 행동의 형성에 대한 생물학의 불가분의 영향에도 불구하고, 부여받거나 규정된 문화적 역할들은 필수적인 범주들로 존재하지 않는다. 이러한 사회역사적이고 뿌리 깊은 심리적, 행동적, 관계적 정체성 패턴들은 일정한 사회문화적 상황의 특정한 요구들에 따라서 변화되고 수정될 수 있다. 마지막으로, 나는 자기-지향적 동기들과 타인을 강조하는 동기들 사이에서 친밀한 관계에 내재하는 변증법적 긴장을 기대하고 포용한다. 대부분의 관계적 상호교류에는 수많은 동기들이 있기 때문에 타인-지향적인 의도들과 행동들로부터 자기-지향적인 것들을 명확하게 구분해주는 확실한 선은 없다. 그러나, 그 가정에 의하면 만약 사람이 오래 지속되고 만족스러운 친밀한 관계를 경험하는 것을 기대한다면, 우여곡절이 있는 관계에는 상당한 수준의 심리적이고 관계적인 유연성을 유지할 수 있는 꽤 안정된 자기감이 요구된다(Blatt & Luyten, 2009; Luyten & Blatt, 2013). James Fisher(1999)가 주장했듯이,

자기 자신의 경험에 대한 진실을 추구하고, 또한 타인의 경험에 대한 진실을 허용하면서, 특히 이러한 경험들이 다를 뿐만 아니라 갈등을 일으킬 때, 자기 자신의 경험의 의미를 잃어버리지 않으면서도 타인의 경험의 의미를 인정하고 받아들일 수 있는 능력은 중요한 발달적 성취이다. (p. 56)

론과 베쓰

론은 화가 났고 심란했고 우울했고 두려웠다. 그는 아내 베쓰와 치료사를 한번 만난 후에 치료를 시작했다.[1] 그 치료사는 즉석에서 그를 자기애적이라고 진단했고 개인치료를 위해 그를 의뢰했다. 초기에 론은 그의 내적 혼란을 감추었으며, 붙임성 있고, 재미있고, 수다스러운 태도로 그의 삶의 경험들과 성공들에 대해 활발하게 이야기했다. 회기들에는 그의 일상생활과 과거의 성취들이 뒤섞인 이야기들로 채워졌고 아내에 대한 좌절과 분노의 표현이 강하게 나타났다. 그가 외로움, 무력감 그리고 자신의 가치와 중요성에 대한 불확실성에 대해 간간이 인정한 것에는 감추려고 열심히 애썼던 내면의 자기-의심이 반영되었다. 표면상으로 치료에서 자신의 정서적 삶을 정리함으로써 32년의 결혼 생활에 대해 작업하기 위해서, 론은 빠르게 동맹을 형성하고 그의 내면세계에 대해 편집

---

1) 어떤 사례 토론에서도 전체 치료의 내러티브의 어떤 측면들이 현재의 토론에 가장 적합한지를 결정해야만 한다. 약간의 위험에도 불구하고, 나는 론과 베쓰와의 작업의 불완전한 이야기를 제시하고 그것이 이 장에 포함된 생각들에 대한 유용한 실례로서 도움이 되기를 바란다. 론과 베쓰는 내가 그들의 결혼생활과 치료에 대해 토론하는 것을 다른 커플들에게 도움이 될 수 있다는 소망으로 관대하게 허락해주었다. 나는 그들 모두에게 깊은 존경과 애정을 갖고 있고, 론과 베쓰는 개인적으로 그리고 커플로서 내가 인쇄된 종이의 2차원적인 세계에 표현할 수 있는 것보다 훨씬 더 복잡하고, 역동적이고, 강력하다는 사실을 이해하는 것이 중요하다. 나는 그들을 확인해주는 정보와 세부사항은 바꾸었지만, 그들의 이야기는 기본적으로 원래대로 유지되었다.

당하거나 손상당하지 않고 말할 수 있는 공간을 갖게 된 것을 즐기는 것으로 보였다. 초기 치료에 많은 주제들이 드러났음에도 불구하고 나타나는 주요 역동들 가운데 한 가지는 취약한 정서적 관계에 대한 론의 주저하는 두려움이었다. 그는 아내와 더욱 친밀해지기를 몹시 원했지만, 흔히 그녀에게 좌절과 소심한 묵인이 섞인, 모순되게도 통제하거나 모욕하는 방식으로 접근했는데, 그것은 그가 관계하고 싶은 어떤 바람과는 모순되는 것이었다. 반대로, 그는 반복적으로 공격받고, 비난받고, 이해받지 못한다고 느끼고, 그래서 그것이 그가 친구들 또는 심지어 대화나 경박한 농담을 나누는 우연히 알게 된 사람들로부터 외적인 확인을 찾도록 했다는 느낌을 갖게 되었다. "어떻게 이 모든 다른 사람들이 나를 대단하다고 생각할까요? 그들은 정말 나와 함께 시간을 보내기를 원하지만, 아내는 내 곁에 있는 것을 원하지 않습니다." 이 같은 진술들은 론이 그의 아내와 관계에서 자신의 정서적 삶을 이해하기 위해서 애썼던 치료의 첫 해에 자주 이뤄졌다. 그녀는 왜 그토록 말하는 것을 두려워하고 어려워했을까?

여러 가지 면에서 베쓰는 냉담했다. 몇 년간의 정서적인 기복이 있은 후에 그녀는 자기 방식대로 삶을 살아갈 수 있는 더 큰 자유를 허용해주는 분리감을 발견했다. 두 차례 주요 우울증을 경험한 베쓰는 정서적인 분위기에 신중한 경향이 있게 되었고 그녀를 상처와 실망으로부터 보호하는 데 도움이 되는 다소 냉정한 태도 이면에 슬픔, 상실감, 취약감을 가둬두는 것을 선택했다. 결혼생활의 정서적인 혼란 속에서 가족의 유대감을 유지하기 위해서 노력하는 가운데 경험했던 끝없는 자기-희생으로 지쳤기 때문에, 그녀는 조심스럽게 론과 부부치료를 받게 되었다. 변화에 대한 전망이 불확실했기 때문에 베쓰는 론과 나와의 대화에 사무적이었다. 특히 그녀는 친밀함에 대한 론의 시도들을 부드러운 애정과 함께 하는 시간에 대한 그녀의 욕구들에 거의 관심을 기울이지 않는, 일방적인 것으로 경험했기 때문에 그를 자기중심적이라고 보았고 인정과 성에 대한 그의 갈망을 만족시켜주는 것을 꺼렸다. 특히 론이 술을 많이 마시고, 가족을 무시하거나 말로 상처를 주고, 다른 여성과 뻔뻔스럽게 시시덕거렸던 몇 해 동안, 베쓰도 론의 과거 행동과 관련된 상처와 분노의 감정을 숨겼다. 베쓰는 치료 중에 그녀의 외로움과 관계에 대한 열망을 다시 일깨우는 것이 두려웠기 때문에 자기보호적인 입장에서 벗어나는 것, 혹은 심지어 그녀의 상처와 고통의 본질을 탐색하는 것에 의식적으로 저항했다. 그녀는 론에게 다시 상처받는 것을 원하지 않았다. 그녀의 분리된 정서적 태도의 고립된 안정감이 만족스럽지 않았음에도 불구하고, 그것이 채워지지 않는 욕구와 쉽게 상처받는 것보다 나았다.

정서와 정신분석적 커플치료

정서에는 인지, 행동, 생리적인 과정들이 포함되기 때문에, 그것은 관계와 심리적 삶의 기본 요소이다(Siegel, 2012). 특별히 커플들을 위해서, 우리는 애착과 관련된 두 가지의 서로 관계있고 상호작용 하는 관계적 역동-안전과 친밀함- 속에 있는 정서의 기능에 관심이 있다. 발달상으로, 지각적 입력에 대한 우리의 첫 번째 정신적 반응에는 나쁘거나 좋은 정서 효과 그리고 위험과 안전에 대한 결정을 자동적으로 식별해주는 체화된 정서평가체계가 포함된다. 그래서 오직 특정한 목적을 위한 신경생물학적 동기적 체계들을 통해서 우리는 신체, 외부의 감각적 입력 그리고 이전 경험의 표상들로부터 주어진 정보를 활용해서 의미와 가치를 식별하는 복잡한 연결망을 작동시킬 수 있다(Lindquist, Wager, Kober, Bliss-Moreau & Barrett, 2012). 이러한 일차적인 또는 핵심적인 감정의 각성 경험들은 관계를 통해서 전달되기 때문에 상호주관적인 발달적 참여를 통해서 분별력 있는 정서 상태들로 조절되고 분류된다(Lyons-Ruth, 2006; Porges, 2009; Siegel, 2012). 더욱 구체적으로 말하자면, 아동기의 관계적 애착과 정서적 조율의 질은 상황적 요인들과 생물발생적 경향들과 상호작용해서 정서 경험들을 무의식적 평가, 의식적 정서 인식, 행동적이고 생리적인 반응들, 그리고 절차적/일화적 기억 패턴들을 포함하는 예측할 수 있는 반응형태들로 조직된다(Fonagy, Gergely, Jurist & Targ et, 2002; Sroufe, 2005; Thelen & Smith, 1994; Tronick & Beeghly, 2011). 정서적인 세련화와 효과적인 조절의 수준은 대개 이러한 초기 애착의 질에 의해 형성된다(Blair & Raver, 2012). 게다가, 토대가 되는 자기감은 우리의 정서 조절 패턴을 통해서 생겨난다(Schore, 2003). 우리는 자기조절 전략들과 돌봄 관계의 진정 효과들을 통해서 우리 자신을 알게 되고, 친밀감, 안전, 회복탄력성을 경험하게 된다(Beebe & Lachman, 1988, 1998). 커플관계에서는, 관계의 기간 그리고 개인적이고 공유된 역동의 특성에 따라서, 이러한 초기 패턴들이 초기 애착 환경에서 발견되는 과정들과 상당히 유사한, 복잡한 관계적 상황에 의해 강화되거나, 정교해지거나, 수정되거나 소거된다(Dicks, 1967; Feld, 2004). 한쪽 또는 양쪽 파트너가 그들 자신의 부정적 정서 경험을 이해하고 조절하는 데 실패하거나 상대의 정서적 삶에 대해 공감적 조율이 부족할 때 커플관계에서 어려움들이 생겨나는데, 두 가지는 모두 대인관계에서 중요한 기술들이다(Lavner & Bradbury, 2011). 고통의 시기에 파트너들은 안전과 위로를 추구한다. 긍정적인 경험을 위해서, 한 사람이 바라는 것은 행복감을 증폭시켜서 공유하는 것이다. 그들 파트너의 정서적인 삶을 강화하거나 완화하거나 지탱해주기 위해서 적절한 반응성을 제공하고 유지하지 못하는 배우자들은 정서적 친밀감과 관계적인 안전에서 중요한 간극들을 경험한다. 커플들의 유대감(Giest, 2008) 또는 "느껴지는 느낌"(Siegel, 2012, p. 176)이 있느냐에 따라서 고조되는 갈등, 고통스러운 철수 또는 방어적인 공격을 포함하는 쉽게 변하지 않는 행동 목록들이나 커플 상태들의 형태로 오래 지속되는 절차적 반응들이 감소되거나 유발될 수 있다.

론과 베쓰와 작업하기 위해서 우리는 커플치료가 해소하기 어려운 갈등과 다루기 힘든 관계적 결속을 해결하기 위한 일차적인 수단들로서 행동 및 의사소통 전략들을 단순하게 적용하는 것을 넘어 섰다는 사실을 인정한다. 론과 베쓰 두 사람 모두가 직접적으로 의사소통하고, 반영적인 경청기술들을 이용하고, 부드럽게 시작하고, 시간조절을 적절하게 하고, 영향에 개방적이고, 의도를 추측하는 것을 피할 필요가 있다는 것이 맞지만, 심한 무지나 기술의 부족 때문이 아니라 누구도 인식하지 못하는 정서 조절의 실패와 문제를 일으키는 잠재적인 정서적 조직 경향성 때문에, 보다 표면적인 이러한 관계 기술들은 무효화된다. 론에게 있어서 어려움은 단지 그의 정서들을 이해하는 것이 아니라 베쓰와의 대화에서 근거가 있고, 유연하고, 자기를 인식하는 방식으로 그것들을 관리하는 것이었다. 론과 베쓰는 둘 다 초기의 파괴적인 패턴들을 정교하게 하고 견고하게 하는 뿌리 깊은 반응패턴의 오랜 관계 속에 얽혀있는, 초기 애착과 관련된 반복되는 상처들에 직면하였다. 치료과정의 많은 부분에는 이러한 혼란스러운 정서적 역동들을 이해하고, 구별하고, 소통하고, 바꾸는 것이 포함되었다.

5명의 아이들 가운데 세 번째인 론에게 정서의 자기조절은 언제나 버거운 일이었다. 과도한 호기심 그리고 충동적인 행동, 외향성, 관심추구에 대한 경향이 있었지만 론은 활기찬 아이였다. 그의 어머니는 통제하듯 비난하면서 반응하는 경향이 있었고, 그의 아버지는 쉽게 위협적으로 격노하고 물리적인 폭력을 행사했다. 론은 자기통제가 부족한 것과 충동적인 경향들에 대해서 벌을 받았고 흔히 창피를 당했다. 그의 활동적인 행동은 친밀함과 인정에 대한 그의 욕구들과 관련된 만연된 불안감 때문에 더욱 심해졌다. 그는 그의 형들과 엄마가 학대당하는 것을 보고 있었던 끔찍한 순간들을 떠올렸다. 분노 표현들은 흔히 볼 수 있었고 정서적으로 무시하는 가운데 예측하기 어려운 관계의 분위기와 뒤섞여있었다. 론은 이런 환경에서 자랐기 때문에 친밀한 관계 상황에 대해 유연하고 적응적인 방식으로 그의 정서적 삶을 관리하는 것이 어렵다는 것을 알게 되었다. 그는 아내와 친밀해지고 싶은 강렬한 바람을 인정했지만, 일차적으로 이것을 신체적이거나 성적인 친밀함의 표현으로 이해했다. 그는 아내의 감정 상태를 적절히 읽기 위해서 노력하였고 흔히 그녀를 적대적이고 지나치게 엄격하다고 보았다. 그는 종종 그녀의 정서적 욕구를 잘못 해석하였고 거리감을 느끼게 하는 농담이나 비하하는 말로 반응하고, 이런 식으로 그가 아동기에 겪었던 열망과 좌절의 경험들을 재현하곤 했다.

3명중 막내인 베쓰에게 정서적인 안전은 자기 소망, 욕구, 자기표현을 억압함으로써 획득되었다. 어머니는 다른 두 아이를 알게 모르게 편애했고 아버지는 적극적으로 반영해주고 자기표현을 포기할 때 애정과 돌봄을 제공했기 때문에 베쓰는 그녀의 독특함을 부인하는 법을 배웠다. 여러 가지 면에서 베쓰는 남성의 지배와 중요성이 당연한 것으로 여겨지고 여성의 봉사가 당연한 것으로 간주되었던, 과보호되고 소홀했던 아동기를 경험했다. 베쓰는 신중했고 그녀의 어머니가 보여주었던 더욱 분명한 모멸로부터 잠시 피할 곳이라고 보았던 아버지에게 매료되었기 때문에 수용과 관계에 대한 그녀의 내적인 열망에도 불구하고 사회적으로 제한된 순진함을 보여주는 착한 가톨릭 소녀였다. 초기에 베쓰는 론의 사교적이고 표현적인 성격에 매혹되어서 그의 관심과 열정 때문에 활기차게 되었다. 관계와 사랑에 대한 그녀의 욕구에 대해서 어떤 상호적인 인정을 바라면서 그녀 자신을 잃어버리고 타인의 과대성을 반영하려는 익숙한 패턴은 다시 실연되었지만 보답이 주어지지는 않았다. 수년간의 무시와 상처의 경험 때문에 베쓰의 자기보호적인 신중함이 활성화되었는데 론은 이것을 무심하고 퉁명스러운 것으로 해석하였다. 그녀는 론으로부터의 어떤 격한 정서표현이나 혼란도 담아내려고 노력하는 가운데 그의 욕구들에 대해 거리를 두려고 하면서 어떤 취약함 때문에 론에게 다가가는 것을 주저했다.

론과 베쓰의 관계적 어려움 때문에, 다루기 힘든 갈등이 지속되는 원인이 되는, 커플의 정서적 과정에서 밀접하게 연관된 두 영역이 드러난다: 강렬한 정서에 대한 자기조절의 어려움과 배우자의 정서 경험에 적절한 조율이나 자기대상적인 반응성을 제공하는 것의 어려움(Finkelstein, 1988; Leone, 2008; Livingston, 2007; Shaddock, 2000; Zeitner, 2012). 앞에서 논의되었듯이, 다른 사람들의 정서적 과정에 대한 공감과 조율에는 돌봐주는 다른 사람과 적절하게 형성된 정서적 애착의 발달적 환경이 요구된다는 사실이 널리 받아들여진다. 사람은 생의 첫해에 정서적 교류를 상호적으로 확인하고 상세히 표현하는 과정을 통해서 다른 사람들의 자기 상태와 느낌과 의도를 구별하고 조직하는 것을 배운다. 게다가, 정서 과정의 이자적(二者的) 특성 때문에 차례로 의미 형성에 영향을 미치는 다른 사람의 의식 상태에 대한 어떤 "상호적인 지도 만들기(mutual mapping)"가 가능해진다(Tronick et al., 1998, p. 296; 또한 Schore, 2003을 보라). 커플들에게는 상대방의 정서적 경험을 상호적으로 예상하고, 읽어주고, 공감하는 능력이 요구된다. 이러한 자기대상 기능이 효과적으로 작동할 때, 커플관계에 있는 각 사람은 연결감 또는 "다른 사람의 주관적 세계에 있음"을 느낀다(Geist, 2008, p. 131).

커플관계에서 다른 사람의 자기를 유지하는 이러한 정서적 기능은 Zeitner(2012)의 **자기이자관계**(selfdyad) 개념으로 정교화되고 특화되었는데, 그것에는 "관계 체계-두 자기의 수정된 부분들의 혼합물로 발전해가는 두 개인의 확장된 성격"(p. 39)이 포함된다. 적절히 이해된다면 자기이자관계는 각 커플에게 독특한 정서적 조직화의 패턴을 반영하는 새로운 상호주관적인 심리적 현실이다. 그것은 단지 자기대상 기능일 뿐만 아니라 자기 변화와 일체의 경험으로 이어지는, 관계적으로 파생되고 유지되는 커플체계의 애착 특징들을 포함한다. 자기이자관계는 *너(you)* 또는 *나(me)*보다 더 크기 때문에, 시간이 흐르면서 우리가 헌신된 관계를 유지할 때 수정된 너와 나의 관계를 드러내는 *우리(us)*이다. Zeitner가 강조하듯이, 사람들이 헌신된 관계를 맺으려고 하는 일차적인 심리적 이유는 자기가 관계 속에서 변화된다는 것이다-우리는 타인들과 관계에서 우리 자신의 기대하던 측면들을 경험한다. 그리고 우리 파트너의 자기-특성들을 통해서 우리의 자기 경험의 불충분하고 덜 개발된 측면들이 온전해지게 된다. 본질적으로, 우리는 사랑하고 바라던 타자와 관계할 때 우리 자신에 대해 더 괜찮은 사람처럼 느낀다.

실례를 제시하자면, 론과 베쓰는 원래 자기에 대해 기대되는 환상을 갖고 있는 타자의 중요한 특성에 끌렸는데, 그것은 온전하다는 느낌과 소망을 가져다주었다. 론은 베쓰의 눈 속에서 훌륭한 자기(self) 그리고 그의 정서적 혼돈을 담아주는 사람을 발견했다. 베쓰는 침착하게 이러한 투사들과 욕구들에 반응했다. 그녀는 론이 기대된다고 느끼도록 도울 수 있었을 뿐만 아니라, 그의 애착 유형에 반응하면서 그의 활기차고 긍정적인 태도로 인해서 생기를 얻는다고 느꼈다. 그녀의 우울한 침착함 때문에 론이 안정감 있게 느껴졌는데, 그녀는 자신이 기대되고 선택된 것이라고 느꼈다. 게다가, 각자는 유사하게 규정된 이상화된 역할 기대들을 가지고 있는, 도시에 있는 20세기 중반의 가톨릭 공동체에 속해있었다. 두 사람에게, 결혼에 대한 상상된 그리고 무의식적인 이해들은 상당히 비슷했다.

커플치료에서 방어적 역동들

건강한 커플 기능이 악화되는 데 기여하는 많은 요인들 가운데, 중요한 상호주관적 원인들은 정서적 조절과정의 실패와 은연중에 작용하는 방어적이거나 보호적인 관계 패턴의 활성화이다. 관계의 연애 기간과 헌신 단계에서 흔히 잠복되거나 의식적으로 억제되기도 하지만, 지속적으로 친밀함과 관계를 추구하는 과정에서, 관계에서의 어떤 연속적인 결과들이 불가피하게 자기-기능과 관계 방식에서의 결핍들을 자극한다(Dicks, 1967; Fairbairn, 1952). 많은 사람들이 지적했듯이, 당신이 발달과정에서의 욕구-말하자면 정서적 친밀함이나 부드러운 정서에 대한 바람-를 활성화시킬 때, 가장 중요한 소망에는 특정 소망의 경험과 관련된 형성적 관계에 존재하는 낙담과 실패를 반복하는 것에 대한 두려움이 수반된다(Mitchell, 1993; Ornstein, 1991; Tolpin, 2002). 이러한 의식적이고 무의식적인 관계 기대들은 각 커플의 관계적 교류에서 지속적으로 작동한다. 각 배우자의 반응에 따라서 두려움은 기대되는 소망을 성취하고 취약함으로부터 자기를 보호하기 위해서 동원되는 다양한 방어작용을 통해서 회피된다.

우리가 커플 관계에서의 방어적이거나 자기-보호적인 이러한 과정들에 대해 말할 때, 우리는 특정한 사고, 지각, 기억, 행동 그리고 언어적 반응들을 야기하는 상호주관적 정서 상태로부터 생겨난 심리적 현상을 다루고 있는 것이다. 커플들은 철수하거나 거리를 두거나 상대방을 공격함으로써 고통스러운 취약함, 두려움 그리고 파편화의 경험들을 피한다.

물론, 사람들은 모두 방어 책략들을 사용한다. 정도의 차이는 있지만, 배우자들은 정서를 고립시키고, 내면의 상태를 상대방에게 투사하고, 온당치 못한 소망이나 동기를 부정하고, 자기의 측면들을 부인하고, 행동화하고, 정서적이거나 관계적인 상호작용들을 회피할 수 있다. 커플을 치료하는 치료사들은 각 배우자가 이러한 전략을 사용하는 이유들과 목적에 대해 잘 이해할 필요가 있다.

그러나, 특히 커플관계에서 더 만연되어 있는 것은 역사적으로 투사적 동일시로 설명되었던 관계적으로 조직화된 얽힘(entanglement)이다. 이 용어에 대한 논쟁과 혼란이 잘 정리되었고 이 장의 범위를 넘어서는 것이긴 하지만, 우리의 목적을 위해서 나는 "심리적인 방어"라는 별명을 제거하고 보다 논쟁적이고 **경험과 거리가 있는** 이론적인 복잡함은 빼고 이 과정의 현상학적인 측면들을 논의하고 싶다. 본질적으로, 정신분석적 커플치료사들은 **부부 공동의 성격**(Dicks, 1967) 혹은 **자기이자관계**(Zeitner, 2012)가 상대적인 회복력이 있는 실체를 형성하는 심리내적 및 관계적 과정을 이해하려고 노력해왔다. 공유된 관심들과 유사한 가치나 문화적 배경의 개념을 넘어서서 그토록 많은 분노와 갈등뿐만 아니라 친밀감과 연결을 만들어내는 것은 무엇일까? 이러한 관계 방식이 어떻게 동일한 커플에게 오랜 세월 동안 공존할 수 있을까? 나는 먼저 관계 경험을 요약하고 그것이 어떻게 론과 베쓰에게 적용되는지 설명하려고 한다.

자기의 발달과정에는 언제나 성장과 진보를 방해할 수 있는, 실현되지 않은 발달의 가능성들과 문제가 되는 자기-표현의 상태들이 있다. 커플의 각 개인은 자기-표현 및 자기 기능과 관계된 독특한 조합의 강점들, 약점들 그리고 취약성들을 가진 채 관계에 접근한다. 한 사람이 다른 사람에 대해 스스로 조직할 때, 그 사람은 어떤 자기 및 관계 경험들을 기대한다. 두 사람 모두 한 사람이 생각하기에 발생하게 될 것을 뒷받침해주는 상호작용들과 내적인 정서 상태들에 선택적으로 주의를 기울이고 그것들로부터 의미를 끌어내는 경향이 있다. 이러한 기대들과 자기-상태들이 의식적인 수준은 상당히 다양하지만, 그것은 가장 많은 문제들을 만들어내는 경향이 있는, 암묵적이거나 무의식적인 그리고 발달이 되지 않았거나, 결함이 있거나 혹은 해리된 자기의 측면들이다.

커플이 형성될 때에는 앞에서 언급된 요인들이 모두 작용한다. 커플이 지속되는 관계에 헌신할 때, 다양한 욕구들, 강점들 그리고 취약성들은 어떤 형태로든 상호주관적으로 유지되고 상호작용들은 흔히 구조화되어서 기대들을 확인시켜준다. 좀 더 구체적으로 말하자면, 각 커플이 그들의 전체적인 자기-경험을 관계에 가져올 때, 이러한 경험의 측면들은 커플의 상호작용에서 활기를 띠게 되고 강화되고, 결과적으로 더욱 큰 친밀감과 연결감이 된다. 바람직한 자기의 부분들은 각 개인이 다른 사람의 기대되었던 부분들과 공명할 때 커플의 상호작용에서 어우러진다. 게다가, 초대하는 것으로 느껴질 때, 각 배우자는 상대방의 결점들 혹은 취약성들을 온전하게 하거나 보상하기 위해서 행동하는 성향들과 특성들을 드러낸다. 예를 들면, 초기 관계에서, 론의 사교적이고 붙임성 있는 방식 때문에 그는 활발하고 재미있는 동반자가 되었다. 그는 자신만만하고 익살맞고, 거의 모든 것의 밝은 면을 볼 수 있었고, 무한한 긍정 에너지가 있었다. 수용과 활발함을 찾아볼 수 없었던 가정으로부터 도피처를 찾고 있었던 베쓰는 특별히 론의 이러한 부분들이 그녀가 아버지에게서 느꼈던 특별한 경험을 불러일으켰기 때문에 기꺼이 그것들에 애착을 가졌다. 론은 그녀와 함께 있기를 원했고 그녀에 대해 책임감을 느꼈다. 그녀는 선택되고 기대되어진다고 느꼈고, 바랄 수 없음과 외로움의 두려움을 막아줄 수 있는 최고의 관계적 안식처를 느꼈다. 베쓰가 그의 성격과 사교적이고, 적극적인 보조에 대해 느끼는 매력은 론에게 초기 양육 환경으로부터 생겨난 내면의 거절감과 수치심에 대한 신선하고 자기를 고양시켜주는 대답이었다. 그녀는 그를 갈망했고 우월함과 지배에 대한 그의 욕구를 반영해주었고, 그는 그럴듯한 존재가 되고 싶은 그의 욕구를 반영해주는 사람을 갖게 된 것을 좋아했다. 게다가 그녀는 안정적이고 차분했고, 때때로 내적으로 혼란스러운 그의 정서적 경험과 대조를 보였다. 베쓰와 론은 상대방의 투사된 이미지를 수용하고, 안아주고, 실연할 수 있었다. 긍정적인 의미에서 이러한 무의식적 과정을 통해서 커플은 상호성과 다 이루었고, 소속해있고, 누군가 알아준다는 강력한 느낌으로 묶이게 된다. 자기의 결함이나 약점으로 경험되었던 것은 이전에 이룹지 못한 것으로 이해되었던 것을 긍정적으로 회복하기 위해서 행동하는 상대방의 공감적인 수용을 통해서 변형된다. 게다가, 각 사람의 강점들이 확인되고 존중되어서 각자의 효능감과 자존감을 향상시켜준다.

반대로, 보다 부정적이고 은밀하게 작용하는 방식으로, 관계에서 실연되거나 투사되었을 때 "받아들이는 상대방의 자기의 측면들과 조화되지 않는 것으로 경험되는"(Zeitner, 2012, p. 38) 자기의 측면들이 있다. 다른 말로 하자면, 배우자들은 상대방의 어떤 기대들이 낯설거나 너무 고통스럽고 수치스럽거나 그들 자신의 과거의 관계적인 상처의 재현인 것으로 경험되기 때문에 그것들을 받아들이거나 흡수하거나 반영할 수 없다. 흔히 갈등이나 각 배우자의 재외상화(retraumatization)는 이러한 자기대상 실패 때문에 일어나고, 두려운 관계적 교류 경험이 반복된다. 다시 말하자면, 커플 관계에 있는 각 개인은 상대방에 관하여 스스로 조직할 때, 내적 및 외적 계기를 통해서 암묵적인 두려움과 부적절감이 활성화 된다. 일단 작동이 되면, 결과로 나타나는 자기-상태의 조직들은 커플의 상호작용들이 부정적인 기대들을 확인시켜주는 행동들을 각 상대방에게 불러일으키고 자극하기 시작하는 방식으로 선택적으로 주의를 기울이고 관여한다. 언쟁에 결정적인 것은 고통스러운 말다툼을 실연하거나 참여하려는 각 파트너의 무의식적인 의지이다. 대개 이것은 배우자들이 많든 적든 어느 정도는 상대 배우자가 그토록 두려워하는 성격 유형과 관계 방식을 드러내기 때문에 일어난다. 부정적인 정서의 효과에도 불구하고, 각 배우자는 자신의 자기-표현이 정당하다고 느끼고 그들의 배우자가 왜 그토록 상처가 되고 불합리하게 행동하는지를 이해할 수 없다. 여러 가지 방식으로 너무나도 많은 커플들을 괴롭히는 이러한 힘든 갈등들에서 씨가 되는 말들이 실연된다. 왜냐하면 각자는 실제로 오래된 관계적 각본들을 되풀이하는 방식으로 무의식적으로 행동하기 때문이다(Ringstrom, 2012).

파괴적으로 반복된 이러한 과정은 론과 베쓰에게 강력한 것이고 그들의 긍정적인 연결들을 손상시켰다. 시간이 흐르면서 방해가 되는 그들의 관계적인 연속물들은 그 관계를 유지시키고 지배했고, 고통스럽기는 하지만 인정할 수 있는 상호주관적인 본거지의 역할을 하게 된다. 론과 베쓰는 이전에도 그런 경험이 있었다; 시간이 흐르고 각자가 가족을 돌보고 직장생활을 해야 하는 책임을 지게 되면서, 그 관계에 여전히 불행과 갈망이 존재함에도 불구하고 삶은 그렇게 이상한 것으로 생각되지 않았다. 지속적인 관계와 안정에 대한 베쓰의 일상적인 욕구는 론에 대한 비난과 거절로 느껴졌다. 그는 그녀가 즐거운 시간을 보내거나 그에게 열정적으로 성공과 소속을 추구하도록 할 수 없다고 느꼈다. 그녀의 입장에서, 론의 인정 욕구와 보스 기질은 베쓰가 이제 그를 자기-중심적이고 오만한 것으로 경험하게 되는 방식으로 변하였다. 그녀는 그녀 자신이 다시 혼자이고, 가장 중요한 사람에게 탐탁지 않은 것으로 보기 시작했다. 고통스러운 관계에서, 베쓰의 무관심과 론의 적절하지 않은 공감으로 인해서 취약한 자기-상태들은 보호되었지만 친밀함과 연결감은 차단되었다.

치료를 위한 제안들

커플의 고통이 형성되는 데 있어서 정서 조절과 방어 과정의 중요한 기능에 대한 반응에서, 특히 다음 두 가지 치료 전략이 커플 작업에 대한 정신분석적 접근법을 개발하기 위한 발판으로 사용된다. 이러한 전략에는 어떤 지시 행위들이 포함될 수 있지만, 그 자체가 기법은 아니다. 오히려 커플에 대한 이러한 접근법들은 적절한 정도로 달성되면 건강한 커플의 기능을 영속시키는 선험적인 치료 결과로 고려되어야만 한다. 다음은 각각에 대한 개요이다.

전이 역동에서의 공감적인 연결. 커플과 하는 작업에서 세 가지 차원의 공감을 형성하고 유지하는 것이 가장 중요하다. **세 가지 차원의**(triadic)이라는 말은 치료사와 커플 관계에 있는 두 사람 사이의, 치료사와 파트너들의 상호주관적인 활동에서 생겨나는 실체로서 커플 사이의 공감의 흐름 그리고 커플 관계에 있는 각 파트너 사이의 공감의 발달을 말하는 것이다. 많은 사람들이 지적했듯이(Brody, 1988, Leone, 2008, Ringstrom, 1994, 2012, Shaddock, 2000, Trop, 1994) 커플치료사들은 공감을 사용해서 커플 내부로부터의 관점을 획득한다. 커플과 치료사 사이에서 공동으로 그리고 개별적으로 전이가 실연되기 때문에 치료사는 각 파트너의 주관성을 이해하는 것을 넘어서서 그들이 커플로서 기능할 때 각 파트너의 느껴지는 경험을 이해하고 표현할 수 있다. 게다가, 치료사가 커플 역동의 실연에서 한 쪽 혹은 다른 쪽으로 끌어당겨지는 느낌뿐만 아니라 두 파트너의 경험을 공감할 수 있다면, 과도한 동일시나 편들기와 같은 까

다로운 문제는 피할 수 있다. 보다 구체적으로 말하자면, 커플은 공평하게 들어주는 것을 경험하게 될 것이고 실재에 대한 어떤 하나의 형태도 충분하지 않다고 믿어야만 한다(Ringstrom, 2012). 그러나 편들기를 위한 끌어당기기는 흔히 중요하기 때문에. 이기려고 하는 이 싸움에서 작용하고 있는 역동을 명확하게 파악하고, 취약함과 두려움에 대한 각 파트너의 경험을 표현할 수 있도록 도와주는 것이 유용하다.

또한 치료사가 고통 중에 있는 커플들에게 너무나도 만연되어있는 높은 수준의 갈등과 정서적 거리감을 견뎌내고 극복할 수 있는 상호주관적 실체인 커플을 공감적으로 안아주는 것이 중요하다. 이것은 우선적으로 이뤄지는 공동 회기를 통해서 암묵적으로 그리고 관계가 치료의 초점이라는 사실을 커플에게 알려주는 것을 통해서 분명하게 전달이 된다. 특히, 나는 이것을 커플의 초기 희망에 접근하고 유지하는 치료사의 능력이라고 보고, 흔히 희미한 연결의 빛들이 밝은 빛으로 회복될 수 있다고 믿는다. 많은 요인들이 결혼치료의 성공 또는 실패에 기여하지만, 나는 치료사의 공감과 환자를 이해하려는 강렬한 열망이 미래의 변화가 가능할 것이라는 희망을 불어넣는다는 Buechler(2004)에게 동의하는 경향이 있다. 그렇다. 커플들은 특히 점진적으로 변화가 이뤄지고 있는 중기 단계에서, 실망, 불확실성 및 신비에 맞서야만 하지만, 치료 과정에 대한 치료사의 지칠 줄 모르는 믿음 때문에 커플들은 새롭고 보다 유익한 관계 방식들을 실험해보도록 격려를 받는다.

세 가지 차원의 공감의 마지막 다리는 파트너들 사이의 상호 조율과 이해를 고무하는 것이다. 각 파트너를 위해서 공감적인 자기대상 기능을 회복하는 것은 어떤 커플치료에서도 중심적인 목표이다. 커플들은 그들의 파트너에게 이해받고 지지받는다고 느낄 때 많은 갈등들을 좀 더 쉽게 협상하게 된다(Leone, 2008). Trop(1994)을 따라서, 나는 이것이 치료사가 각 개인의 관점에 대해 공감을 형성하는 초기 평가에서 시작된다고 믿는다. 커플 평가와 병력 청취를 할 때, 나는 그들이 말하는 동안 각자의 이야기에 대해 공감을 형성하고 다른 사람에 대해 관심과 돌봄을 유지할 수 있는 각 파트너의 통찰력과 능력을 측정하기 위해서 두 파트너가 참석하기를 바란다. 상대방의 이야기를 듣는 동안 각 파트너에게서 활성화된 감정의 유형과 정도는 예후와 치료과정이라는 측면에서 중요하다. Zeitner(2012)는 흔히 초기의 매력과 헌신의 이유가 되는 자기이자관계의 보상적인 특성들을 이해하기 위해서 각 커플의 연애 이야기를 파악하는 것도 중요하다고 믿는다. 초기의 관계 교류의 맥락에서 우리는 관계가 어떻게 어느 정도 악화되었는지 측정할 수 있다. 종종 관계적 공감을 개발하기 위해서는 몇 가지 제안을 제공을 제공하는 것이 필요하다. 커플에 따라서, 다음의 제안들의 많은 부분 혹은 몇몇 부분이 치료의 다양한 지점에서 전달된다:

1. 반영적인 경청 기술을 사용하라. (때로는 이것들을 가르쳐야만 한다.)
2. 공격하지 않으면서 주제에 머물고, 과거의 사건들을 건수를 만드는 수단으로 연결시키는 것을 제한하라.
3. 당신의 배우자가 호의적이라고 생각하라-상대방의 행동의 의도를 읽지 마라. (분명히, 배우자가 의도에 있어서 호의적이지 않을 때 이것은 다뤄져야 할 필요가 있다.)
4. 절대론자의 언어(항상, 절대)를 피하고, 되도록 I 진술을 사용하라.
5. 감정을 진정시키기 위해서 타임아웃을 하라. (때로는 자각 훈련이 필요하다.)
6. 상대방을 유사한 행동 때문에 비난함으로써 역공격을 하지 마라 (Pizer, 2008).

7. 부드럽게 시작하는 것을 연습하고 회복 의례를 개발하라(Gottman, 1999).

관계의 미덕들을 가르치고 고무하는 것은 소통의 개선이 커플 변화의 핵심요소이기 때문이 아니다. 오히려, 정서-중심 치료 영역의 최근 작업(Johnson, 2004)과 일치하여 커플들은 다중적인 수준에서 그들 자신의 감정을 이해하고 명료하게 표현하고 다중적인 정서적 감정 수준에서 이해받고 있다고 느낄 수 있도록 해주는 방식으로 다른 파트너와 관계할 수 있어야만 한다. 이러한 상호 조율과 존중을 통해서 강력한 감정 상태를 조절하고 담아줄 수 있다. 이러한 깊은 친밀감과 애착을 촉진함으로써 민감하고 정직한 소통을 유지하는 데 필요한 안전감이 형성된다.

커플을 정신화하기. 우리의 두 번째 전략에서는 고통을 겪는 많은 커플들이 경험하는 손상된 정신화(mentalization)가 다뤄진다. 그것 때문에 배우자들은 주관적인 자기-상태들을 되돌아보고 이해하는 것이 어렵기 때문이다(Fonagy, Gergely, Jurist & Target, 2002). 정서를 잘못된 방식으로 처리하는 커플들은 강력한 내면의 정서적 경험들의 의미를 정신적으로 표현하고 소통하는 법을 배워야만 한다. Ringstrom(2012)에 의해 확인된 결혼치료의 주요 특징은 파트너가 처한 상황에서 자기 자신의 경험을 되돌아볼 수 있는 능력이다. 각 파트너가 치료의 틀 속에서 수용되고 안전하다고 느끼기 시작하면, 파트너들은 각자가 갈등과 고통의 영속화에 기여하는 방식을 탐색하기 시작할 수 있다. 강렬한 정서의 원천에 대해 성찰하고 재평가하게 되면 정서 조절이 증대된다(Webb, Miles & Sheeran, 2012). 더 나아가, 이러한 관점을 취하는 것은 관계적인 행위인데, 이 과정에서 관계적 교류에 참여하는 사람들(치료사, 커플 그리고 자기로서의 커플)은 " '제3의' 것을 보기 위해서 함께 서있는 곳에서"

(Boston Change Process Study Group, 2010, p. 200) 무엇인가(예: 관계적 연속물 혹은 정서적 상태)를 볼 수 있다. 그러나, 갈등과 곤경에서 어떤 요소들이 작용하고 있는지를 철저히 조사하는 방법인 심리적 및 정서적 과정을 늦춤으로써만 효과적인 성찰이 가능하다. 치료사는 이전에 설명되지 않은 행동이나 사고 과정과 연결되는 감정들을 위한 통로를 열어주기 위해서 정서 상태에 대한 호기심을 형성하고 고무할 필요가 있다. 파트너들이 결혼 생활의 긴장을 이렇게 안아주는 것을 경험하게 되면서, 치료사는 좌절시키는 배우자에 대해 재평가하고 커플 문제에 대해 자기와 관련된 기여들을 확인하도록 고무할 수 있다. 동등한 호의와 존중으로 각자의 견해를 지지해주는 것이 결정적이다. 목표는 커플의 상호작용이 친밀함과 연결에 대한 열망을 결국 좌절시키는 관계 유형이나 패턴을 유발하거나 촉발하는 방식을 분명히 하는 것이다.

여러 가지 면에서 이것 때문에 개별적인 정신분석 치료보다는 더 적극적인 치료 유형이 요구된다. 갈등적인 교류는 쉽고도 빠르게 이뤄지기 때문에 치료사는 성찰의 목적을 위해서 기꺼이 커플들을 가로막아야만 한다. 이렇게 함으로써 치료사들도 상호주관적인 공간에 들어가서 커플 체계로의 적극적인 개입의 의미, 시기 그리고 본질에 대해 기꺼이 성찰한다. 치료적 자료에 대한 나 자신의 정서 상태 혹은 반응이 커플의 한쪽 혹은 양쪽과 어긋나거나 다른 정도의 강도로 나타날 때, 나는 흔히 자신에게 성찰 기능을 발휘하고 관점 바꾸기를 촉진한다. 이 과정에 결정적인 것은 가족치료사들이 다측면 편파성(multidirected partiality)이라고 부른 것(Boszormenyi-Nagy & Krasner, 1986), 또는 커플을 전반적으로 이해함에 있어서 편파성을 유지하면서 각 사람(치료사를 포함해서)의 경험에 대한 공감을 상호적이면서도 동시적으로 표현하도록 하는 것이다. 치료사가 성공하면, 파트너들은 안전하다고 느끼게 되면서 상대방의 사고와 경험을 타당하고 가치 있는 것으로 수용할 가능성을 고려하기 위해서 그들 자신의 관점에 대한 확신을 느슨하게 할 것이다. Sells와 Yarhouse(2011)는 지속되는 갈등에 대한 관점을 바꾸는 데 중요한 것은 자기 자신의 고통(흔히 무의식적인)과 그것이 어떻게 "두 사람 사이의 고통"(p. 93)으로 실연되는지 인식할 수 있는 능력이다. 커플들이 자신과 상대방의 과거 또는 현재 행동에서 상처 입었거나 힘든 것을 확인할 때, 그것이 그 관계에 대해 갖는 의미에 대한 성찰과 호기심 때문에 비난과 귀인의 깊게 뿌리박힌 패턴들이 느슨해질 수 있다.

론과 베쓰와의 회기에서 발췌한 내용이 설명될 것이다. 이러한 짧은 대화는 우리가 함께 했던 작업의 중간 단계 회기로부터 가져온 것이다. 우리는 그녀가 그녀의 방어를 내려놓고, 과거의 행동들을 용서하고, 그와 친밀감을 다시 회복하기 위해서 론에게서 필요로 하는 것을 확인하도록 작업해왔다. 베쓰는 두 가지 사실을 확인했다: 그들의 관계에서의 변화를 상징하는 작은 선물과 그녀를 다르게 대하는 론의 더 많은 노력. 론은 사과를 하는 것에 더해서 무엇이든 해야 할 필요가 있고("왜 그녀는 나를 받아들이지 못하는 건가요?") 전체 관계의 타당성에 대해 의문을 갖게 되었다는 사실에 상처를 받았다. 베쓰는 명료화와 욕구로 반응했다:

베스. 과거에 당신의 행동은 사랑하는 것도 존중하는 것도 아니었어. 당신이 어떻게 말하든 우리의 서약은 깨졌고, 폐기되었고, 무시되었어. 그것은 나에게 너무나도 상처를 주고 있어. 만약 당신이 그 상처가 얼마나 깊은지 이해하지 못한다면, 내가 생각하기에, 당신은 그렇게 상처를 받지 않았기 때문에 괜찮겠지만, 그것은 나에게 너무나도 상처를 주는 일이었어. 그것이 반복되었다는 사실은 뭔가 변할 것이라고 믿는 것을 매우 주저하게 만들어. 나는 당신이 미안해해야 한다고 믿어, 나는 그렇게 생각해. 나는 뭐가 달라질 것이라고 믿고 싶어. 뭔가 달라질 것이라고 믿기 위해서 나는 뭔가 달라지고 있음을 볼 필요가 있어. 당신이 한 건 옳지 않았지만 그것이 당신의 인격이 옳지 않다는 것을 의미하지는 않아.

론은 이 말 때문에 괴로워했다; 그는 그가 이전에 했던 행동의 강도와 심각성을 최소화하려는 말로 방어적이게 되었다. 나는 잠시 동안 개입해서 그의 수치심과 거절당하는 것에 대한 불안을 확인하도록 도움을 주었다; 그는 계속해서 자신의 두려움을 확인했다:

론. 내가 가진 문제는 당신과 오랫동안 함께 가져왔던 것이야. 내가 느끼기에 당신은 외적인 신호들과 내가 당신에게 사줬던 모든 것으로 우리의 사랑을 단정하는 것 같아. 나는 물건들이 당신을 행복하게 해줄 것이라고 생각하지만, 한 사람으로서, 남편으로서, 당신이 관계하고 있는 한 사람으로서 당신을 행복하게 하진 못한다고 생각해. 나는 당신을 행복하게 하지 못하지만, 물건들, 외적인 신호들은 분명히 당신을 행복하게 해주지. 그게 당신이 바라는 것이고.

베스. 음, 나를 행복하게 해주는 것을 당신에게 얘기해줄게. 나는 당신과 결혼한 것이 행복해. 우리가 같은 생각을 할 때, 당신이 따뜻하게 대해줄 때, 우리가 섹스를 할 때, 당신이 친절할 때, 당신이 자발적일 때, 당신이 재미있을 때, 나는 행복해. 좋은 물건을 갖게 되면 좋지. 물론. 나는 당신이 나에게 준 선물을 받는 것이 좋아. 그게 날 행복하게 해. 하지만, 그것만이 나를 행복하게 해주는 것은 아니야. 나는 어린 아이처럼, 크리스마스를 좋아해. 그렇다고 당신이 나에게 선물을 사주기 때문에 내가 당신을 사랑한다는 건 아니야.

론. 내게는 그렇게 느껴져.

베쓰. 글쎄, 그것에 대해 어떻게 대답해야할지 모르겠지만, 그게 사실이라면, 우리가 파산했을 때 왜 나는 기다렸을까? 단지 나에게 뭔가를 사줄 수 있기 때문에 내가 당신을 원했다면, 왜 나는 "안녕, 당신에겐 돈이 없고 앞으로도 그럴 것 같아, 그래서 나는 여길 나갈거야"라고 하지 않았을까?

론. 당신은 어디로 갔어야 했을까? 당신은 무엇을 했어야 했을까?

베쓰. 나는 엄마와 아빠와 함께 집에 갈 수 있었어.

론. 그래, 당신이 앞에서 말했던 것은 이젠 내게 없어. 그 모든 것이 사라졌어. 이젠 없다고.

베스. 어쩌면 당신은 그것들을 되살릴 수 있었을 거야.

론. 섹스에 관해서도 나는 당신에게 다가가야만 한다고 느끼지 않아, 왜냐하면 어떤 조건이 있을 것이기 때문이야: "그래, 당신이 이것을 하면 우리는 섹스를 할 수 있어." 나는 나 지신에게 말했어. 나는 그것을 원하지 않는다고; 나는 섹스를 사지 않을 거야, 그리고 그것은 우리 사이를 틀어지게 해.

베쓰. 당신이 느끼는 것이 사실이라면, 나는 왜 떠나지 않았을까? 우리는 분명히 파산했는데.

론. 나는 모르지. 당신만이 그 질문에 대답할 수 있는 사람이지. 왜 떠나지 않았지?

베쓰. 왜냐하면 당신을 사랑하기 때문이지. 나는 당신과 있고 싶어.

론. 지금 이대로의 모습인데?

베쓰. 글쎄, 나는 당신이 변하기를 소망하고 있어. (미소를 짓고 가

볍게 웃음)

론. 무엇 때문이지? 나는 그때도 나빴고, 지금도 나빠.

베쓰. 계속 얘기하지만. 당신은 나쁘지 않아.

론. 점점 더 나빠질 거야.

베쓰. 당신은 당신이 내가 좋아하지 않는 것을 하기 때문에 내가 당신을 좋아하지 않는다고 계속 생각하잖아. 당신은 잘못된 일을 하더라도 인간적으로 나쁜 사람이 아닐 수 있어.

론. 그래, 선물, 상징? 내말은, 나는 그것을 할 수 있어. 나가서 이 선물이 무엇이든 간에 당신에게 사주는 것은 나에게 그렇게 중요하지 않아. 나는 당신이 필요로 하는 것이 그 상징물에 붙은 가격표라고 생각하지 않아. 당신한테 가격표가 있어 아니면 물건이 있어?

베쓰. 아니, 그렇지만 내가 당신에게 말했잖아. 당신은 그렇게 하지 않아도 된다고. 당신은 그림을 그릴 수 있잖아, 그림을 오려낼 수 있잖아.

론. 나는 당신에게 연애편지를 썼지만 그걸 잃어버린 것 같아.

베쓰. 단언하지는 않겠어.

론. 나는 또 하나 써줄 수도 있어.

베쓰. 그게 좋을 거 같아.

론. 나는 그걸 준비해야겠어.

베쓰. 그 일은 미안해.

론. 내 느낌은 그런 거 같아.

베쓰. 그렇다면 선생님과 몇 가지 주제들을 논의할 필요가 있을 것 같아. 나는 그런 주제들을 해결할 수 없거든.

론. 그렇겠어. 당신의 마음이 그렇게 분명하니, 당신은 어떻게 하고 싶어?

베쓰. 내 마음은 분명해. 나는 제대로 하고 있어.

론. 맞아, 당신의 마음은 분명해. 당신은 이 관계를 계속 유지하고 싶어 해, 또는 어떤 식으로든 내가 변하기를 원하지?

베쓰. 나는 이 관계에서 행복하고 싶어.

론. 그게 좋겠지.

얼. 론씨, 좀 어떠세요? 기분은 어떠세요?

론. 희망이 있을 수 있겠네요. . .

얼. 희망이 있을 수 있겠네요. . .

이 짧은 발췌문은 친밀감의 섬세한 협상을 보여준다. 론은 관계 방식을 바꾸려는 베쓰의 바람에 비추어 거절과 자기-폄하에 대한 그의 두려움과 씨름한다. 분명히 그들 사이의 거리는 상호적으로 조성되었고 상호적으로 유지되었고, 각자가 애정과 취약성을 위해서 충분히 활용되지 못한 관계 기술을 동원하고 있기 때문에 친밀함으로의 길은 시도되고 있다. 론과 베쓰 사이의 이러한 반영적 대화를 통해서 그들은 욕망과 두려움, 심지어 관계의 생존 가능성에 대한 의구심에 대해서도 이야기할 수 있게 된다. 이러한 짧은 대화에서 부드러움과 연결의 새로운 가능성-기대되는 미래-이 생겨난다.

명료화 하자면, 론과 베쓰와의 작업에서는 각자가 새로운 관계 역동의 가능성을 시험하려고 시도하면서 많은 교류가 있었다. 그것은 기나긴 길이었고, 그들의 성공을 위해서 중요한 것은 소통 방식의 기술적 측면들이나 정서적 회복탄력성만이 아니었다. 론과 베쓰는 결혼을 성례로 보는 가톨릭 전통에서 자란 기독교인이다. 그들의 삶과 결혼에서 하나님과 그분의 역사에 대해 얘기하는 것은 드문 일이 아니었다. 치료의 요점은 각자가 자기-보호적인 실연을 바꾸고 상대방에 대한 관대함의 경험을 자유롭게 하는 중요한 영적 경험들을 확인할 수 있었다. 각자가 상대방의 경험을 정당하고 가치 있는 것으로 이해하기 시작하면서 용서, 호의 그리고 부드러움이 증가했다.

결혼의 기독교적 이미지로서 복종과 하나 됨

나는 다른 곳(Bland, 2010)에서 치료적인 커플 작업은 미덕 개발의 수단이라고 주장했다. 친밀한 인간 상호작용의 본질에는 성공적인 결혼과 친밀한 동반자 관계를 유지하는 데 필요한, 친절, 인내, 사랑, 용기, 용서 및 많은 다른 관계적인 특성들에 관한 단어들이 요구된다. 영성형성 과정으로서, 정서적 및 성적 연합이 포함되는 깊은 친밀감은 더 나아짐과 더 많은 발달적 하나 됨으로 가는 통로이다. 커플들은 **하나님의 형상**에 대한 삼위일체적 이해를 근본적으로 관계적인 것으로 구체화한다. Westermann(1974)이 주장하듯이, 인간은 그들의 단순한 존재에서는 삶의 참된 의미를 발견하지 못한다. 인간의 관계적 욕구를 구체적으로 보여주는 "사람이 혼자 사는 것이 좋지 아니하니"(창 2:18)라는 창조 설화에서는 두 사람의 친밀한 결합이 거룩한 형상의 핵심 유비로 설정된다. 게다가, 헌신적인 결혼 관계에 참여하는 두 사람은 하나님이 그의 인간 피조물을 찾으시고 돌보시는 방식을 드러낸다(Grenz, 2001). 결혼과 지속적인 친밀한 동반자 관계는 하나님의 본성과 세상에서의 그의 행동을 실연하고 반영한다. 좀 더 구체적으로 말하자면, 자기 자신의 관계적인 핵심에 복종하는 것은 그리스도의 형상에 대해 복종하는 것이다. 하나의 모델로서, 깊고 친밀한 다양성을 가진 결혼 혹은 커플 관계는 그리스도 안에서 자기 자신을 잃을 수 있는 능력에 필요한 내면의 관계적 능력들을 활성화시킨다. 결혼은 신-인 교류의 양면과 동일시된다. 하나님의 사랑을 반향하는 방식으로 사랑하는 힘, 그리고 우리 창조주의 방식으로 공유될 때 은혜와 사랑을 변화시키는 행위로 경험할 수 있는 기회. 하나님의 형상이 커플 관계에서 실연될 때, 갈등을 통해서 용서와 인내가, 실패와 실수에 개의치 않는 구원에 대한 확고한 낙관주의, 지배의 포기, 관계적 본거지로서 평화의 추구, 상대방에 대한 사랑의 축하가 넘쳐난다.

그 나름대로, 정신분석적 커플치료는 커플들이 현대적인 삶에서 직면하는 지속적인 압력에 대해 필요한 해결책을 제공한다. 이러한 치료 형태는 커플 관계에서 부족한 미덕을 검토하고 피차 온전히 복종하는 친밀함에 대한 기독교적 이미지를 탐색할 수 있는 기회를 제공한다. 자신의 관계에서 그리스도를 좇는 것은 권리나 자기에 대해 주장하는 것이 아니라 관계적 연결의 하나 됨과 온전함을 향해서 상호적으로 자기를 상실하는 것이다. 그것은 우리 하나님의, "동등한 존재들 사이의 끝없는 상호적 관계"(Holmes, 2012, p. 26)의 상호침투적(perichoretic) 얽힘을 반영한다.

그러나 우리는 어떻게 거기에 이르게 되는가? 결혼 문헌에 대한 나의 정신분석적 기여에서, 나는 효과적인 감정 관리 그리고 관계에서 자신의 행동과 관련된 자유가 증진되고 상호 존중과 존엄의 발전이라는 결합된 목적을 위해서 관계 과정을 의미있게 성찰할 수 있는 능력을 통해 더 큰 관계의 성취로 나아가는 길을 제시했다. 깊은 친밀감의 잠재력이 있고 가장 깊은 애착 갈망을 실현시켜주는 관계를 지속하는 것은 자기분화와 구별이 존재할 권리를 포기하는 데서 정점에 이르게 되는 상호간의 헌신적인 관계에서만 성취될 수 있다. 이것은 유토피아적 비전이 아니다. 왜냐하면 그것이 성취되기 위해서는 깊은 연결에 역행하는 그들 자신의 의식적, 무의식적인 관계적 기대들과 두려움들과 씨름해야만 하는 커플의 세세한, 순간마다의 상호작용에 대한 관심이 필요하기 때문이다. 냉혹한 갈등은 보복, 소외 또는 파괴의 활성화된 공포 속에서 발생하고, 두 당사자가 서로 옳다는 입장을 내려놓고 상대방을 하나의 주체로 생각할 수 있는 충분한 공간을 허용할 때에만 해결된다. 과제는 "자신의 배우자의 주관성(세상을 경험하는 독특한 방식과 그것에 대한 그들의 독특한 관점)에 대한 초기의 호기심"(Ringstrom, 2012, p. 89)을 형성하기 위해서 감정을 이해하고 관리하는 것이다. 각 파트너의 호기심이 상호인정으로 꽃피울 때 각 파트너는 배우자를 단지 자기대상-자기의 유지와 고양을 위해서 필요한 관계를 제공해주는 사람-으로가 아니라 "'함께 느낄' 수 있지만 구별된 느낌과 지각의 분리된 중심을 갖고 있는 또 하나의 마음"으로 경험할 수 있다.

그러나 피차 복종함이 없이는 어떠한 상호인정도 있을 수 없다(Hoffman, 2011). 커플들에게 피차 복종함의 어려움은 흔히 Ghent(1990)가 다른 사람의 지배에 대한 굴복 또는 종속이라고 했던 것과의 혼동과 관련이 있다. 피차 복종함이 변화를 일으키는 것이 되기 위해서는 열린 진정성과 분명한 표현, 즉 커플의 각 파트너가 그들 자신의 자기경험에 충분히 접근하는 것이 허용된다는 느낌이어야만 한다. 이러한 교류에 대한 새로운 확신 때문에 각 사람은 그들의 파트너의 자기가 일시적인 탁월함을 주장할 때 자기를 잃어버릴 위험 없이 온전히 존재할 수 있다. 계속되는 은혜의 흐름이 위계질서에 대한 염려들을 대체한다; 목표는 **아는 것**과 **알려지는 것**이다.

제10장

단기 역동적 심리치료

Michael W. Mangis

만약 누군가 대학의 교재들과 입문 과정에서 정신분석을 이해하려 한다면, 정신분석적 심리치료사들이 물소와 같다고 생각하기 쉬울 것이다. 그들은 분명히 어디엔가 존재하고 있지만 수적으로 볼 때 그들이 누렸던 정도는 아니다. 이러한 오해의 원인의 많은 부분은 정신분석적 심리치료가 항상 부유한 사람에게만 유효한, 제한이 없고 장기적인 과정이라는 잘못된 가정에서 나온다.

다행히도, 관리 의료와 증거 기반 치료의 시대에, 정신분석적 심리치료가 성숙하게 되면서 단기정신역동적 심리치료의 강력한 모델이 임상가들에게 유용하게 되었다. Shedler(2006)는 고전적인 카우치에서의 매주 5회, 장기, 구조적 모델에서 보다 최근의 현실적인 모델에 이르는 정신분석 치료들에서의 변화들을 추적했다. 그는 대학의 교재들이나 교수들이 가장 오래된 형태의 정신분석을 소개함으로써 행하고 있는 몹쓸 짓을 지적했다.

역사와 이론가들

비록 정신분석적 심리치료의 단기 모델들이 그 자체로 분리된 학파는 아니라 할지라도, 그것들은 특히 이전에 언급된 고정관념의 관점에서 관심을 기울여야 한다. 여러 학자들이 단기 정신역동적 심리치료의 역사에 대해 잘 요약하였다(예를 들면, Bauer &Kobos, 1987; Horowitz, Marmar, Krupnick, Wilner, Kaltreider & Wallerstein, 1997; Levenson, 2010). 대부분 역사는 Sigmund Freud의 초기 몇 사례가 반드시 기획된 것은 아니었지만 단기적이었음을 언급함으로써 시작된다. Freud의 절친이었던 Sandor Ferenczi는 Freud의 수동적이고, 제한이 없는 접근과는 반대로 치료사의 적극적이고 지시적인 역할을 옹호함으로써 단기 모델로의 첫걸음을 제공했다. Freud의 원래 생각에서 분석가는 객관적인 과학자였고, 유아기 성욕과 해결되지 않은 오이디푸스 갈등이라는 환자의 문제들을 힘들게 밝혀내고 다루는 고고학자였다. 이 과정에는 필연적으로 여러 해에 걸쳐 연장되는 매주 여러 차례의 회기들이 요구되었다. 분석의 이러한 목적들에 대한 가정들이 발달하면서 그것의 기간과 강도에 대한 가정들도 발달하였다. 비록 **정신역동**과 **정신분석**이라는 용어가 흔히 상호 교환적으로 사용되었지만, **정신역동**은 일반적으로 카우치나 몇 해 동안의 매주 다중 회기들에 의지하지 않는 치료들을 의미하는 것으로 발달했다. 단기 정신역동적 치료의 발달은 이러 저러한 정신분석적 금기들이 점점 깨트려지는 것으로 이해될 수 있다(Levenson, 2010).

심리치료의 단기 역동적 모델들로 가는 가장 중요한 움직임은 애착이론의 출현과 그것이 심리치료 전반에 미친 영향에서 시작되었다. 고전적인 욕동이론으로부터 관계적이고 대인관계적인 이론들로의 변화는 부분적으로 대부분의 환자들이 몇 해 동안 매주 여러 번 분석가를 만나는 것을 원치 않고 그렇게 할 여유도 없다는 단순한 사실 때문에 동기화되었다. 그에 대한 반응으로, 다양한 정신분석적 임상가들은 연장된 분석 대신에 특정한 문제들을 다루기 원하는 환자들에게 도움을 주기 위해서 보다 초점이 있는 과정들을 개발하였다(Chernus, 1983; Ornstein & Ornstein, 1997). 최근에, Basch(1995)와 Levenson(2010)과 같은 단기 모델 이론가들은 환자들이 장기간의 집중적인 정신분석을 그만둔다고 해서 정신역동적 심리치료의 유익들을 놓치는 것은 아니라고 주장한다. 연구 문헌에 대한 메타 분석이 첫째, 실제로 모든 정신역동적 치료사들은 단기 치료를 하고 있음을 보여줌으로써, 그리고 둘째, 단기 정신역동적 치료를 받는 환자들이 그들의 치료적 유익들을 유지하고, 사실 치료가 끝난 후에 계속해서 개선된다고 주장함으로써 이러한 결론을 지지한다(Safran, 2002; Shedler, 2010).

단기 역동심리치료의 많은 측면은 고전적인 정신분석과 다르지만, 가장 큰 차이점은 아마도 과정에 대한 치료사들의 태도일 것이다. 이 단기 모델은 거리를 두는 치료적 중립성에서 벗어나서 적극적이고 깊이 관계하는 애착으로 옮겨간다. 이러한 변화는 단순히 객관적인 중립성에서 상호주관성으로의 포스트모던적인 해석학적 전환의 기능이 아니라 치료사의 역할에서의 그리고 심리치료를 규정하는 원리들에서의 태도 변화를 반영한다.

최근의 단기 정신역동 심리치료가 현재의 상호주관적 시대정신에 대해 단순히 입에 발린 말만 하는 것은 아니다; 그것은 근본적으로 상호주관주의에 의존한다. 단기 역동 모델은 모든 사람, 그래서 모든 환자는 욕동 만족에 의해서가 아니라 건강한 대상들에 대한 애착 욕망에 의해서 동기화 된다는 가정으로 시작한다. 이것은 매우 중요한데, 왜냐하면 유아 성욕과 미해결된 오이디푸스 갈등의 욕동들은 직접적인 공격으로 논파할 수 없는 무의식의 깊은 곳에 감춰져 있는 반면, 개인의 관계 패턴은 현재 나타나고 있고 관찰, 통찰 그리고 경험적인 변화에 열려있기 때문이다. 정신분석의 보다 고전적인 모델들에는 때때로 분석가가 환자의 위로, 격려 그리고 반영에 대한 욕구를 좌절시키는 것이 요구되지만, 단기역동적 치료는 치료사와 환자 사이의 더 많은 상호성을 허용한다.

이러한 관점에서 볼 때, 발전적 성숙은 개인의 관계 패턴에 의해서 측정된다. 비록 환자들이 그들 자신을 보고 변화시키는 것을 거부할 수 있다 할지라도, 이러한 순환적인 관계 패턴은 그들의 현재 삶과 그들의 역사에서 매우 분명하게 나타난다. 건강하고, 사랑해주는 애착은 개인에게 대상의 눈을 통해서 보이는 자기상을 제공해준다: 소중하고, 능력있고 돌봄의 관계에 의해 지지를 받는.

환자들은 이러한 건강한 자기감이 다른 사람들과의 순환적인 관계 패턴을 통해서 그러한 실패들의 강박적인 반복으로 이어졌던 초기 애착 실패에 의해 방해를 받았기 때문에 치료를 받으러 온다. 이러한 부적응적인 순환이 끊어지고, 환자가 소중하고, 능력있고, 지지받는 새로운 자기감을 내면화하도록 할 수 있을 때 치료에서 변화가 일어나며, 그것을 통해서 그들은 보다 건강한 관계를 발달시키고, 새로운 관계적 순환을 형성하게 된다.

단기 역동적 심리치료에서 전이와 역전이의 역할은 정신분석에서의 그것과는 극적으로 다르다. 이전에는 전이가 해석되고 제거되어야 하는 어떤 것이었다면, 최근의 관계적 모델들에 따르면 전이는 이제 환자가 치료사에게 자신의 내면세계에 대해 가르쳐줄 수 있는, 신뢰할 수 있는 수단으로서 기대되고 환영된다(Safran, 2002). 마찬가지로, 역전이도 한 때는 분석자 자신의 완성되지 않은 분석의 금기 표식으로 생각되었지만, 단기 역동 치료사들에게는 환자의 내면세계로 인도하는 불가피하고 매우 귀중한 것으로 이해된다. 전통적으로 치료적 객관성은 분석이라는 무균수술 영역을 오염시키는 치료사 자신의 경험이 없는 상태로 규정되었지만, 단기 역동 치료사는 치료적 객관성을 자기 자신의 경험을 제거하거나 완전히 깨끗하게 하는 것이 아니라, 곁에서 충분한 거리를 두고 그것을 관찰하고 그것에 관해 궁금해 하는 것으로 정의한다. 다른 말로 하자면, 단기 치료사는 새로운 종류의 객관성을 추구하는데, 그것은 느낌, 환상 혹은 반응으로부터 자유로울 수 있는 능력이 아니라, 두려워하지 않고, 정직하고, 철저하게 이러한 반응들을 관찰하고, 기록하고 이해할 수 있는 능력이다.

기법

단기 정신역동적 심리치료는 그 기법에 있어서 정신분석과 다르다.

메타커뮤니케이션. 모든 정신분석적 치료들은 환자의 무의식을 의식화하려고 하지만, 단기 정신역동적 심리치료들은 더 나아가서 치료사와 환자 모두의 무의식적이고 비언어적인 의사소통을 드러내려고 한다. 치료사가 경험들과 정서들이 환자에게 의미하는 바에 대한 자신의 이해를 적극적으로 그리고 일관되게 나눌 때, 욕구들, 정서들 그리고 경험에 대한 공감적인 해석은 그 관점을 확장한다(Gardner, 2000).

즉시성. 치료사는 흔히 현재 순간에 상담실에서 일어나고 있는 것에 대한 렌즈를 통해서 환자의 삶과 관계에 대해 이야기하기 위해서 즉시성을 사용한다. 예를 들면, 가속 경험적 역동적 심리치료(AEDP)에서 Diana Fosha(2000)는 지금-여기의 관계적 경험에 대한 협력적 처리를 가능하게 하기 위해서 치료적 관계의 강화를 주장한다. 환자에게 "지금 저와 있으면서 기분이 어떠세요? 그리고 저에 대해서 어떻게 느끼세요?"(p.

220)라고 질문하는 것은 환자의 명시적이고 암시적인 정서적 과정들에 대한 직접적인 성찰을 고양하는 것을 목표로 하는 표준 질문이다.

내담자의 강점 활용하기. 대부분의 환자들이 상담실에 올 때 그렇게 강하다고 느끼지 못하지만, 단기 정신역동 모델은 환자의 자기감에 성장과 문제 해결을 고무하기 위해서 사용될 수 있는 건강한 영역이 있다는 것에 의존한다. "스스로 바로 잡을 수 있는" 환자의 능력(Fosshage, Lachmann & Lichtenberg, 1992)은 시간-제한적인 치료에서 문제를 다루는 데 있어서 중요한 역할을 한다. 단기 지향 치료사들은 환자의 분투를 이해하면서 환자가 과거의 문제들이나 어려운 상황들에 적용했던 방식들을 찾는다. 이미 환자에게 존재하는 관계의 자원 혹은 건강한 사고방식과 정서적 과정을 확인하게 되면 환자로 하여금 이러한 강점들이 현재 상황에 어떻게 적용될 수 있는가에 대해 창조적인 탐색을 하도록 해준다 (Basch, 1995; Gardner, 2000).

자기-노출. 어떤 정신분석학 모델에서는 금기시하는 자기-노출이 단기 정신역동적 관점에서는 필수적이다. 치료사들이 반드시 그들 자신의 개인적인 정보를 노출해야 하는 것은 아니지만, 그들은 환자에 대한, 그리고 관계에 대한 그들의 경험을 노출함으로써 환자가 공감적인 조율을 경험하고 치료적 관계에서 재생되었던 순환적인 관계 패턴에 대한 통찰을 개발할 수 있도록 한다. 특별히 치료사는 흔히 있는 환자의 부적응적 순환을 끊기 위해서 이러한 반복들에 주의를 기울이면서, 환자에게 관계가 어떻게 만족스러울 수 있는가에 대한 새로운 경험을 제공한다.

단기 정신역동적 심리치료는 정신분석보다는 더욱 절충적이기 때문에 변화 과정에서 도움이 될 수 있는 다른 이론적 관점들의 기법들을 허용한다. 이러한 방법으로, 개념화와 치료가 구분된다. 치료사는 애착의 어려움들과 건강하지 못한 순환적 관계 패턴들에 비추어 환자의 삶의 문제들을 이해하지만, 치료사는 수동적이고, 비지시적인 역할을 당연한 것으로 가정하지 않고 전통적인 정신분석 도구상자 밖의 방법들을 사용할 수 있다. 증상의 완화와 지속적인 변화를 가져오기 위해서 다른 증거-기반 치료들이 쉽게 사용될 수 있다.

시간 제한: 정신분석은 분석이 "완수"될 때까지 제한이 없고 지속되지만, 단기 정신역동 심리치료는 과정을 단축하기 위해서 시간의 제약이 있다. 어떤 이론가들은 처음부터 종료하는 날짜를 정하기도 하고 (Strupp & Binder, 1985; Bauer & Kobos, 1987), 다른 이들은 관리의료와 환자의 기대에 의해 정해진 제한들에 적응한다. Mann(1973)에 의하면, 단기 정신분석 치료는 치료에 영향을 미치는 단기 종료 지평의 힘을 가정한다. 그는 우리가 분리/개별화와 관련된 갈등을 밝히기 위해서 제한된 시간을 사용해야 한다고 제안한다. Mann은 모든 내담자에게 공통적으로 나타나는 4가지 신경증적 갈등들(독립 대 의존, 능동성 대 수동성, 적절한 자존감 대 부적절한 자존감, 해결되지 않은 혹은 지연된 슬픔)을 제안하는데, 각각은 분리/개별화 과정의 숙달을 필요로 한다. 회기의 수가 미리 정해지면 그러한 핵심 갈등들이 즉시 나타나게 될 가능성이 높아지고, 치료사와 환자가 보다 짧은 시간 안에 이해와 해결을 향해 움직여갈 수 있게 된다. 모든 정신분석 지향 치료들이 환자에게 필요한 치유를 가져오는 과정을 신뢰하지만, 단기 정신역동적 심리치료는 변화와 건강한 애착을 향한 환자의 무의식적 동기화 때문에 환자가 사용할 수 있는 시간의 틀에 그 과정을 맞추게 될 것이라고 믿는다. 이러한 단기 치료들을 통해서, 환자는 제한이 없는 치료들보다 더 빨리 필요한 전이를 발달시키는 것으로 보인다. 이것을 통해서 그들은 치료 상황에서 그들의 부적응적 관계 패턴을 빠르게 재현할 수 있게 된다. 치료사는 이러한 반복을 관찰하고, 환자에게 그 순환을 통찰력 있게 알아차리고 경험

적으로 새로운 관계 방식을 선택할 수 있는 기회를 제공한다. 종료가 다가올 때, 단기 정신역동 치료에서 환자들은 그들이 치료사와의 애착 기대들을 의식적으로 그리고 무의식적으로 해소할 수 있도록 동기화시키면서 최적의 불안을 경험한다.

기독교적 비판

과거 수십 년 동안의 통합에 대한 문헌의 대부분은 아니라 하더라도 많은 부분이 정신역동적 관점에서 나왔다는 사실에 의해 분명히 드러나듯이, 최근의 정신역동 이론은 심리학과 기독교신앙의 통합을 위한 비옥한 토양인 것으로 입증되었다. 2장에서 언급했던 것처럼, 특정한 신학적 전통 속에 있는 통합적 관점과 그것의 근원을 상술하는 것이 중요하다.

나 자신의 신학적 전통은 알미니안적이고, 심지어 반펠라기안적인 뿌리를 가진 복음주의이고, 나는 근본주의적 교회에서 자랐다. 나는 그러한 근원들에서 훨씬 개혁주의적 관점과 하나님의 주권을 더 많이 인정하는 것에로 끌렸다. 나는 이러한 신학적 관점이 최근의 정신역동적 이론과 일치하고 불일치하는 점들이라고 믿는 것을 밝히려고 한다.

복음주의 신학은 인간에 대한 관계적인 관점에 있어서 최근의 정신역동적 이론과 조화를 이룬다. 일반적으로 복음주의 신학자들은 삼위일체 하나님이 관계적이듯이 하나님의 형상을 우리에게 있는 관계적인 본질로 생각한다. 치료사가 환자를 도와서 자신의 관계적인 역사를 초기 애착으로 거슬러가도록 하듯이, 하나님과 인간 사이의 관계적 역사는 에덴동산에서의 죄로 인해서 생겨난 부조화로까지 거슬러 올라간다.

복음주의 신학은 여러 면에서 정신역동 이론과 결국 불일치에 이른다. 불일치의 첫 번째 요점은 포스트모던적인 의심의 해석학을 중심으로 발생한다. 복음주의적 사고는 성경의 권위 안에서 그리고 개인이 교회의 중재 없이 성경의 진리에 이를 수 있다는 전제 안에서 형성되었다. 모든 인간의 경험은 무의식적 공포와 욕망에 의해 왜곡된 렌즈를 통해서 걸러진다는 정신역동적 가정은 복음주의적 사고와 어울리지 않는다. 이 전통에 있는 많은 사람들은 이러한 한계들이 개인적인 성경 해석에 적용되지 않는다고 믿는 것 같고, 다르게 제안하는 것은 상대주의로 이어지는 위험한 주장처럼 들린다. 그러한 극단들은 필요하지 않다. 권위적 진리에 대한 우리의 확신을 포기하지 않으면서도 우리의 관점의 한계들을 겸손히 인정하는 것은 가능하다(Mangis, 1999).

복음주의 신학과 정신역동적 사고의 통합적 긴장은 죄와 병 사이의 대조에서도 발견된다. 정신역동적 이론은 채워지지 않은 관계적 욕구들과 방해 받은 애착 역동에서 인간적인 약점들의 근원을 찾는데, 이것 때문에 개인적인 책임감이 약화될 수 있다. 복음주의 신학의 관점은 죄에 대한 책임을 개인적인 의지가 아닌 것에 전가하는 것을 반대한다. 그러나 심리적 방어들과 그것들이 개인의 선택에 미치는 영향에 대한 정신역동적 이해는 실제로 죄에 관한 신학적 이해에 많은 도움을 준다. 다른 곳에서, 나는 죄에 대한 심리내면적 이해가 기독교적 영성형성에 기여한 바를 논의했었다(Mangis, 2008).

마지막으로, 기독교적 비판에 관하여, 많은 복음주의적 기독교인들은 전이에 의해 생겨난 특이한 힘 때문에 치료사는 환자가 거절 혹은 버림받음에 대한 두려움 없이 적용할 수 있는 개인적인 가치들을 드러내서는 안 된다는 정신역동적 이론의 주장에 대해서 반대한다. 복음주의의 핵심에는 모든 사람이 복음을 들어야 하고, 그러한 나눔에 대한 제약은 거부되어야만 한다는 믿음이 있다. 그러나 이러한 분투는 정신역동 이론에 독특한 것이 아니고, 모든 이론적 지향의 기독교 치료사들에게 윤리적인 딜레마로 남아있다.

사례 연구: 토니

토니의 사례는 단기 정신역동 심리치료에 대해 구체적으로 설명하는데 몇 가지 흥미로운 점들을 제시한다. 첫째, 토니는 단기 정신역동 치료에 적합한 환자이다: 그는 그 작업을 위해 동기화되기에 충분한 어려움이 있고, 그의 문제들의 일차적인 원인을 사실상 관계적인 것으로 규정하고, 치료사와 의미 있는 상호관계에 집중할 수 있을 것으로 보인다. 첫 번째 관심 영역은 카우치를 사용하려는 미리 생각된 욕망에서 왔는데, 그는 그가 심리치료의 본질에 대해 오해했고, 아마도 그것이 정신분석이라고 생각했고, 그는 단기 정신역동 치료에 요구되는 과정 그리고 상호성과 상호주관성에 대해 중요한 방어를 갖고 그 관계를 시작하고 있을 수 있다고 말했다.

토니는 그의 어머니의 침범에 대한 두려움 때문에 그녀에게 다소 양가적인 애착을 가진 듯 했다. 그는 다른 사람들이 그에게 너무 많은 것을 요구할 것이라고 생각하는 순환적인 부적응 패턴을 발달시켰던 것 같다. 이것을 피하기 위해서 토니는 그의 관계에서 수동적이고 어물쩍한 입장을 취했다. 그는 잘하지 못할 것이고, 그의 부적절함으로 인해 창피를 당할 것이라고 생각하는 것 같다. 그의 반응이 기운이 없고 적극적이지 않기 때문에, 그가 관계하는 다른 사람들은 당혹스러워하고, 그를 멀리하고, 그가 예상했던 대로 하게 된다. 이것 때문에 그는 유능하지 않다고 느끼게 되고 관계하는 것을 더 피하게 되고 그래서 악순환을 영속화시킨다. 이러한 악순환이 그의 생활에 만연되어 있는 것 같았기 때문에, 그는 급하게 상담실을 찾아온 것 같다. 치료사는 토니에 대한 당황스럽고 참기 어려운 역전이적 감정에 주의를 기울여야만 한다. 왜냐하면 이것은 토니가 관계적 악순환을 반복하는 첫 번째 신호가 될 것이기 때문이다. 특별히 치료사가 일정 오류와 같은 의도하지 않은 공감의 오류나 실패를 할 수 있는데, 그것은 토니에게 거절로 경험될 것이다. 치료사가 정직하게 그리고 열린 마음으로 이러한 실패를 인정하고 애착 관계를 회복하려고 하면서, 토니가 그의 순환적인 관계 방식이 만연해 있음을 보도록 도와주고 흔히 그렇듯이 고통스럽게 버려지는 것으로 끝나지 않는 중요한 애착 관계를 제공하는 것이 중요하다. 그러면 아마도 토니는 다른 관계에서의 그런 악순환을 끊을 수 있도록 개입할 수 있는 구체적인 방법들을 보도록 도움을 받을 수 있을 것이다.

토니가 아버지와의 관계에서 애착의 어려움이 있었음을 감안할 때, 그의 전이 애착은 남성 치료사와의 관계에서 증가할 것이다. 만약 그가 치료사의 인정이나 칭찬을 원한다면, 따뜻함과 격려의 표현을 아끼지 말아야 하겠지만, 이러한 느낌들이 그의 아버지로부터 채워지지 못한 욕구들과 연결되어 있는 것은 그의 통찰을 촉진하기 위해서 부드럽게 짚어질 수 있다. 토니가 이러한 새로운 애착 경험을 다른 관계에 성공적으로 들여가기 시작할 때, 치료사는 이러한 성공들을 긍정적으로 인정해줘야만 한다. 이러한 관계를 더 많이 성취하는 것에 대한 보상은 스스로 해주는 것이어야만 하지만, 만약 치료사가 토니의 이전의 부적응적인 순환으로 빠지고 있는 어떤 관계들에 대해 알게 된다면, 토니에게 그들이 그 순환을 끊기 위해서 이전에 밟았던 단계들을 상기시켜 주어야만 한다.

종결이 다가오면, 토니는 고조되는 불안과 어떤 퇴행을 경험할 수 있다. 이것은 그토록 중요한 관계의 상실이 다가올 때 흔히 있는 경험으로 정상적으로 받아들여질 수 있고, 성공의 역사는 토니의 새로운 자기감을 공고히 하는 것을 촉진하기 위해서 반복적으로 얘기될 수 있다. 종결 단계에서 나타나는 퇴행 때문에 흔히 단기 정신역동적 심리치료사들은 그들의 단기적 전략의 지혜에 대해 의구심을 갖게 된다. 그러나, 환자는 대개 치료사로부터 여전히 그(그녀)에게 유익했던 도구들과 그것들을 사용할 수 있는 능력이 있다는 단언으로부터 확신을 얻을 필요가 있다. 종결을 미루는 것은 실패할지 모른다는 것을 전달하게 될 수도 있는 어려움이 있지만, 만약 치료사가 환자의 안전에 대해서 진지한 관심을 기울인다면, 종결의 최종기한을 경직되게 지키는 것 보다는 임상적 지혜와 전문적인 판단이 중요할 것이다. 마찬가지로, 종결 기일이 이 고유한 환자에 대한 치료사의 평가에 의해서가 아니라 보험 회사에 의해서 임의로 정해졌을 때, 종결의 최종기한의 연장을 위해서 노력하는 것이 필요할 수 있다.

제11장

기독교와 정신분석

마지막 생각들

Brad D. Strawn와 Earl D. Bland

이 책의 마지막 장에 이르러서 한 가지 질문이 남을 수 있다: 이 기획의 전반적인 목적은 무엇인가? 첫 번째 장에서 우리는 정신분석 이론에 대한 최근의 이해들에서 나타난 관계적 르네상스에 비추어 정신분석과 기독교신학을 재고할 것을 주장했다. 인문과학에서의 구성주의적/해석학적 전환으로 인해서 정신분석과 신학 모두의 족쇄가 되었던 계몽주의의 과학적 탐구라는 부담스러운 장식 없이, 두 분야 사이의 관계 회복이 가능하게 되었다(Burston & Frie, 2006; Cushman, 1995; Granz & Franke, 2001; Murphy, 1996; Orange, 2011). Freud이후 정신분석의 다양성을 이해하기 위해서 우리는 6명의 저자들에게 오늘날 임상적인 상황에서 두드러지는 6개의 다른 정신분석 모델의 개요를 설명해줄 것을 요청했다. 변화하고 있는 치료 실제의 세계를 인정하면서, 우리는 또한 정신분석적 커플치료에 대한 장과 단기 정신역동적 치료에 대한 장을 포함시켰다. 2장에서 Wright, Jones 그리고 Strawn은 우리의 통합 전략을 설명하면서 기독교 임상가들에게 그들의 특정한 신학적 특수성이라는 측면에서 그들 자신의 전통을 분명히 할 필요가 있음을 요청하였고, 우리는 다양한 기고자들에게 6개의 다양한 정신분석 학파의 맥락에서 그런 작업을 해달라고 요청했다. 그러나 이 책은 단순하게 정신분석에 대한 신학적 개관이었는가, 혹은 우리의 방법에는 한계가 있는가? 이 마지막 장에서 우리는 그 한계에 대해 설명하기 위해 노력할 것이다.

기독교적 전통의 재탐색

2장에서는 기독교적 통합주의자들과 통합적인 임상가들이 그들의 역사적이고 신학적인 특수성 속에서 구체적으로 그들 자신의 전통을 분명히 할 필요가 있다고 주장되었다. 이 논쟁은 여러 가지 이유로 중요하다. 치료는 무엇보다도 **좋은 삶**과 관련된 두 개인 사이의 윤리적인 대화라고 생각하기 때문에, 우리는 모든 치료에는 은연중에 종교-윤리적 체계가 포함되어 있으며, 치료사들은 그들의 이론적 지향의 윤리가 그들 자신이 더욱 은밀하게 고수하는 가정들과 갈등이 될 수 있음을 인식하지 못하면서 자신도 모르게 그것을 채택할 수 있다고 본다. 더구나, 윤리는 특정한 전통에서만 주장될 수 있다. 계몽주의의 기획은 보편적인 진리를 찾으려고 시도하면서 개인들을 전통으로부터 단절시키려고 했다. 이 기획은 실패했고 개인들은 개별적인 정서적 윤리를 따르게 되었다(MacIntyre, 2007). 정서는 윤리적 행위에 있어서 중요한 고려사항이 되었다. 넓은 기준으로 볼 때 정신분석은 이러한 체계의 측면들을 포용하였고 "공감적인 상호인정"에 근거한 표현주의적 윤리를 지지하는 것으로 가장 잘 이해될 수 있다(Summers, 2013, p.43). 이것은 윤리적 추론을 위한 출발점이었던 종교와 철학적 지식의 역사적 중요성으로부터 상당히 벗어난 것이다(Taylor, 1989, 2007). 다른 장들은 다른 정신분석이론들이 다양한 신학적 전통들과 어떻게 대화할 수 있는지, 그리고 이러한 대화로부터 어떤 임상윤리적인 결론들을 끌어낼 수 있는지를 강조하려는 시도였다.

2장에서 진행된 논의에 대한 실마리는 특히 전이와 역전이가 효과적인 치료에 없어서는 안 되는 정신분석적 치료를 행할 때 임상가들이 그 일로부터 벗어날 수 없다는 사실이다. 이러한 이유로, 만약 치료사들이 자신들의 바꿀 수 없는 주관성, 특히 정서적인 정보를 갖고 있고, 그들의 독특한 개성을 치료적으로 활용할 수 있는 방법을 찾는다면 그것은 환자를 위해서 훨씬 더 윤리적이고 유용하다. 이것은 치료사들이 그들이 원하는 것은 무엇이든 말하거나 할 수 있다는 구실이 아니다. 우리는 항상 올바른 방식으로 실천해야 하지만, 치료사의 관점의 객관성과 관련된 계몽주의적 발상으로부터 벗어나야만 한다. 치료사들은 더 이상 그들 자신을 치료적 권위와 진리를 가지고 있는 텅 빈 스크린이나 깨끗한 반사 거울로 생각할 수 없다.

자신의 전통을 가진다는 것은 어떤 전통이 더 나은가에 대한 논쟁으로 초대하는 것이 아니라 그 전통이 어떻게 자신의 "시각"을 형성하는가에 대해 성찰하는 것으로 초대이다. 그것은 또한 진실을 발견하기 위한 보다 객관적인 방법에 대한 비난도 아니다. 전통들은 한 사람의 이론적인 지향과 매우 유사하게 **의미의 지평들**(horizons of meaning)로서 기능한다(Orange, 2010b; Taylor,2011). 그러나 전통들은 너무 깊이 우리 안에 뿌리내리고 있기 때문에, 흔히 우리가 잘 의식하지 못한다(즉, 암묵적 지식). 그것들은 배경(background)에서 은연중에 작동한다. 우리는 의미의 신학적 지평을 배경으로부터 끌어내서 그것을 전경(foreground)으로 옮겨오는 것을 지지한다. 신학은 치료사들이 보고, 가치 있게 여기고, 상상하는 것에 어떻게 영향을 미치는가? 이러한 전통에는 어떤 윤리적 및 신학적 함의들이 담겨있는가? 이것은 어떻게 그리고 언제 명백하게 작동하게 해야 하는가, 그리고 이론과 마찬가지로 언제 조용하지만 유용하게 인도하는 힘(guiding force)으로서 남아있어야 하는가? 우리는 치료사들이 어떻게 명백하게 그들의 신학적 전제들을 가지고 작업하는가에 대한 보다 많은 사례들을 필요로 한다고 확신한다. 각각의 임상가가 토니의 사례와 상호작용하면서 우리가 이러한 방향으로 나아갔기를 바란다. 우리의 사례 자료는 고정적이기 때문에, 우리는 의심할 여지없이 신학적 주제들이 실제 대화에서 어떻게 받아들여지는지를 보여주는 것에 제한했다. 그 장들에서 우리가 보는 것은 각 임상가들이 그 사례를 신학적으로 어떻게 개념화 하는가에 대한 더 많은 것들이다. 이것 역시 문헌에 추가된 유용하고 중요한 부분이다. 기독교 임상가들은 사례들에 대해 어떻게 신학적으로 사고할 것인가?

스스로 전통을 분명히 하는 것에 대한 마지막 도전은 종교적으로 다양한 사회의 영향이다. 북미와 같은 문화권에서는 많은 기독교인들이 그들 자신을 신학적인 "잡종"(theological "mutts")이라고 생각한다. 그들은 일종의 신학적 다원주의를 나타내지만, 때로는 이것 때문에 초래되는 모순들을 인식하지 못한다. 우리는 치료에서 신학적 개념들이 나타날 때, 내담자들은 그들의 치료사에게서 이러한 갈등들과 불일치들을 먼저 인식하게 될 것이라고 믿는다(우리는 그들이 아무 말 없이 진행할 것이라고 생각하겠지만). 따라서 기독교 임상가들은 그들이 그들의 이론적 지향에 대해 하는 만큼 그들의 신학에 대해 분명하게 하는 것이 필요하다.

기독교 전통에서 정신분석적 치료

이론에 관해서, 이 책의 요점은 일종의 폭넓고 포괄적인 정신분석적

절충주의를 옹호하는 것이 아니었다. 때때로 개인들은 도구상자의 은유를 사용해서 정신분석적 다원주의에 대해 이야기 할 것이다. 임상가들은 하나의 특정한 이론으로 그들의 작업을 개념화할 수 있지만, 어떤 특정 순간에는 그들이 필요로 하는 것을 위해서 다른 지향들의 도구상자를 사용한다. 사실상 도구상자 은유가 때때로 유용할 수 있지만, 이것은 또한 치료사들로부터 그 도구를 분리시키는 가정들로 이어질 수 있다. 오히려 우리는 독자가 우리는 치료사의 바꿀 수 없고, 주관적인 생생함이 **체화된 조작자**(embodied operator)라는 것과 이론들은 치유와 회복의 목적을 위한 관계 경험을 표현하고 향상시키기 위해서 의도된 언어 구성들이라는 것을 믿는다고 느낄 수 있기를 소망한다.

좋은 치료사들은 그들 자신의 배경(즉, 정체성, 전통 그리고 주관성)을 잃어버리지 않으면서 다양한 언어 전통들과 대응하는 전제적인 가정들을 잘 다룰 수 있다. 지식 범주들과 다양한 현상학적 서술도구들에 대한 융통성을 발휘해서 치료사는 상황의 요구에 따라서 다양한 이론적 구성들을 선택적으로 그리고 창조적으로 활용하고 적용할 수 있다. 우리는 내담자가 제기하는 문제들, 발달상의 진단, 외상의 정도와 강도, 문화적인 그리고 성적인 고려들, 신앙 전통들, 무의식적인 과정들, 치료의 단계, 그리고 관계적인 맥락들은 모두 특정 이론의 통찰들의 유용성을 구별하도록 도와주는, 상호적으로 작용하는 힘들이라고 주장한다.

그러면 다음의 질문이 제기된다. 정신분석적 심리치료는 무엇을 의미하는가? 각 정신분석 모델이 그것의 독특함을 유지해야만 한다면, 그것들은 모두 어떻게 정신분석적일까? 정신분석 치료를 규정하려고 시도하면서 McWilliams(2004)는 "내가 보기에 사람들을 돕기 위한 정신역동적 접근들 가운데 무엇보다 중요한 주제는 우리가 우리 자신에 대해서 정직하면 정직할수록, 만족스럽고 유익한 삶을 살 수 있는 우리의 기회들이 더 많아진다"(p. 1)고 주장했다. 그녀는 다양한 정신분석 치료들이 "의식되지 않은 것을 인정하는 것–즉, 우리 자신들 안에서 보기에 어렵거나 고통스러운 것을 인정하는 것–을 통해서"(p. 1) 자기-지식을 증대시키는 것을 목표로 공유한다고 지적한다.

종교적인 관점에서 볼 때, McWilliams(2004)는 이것의 도덕주의적인 어조에 주목하지만, 그녀가 그것을 그러한 것으로 규정했던 첫 번째 인물이 아님을 인정하는 것은 흥미롭다. Philip Rieff와 같은 저자들은 훨씬 이전에 Freud가 본질적으로 도덕주의자였다고 주장했고, Thomas Szasz는 정신분석을 "의료적 치료가 아닌 도덕적 대화"(McWilliams, 2004, p. 2에서 인용)로 규정했었다. 그녀는 심지어 Wilfred Bion도 정신분석이 의료적 측면(예를 들어, 반복할 수 있는 결과를 얻기 위한 시도에서 전문가에 의해 제공되는 합리적이고 기술적인 절차)과 종교적인 측면(예를 들어, 해답을 찾기 위한 실존적, 인본주의적, 낭만적 방법)으로 구성되었다는 것에 주장했다는 사실을 주목한다.

> Bion은 심지어 그렇게 말하기까지 하지는 않았지만, 정신분석적 임상가들에 의해 공유된, 상당히 실질적인 "신학"이 있다는 것은 논의의 여지가 있다. 앞서 언급되었듯이, 그것의 신앙의 항목에는 다음과 같은 믿음들이 포함된다. 자기 자신을 깊이 아는 것은 복잡한 긍정적인 효과들을 나타낼 것이다; 정직함(방어를 포기하거나 거짓 자기를 진정성으로 대체하기)은 건강에 그리고 특별히 정신 건강에 중심이 된다; 그리고 분석적인 치료를 수행하기 위한 최고의 준비는 분석적 치료를 받는 것이다.(p. 4)

그러나 정신분석적 심리치료를 다른 치료들로부터 구별시켜주는 어떤 것이 있는가? 9장에서 언급했듯이, 몇몇 저자들(Gabbard, 2010;

McWilliams, 2004; Shedler, 2010)은 인지행동적, 가족체계, 인본주의적/실존적 그리고 다른 이론 양식들로부터 정신분석을 구별시켜주는 핵심적인 요소들을 강조해왔다. 의식과 무의식의 과정들의 영역에서 정신분석적 치료의 특징에는 다음과 같은 것들이 포함된다:

1. 감정과 정서 표현에 초점을 둠
2. 어떤 주제들을 회피하거나 치료의 진전을 지연시키는 행동(즉, 저항과 같은)을 하려는 환자의 노력에 대한 탐구
3. 환자의 행동, 생각들, 느낌들, 경험들 그리고 관계들(대상관계)의 패턴을 파악하기
4. 과거의 경험들을 강조함
5. 대인관계적 경험들에 초점을 둠
6. 치료적 관계를 강조함(전이와 작업동맹)
7. 소망, 꿈 그리고 환상(심리내면적 역동)의 탐색

이러한 차이점들은 다양한 정신분석 학파들 사이에서뿐만 아니라 다른 이론적 지향들에 대비하여 하나의 전체로서의 정신분석적 치료들 사이에서도 정도의 차이인 것이지 단정적인 것은 아니다.

McWilliams(2004)는 계속해서 실제로 정신분석적 심리치료가 다른 형태의 치료와 구별되는 점은 기법이 아니라 "치료자 행위의 기저에 있는 가정들의 본질"(p. 4)이라고 제안한다. 비슷한 맥락에서, Stolorow (1994b)는 외적인 기준들보다는 본질적 기준들이 치료가 정신분석적인지 아닌지를 결정한다고 가정한다. 이 본질적 기준들을 정의하면서, Stolorow는 "정신분석이 1) 그것의 중심적인 목적에 의해서, 2) 그것의 **조사하는 태도**에 의해, 3) 그것의 독특한 **탐구영역**에 의해 정의된다"(p. 150)고 제안한다.

> 나의 공동연구자들과 나는... 정신분석 과정의 근본적인 목적이 **환자들의 주관적인 세계를 드러내고, 조명하고, 변화시키는 것**이라고 정의했다. 더 나아가서 우리는 이 목적이 최대한으로 달성될 수 있는 치료적 상황을 가장 잘 만들어낼 수 있는 조사 태도는 **지속적인 공감적 탐구**의 태도-환자 자신의 주관적인 준거 기준의 관점에서 지속적으로 이해를 추구하는 것-로서 가장 잘 특징지어진다고 제안했다. 그러한 탐구에는 지속되는 조사에 분석가 자신의 개인적인 주관성이 개입되는 것에 대해 계속적으로 성찰하는 것이 포함되어야만 한다.... 우리는 정신분석적 탐구의 독특한 영역, 그리고 그것의 치료적 행위가 발견될 수 있는 곳은 분석적 관계에 대한 환자의 경험을 탐구하는 것-**전이 분석**-에 있다고 생각한다.(pp. 150-51)

그러므로, 정신분석적 치료를 정의하는 것은 카우치의 사용 혹은 주당 회기 수와 같은 외적인 형식이 아니다. 분명하게 정신분석적 방법을 규정하는 것은 본래의 관계적 과정이다. 이것은 중요한데, 왜냐하면 우리가 정신분석을 배우는 데 관심이 있는 학생들을 훈련시켰을 때, 그들은 종종 환자들을 한 주에 세 번에서 다섯 번 만나는 훈련된 분석가들에 의해 저술된 분석 관련 도서들과 학술지들에서 읽은 것과 유사한 방법으로 실천해야만 한다고 생각하기 때문이다. 우리는 우리가 실천하는 방법이 진단과 회기의 빈도와 같은 주제들에 따라서 다양하다고 주장한다. 그러나, 이것이 한 주에 한번 하는 치료가 정신분석적이지 않다고 하는 것은 아니다. 본래의 요소들이 어떤 치료를 정신분석적인 것으로 규정한다면, 치료사의 인격과 환자에 대한 관계적인 연결은 정신분석적 심리치료의 결정적인 표지이자 그것의 지속적인 성공을 위한 근본적인 요소들이다.

아마도 그 누구보다도 더 넓은 독자에게 정신분석적 개념들을 전해주기 위해서 최근에 더 많은 것을 해왔던 McWilliams(2004)는 하나의 옳거나 보편적인 정신분석 기법(외부적인 요소)이 있을 수 없지만, 아마도 정신분석적 치료를 떠받치는 "보편적인 믿음들이나 태도들"(p. 27)(본래의 요소들)이 있을 것이라고 제안한다. 다음은 이러한 필수적인 요소들 그리고 정신분석적 치료의 핵심이 우리의 기독교 신학적 전통과 어떻게 맞물리는가에 대한 우리의 이해를 간략하게 요약한 것이다.

첫째, 정신분석적 임상가들은 **호기심**과 **경외감**을 공유한다. 이 개념에 의하면 우리의 행동, 느낌, 지각 그리고 생각을 움직이는 힘의 많은 부분은 우리의 의식 밖에 있다. 무의식적인 영역에 대한 호기심은 단순한 지적 유익 또는 진부한 탐구심의 사소한 만족을 위한 것이 아니다. 지식에 대한 사랑을 절제에 의해 뒷받침되는 미덕으로 보았던 Thomas Aquinas를 따라서(Roberts & Wood, 2007), 정신분석 심리치료사들은 한 사람을 위한 이해하고 돌보는 통로로서 무의식적 정신작용에 대한 지식에 경외감을 느낀다. 숨겨진 것에 대한 호기심을 유지하고, 우리가 환자에 대해 알거나 배우게 될 것을 결코 확신할 수 없다는 믿음을 견지함으로써 우리는 지속적으로 탐구하면서도 겸손함을 유지할 수 있다. 이런 이유로 McWilliams(2004)는 치료사를 여행 가이드로 은유하는 것을 좋아한다. 우리는 어디에서 환자들과 끝나게 될지 모를 수 있다; 우리에게 필요한 것은 여정이 안전하다는 확신이다.

둘째, 정신분석 심리치료사들은 인간의 심리적 과정들이 본질상 복잡하고 갈등이 있다고 믿는다. 예레미야가 관찰했듯이, "만물보다 거짓되고 심히 부패한 것은 마음이고"(렘 17:9), 바울은 로마서 7장에서 그 자신의 혼란스럽고 모순된 동기들(말하자면, 다중적인 자기상태)을 인정한다. McWilliams(2004)는 이러한 성경적인 예들을 상세히 설명하면서 어떤 심리적인 문제나 현상에도 한 가지 이상의 원인이 있을 것이고 한 가지 이상의 기능을 수행할 것이라는 사실을 인정한다. 그녀의 목표는 인간의 다중성이라는 본성을 강조하는 것이지만, 때로는 우리의 정신과정을 방해하는, 혼란스럽고 복잡한 동기적 과정들을 강조하는 것이다. 우리는 다른 사람들과 가깝게 지내길 바라면서 동시에 그것을 두려워할 수 있다. 우리는 하나님을 신뢰하기를 간절히 원하면서 또한 이렇게 살아갈 기회를 회피할 수 있다. 우리는 자유를 바란다고 주장하지만 의존적인 방법들로 다른 사람들을 가까이 두려고 할 수 있다. 정신분석 임상가는 복잡하고 다양한 설명들을 잘 다룰 수 있다. 그리스도인으로서 우리는 혼란들과 모순들에도 불구하고 하나님이 세상을 이해할 수 있게 만드셨다고 믿는다. 이 복잡성을 고려하여, 우리는 하나님의 피조물-특히 인간 마음의 기능-의 다양하고 복잡한 애매함을 곡해하는 영적인 어리석음이나 일반론으로 신비함을 회피하거나 그것에 수반되는 불안을 둔화시키지 않는다. 우리는 모호한 세상에 살고 있고, 정신적 삶에 대한 탐구는 사려 깊고 열정적이어야만 한다. Jens Zimmerman(2013)이 주장한대로, "그리스도인의 삶이란 단지 '예수님이라면 어떻게 하셨을까' 라고 순진하게 물으면서 그저 그리스도를 '흉내 내는 것' 이 아니라, 공통된 인간성의 도움으로 자신의 문화에 맞게 복음을 진정으로 해석하는 것-또는 심지어 더 좋게는, 실연하는 것-이다."(p. 272) 이러한 민감성이 가장 적절한 영역은 바로 영혼 돌봄의 실제이다.

셋째, 정신분석적 심리치료사들은 동일시와 공감의 중요성을 인정한다. "우리는 모두 다른 무엇보다 단지 인간적인 존재일 뿐이다"(Mc Williams, 2004, p. 34에서 인용)라는 Harry Stack Sullivan의 말은 치료사들과 환자들의 본질적인 인간다움을 인정한다. 환자의 인간성과의 동일시는 정신분석적 심리치료사들이 진단과 치료 개입에 관한 결정에서 깊이 공감하고 그들의 역전이나 공동전이(cotransference)를 활용하는 데 도움이 된다(Orange, 1995). 우리는 사랑이라는 근본적인 기독교적 동기는 타자가 Levinas적인 용어에서 전적으로 다른 것으로 이해되는 변증법적인 긴장 속에서(Goodman, 2012를 보라), 즉 우리 자신의 경험과 공존하는 긴장 속에서 깊이 소통된다고 제안한다. 사랑이 타자가 지배하는 자기의 포기는 아니지만, 치료의 과정에서 일정 수준의 비대칭성은 상호인정의 발달 과정에 필수적이다(Hoffman, 2011).

모든 형태의 전이는 환자, 치료사로서 우리 자신들, 그리고 치유와 화해를 진전시키기 위해서 우리가 구축하고 있는 관계에 대한 정보를 사용하라는 일종의 초대이다. 공감은 이해와 사랑을 촉진하는 것인데, 여기에는 판단적인 비난과 책망을 삼가는 것이 포함된다(Willard, 1998). 우리가 우리의 환자들을 공감적인 관점으로, 즉 환자의 내면으로부터의 시각으로 이해할 때, 우리는 그들이 필요로 하는 것을 더 잘 알 수 있다. 이것은 치유에 대한 그토록 많은 기독교적 토론에 포함되어 있는 책임 부과가 아니다. 치료는 그 사람이 필요로 하는 것에 대한 예단에 근거하지 않는다. 그들의 사회적, 종교적 및 문화적 맥락에서 각 사람의 독특성에 맞는 창조적인 연민과 특화된 개입을 가능하게 하는 것은 환자의 삶에 대한 경험에 가까운 공동의 참여이다. 정신분석적 치료는 근본적인 앎의 방법으로서 사랑이 포함되는 "계속되는 하나님의 돌봄 사역"에 참여하는 것이다(Olthuis, 2001, p. 49). N. T. Wright(1999)는 이해의 방식으로서 사랑에 대한 이러한 개념을 강조한다:

> 나는 우리가 포스트모던한 세상의 기독교인으로서 음악과 수학에, 생물학과 역사에, 신학과 화학[그리고 정신분석적 치료]에 적용될 인간의 지식에 대해 설명할 수 있고 그렇게 해야만 한다고

믿는다. 우리는 후기 포스트모던 세상을 위해서 우리가 **사랑의 인식론**이라고 할 수 있을 것을 명시할 필요가 있다(p. 195, 강조는 첨가).

정신분석적 심리치료사들이 견지하는 네 번째 신념은 주관성과 정서 조율의 중요성이다(McWilliams, 2004). 주관성은 객관성의 덜 중요한 의붓자식이 아니라, 명시되지 않고 공식화되지 않은 경험의 영역을 들여다 보는 중요한 창(window)이다. 객관적인 지식을 위한 중요한 자리가 있지만, 치료적인 주관성은 명시적인 지식을 초월하는 일종의 느낌적인 지식 또는 정서적 경험의 조율과 관련된다. 처음에 유아와 양육자에게서 드러나는 정서적인 유대감은 정신분석적 심리치료의 친밀한 교류인 공통어가 된다. 구약학자 Walter Brueggemann(1999)은 이러한 이미지에서 시작해서, 초기의 친밀한 관계들을 초월적인 하나님과의 친밀함을 예시하는 것으로 본다. 심지어 시편 또는 예언서를 대충 읽어봐도 하나님과 우리의 관계에서 감정이 가진 중요한 기능을 알 수 있다. 우리는 울고 그분은 들으신다. 우리는 슬퍼하고 그분은 위로하신다, 우리는 그분의 선하심을 기뻐하며 춤추고 노래한다. Brueggemann에게 시편들은 불평과 찬양의, 자기주장과 자기포기의 변증법이다.

> 나는 신학적으로 그리고 정서적으로, 자기주장이 자기포기보다 중요하다고 확신한다. 왜냐하면 자기가 주장되거나 안정되지 않는 한, 포기하거나 충성을 맹세할 아무런 자기도 없기 때문이다.... 긴박한 주장을 통해서 하나님은 나의 문제들에 연결이 될 수 있고 나는 하나님의 기대에 연결될 수 있다. (p. 7)

감정은 우리의 내적인 본성, 우리의 욕구들 그리고 우리의 친밀한 상호작용의 상황에 대한 진실을 말할 수 있는 능력에 있어서 관계적인 선생님이다. 우리는 기독교 신학이 진실로서의 감정을 무시하는 만큼, 정신분석적 치료가 고통과 변화에 대한 합리적인 지식과 선언적인 접근들을 선호하는 어떤 경향에 대한 치유적인 균형을 기독교 공동체에 제공하고 있는 것을 본다.

대상관계이론과 특히 애착이론의 언어들은 "발달상의 결핍" 개념을 정신병리학과 임상적 치료의 중요한 측면으로 열어주었다. McWilliams (2004)는 많은 정신분석 심리치료사들의 다섯 번째 신념은 치료가 새로운 정보를 제공하거나 "아하" 경험을 촉진하는 것 이상의 것이라고 가정한다. 많은 환자들에게 심리치료는 발달상의 결핍들이 극복되고 개인들이 심리적으로 그리고 감정적으로 성장할 수 있는 새로운 경험이다. 이런 의미에서 치료사는 과거의 **나쁜 대상**이 되는 것을 견뎌내는 그 순간에 새로운 **좋은 대상**이 되어줌으로써 다른 결말을 가져오게 된다. 이러한 성숙 과정을 통해서 환자들은 세상을 있는 그대로 볼 수 있게 된다: 편안하면서도 복잡하고, 희망적이면서도 비극적이고, 무서우면서도 즐거운 곳. 기독교인으로서 우리는 성장과 성숙이 반드시 노력과 실천을 포함하지는 않는 복잡한 과정이라는 것을 안다. 우리는 근본적으로 거하는 자들이다. "내 안에 거하라 나도 너희 안에 거하리라 가지가 포도나무에 붙어 있지 아니하면 스스로 열매를 맺을 수 없음 같이 너희도 내 안에 있지 아니하면 그러하리라"(요15:4). 정신분석적 언어에서 우리는 Emmanuel Ghent(1990)의 내어맡김(surrender)이라는 개념에 주의를 기울일 수 있다. 이것은 굴복(submission)과는 다른 어떤 것인데, 이것을 통해서 우리는 능동적인 행위 중심의 행동이 아니라 촉진적 환경의 상황 속에서 내려놓음의 방식으로 성장을 향해 나아간다. 치료사와 환자가 깊이 몰입하는 치료 과정에 거하게 될 때, 새로움, 명료함, 통합성 그리고 전체감이 드러난다.

정신분석적 감수성으로 실천하는 치료사를 위한 McWlliams(2004)의 여섯 번째이자 마지막 신념은 신앙(faith)이다. 여기에서 그녀는 치료사들이 치료과정에서 갖는 확신 또는 신뢰에 대해 언급하고 있다. 이 희망적인 자신감은 단지 이론적이거나 기술적인 지식에서 나오는 것이 아니라, 자신의 삶에서 이러한 탐구의 좁은 길을 여행해왔던 치료사들의 깊은 경험에서 나온다. 심지어 실제 치료가 어려워지고 교착이나 실연이 일어날 때에도, 정신분석적으로 지향하는 치료사는 희망이 있다고 믿는다. 정신분석적 치료사들은,

> 단지 개인과 함께 할 전문적인 여정이 어디로 갈 것인지에 대해 예측하는 것을 꺼리지만, 그들은 그것이 치료사와 환자를 궁극적으로 정직함, 작용주체, 숙달, 자기응집, 자기존중, 감정 인내 그리고 관계를 성취하는 능력에 대한 환자의 감각을 강화시키는 영역으로 이끌어 갈 것이라고 믿는다. (p. 42)

그러나 기독교 전통 안에서 정신분석적 치료는 이러한 결과들의 고결함과 상관없이 단지 자기실현과 심리적 건강을 촉진하기 위한 표현주의적인 활동이 아니다. 정신분석적 치료에서는 기독교인들에게 더욱 깊은 어떤 것이 일어나고 있다. 치료사와 환자는 모두 종말론적으로 그리스도의 구원과 화해의 사역에 참여하고 있다. Jens Zimmermann(2013)가 단언했듯이, "그리스도 안에서 우주는 인간을 향한 근본적인 방향감각을 회복한다"(p. 266). 매우 주관적인 그리고 인본주의적으로 초점이 맞춰진 정신분석적 치료의 틀은 이기주의(egoism)가 아니다. 정신분석적 치료는 성취되었을 때 우리 창조주의 역사를 세상에 알리는, 인간성에 관한 진리의 추구이다.

우리는 McWilliams처럼 정신분석적 심리치료의 이러한 6가지 감수성들이 정신분석의 모든 다른 이론들의 근거가 되는 토대라고 믿는다. 우리는 이것들이 그리스도를 반영하고 이런 종류의 일들을 환자들의 삶 속에서 매우 효과적이게 만드는 중요한 특징들, 가치들, 신념들 또는 덕목들이라고 믿는다. 경험적으로 타당성이 입증되는 치료들의 세계에서 정신분석은 때때로 타격을 입어왔다. 그러나 우리는 McWilliams(2004)처럼 이러한 감수성들이 "학자들과 사회 비평가들이 우리의 산업화되고, 소비자 중심적이고, 기술적으로 정교해진 문화들을 위해서 우리가 지불한 대가라고 종종 한탄했던 지적 수동성, 독선적인 환원주의, 정서적 거리감, 대상화와 무관심, 개인적인 소외와 사회적 무질서, 그리고 실존적인 두려움"(p. 45)에 대한 유용한 해결책이라고 확신한다.

정신분석의 긍정적인 임상적 영향을 보여주는 정교한 성과 연구들(Leichessenring & Rabung, 2008; Shedler, 2010)이 증가하였지만, 정신분석의 유효성을 주장하는 것이 이 책의 목표는 아니었다. 우리는 어떤 이론이 더 나은가를 주장하기 보다는 부분적으로 "실용적인 정신분석"(Renik, 2006)을 옹호해 온 것이다.

> 실용적인 정신분석은 환자가 자신의 마음이 어떻게 작동하는가에 대해 더 잘 이해함으로써 매일의 삶에서 고통은 덜 느끼고 만족은 더 느낄 수 있도록 도와주는 것을 목표로 하는 치료이다.... 실용적인 정신분석은 이론과 관련하여 열린 마음을 유지하는 것, 그 무엇도 자명한 것으로 고수하지 않는 것을 의미한다; 그리고 그것은 기법에 대한 실험적인 접근을 지속하는 것-즉, 환자와 함께 작업할 수 있는 어떤 방법이든 찾아봄으로써 원하는 치료 목표들을 향해 나아가게 되는 것 같다.(p. 3)

앞에서 언급한대로, 우리는 이론들이 치유와 회복의 목적을 위해서 관계적인 경험을 설명하고 향상시키기 위해 의도된 언어의 구성물들이라고 믿는다. 물론, 기독교인으로서 우리는 알게 모르게 표현되는 우리의 신앙이 이러한 과정의 필수적인 측면이라고 믿는다. 어떤 의미에서는, 신학도 인간과 하나님 사이의 관계적인 경험을 설명하기 위해서 시도되는 언어의 구성물이다. 우리는 이 책이 작은 방식으로 그리스도의 형상으로의 인간회복을 궁극적인 목표로 해서 실천신학과 정신분석이라는 언어 구성물 사이의 대화를 담아내었기를 바란다.

참고문헌

Ainsworth, M. D. S., Blehar, M. C., Waters, E., & Wall, S. (1978). *Patterns of attachment: A psychological study of the strange situation*. Hillsdale, NJ: Erlbaum.

Allen, J. G., Fonagy, P., & Bateman, A. W. (2008). *Mentalizing in clinical practice*. Arlington, VA: American Psychiatric Publishing.

Altman, N. (1995). *The analyst in the inner city: Race, class and culture through a psychoanalytic lens*. Hillsdale, NJ: Analytic Press.

Altman, N. (2010). *The analyst in the inner city: Race, class, and culture through a psychoanalytic lens* (2nd ed.). New York: Routledge.

Ammaniti, M., & Trentini, C. (2009). How new knowledge about parenting reveals the neurobiological implications of intersubjectivity: A conceptual synthesis of recent research. *Psychoanalytic Dialogues*, *19*, 537-55.

Armistead, K., Strawn, B., & Wright, R. (Eds.). (2010). *Wesleyan theology and social science: The dance of practical divinity and discovery*. Cambridge, UK: Cambridge Scholars Publishing.

Aron, L. (1991). The patient's experience of the analyst's subjectivity. *Psychoanalytic Dialogues*, *1*(1), 29-51.

Aron, L. (1996). *A meeting of minds: Mutuality in psychoanalysis*. Hillsdale, NJ: Analytic Press.

Aron, L. (2000). Self-reflexivity and therapeutic action of psychoanalysis. *Psychoanalytic Psychology*, *17*, 667-89.

Aron, L. (2004). God's influence on my psychoanalytic vision and values. *Psychoanalytic Psychology*, *21*, 442-51.

Aron, L. (2005). The tree of knowledge, good and evil: Conflicting interpretations. *Psychoanalytic Dialogues*, *15*, 681-708.

Aron, L., & Harris, A. (Eds.). (1993). *The legacy of Sandor Ferenczi*.

Hillsdale, NJ: Analytic Press.
Aron, L., & Harris, A. (Eds.). (2005). *Relational psychoanalysis: Vol. 2. Innovation and expansion*. Hillsdale, NJ: Analytic Press.
Aron, L., & Harris, A. (Eds.). (2012a). *Relational psychoanalysis: Vol. 4. Expansion of theory*. New York: Routledge.
Aron, L., & Harris, A. (Eds.). (2012b). *Relational psychoanalysis: Vol. 5. Evolution of process*. New York: Routledge.
Aron, L., Harris, A., & Suchet, M. (Eds.). (2007). *Relational psychoanalysis: Vol. 3. New voices*. Mahwah, NJ: Analytic Press.
Atwood, G. E., & Stolorow, R. D. (1984). *Structures of subjectivity: Explorations in psychoanalytic phenomenology*. Hillsdale, NJ: Jason Arenson.
Atwood, G. E., & Stolorow, R. D. (1993). *Faces in a cloud: Intersubjectivity in personality theory*. Lanham, MD: Jason Aronson.
Augustine. (1991). *On the Trinity*. (E. Hill, Trans.). Brooklyn, NY: New City Press.
Bacal, H. A. (1985). Optimal responsiveness and the therapeutic process. *Progress in Self Psychology*, *1*, 202-27.
Bacal, H. A., & Carlton, L. (2010). Kohut's last words on analytic cure and how we hear them now–a view from specificity theory. *International Journal of Psychoanalytic Self Psychology, 5*, 132-45.
Bacal, H. A., & Newman, K. (1990). *Theories of object relations*. New York: Columbia University Press.
Bagnini, C. (2012). *Keeping couples in treatment: Working from surface to depth*. Lanham, MD: Jason Aronson.
Balint, M. (1933). *Primary love and psychoanalytic technique*. London: Hogarth.
Balint, M. (Ed.). (1949). Sandor Ferenczi. *International Journal of Psychoanalysis*, *30*, 4.
Balint, M. (1959). *Thrills and regressions*. London: Hogarth.
Balint, M. (1968). *The basic fault: Therapeutic aspects of regression*. Evanston, IL: Northwestern University Press.
Balswick, J. O., King, P. E., & Reimer, K. S. (2005). *The reciprocating*

self: Human development in theological perspective. Downers Grove, IL: Inter-Varsity Press.
Bartholomew, K., & Horowitz, L. M. (1991). Attachment styles among young adults: A test of a four-category model. *Journal of Personality and Social Psychology*, *61*, 226-44.
Barton, J., & Haslett, T. (2007). Analysis, synthesis, systems thinking and the scientific method: Rediscovering the importance of open systems. *Systems Research and Behavior Science, 24,* 143-55.
Basch, M. F. (1990). Further thoughts on empathic understanding. *Progress in Self Psychology, 6*, 3-10.
Basch, M. F. (1995). *Doing brief psychotherapy*. New York: Basic Books.
Bauer, G. P., & Kobos, J. C. (1987). *Brief therapy: Short-term psychodynamic intervention*. Northvale, NJ: Jason Aronson.
Beebe, B., Jaffe, J., & Lachmann, F. M. (1992). A dyadic systems view of communication. In N. J. Skolnick & S. C. Warshaw (Eds.), *Relational perspectives in psychoanalysis* (pp. 61-81). Hillsdale, NJ: Analytic Press.
Beebe, B., & Lachmann, F. M. (1988). Mother-infant mutual influence and precursors of psychic structure. *Progress in Self Psychology*, *3*, 3-25.
Beebe, B., & Lachmann, F. M. (1998). Co-constructing inner and relational processes: Self and mutual regulation in infant research and adult treatment. *Psychoanalytic Psychology*, *15*, 480-516.
Beebe, B., & Lachmann, F. (2002). *Infant research and adult treatment*. Hillsdale, NJ: Analytic Press.
Benjamin, J. (1988). *The bonds of love: Psychoanalysis, feminism, and the problem of domination*. New York: Pantheon.
Benjamin, J. (1990). An outline of intersubjectivity: The development of recognition. *Psychoanalytic Psychology*, *7*, 33-46.
Benjamin, J. (1995). *Like subjects, love objects: Essays on recognition and sexual difference*. New Haven, CT: Yale University Press.
Benjamin, J. (1998*). Shadow of the other: Intersubjectivity and gender in psychoanalysis*. New York: Routledge.

Benjamin, J. (1999). Recognition and destruction: An outline of intersubjectivity. In S. A. Mitchell & L. Aron (Eds.), *Relational psychoanalysis: The emergence of a tradition* (pp. 181-210). Hillsdale, NJ: Analytic Press.

Benjamin, J. (2004). Beyond doer and done to: An intersubjective view of thirdness. *The Psychoanalytic Quarterly*, *73*, 5-46.

Benjamin, J. (2009). A relational psychoanalytic perspective on the necessity of acknowledging failure in order to restore the facilitating and containing features of the intersubjective relationship (the shared third). *International Journal of Psychoanalysis*, *90*, 441-50.

Benner, D. G. (1983). The incarnation as a metaphor for psychotherapy. *Journal of Psychology and Theology*, *11*, 287-94.

Benner, D. G. (2011). *Soulful spirituality: Becoming fully alive and deeply human*. Grand Rapids, MI: Brazos.

Bettelheim, B. (1982). *Freud and man's soul*. New York: Alfred A. Knof.

Bingaman, K. A. (2003). *Freud and faith: Living in the tension*. Albany, NY: State University of New York Press.

Bion, W. R. (1962a). *Learning from experience*. London: Heinemann.

Bion, W. R. (1962b). The psychoanalytic study of thinking, II: A theory of thinking. *International Journal of Psychoanalysis*, *43*, 306-10.

Bion, W. R. (1977). *Seven servants*. New York: Aronson.

Black, D. M. (1993). What sort of a thing is a religion? A view from object relations theory. *International Journal of Psycho-Analysis, 74*, 613-25.

Blair, C., & Raver, C. C. (2012). Child development in the context of adversity: Experiential canalization of brain and behavior. *American Psychologist*, *67*, 309-18.

Bland, E. D. (2010). Finding self and forming virtue: The treatment of narcissistic defenses in marital therapy. *Journal of Psychology and Christianity*, *29*, 158-65.

Bland, E., Strawn, B., Tisdale, T., Hicks, M., & Hoffman, L. (2012, March). *Integrating traditions: Christianity and psychoanalysis in conversation*. Sym-posium conducted at the International

Conference of the Christian Association for Psychological Studies, Washington Dulles Airport Marriott.
Blatt, S. J., & Luyten, P. (2009). A structural-developmental psychodynamic approach to psychopathology: Two polarities of experience across the lifespan. *Development and Psychopathology*, *3*, 793-814.
Bornstein, R. F. (2001). The impending death of psychoanalysis. *Psychoanalytic Psychology*, *18*, 3-30.
Boston Change Process Study Group (2010). *Change in psychotherapy: A unifying paradigm*. New York: W. W. Norton.
Boszormenyi-Nagy, I., & Krasner, B. (1986). *Between give and take: A clinical guide to contextual family therapy*. New York: Brunner/Mazel.
Bowlby, J. (1944). Forty-four juvenile thieves: Their characters and home life. *International Journal of Psychoanalysis*, *25*, 1-57.
Bowlby, J. (1969). *Attachment and loss: Vol. 1. Attachment*. New York: Basic Books.
Bowlby, J. (1973). *Attachment and loss: Vol. 2. Separation: Anxiety and anger*. New York: Basic Books.
Bowlby, J. (1980). *Attachment and loss: Vol. 3. Loss: Sadness and depression*. New York: Basic Books.
Bowlby, J. (1982). *Attachment and loss: Vol. 1. Attachment*. 2nd ed. New York: Basic Books.
Bowlby, J. (1988). *A secure base: Parent-child attachment and healthy human development*. New York: Basic Books.
Brandchaft, B. (1983). The negativism of negative therapeutic reaction and the psychology of the self. In A. Goldberg (Ed.), *The future of psychoanalysis* (pp. 327-59). New York: International Universities Press.
Brandchaft, B. (1986). Self and object differentiation. In R. F. Lax, S. Bach & J. A. Burland (Eds.), *Self and object constancy* (pp. 153-76). New York: Guilford Press.
Brandchaft, B. (2007). Systems of pathological accommodation and change in psychoanalysis. *Psychoanalytic Psychology*, *24*, 667-87. doi:10.1037/07369735.24.4.667.

Brandchaft, B., Doctors, S., & Sorter, D. (2010). *Toward an emancipatory psychoanalysis: Brandchaft's intersubjective vision*. New York: Analytic Press.

Brennan, K. A., Clark, C. L., & Shaver, P. R. (1998). Self-report measurement of adult attachment: An integrative overview. In J. A. Simpson & W. S. Rholes (Eds.), *Attachment theory and close relationships* (pp. 46-76). New York: Guilford Press.

Brenner, C. (1982). *The mind in conflict*. Madison, CT: International Universities Press.

Brody, P. R. (1988). Couples psychotherapy: A psychodynamic model. *Psychoanalytic Psychology*, *5*, 47-70.

Brokaw, B. F., & Edwards, K. J. (1994). The relationship of God image to level of object relations development. *Journal of Psychology and Theology*, *22*, 352-71.

Bromberg, P. M. (1998). *Standing in the spaces: Essays on clinical process, trauma, and dissociation*. Hillsdale, NJ: Analytic Press.

Bromberg, P. M. (2004). More than meets the eye: A professional autobiography. *Psychoanalytic Inquiry*, *24*, 558-75.

Bromberg, P. (2006). *Awakening the dreamer: Clinical journeys*. Mahwah, NJ: Analytic Press.

Bromberg, P. M. (2011). *The shadow of the tsunami*. New York: Routledge.

Brown, W. S. (1998). Cognitive contributions to the soul. In W. S. Brown, N. Murphy & H. N. Malony (Eds.), *Whatever happened to the soul? Scientific and theological portraits of human nature*. Minneapolis: Fortress Press.

Brown, W. S. (2004). Resonance: A model for relating science, psychology, and faith. *Journal of Psychology and Christianity*, *23*(2), 110-20.

Brown, W. S., Murphy, N., & Malony, H. N. (Eds.). (1998). *Whatever happened to the soul? Scientific and theological portraits of human nature*. Minneapolis: Fortress Press.

Brown, W. S., & Strawn, B. D. (2012). *The physical nature of Christian life: Neuroscience, psychology, and the church*. New York:

Cambridge University Press.

Browning, D. S. (1987). *Religious thought and the modern psychologies: A critical conversation in the theology of culture*. Philadelphia: Fortress Press.

Browning, D. S., and Cooper, T. D. (2004). *Religious thought and the modern psychologies* (2nd ed.). Minneapolis: Fortress.

Brueggemann, W. (1999). *The covenanted self: Explorations in law and cov-enant*. Minneapolis: Augsburg Press.

Brugger, C. E. (2009). Psychology and Christian anthropology. *Edification*, *3*(1), 5-18.

Brunner, E. (1939). *Man in Revolt*. (Olive Wyon, Trans.). London: Lutter-worth Press.

Bucci, W. (1997). *Psychoanalysis and cognitive science: A multiple code theory*. New York: Guilford Press.

Buechler, S. (2004). *Clinical values: Emotions that guide psychoanalytic treatment*. Hillsdale, NJ: Analytic Press. Burston, D., & Frie, R. (2006). *Psychotherapy as human science*. Pittsburgh: Duquesne University Press.

Cairns, D. (1973). *The image of God in man* (2nd ed.). London: Collins.

Carlton, L. (2009). Making sense of self and systems in psychoanalysis: Summation essay for the 30th annual international conference on the psychology of the self. *International Journal of Psychoanalytic Self Psychology*, *4*, 313-29.

Carter, J. D., & Narramore, B. (1976). *The integration of psychology and theology: An introduction*. Grand Rapids, MI: Zondervan.

Catechism of the Catholic Church with modifications from the Editio Typica. (1995). New York: Doubleday.

Chernus, L. A. (1983). Focal psychotherapy and self pathology: A clinical il-lustration. *Clinical Social Work Journal, 11*, 215-27.

Chessick, R. D. (1983). *How psychotherapy heals: The process of intensive psychotherapy*. New York: Jason Aronson.

Chodorow, N. (1978). *The reproduction of mothering: Psychoanalysis and the sociology of gender*. Berkeley: University of California Press.

Chodorow, N. (1991). *Feminism and the psychoanalytic theory*. New Haven, CT: Yale University Press.

Chodorow, N. (2011). *Individualizing gender and sexuality: Theory and practice*. New York: Routledge.

Clarke, G. S. (2011). Suttie's influence on Fairbairn's object relations theory. *Journal of the American Psychoanalytic Association*, *59*, 939-60.

Clarke, W. N. (2008). *Person and being*. Milwaukee: Marquette University Press.

Clayton, P. (2006). Conceptual foundations of emergence theory. In P. Clayton & P. Davies (Eds.), *The re-emergence of emergence: An emergentist hypothesis from science to religion* (pp. 1-34). New York: Oxford University Press.

Clayton, P., & Davies, P. (Eds.). (2006). *The re-emergence of emergence: The emergentist hypothesis from science to religion*. Oxford, England: Oxford University Press.

Clement, C. (2010). Commentary on paper by Philip A. Ringstrom. *Psychoanalytic Dialogues*, *20*, 219-23.

Coe, J., & Hall, T. W. (2010). *Psychology in the Spirit: Contours of a transformational psychology*. Downers Grove, IL: InterVarsity Press.

Coen, S. J. (1988). How to read Freud: A critique of recent scholarship. *Journal of the American Psychoanalytic Association*, *36*, 483-515.

Colburn, W. J. (2011). Recontextualizing individuality and therapeutic action in psychoanalysis and psychotherapy. In R. Frie & W. J. Colburn (Eds.), *Persons in context: The challenge of individuality in theory and practice* (pp. 121-46). New York: Routledge.

Coleman, R. E. (2000). *The master plan of evangelism and discipleship*. Spokane, WA: Prince Press.

Cooper-White, P. (2011). *Braided selves: Collected essays on multiplicity, God and persons*. Eugene, OR: Cascade Books.

Cox, H. (1995). *Fire from heaven: The rise of Pentecostal spirituality and the re-shaping of religion in the twenty-first century*. Reading,

MA: Addison-Wesley.

Crittenden, P. M. (1995). Attachment and psychopathology. In S. Goldberg,

R. Muir & J. Kerr (Eds.), *John Bowlby's attachment theory: Historical, clinical, and social significance* (pp. 367-406). New York: Analytic Press.

Crittenden, P. M. (2008). *Raising parents: Attachment, parenting, and child safety*. Collumpton, UK: Willan Publishing.

Crittenden, P. M., & Landini, A. (2011). *Assessing adult attachment: A dynamic-maturational approach to discourse analysis*. New York: W. W. Norton.

Cushman, P. (1995). *Constructing the self, constructing America: A cultural history of psychotherapy*. Reading, MA: Addison Wesley.

Damasio, A. (2005). *Descartes' error: Emotion, reason, and the human brain*. New York: Penguin.

Davies, J. (1996). Linking the "pre-analytic" with the post-classical: Integration, dissociation and the multiplicity of unconscious process. *Contemporary Psychoanalysis*, *32*, 553-76.

Davies, J. (2004). Whose bad objects are we anyway? Repetition and our elusive love affair with evil. *Psychoanalytic Dialogues*, *14*, 711-32.

Davies, J., & Frawley, M. (1994). *Treating the adult survivor of childhood sexual abuse: A psychoanalytic perspective*. New York: Basic Books.

Dayton, D. W. (1987). *Theological roots of Pentecostalism*. Metuchen, NJ: Scarecrow Press.

DeForest, I. (1954). *The leaven of love*. New York: Harper.

Dickens, C. (2005). *Hard times*. Seattle: Madison Park Press.

Dicks, H. V. (1967). *Marital tensions: Clinical studies towards a psychoanalytic theory of interaction*. London: Routledge & Kegan Paul.

Dobbs, T. (2009). *Faith, theology, and psychoanalysis: The life and thought of Harry S. Guntrip*. London: James Clarke.

Doherty, W. J. (1995). *Soul searching: Why psychotherapy must promote moral responsibility*. New York: Basic Books.

Drozek, R. (2010). Intersubjectivity theory and the dilemma of intersubjective motivation. *Psychoanalytic Dialogues*, *20*, 540-60.

Dueck, A., & Parsons, T. D. (2007). Ethics, alterity, and psychotherapy: A Levinasian perspective. *Pastoral Psychology*, *55*, 271-82. doi:10.1007/ s11089-006-0045-y.

Dueck, A., & Reimer, K. (2009). *A peaceable psychology: Christian therapy in a world of many cultures*. Grand Rapids, MI: Brazos.

Dupont, J. (Ed.). (1988). *The clinical diary of Sandor Ferenczi*. Cambridge, MA: Harvard University Press.

Eagle, M. N. (2013). *Attachment and psychoanalysis*: *Theory, research and clinical implications*. New York: Guilford Press.

Egeland, B., & Carlson, E. A. (2004). Attachment and psychopathology. In L. Atkinson & S. Goldberg (Eds.), *Attachment issues in psychopathology and intervention* (pp. 27-48). Mahwah, NJ: LEA.

Ehrenberg, D. (1992). *The intimate edge*. New York: Norton. Eigen, M. (1981). The area of faith in Winnicott, Lacan, and Bion. *International Journal of Psychoanalysis*, *62*, 413-33.

Eigen, M. (1998). *The psychoanalytic mystic*. London & New York: Free Association Books.

Epstein, M. (1995). *Thoughts without a thinker: Psychotherapy from a Buddhist perspective*. New York: Basic Books.

Epstein, M. (1998). *Going to pieces without falling apart: A Buddhist perspective on wholeness*. New York: Broadway Books.

Epstein, M. (2001). *Going on being: Buddhism and the way of change*. New York: Broadway Books.

Faculty of the Anderson University School of Theology (2007). *We Believe*. Retrieved from www.chog.org/sites/default/files/ documents/WeBelieve .pdf.

Fairbairn, W. R. D. (1952). *Psychoanalytic studies of the personality*. London: Tavistock.

Fayek, A. (2004). Islam and its effect on my practice of psychoanalysis. *Psychoanalytic Psychology*, *21*, 452-57.

Feld, B. (2004). Holding and facilitating interactive regulation in couples with trauma histories. *Psychoanalytic Inquiry*, *24*, 420-37.

Ferenczi, S. (1995). *The clinical diary of Sandor Ferenczi*, J. Dupont (Ed.), M. Balint and N. Z. Jackson (Trans.). Cambridge, MA: Harvard University Press.

Finkelstein, L. (1988). Psychoanalysis, marital therapy, and object-relations theory. *Journal of the American Psychoanalytic Association*, *36*, 905-31.

Finn, M. G., & Gartner, J. (1992). *Object relations theory and religion: Clinical applications*. Westport, CT: Praeger.

Fisher, J. V. (1999). *The uninvited guest: Emerging from narcissism towards marriage*. London: Karnac Books.

Fonagy, P. (2001). *Attachment and psychoanalysis*. New York: Other Press.

Fonagy, P., Gergely, G., Jurist, E. J., & Target, M. (2002). *Affect regulation, mentalization, and the development of the self*. New York: Other Press.

Fonagy, P., Steele, H., & Steele, M. (1991). Maternal representations of attachment during pregnancy predict the organization of infant-mother attachment at one year of age. *Child Development*, *62*, 891-905.

Fosha, D. (2000). *The transforming power of affect: A model for accelerated change*. New York: Basic Books.

Fosha, D. (2009). *Emotion and recognition at work: Energy, vitality, pleasure, truth, desire, and the emergent phenomenology of transformational expe-rience*. In D. Fosha, D. J. Siegel & M. F. Solomon (Eds.), *The healing power of emotion: Affective neuroscience, development & clinical practice* (pp. 172-203). New York: W. W. Norton.

Fosha, D., Siegel, M. F., & Solomon, M. F. (Eds.). (2009). *The healing power of emotion: Affective neuroscience, development and clinical practice*. New York: W. W. Norton.

Fosshage, J. L. (1997a). Listening/experiencing perspectives and the quest for a facilitating responsiveness. *Progress in Self Psychology, 13*, 33-55.

Fosshage, J. L. (1997b). "Compensatory" or "primary": An alternative view. Discussion of Marian Tolpin's "compensatory structures: paths to the res-toration of the self." *Progress in Self Psychology, 13*, 21-27.

Fosshage, J. L. (1998). Self psychology and its contributions to psychoanalysis: An overview. *Psychoanalytic Social Work, 5*, 1-17.

Fosshage, J. L. (2005). The explicit and implicit domains in psychoanalytic change. *Psychoanalytic Inquiry, 25*, 516-39.

Fosshage, J. L. (2011). How do we "know" what we "know"? And change what we "know"? *Psychoanalytic Dialogues, 21*, 55-74.

Fosshage, J. L. (2012, October). Forming and transforming self experience. Paper presented at the meeting of the Annual Self Psychology Conference, Washington, DC.

Fosshage, J., Lachmann, F., & Lichtenberg, J. (1992). *Self and motivational systems: Toward a theory of technique*. Hillsdale, NJ: Analytic Press.

Fosshage, J., Lachmann, F., & Lichtenberg, J. (1996). *The clinical exchange: Techniques derived from self and motivational systems*. Hillsdale, NJ: Analytic Press.

Foster, R. J. (1998). *Streams of living water: Celebrating the great traditions of the Christian faith*. New York: HarperCollins.

Fowler, J. W. (1981). *Stages of faith: The psychology of human development and the quest for meaning*. New York: HarperCollins.

Freud, A. (1936). *The ego and the mechanisms of defense: The writings of Anna Freud*. New York: International Universities Press.

Freud, S. (1913). *Totem and taboo*. London: Norton.

Freud, S. (1914). On narcissism. In J. Strachey (Ed.), *The standard edition of the complete psychological works of Sigmund Freud* (Vol. 14, pp. 67-102). London: Norton.

Freud, S. (1920). *Beyond the pleasure principle*. London: Norton.

Freud, S. (1923). *The ego and the id*. London: Norton.

Freud, S. (1926). The question of lay analysis. In J. Strachey (Ed.), *The standard edition of the complete psychological works of Sigmund Freud* (Vol. 10, pp. 177-258). London: Norton.

Freud, S. (1913/1950). *Totem and taboo*. London: Norton.

Freud, S. (1927/1961). *The future of an illusion*. London: Norton.

Freud, S. (1989). *An outline of psychoanalysis* (J. Strachey, Ed. & Trans.). New York: W. W. Norton. (Original work published 1940.)

Freud, S. (2001). Obsessive actions and religious practices. In E. Capps (Ed.), *Freud and Freudians on religion: A reader* (pp. 17-24). New Haven, CT: Yale University Press.

Gabbard, G. O. (2010). *Long-term psychodynamic psychotherapy: A basic text* (2nd ed.). Washington, DC: American Psychiatric Publishing.

Gallese, V. (2009). Mirror neurons, embodied simulation, and the neural basis of social identification. *Psychoanalytic Dialogues*, *19*, 519-36.

Gardner, J. R. (2000). Using self psychology in brief psychotherapy. *Progress in Self Psychology, 16*, 219-48.

Gay, P. (1987). *A godless Jew: Freud, atheism, and the making of psychoanalysis*. New Haven, CT: Yale University Press.

Gay, P. (1988). *Freud: A life for our time*. New York: Norton.

Geist, R. A. (2007). Who are you, who am I, and where are we going: Sustained empathic immersion in the opening phase of psychoanalytic treatment. *International Journal of Psychoanalytic Self Psychology*, *2*, 1-26.

Geist, R. A. (2008). Connectedness, permeable boundaries, and the development of the self: Therapeutic implications. *International Journal of Psy-choanalytic Self Psychology*, *3*, 129-52.

Geist, R. A. (2011). The forward edge, connectedness, and the therapeutic process. *International Journal of Psychoanalytic Self Psychology*, *6*, 235-51.

Geist, R. A. (2013). How the empathic process heals: A microprocess perspective. *International Journal of Psychoanalytic Self*

Psychology, 8, 265-81.

George, C., Kaplan, N., & Main, M. (1996). *Adult attachment interview protocol* (3rd ed.) (Unpublished manuscript). University of California at Berkeley.

Gerson, M. J. (2001). The ritual of couples therapy: The subversion of autonomy. *Contemporary Psychoanalysis*, *37*, 453-70.

Ghent, E. (1990). Masochism, submission, surrender: Masochism as a perversion of surrender. *Contemporary Psychoanalysis*, *26*, 108-36.

Gill, M. (1982). *Analysis of transference: Vol. 1. Theory and technique*. New York: International Universities Press.

Goldberg, A. (1988). Changing psychic structure through treatment: From empathy to self-reflection. *Journal of the American Psychoanalytic Association*, *36,* 211-24.

Goldberg, A. (1990). *The prison house of psychoanalysis*. Hillsdale, NJ: Analytic Press.

Goldberg, A. (2002). Self psychology since Kohut. *Progress in Self Psychology*, *18*, 1-13.

Goldberg, A. (2011). The enduring presence of Heinz Kohut: Empathy and its vicissitudes. *Journal of the American Psychoanalytic Association*, *59*, 289-311.

Goldberger, M. (1995). The couch as defense and as potential for enactment. *Psychoanalytic Quarterly*, *64*(1), 23-42.

Goodman, D. M. (2012). *The demanded self: Levinasian ethics and identity in psychology*. Pittsburgh, PA: Duquesne University Press.

Goodman, D. M., & Grover, S. F. (2008). Hineni and transference: The remembering and forgetting of the other. *Pastoral Psychology*, *56*, 561-71. doi:10.1007/s11089-008-0143-0.

Goodrick, E. W., & Kohlenberger, J. R. (2004). *The strongest NIV exhaustive concordance* (Rev. ed.). Grand Rapids, MI: Zondervan.

Gottman, J. M. (1999). *The marriage clinic: A scientifically based marital therapy*. New York: W. W. Norton.

Gray, P. (2005). *The ego and analysis of defense* (2nd ed.). Lanham, MD:

Jason Aronson.
Greenbaum, H. (1983). On the nature of marriage and marriage therapy. *The Journal of the American Academy of Psychoanalysis and Dynamic Psy-chiatry*, *11*, 283-97.
Greenberg, J. R., & Mitchell, S. A. (1983). *Object relations in psychoanalytic theory*. Cambridge, MA: Harvard University Press.
Greenson, R. (1967). *The technique and practice of psychoanalysis*. New York: International Universities Press.
Gregersen, N. H. (2006). Emergence: What is at stake for religious reflection? In P. Clayton & P. Davies (Eds.), *The re-emergence of emergence: The emer-gentist hypothesis from science to religion* (pp. 279-302). New York: Oxford University Press.
Greggo, S. P., & Sisemore, T. A. (Eds.). (2012). *Counseling and Christianity: Five approaches*. Downers Grove, IL: IVP Academic.
Grenz, S. J. (2001). *The social God and the relational self: A trinitarian theology of the imago Dei*. Louisville, KY: Westminster John Knox Press.
Grenz, S. J., & Franke, J. R. (2001). *Beyond foundationalism: Shaping theology in a postmodern context*. Louisville, KY: Westminster John Knox Press.
Grossmann, K. E., Grossmann, K., & Waters, E. (Eds.). (2005). *Attachment from infancy to adulthood: The major longitudinal studies*. New York: Guilford Press.
Gunter, W. S., Jones, S. T., Campbell, T. A., Miles, R. L., & Maddox, R. L. (1997). *Wesley and the quadrilateral: Renewing the conversation*. Nashville: Abingdon Press.
Gunton, C. (1998). *The triune creator: A historical and systematic study*. Grand Rapids, MI: Eerdmans.
Guntrip, H. (1949/1971). *Psychology for ministers and social workers* (3rd ed.). London: George Allen & Unwin.
Guntrip, H. (1969a). Religion in relation to personal integration. *British Journal of Medical Psychology*, *42*, 323-33.

Guntrip, H. (1969b). *Schizoid phenomena object-relations and the self*. Madison, CT: International Universities Press.

Guntrip, H. (1971). *Psychoanalytic theory, therapy, and the self: A basic guide to the human personality in Freud, Erikson, Klein, Sullivan, Fairbairn, Hartman, Jacobson, & Winnicott*. New York: Basic Books.

Hall, D. J. (1986). *Imaging God: Dominion as stewardship*. Grand Rapids: Eerdmans.

Hall, T. W., & Brokaw, B. F. (1995). The relationship of spiritual maturity to level of object relations and God image. *Pastoral Psychology*, *43*, 373-91.

Hall, T. W., Fujikawa, A., Halcrow, S., Hill, P. C., & Delaney, H. (2009). At-tachment to God and implicit spirituality: Clarifying correspondence and compensation models. *Journal of Psychology and Theology*, *37*, 227-42.

Happel, S. (2002). The soul and neuroscience: The empirical conditions for human agency and divine action. In R. J. Russell, N. Murphy, T. C. Meyering & M. A. Arbib (Eds.), *Neuroscience and the person: Scientific perspec-tives on divine action* (pp. 281-304). Vatican City State: Vatican Obser-vatory Publications.

Harris, A. (2006). *Gender as soft assembly*. Hillsdale, NJ: Analytic Press.

Hartmann, H. (1939). *Ego psychology and the problem of adaptation*. New York: International University Press.

Haynal, A. (2002). *Disappearing and reviving: Sandor Ferenczi in the history of psychoanalysis*. London: Karnac.

Hazan, C., & Shaver, P. R. (1987). Romantic love conceptualized as an attachment process. *Journal of Personality and Social Psychology*, *52*, 511-24.

Hedges, L. E. (1991). *Listening perspectives in psychotherapy*. New York: Aronson.

Hoffman, I. Z. (1983/1999). The patient as interpreter of the analyst's experience. *Contemporary Psychoanalysis*, *19*, 389-422.

Hoffman, I. Z. (1998). *Ritual and spontaneity in the psychoanalytic process*. Hillsdale, NJ: Analytic Press.

Hoffman, L. W., & Strawn, B. D. (2009). Normative thoughts, normative feelings, normative actions: A Protestant, relational psychoanalytic reply to E. Christian Brugger and the faculty of IPS. *Journal of Psychology & Theology*, *37*(2), 126-33.

Hoffman, L. W., & Strawn, B. D. (Eds.). (2010). Relational psychodynamic integration [Special Issue]. *Journal of Psychology and Christianity*, *29*(2).

Hoffman, M., & Strawn, B. D. (Eds.) (2008). Transformation: Psychoanalysis and religion in dialogue. *Psychoanalytic Inquiry, 28*(5), 529-639.

Hoffman, M. T. (2004). From enemy combatant to strange bedfellow: The role of religious narratives in the work of W. R. D. Fairbairn and D. W. Winnicott. *Psychoanalytic Dialogues*, *14*, 769-804.

Hoffman, M. T. (2011). *Toward mutual recognition: Relational psychoanalysis and the Christian narrative*. New York: Routledge.

Holliman, P. J. (2002). Religious experience as selfobject experience. *Progress in Self Psychology*, *18*, 193-206.

Holmes, J. (1993). *John Bowlby and attachment theory*. New York: Brunner-Routledge.

Holmes, S. R. (2012). *The quest for the Trinity*. Downers Grove, IL: IVP Academic.

Horner, A. J. (1991). *Psychoanalytic object relations therapy*. Northvale, NJ: Jason Aronson.

Horowitz, M., Marmar, C., Krupnick, J., Wilner, N., Kaltreider, N., & Wallerstein, R. (1997). *Personality Styles and Brief Psychotherapy*. Northvale, NJ: Jason Aronson.

Hughes, J. M. (1990). *Reshaping the psychoanalytic domain: The work of Melanie Klein, W. R. D. Fairbairn, and D. W. Winnicott*. Berkeley: University of California Press.

Jacobs, L. (2010). Truth or what matters: Commentary on paper by Philip A. Ringstrom. *Psychoanalytic Dialogues*, *20*, 224-30.

Jacobsen, D. (2003). *Thinking in the Spirit: Theologies of the early Pentecostal movement*. Bloomington: Indiana University Press.

Jacobsen, D., & Jacobsen, R. H. (2004). *Scholarship and Christian faith: Enlarging the conversation*. New York: Oxford University Press.

Jacobson, E. (1964). *The self and the object world*. New York: International Universities Press.

Jeeves, M., & Brown, W. S. (2009). *Neuroscience psychology and religion: Illusions, delusions, and realities about human nature*. West Conshohocken, PA: Templeton Foundation Press.

Johnson, E. L. (2007). *Foundations for soul care: A Christian psychology proposal*. Downers Grove, IL: IVP Academic.

Johnson, E. L. (Ed.). (2010). *Psychology & Christianity: Five views* (2nd ed.). Downers Grove, IL: IVP Academic.

Johnson, S. M. (2004). *The practice of emotionally focused couple therapy: Creating connection* (2nd ed.). New York: Brunner-Routledge.

Jones, J. W. (1991). *Contemporary psychoanalysis and religion: Transference and transcendence*. New Haven, CT: Yale University Press.

Jones, J. W. (1996). *Religion and psychology: Psychoanalysis, feminism, and theology*. New Haven, CT: Yale University Press.

Jones, J. W. (2007). The return of the repressed: Narcissism, religion, and the ferment in psychoanalysis. *The Annual of Psychoanalysis*, *35*, 47-60.

Jones, S. L. (1994). A constructive relationship for religion with the science and profession of psychology: Perhaps the boldest model yet. *American Psychologist*, *49*, 184-99.

Jones, S. L., & Butman, R. E. (1991). *Modern psychotherapies: A comprehensive Christian appraisal*. Downers Grove, IL: InterVarsity Press.

Jones, S. L., & Butman, R. E. (2011). *Modern psychotherapies: A comprehensive Christian appraisal* (2nd ed.). Downers Grove, IL: InterVarsity Press.

Karen, R. (1998). *Becoming attached: First relationships and how they shape our capacity to love*. New York: Oxford University Press.

Kinzer, M. (2000). *The nature of Messianic Judaism: Judaism as genus, Messianic as species*. West Hartford, CT: Hashivenu Archives.

Kinzer, M., & Juster, D. (2002). *Defining Messianic Judaism*. Retrieved May 24, 2004, from http://www.s221757179.onlinehome.us/Lev Hashem/docs/ Defining_Messianic_Judaism.pdf.

Kirsner, D. (2001). The future of psychoanalytic institutes. *Psychoanalytic Psychology*, *18*, 195-212.

Kirsner, D. (2004). Psychoanalysis and its discontents. *Psychoanalytic Psychology*, *21*, 339-52.

Koch, C. (2004). *The quest for consciousness: A neurobiological approach*. Englewood, CO: Roberts and Company.

Koenig, H., King, D., & Carson, V. B. (2012). *Handbook of religion and health*. New York: Oxford University Press.

Kohut, H. (1959). Introspection, empathy, and psychoanalysis: An examination of the relationship between mode of observation and theory. *Journal of the American Psychoanalytic Association*, *7*, 459-83.

Kohut, H. (1966). Forms and transformations of narcissism. *Journal of the American Psychoanalytic Association*, *14*, 243-72.

Kohut, H. (1968). The psychoanalytic treatment of narcissistic personality disorders: Outline of a systemic approach. *The Psychoanalytic Study of the Child*, *23*, 86-113.

Kohut, H. (1970). On courage. In C. B. Stozier (Ed.), *Self psychology and the humanities* (pp. 5-50). New York: W. W. Norton.

Kohut, H. (1971). *The analysis of the self*. Madison, CT: International Universities Press.

Kohut, H. (1975). The psychoanalyst in the community of scholars. *The Annual of Psychoanalysis*, *3*, 341-70.

Kohut, H. (1977). *The restoration of the self*. Madison, CT: International Universities Press.

Kohut, H. (1984). *How does analysis cure?* Chicago: University of Chicago Press.

Kohut, H. (1985). Religion, ethics, values. In C. B. Stozier (Ed.), *Self psychology and the humanities: Reflections on a new psychoanalytic approach* (pp. 261-62). New York: W. W. Norton.

Kohut, H., & Wolf, E. S. (1978). The disorders of the self and their treatment: An outline. *The International Journal of Psychoanalysis*, *59*, 413-25.

Kreeft, P. J. (2001). *Catholic Christianity: A complete catechism of Catholic beliefs based on the Catechism of the Catholic Church*. San Francisco: Ignatius Press.

Küng, H. (1979). *Freud and the problem of God*. New York: Doubleday.

Lachmann, F. M. (2008). *Transforming narcissism: Reflections on empathy, humor, and expectations*. New York: Analytic Press.

Lavner, J. A., & Bradbury, T. N. (2012). Why do even satisfied newlyweds eventually go on to divorce? *Journal of Family Psychology*, *26*, 1-10.

Lawrence, R. T. (1997). Measuring the image of God: The God Image Inventory and the God Image Scales. *Journal of Psychology and Theology*, *25*, 214-26.

Lee, R. R., & Martin, J. C. (1991). *Psychotherapy after Kohut: A textbook of self psychology*. New York: Routledge.

Lee, R. R., Roundtree, A., & McMahon, S. (2009). *Five Kohutian postulates: Psychotherapy theory from an empathic perspective*. Lanham, MD: Aronson.

Leichsenring, F., & Rabung, S. (2008). Effectiveness of long-term psychodynamic psychotherapy: A meta-analysis. *Journal of the American Medical Association*, *300*, 1551-65.

Leone, C. (2008). Couple therapy from the perspective of self psychology and intersubjective theory. *Psychoanalytic Psychology*, *25*, 79-98.

Leupp, R. T. (2008). *The renewal of trinitarian theology: Themes, patterns and explorations*. Downers Grove, IL: InterVarsity Press.

Levenson, H. (2010). *Brief dynamic therapy*. Washington, DC: American Psychological Association.

Levinas, E. (1969). *Totality and infinity* (A. Lingis, Trans.). Pittsburgh: Duquesne University Press.

Levinas, E. (1989). *The Levinas reader*. Sean Hand (Ed.). Oxford: Basil Blackwell.

Levy, S. T. (1985). Empathy and psychoanalytic technique. *Journal of the American Psychoanalytic Association, 33*, 353-78.

Lewis, C. S. (1952). *Mere Christianity*. San Francisco: HarperCollins.

Lewis, C. S. (1980). *The weight of glory and other addresses*. New York: Macmillan.

Lichtenberg, J. D. (1989). *Psychoanalysis and motivation*. Hillsdale, NJ: Analytic Press.

Lichtenberg, J. D., Lachmann, F. M., & Fosshage, J. L. (2011). *Psychoanalysis and motivational systems: A new look*. New York: Routledge.

Lieberman, A. E., & Van Horn, P. (2008). *Psychotherapy with infants and young children: Repairing the effects of stress and trauma on early attachment*. New York: Guilford Press.

Lindquist, K. A., Wager, T. D., Kober, H., Bliss-Moreau, E., & Barrett, L. F. (2012). The brain basis of emotion: A meta-analytic review. *Behavioral and Brian Sciences, 35*, 121-202.

Livingston, M. S. (2007). Sustained empathic focus, intersubjectivity, and intimacy in the treatment of couples. *International Journal of Psychoanalytic Self Psychology, 2*, 315-38.

Lodahl, M. (1997). The cosmological basis for John Wesley's "gradualism." *Wesleyan Theological Journal, 32*(1), 17-32.

Lodahl, M. (2004). *All things necessary to our salvation: The hermeneutical and theological implications of the article on the holy Scriptures in the manual of the church of the Nazarene*. San Diego: Point Loma Press.

Loewald, H. (1980). On motivation and instinct theory. In H. Loewald (Ed.), *Papers on psychoanalysis* (pp. 102-37). New Haven, CT: Yale University Press.

Longino, H. E. (1990). *Science as social knowledge: Values and objectivity in scientific inquiry*. Princeton, NJ: Princeton University Press.

Lothane, Z. (1998). The feud between Freud and Ferenczi over love. *The*

American Journal of Psychoanalysis, *58*, 21-39.

Luyten, P., & Blatt, S. J. (2013). Interpersonal relatedness and self-definition in normal and disrupted personality development: Retrospect and prospect. *American Psychologist*, *68*, 172-83.

Lyons-Ruth, K. (1999). The two-person unconscious: Intersubjective dialogue, enactive relational representation, and the emergence of new forms of relational organization. *Psychoanalytic Inquiry*, *19*, 576-617.

Lyons-Ruth, K. (2006). The interface between attachment and intersubjectivity: Perspective from the longitudinal study of disorganized attachment. *Psychoanalytic Inquiry*, *26*, 595-616.

MacIntyre, A. (1964). Freud as moralist. *New York Review of Books*, *2*(1), 14-15.

MacIntyre, A. (1984). *After virtue: A study in moral theory* (2nd ed.). Notre Dame, IN: University of Notre Dame Press.

MacIntyre, A. (2007). *After virtue: A study in moral theory* (3rd ed.). Notre Dame, IN: University of Notre Dame Press.

Maddox, R. L. (1994). *Responsible grace: John Wesley's practical theology*. Nashville: Kingswood Books.

Maddox, R. L. (2010). Wesleyan theology and moral psychology precedents for continuing engagement. In M. K. Armistead, B. D. Strawn, & R. W. Wright (Eds.), *Wesleyan theology and social science: The dance of practical divinity and discovery* (pp. 7-19). Newcastle upon Tyne, UK: Cambridge Scholars.

Mahler, M. S., Pine, F., & Bergman, A. (1975). *The psychological birth of the human infant: Symbiosis and individuation*. New York: Basic Books.

Main, M. (1991). Metacognitive knowledge, metacognitive monitoring, and singular (coherent) vs. multiple (incoherent) models of attachment: Findings and directions for future research. In P. Harris, J. Stevenson-Hinde & C. Parkes (Eds.), *Attachment across the lifecycle* (pp. 127-59). New York: Routledge.

Main, M., Goldwyn, R., & Hesse, E. (2003). *Adult attachment scoring and classification systems* (Unpublished manuscript). University of

California, Berkeley.
Main, M., Kaplan, N., & Cassidy, J. (1985). Security in infancy, childhood, and adulthood: A move to the level of representation. In I. Bretherton & E. Waters (Eds.), *Growing points in attachment theory and research*, (pp. 66-104) Monographs of the Society for Research in Child Development.
Main, M., & Solomon, J. (1986). Procedures for identifying infants as disorganized/disoriented during the Ainsworth Strange Situation. In M. T. Greenberg, D. Ciccheti & E. M. Cummings (Eds.), *Attachment in the preschool years: Theory, research, and intervention* (pp. 121-60). Chicago: University of Chicago Press.
Mangis, M. W. (1999). An alien horizon: The psychoanalytic contribution to a Christian hermeneutic of humility and confidence. *Christian Scholar's Review*, *28*(3), 411-31.
Mangis, M. W. (2008). *Signature sins: Taming our wayward hearts*. Downers Grove, IL: InterVarsity Press.
Mann, J. (1973). *Time-limited psychotherapy*. Cambridge, MA: Harvard University Press.
Marcus, P. (2003). *Ancient religious wisdom, spirituality, and psychoanalysis*. Westport, CT: Praeger.
Maroda, K. (1999). *Seduction, surrender and transformation*. Hillsdale, NJ: Analytic Press.
Maroda, K. (2004). *The power of countertransference*. Northvale, NJ: Aronson.
Maroda, K. (2009). *Psychodynamic technique: Working with emotions in the therapeutic relationship*. New York: Guilford Press.
McAdams, D. P. (2001). The psychology of life stories. *Review of General Psychology*, *5*, 100-122.
McAdams, D. P. (2011). Life narratives. In K. L. Fingerman, C. Berg, J. Smith & T. C. Antonucci (Eds.), *Handbook of life-span development* (pp. 589-610). New York: Springer.
McAdoo, H. R. (1965). *The spirit of Anglicanism*. New York: Charles Scribner's.
McDargh, J. (1983). *Psychoanalytic object relations theory and the study*

of religion: On faith and the imaging of God. Lanham, MD: University Press of America.

McGrath, A. (1995). *Evangelicalism and the future of Christianity*. Downers Grove, IL: InterVarsity Press.

McGrath, A. (Ed.). (2001a). *Christian literature: An anthology*. Oxford, UK: Blackwell.

McGrath, A. (Ed.). (2001b). *The Christian theology reader* (2nd ed.). Oxford, UK: Blackwell.

McGrath, A. (2011). *Christian theology: An introduction* (5th ed.). Oxford, UK: John Wiley.

McWilliams, N. (1994). Psychoanalytic diagnosis: Understanding personality structure in the clinical process. New York: Guilford Press.

McWilliams, N. (1999). *Psychoanalytic case formulation*. New York: Guilford Press.

McWilliams, N. (2004). *Psychoanalytic psychotherapy: A practitioner's guide*. New York: Guilford Press.

Meissner, W. W. (1984). *Psychoanalysis and religious experience*. New Haven, CT: Yale University Press.

Meissner, W. W. (1992). *What is effective in psychoanalytic therapy: The move from interpretation to relation*. Northvale, NJ: Jason Aronson.

Middlemore, M. P. (1941). *The nursing couple*. London: Hamish Hamilton, Medical Books.

Mikulincer, M., & Shaver, P. R. (2007). *Attachment in adulthood: Structure, dynamics, and change*. New York: Guilford Press.

Miller, L. J. (Ed.). (2012). *The Oxford handbook of psychology and spirituality*. New York: Oxford University Press.

Mitchell, S. A. (1988). *Relational concepts in psychoanalysis: An integration*. Cambridge, MA: Harvard University Press.

Mitchell, S. A. (1991). Contemporary perspectives on self: Toward an integration. *Psychoanalytic Dialogues*, *1*, 121-47.

Mitchell, S. A. (1993). *Hope and dread in psychoanalysis*. New York: Basic Books.

Mitchell, S. A. (1997). *Influence and autonomy in psychoanalysis*. Hillsdale, NJ: Analytic Press.
Mitchell, S. A. (1998). The analyst's knowledge and authority. *Psychoanalytic Quarterly*, *67*, 1-31.
Mitchell, S. A. (2000). *Relationality: From attachment to intersubjectivity*. Hillsdale, NJ: Analytic Press.
Mitchell, S., & Aron, L. (Eds.). (1999). *Relational psychoanalysis: The emergence of a tradition*. Hillsdale, NJ: Analytic Press.
Mitchell, S. A., & Black, M. J. (1995). *Freud and beyond: A history of modern psychoanalytic thought*. New York: Basic Books.
Murphy, N. (1996). *Beyond liberalism and fundamentalism: How modern and postmodern philosophy set the theological agenda*. Harrisburg, PA: Trinity Press International.
Murphy, N. (1997). *Anglo-American postmodernity: Philosophical perspectives on science, religion, and ethics*. Boulder, CO: Westview Press.
Murphy, N. (2005a). Philosophical resources for integration. In A. Dueck & C. Lee (Eds.), *Why psychology needs theology: A Radical-Reformation perspective* (pp. 3-27). Grand Rapids, MI: Eerdmans.
Murphy, N. (2005b). Theological resources for integration. In A. Dueck & C. Lee (Eds.), *Why psychology needs theology: A Radical-Reformation perspective* (pp. 28-52). Grand Rapids, MI: Eerdmans.
Nagel, T. (2012). *Mind & cosmos: Why the materialist neo-Darwinian conception of nature is almost certainly false*. New York: Oxford University Press.
Nordling, B., & Scrofani, P. (2009). Implications of a Catholic anthropology for developing a Catholic approach to psychotherapy. *Edification*, *3*(1), 76-79.
Ogden, T. (1982). *Projective identification and psychotherapeutic technique*. New York: Jason Aronson.
Ogden, T. (1994). *Subject of analysis*. Northvale, NJ: Jason Aronson.
Oliver, K. (2001). *Witnessing beyond recognition*. Minneapolis:

University of Minnesota Press.
Olthuis, J. H. (2001). *The beautiful risk: A new psychology of loving and being loved*. Grand Rapids, MI: Zondervan.
Oord, T. J. (2004). *Science of love: The wisdom of well-being*. Philadelphia: Templeton Foundation Press.
Oord, T. J. (2010). *The nature of love: A theology*. St. Louis: Chalice Press.
Oord, T. J., & Lodahl, M. (2005). *Relational holiness: Responding to the call of love*. Kansas City: Beacon Hill Press.
Orange, D. M. (1995). *Emotional understanding: Studies in psychoanalytic epistemology*. New York: Guildford Press.
Orange, D. M. (2009). Psychoanalysis in a phenomenological spirit. *International Journal of Psychoanalytic Self Psychology*, *4*, 119-21. doi:10.1080/15551020802527845.
Orange, D. M. (2010a). Recognition as: Intersubjective vulnerability in the psychoanalytic dialogue. *International Journal of Psychoanalytic Self Psychology*, *5*, 227-43. doi:10.1080/155510242010. 491719.
Orange, D. M. (2010b). *Thinking for clinicians: Philosophical resources for contemporary psychoanalysis and the humanistic psychotherapies*. New York: Routledge.
Orange, D. M. (2011). *The suffering stranger: Hermeneutics for everyday clinical practice*. New York: Routledge.
Orange, D. M. (2012). Book review, M. Hoffman, Toward mutual recognition: Relational psychoanalysis and the Christian narrative. *Psychoanalytic Psychology*, *29*, 112-18.
Orange, D. M., Atwood, G. E., & Stolorow, R. D. (1997). *Working intersubjectively: Contextualism in psychoanalytic practice*. New York: Routledge.
Ornstein, A. (1974). The dread to repeat and the new beginning: A contribution to the psychoanalysis of the narcissistic personality disorders. *Annual of Psychoanalysis*, *2*, 231-48.
Ornstein, A. (1991). The dread to repeat: Comments on the working-through process in psychoanalysis. *Journal of the American Psychoanalytic Association*, *39*, 377-98.

Ornstein, P. H. (1995). Critical reflections on a comparative analysis of "Self Psychology and Intersubjectivity Theory." *Progress in Self Psychology*, *11*, 47-77.

Ornstein, P. H. (2008). Heinz Kohut's self psychology and ours: Transformations of psychoanalysis. *International Journal of Psychoanalytic Self Psychology*, *3*, 195-214.

Ornstein, P., & Ornstein, A. (1997, November). *Brief but deep: Finding the focus in "focal psychotherapy."* Paper presented at the meeting of the 20th Annual International Conference on the Psychology of the Self, Chicago.

Ornstein, P. H., Ornstein, A., Zaleznik, A., & Schwaber, E. (1977). On the continuing evolution of psychoanalytic psychotherapy: Reflections and predictions. *Annual of Psychoanalysis*, *5*, 329-70.

Ornston, D. (1982). Strachey's influence: A preliminary report. *The International Journal of Psychoanalysis*, *63*, 409-26.

Ornston, D. (1985). Freud's conception is different from Strachey's. *Journal of the American Psychoanalytic Association*, *33*, 379-412.

Outler, A. C. (1985). The Wesleyan quadrilateral in Wesley. *Wesleyan Theological Journal*, *20*(1), 7-18.

Panksepp, J. (2009). Brain emotional systems and qualities of mental life: From animal models of affect to implications for psychotherapeutics. In D. Fosha, D. J. Siegel & M. Solomon (Eds.), *The healing power of emotion: Affective neuroscience, development & clinical practice* (pp. 1-26). New York: W. W. Norton.

Pappenheim, H., & Papiasvili, E. D. (Eds.). (2010). Contemporary perspectives on the Oedipus complex. *Psychoanalytic Inquiry*, *30*(2).

Parker, S. E. (2012). *Winnicott and religion*. Northvale, NJ: Jason Aronson.

PDM Task Force. (2006). *Psychodynamic diagnostic manual*. Silver Springs, MD: Alliance of Psychoanalytic Organizations.

Peacocke, A. (2006). Emergence, mind, and divine action: The hierarchy of the sciences in relation to the human mind-brain-body. In P. Clayton & P. Davies (Eds.), *The re-emergence of emergence: An emergentist hypothesis from science to religion* (pp. 257-78). New York: Oxford University Press.

Peacocke, A. (2007). *All that is: A naturalistic faith for the twenty-first century*. Minneapolis: Fortress Press.

Phillips, A. (1989). *Winnicott*. Cambridge, MA: Harvard University Press.

Phillips, A. (1995). *Terror and experts*. Cambridge, MA: Harvard University Press.

Phillips, A. (1998). *The beast in the nursery: On curiosity and other appetites*. New York: Pantheon.

Pine, F. (1998). *Diversity and direction in psychoanalytic technique*. New Haven, CT: Yale University Press.

Pinker, S. (1997). *How the mind works*. New York: W. W. Norton.

Pinnock, C. H. (2001). *Most moved mover: A theology of God's openness*. Grand Rapids, MI: Baker.

Pizer, B. (2008). The heart of the matter in matters of the heart: Power and intimacy in analytic and couples relationships. *International journal of Psychoanalytic Self Psychology*, *3*, 304-19.

Pizer, S. (1998). *Building bridges: The negotiation of paradox in psychoanalysis*. Hillsdale, NJ: Analytic Press.

Plantinga, A. (2011). *Where the conflict really lies: Science, religion, and naturalism*. New York: Oxford University Press.

Polanyi, M. (1958). *Personal knowledge: Towards a post-critical philosophy*. Chicago: University of Chicago Press.

Polkinghorne, J. (2004). *Science and the Trinity: The Christian encounter with reality*. New Haven, CT: Yale University Press.

Polkinghorne, J. (2009). *Theology in the context of science*. New Haven, CT: Yale University Press.

Porges, S. W. (2009). Reciprocal influences between body and brain in the perception and expression of affect: A polyvagal perspective. In D. Fosha, D. J. Siegel & M. F. Solomon (Eds.), *The healing power of emotion: Affective neuroscience, development and clinical practice* (pp. 27-54). New York: W. W. Norton.

Powell, S. M., & Lodahl, M. E. (Eds.). (1999). *Embodied holiness: Toward a corporate theology of spiritual growth*. Downers Grove, IL: InterVarsity Press.

Process of Change Study Group (1998). Non-interpretive mechanisms in psychoanalytic therapy: The "something more" than interpretation. *International Journal of Psycho-Analysis, 79*, 903-21.

Rachman, A. (1997). *Sandor Ferenczi: The psychotherapist of tenderness and passion*. Northvale, NJ: Jason Aronson.

Ramzy, I. (1983). The place of values in psycho-analysis. *Psychoanalytic Inquiry, 3*, 551-72.

Rangell, L. (2004). *My life in theory*. New York: Other Press.

Rayner, E. (1991). *The independent mind in British psychoanalysis*. Northvale, NJ: Jason Aronson.

Reimer, K., & Dueck, A. (2006). Inviting Soheil: Narrative and embrace in Christian caregiving. *Christian Scholar's Review, 35*, 205-20.

Reis, B. (2009). We: Commentary on papers by Trevarthen, Ammaniti & Trentini and Gallese. *Psychoanalytic Dialogues, 19*, 565-29.

Reis, B. (2010). All roads do not lead to Rome. *Psychoanalytic Dialogues, 20*, 231-35.

Renik, O. (1993). Analytic interaction: Conceptualizing technique in light of the analyst's irreducible subjectivity. *Psychoanalytic Quarterly, 62*, 553-71.

Renik, O. (2006). *Practical psychoanalysis for therapist and patient*. New York: Other Press.

Rholes, W. S., & Simpson, J. A. (2004). Attachment theory: Basic concepts and contemporary questions. In W. S. Rholes & J. A. Simpson (Eds.), *Adult attachment: Theory, research, and clinical implications* (pp. 3-14). New York: Guilford Press.

Rieff, P. (1966). *The triumph of the therapeutic: Uses of faith after Freud*. Chicago: University of Chicago Press.

Riker, J. H. (2010). *Why is it good to be good: Ethics, Kohut's self psychology, and modern society*. New York: Aronson.

Ringstrom, P. (2010a). Meeting Mitchell's challenge: A comparison of relational psychoanalysis and intersubjective systems theory.

Psychoanalytic Dialogues, *20*, 196-218.

Ringstrom, P. (2010b). Reply to commentaries. *Psychoanalytic Dialogues*, *20*, 236-50.

Ringstrom, P. A. (1994). An intersubjective approach to conjoint therapy. In A. Goldberg (Ed.), *Progress in self psychology* (Vol. 10, pp. 159-82). Hills-dale, NJ: The Analytic Press.

Ringstrom, P. A. (2012). A relational intersubjective approach to conjoint treatment. *International Journal of Psychoanalytic Self Psychology*, *7*, 85-111.

Rizzuto, A. (1979). *The birth of the living god: A psychoanalytic study*. Chicago: University of Chicago Press.

Rizzuto, A. M. (1998). *Why did Freud reject God? A psychodynamic interpretation*. New Haven, CT: Yale University Press.

Rizzuto, A. M. (2004). Roman Catholic background and psychoanalysis. *Psychoanalytic Psychology*, *21*, 436-41.

Roberts, R. C. (1997). Parameters of a Christian psychology. In R. C. Roberts & M. R. Talbot (Eds.), *Limning the psyche: Explorations in Christian psychology* (pp. 74-101). Grand Rapids, MI: Eerdmans.

Roberts, R. C., & Wood, W. J. (2007). *Intellectual virtues: An essay in regulative epistemology*. Oxford, England: Clarendon Press.

Rochat, P. (2003). Five levels of self-awareness as they unfold in life. *Consciousness and Cognition*, *12*, 717-31.

Rubin, J. B. (1997). Psychoanalysis is self-centered. In C. Spezzano & G. J. Gariulo (Eds.), *Soul on the couch: Spirituality religion and morality in contemporary psychoanalysis* (pp. 79-108). Hillsdale, NJ: Analytic Press.

Rubin, J. B. (1998). *A psychoanalysis for our time: Exploring the blindness of the seeing I*. New York: New York University Press.

Rudnytsky, P., Bokay, A., & Giampieri-Deutsch, P. (Eds.). (1996). *Ferenczi's turn in psychoanalysis*. New York: New York University Press.

Runyon, R. (1998). *The new creation: John Wesley's theology today*.

Nashville: Abingdon Press.
Russell, R. J., Murphy, N., & Stoeger, W. R. (Eds.). (2008). *Scientific perspectives on divine action: Twenty years of challenge and progress* (Vol. 6). Berkley, CA: Center for Theology and Natural Sciences.
Safran, J. D. (2002). Brief relational psychoanalytic treatment. *Psychoanalytic Dialogues, 12*, 171-95. Safran, J. D. (Ed.). (2003). *Psychoanalysis and Buddhism: An unfolding dialogue*. Boston: Wisdom Publications.
Safran, J. D. (2009). Interview with Lewis Aron. *Psychoanalytic Psychology*, *26*, 99-116. Scharff, D. E., & Scharff, J. S. (1991). *Object relations couples therapy*. Lanham, MD: Jason Aronson.
Schiffman, M. (1992). *Return of the remnant: The rebirth of Messianic Judaism*. Baltimore: Lederer.
Schore, A. N. (2003). *Affect dysregulation and disorders of the self*. New York: Norton.
Schore, A. N. (2009). Right brain affect regulation: An essential mechanism of development, trauma, dissociation, and psychotherapy. In D. Fosha, D. J. Siegel & M. Solomon (Eds.), *The healing power of emotions: Affective neuroscience, development & clinical practice* (pp. 112-44). New York: W. W. Norton.
Schore, A. N. (2011). The right brain implicit self lies at the core of psychoanalysis. *Psychoanalytic Dialogues*, *21*, 75-100.
Searle, J. R. (2008). *Philosophy in a new century: Selected essays*. Cambridge: Cambridge University Press.
Seligman, S. (2003). The developmental perspective in relational psychoanalysis. *Contemporary Psychoanalysis*, *39*, 477-508.
Sells, J. N., & Yarhouse, M. A. (2011). *Counseling couples in conflict: A relational restoration model*. Downers Grove, IL: IVP Academic.
Shabad, P. (2001). *Despair and the return of hope: Echoes of mourning in psychotherapy*. Northvale, NJ: Jason Aronson.
Shaddock, D. (2000). *Contexts and connections*. New York: Basic Books.

Shedler, J. (2006). That was then, this is now: An introduction to contemporary psychodynamic therapy. Retrieved from www.psychsystems.net/ Publications/Shedler.

Shedler, J. (2010). The efficacy of psychodynamic psychotherapy. *American Psychologist*, *65*(2), 98-109.

Shelley, B. L. (1995). *Church history in plain language* (2nd ed.). Nashville: Thomas Nelson.

Shults, F. L. (2003). *Reforming theological anthropology: After the philosophical turn to relationality*. Grand Rapids, MI: Eerdmans.

Shults, F. L., & Sandage, S. J. (2003). *The faces of forgiveness: Searching for wholeness and salvation*. Grand Rapids, MI: Baker Academic.

Shults, F. L., & Sandage, S. J. (2006). *Transforming spirituality: Integrating theology and psychology*. Grand Rapids, MI: Baker Academic.

Siegel, A. M. (1996). *Heinz Kohut and the psychology of the self*. New York: Routledge.

Siegel, D. J. (2012). *The developing mind: How relationships and the brain interact to shape who we are* (2nd ed.). New York: Guilford Press.

Silberstein, M. (2006). In defense of ontological emergence and mental causation. In P. Clayton & P. Davies (Eds.), *The re-emergence of emergence: The emergentist hypothesis from science to religion* (pp. 203-26). Oxford, UK: Oxford University Press.

Sisemore, T. A. (2011). An introduction to the Christian psychology special issue. *Journal of Psychology and Christianity*, *30*, 271-73.

Slochower, J. (1996). *Holding and psychoanalysis: A relational perspective*. Hillsdale, NJ: Analytic Press.

Slochower, J. (2006). *Psychoanalytic collisions*. Mahwah, NJ: Analytic Press.

Smith, G. D. (Ed.). (1955). *The teaching of the Catholic Church* (Vols. 1-2). New York: Macmillan.

Socarides, D. D., & Stolorow, R. D. (1984/1985). Affects and selfobjects. *The Annual of Psychoanalysis, 12/13*, 105-19. Madison, CT: International Universities Press.

Sorenson, R. L. (2004a). *Minding spirituality*. Hillsdale, NJ: Analytic Press.

Sorenson, R. L. (2004b). Kenosis and alterity in Christian spirituality. *Psychoanalytic Psychology, 21*, 458-62.

Spezzano, C. (1993). *Affect in psychoanalysis*. Hillsdale, NJ: Analytic Press.

Spezzano, C., & Gargiulo, G. (Eds.). (1997). *Soul on the couch: Spirituality, religion and morality in contemporary psychoanalysis*. Hillsdale, NJ: Analytic Press.

Spittler, R. P. (1999). Corinthian spirituality: How a flawed anthropology imperils authentic Christian existence. In E. L. Blumhofer, R. P. Spittler, & G. A. Wacker (Eds.), *Pentecostal currents in American Protestantism* (pp. 3-22). Urbana: University of Illinois Press.

Sroufe, A. (2002). Attachment in developmental perspective. *Journal of Infant, Child, and Adolescent Psychotherapy, 2*, 19-25.

Sroufe, L. A. (2005). Attachment and development: A prospective, longitudinal study from birth to adulthood. *Attachment & Human Development, 4*, 349-67.

Sroufe, L.A., & Waters, E. (1977). Attachment as an organizational construct. *Child Development, 48*, 1184-99.

Stanton, M. (1991). *Sandor Ferenczi: Reconsidering active intervention*. Northvale, NJ: Jason Aronson.

Stanton, M., & Welsh, R. (2012). Systemic thinking in couple and family psychology research and practice. *Couple and Family Psychology: Research and Practice, 1*, 14-30.

Stark, M. (1999). *Modes of therapeutic action*. Northvale, NJ: Jason Aronson.

Starr, K. (2008). *Repair of the soul: Metaphors of transformation in Jewish mysticism and psychoanalysis*. New York: Routledge.

Stepansky, P. E. (2009). *Psychoanalysis at the margins*. New York: Other Press.

Stern, D. B. (1992). Commentary on constructivism in clinical practice. *Psychoanalytic Dialogues*, *2*, 331-63.

Stern, D. B. (1997). *Unformulated experience: From dissociation to imagination in psychoanalysis*. Hillsdale, NJ: Analytic Press.

Stern, D. B. (2010). *Partners in thought: Working with unformulated experience, dissociation and enactment*. New York: Routledge.

Stern, D. N. (1985). *The interpersonal world of the infant: A view from psychoanalysis and developmental theory*. New York: Basic Books.

Stern, D. N., Sander, L. W., Nahum, J. P., Harrison, A. M., Lyons-Ruth, K., Morgan, A. C., & Tronick, E. Z. (1998). Non-interpretive mechanisms in psychoanalytic therapy: The "something more" than interpretation. *The International Journal of Psychoanalysis*, *97*, 903-21.

Stolorow, R. D. (1994a). Kohut, Gill, and the new psychoanalytic paradigm. *Progress in Self Psychology*, *10*, 221-26.

Stolorow, R. D. (1994b). Converting psychotherapy to psychoanalysis. In R. D. Stolorow, G. E. Atwood & B. Brandchaft (Eds.), *The intersubjective perspective* (pp. 145-56). New Jersey: Jason Aronson.

Stolorow, R. D. (2002). From drive to affectivity: Contextualizing psychological life. *Psychoanalytic Inquiry*, *22*, 678-85. doi: 10.1080/07351692209349012.

Stolorow, R. D. (2007). *Trauma and human existence: Autobiographical, psychoanalytic, and philosophical reflections*. New York: Analytic Press.

Stolorow, R. D., & Atwood, G. E. (1979). *Faces in a cloud: Subjectivity in personality theory*. New York: Aronson.

Stolorow, R. D., & Atwood, G. E. (1984). Psychoanalytic phenomenology: Toward a science of human experience. *Psychoanalytic Inquiry*, *4*, 87-105. doi:10.1080/07351698409533532.

Stolorow, R. D., & Atwood, G. E. (1992). *Contexts of being: The intersubjective foundations of psychological life*. Hillsdale, NJ: Analytic Press.

Stolorow, R. D., & Atwood, G. E. (2002). *Contexts of being: Intersubjective foundations of psychological life*. New York: Routledge.

Stolorow, R. D., & Brandchaft, B. (1987). Developmental failure and psychic conflict. *Psychoanalytic Psychology*, *4*, 241-53.

Stolorow, R., Brandchaft, B., & Atwood, G. (1987). *Psychoanalytic treatment, an intersubjective approach*. Hillsdale, NJ: Analytic Press.

Stolorow, R. D., Brandchaft, B., & Atwood, G. E. (1995). *Psychoanalytic treatment: An intersubjective approach*. New York: Routledge.

Stolorow, R., Orange, D., & Atwood, G. (2002). *Worlds of experience: Interweaving philosophical and clinical dimensions in psychoanalysis*. New York: Basic Books.

Stone, B. P., & Oord, T. J. (Eds.). (2001). *Thy nature and thy name is love: Wesleyan and process theologies in dialogue*. Nashville: Kingswood.

Stozier, C. B. (2001). *Heinz Kohut: The making of a psychoanalyst*. New York: Farrar, Straus & Giroux.

Strawn, B. D. (2004). Restoring moral affections of heart: How does psychotherapy heal? *Journal of Psychology and Christianity*, *23*(2), 140-48.

Strawn, B. D. (Ed.). (2004). Psychology and Wesleyan theology [Special issue]. *Journal of Psychology and Christianity*, *23*, 99-188.

Strawn, B. D. (Ed.). (2007). Psychoanalytic psychotherapy and religion: A case study approach [Special Issue]. *Journal of Psychology & Theology*, *35*(1).

Strawn, B. D., & Leffel, G. M. (2001). John Wesley's orthokardia and Harry Guntrip's "heart of the personal": Convergent aims and complementary practices in psychotherapy and spiritual formation. *Journal of Psychology and Christianity*, *20*(4), 351-59.

Strupp, H. H., & Binder, J. L. (1985). *Psychotherapy in a new key: A guide to time-limited dynamic psychotherapy*. New York: Basic Books.

Suchet, M., Aron, L., & Harris, A. (Eds.). (2007). *Relational Psychoanalysis: Volume 3: New voices*. New York: Routledge.

Sulloway, F. J. (1979). *Freud, biologist of the mind: Beyond the psychoanalytic legend*. New York: Basic Books.

Summers, F. (1994). *Object relations theories and psychopathology: A comprehensive text*. Hillsdale, NJ: Analytic Press.

Summers, F. (1996). Self psychology and its place among contemporary psychoanalytic theories. *Annual of Psychoanalysis*, *24*, 157-71.

Summers, F. (1999). *Transcending the self: An object relations model of psychoanalytic therapy*. New York: Routledge.

Summers, F. (2013). *The psychoanalytic vision: The experiencing subject, transcendence, and the therapeutic process*. New York: Routledge.

Sutherland, J. D. (1989). *Fairbairn's journey into the interior*. London: Free Association Books.

Suttie, I. (1935). *The origins of love and hate*. London: Free Association Books.

Sweeney, D. A. (2005). *The American evangelical story: A history of the movement*. Grand Rapids, MI: Baker.

Symington, N. (1994). *Emotion and spirit: Questioning the claims of psychoanalysis and religion*. New York: St. Martin's Press.

Tan, S. Y. (2011). *Counseling and psychotherapy: A Christian perspective*. Grand Rapids, MI: Baker Academic.

Taylor, C. (1989). *Sources of the self: The making of the modern identity*. Cambridge, MA: Harvard University Press.

Taylor, C. (2007). *A secular age*. Cambridge, MA: Belknap Press.

Taylor, C. (2011). *Dilemmas and connections*. Cambridge, MA: Belknap Press.

Teicholz, J. G. (2000). The analyst's empathy, subjectivity, and authenticity: Affect as the common denominator. *Progress in Self Psychology*, *16*, 33-53.

Teicholz, J. G. (2006). Qualities of engagement and the analyst's theory. *International Journal of Psychoanalytic Self Psychology*, *1*, 47-77.

Thelen, E., & Smith, L. B. (1994). *A dynamic systems approach to the development of cognition and action*. Cambridge, MA: MIT Press.

Thompson, C. (2010). *Anatomy of the soul: Surprising connections between neuroscience and spiritual practices that can transform your life and relationships*. Carol Stream, IL: Tyndale House.

Tisdale, T. C. (1998). A comparison of Jewish, Muslim, and Protestant faith groups on the relationship between level of object relations development and experience of God and self. *Dissertation Abstracts International: Section B: The Sciences & Engineering*, *58*, 9-B, p. 5144.

Tisdale, T. C., Key, T. L., Edwards, K. J., Brokaw, B. F., Kemperman, S. R., Cloud, H., . . . Okamoto, T. (1997). Impact of treatment on God image and personal adjustment, and correlations of God image to personal adjustment and object relations development. *Journal of Psychology & Theology*, *25*, pp. 227-39.

Tolpin, M. (1971). On the beginnings of a cohesive self: An application of the concept of transmuting internalizations to the study of the transitional object and signal anxiety. *The Psychoanalytic Study of the Child*, *26*, 316-54.

Tolpin, M. (1986). The self and its selfobjects: A different baby. *Progress in Self Psychology*, *2*, 115-28.

Tolpin, M. (1997). Compensatory structures: Paths to the restoration of the self. *Progress in Self Psychology*, *13*, 3-19.

Tolpin, M. (2002). Doing psychoanalysis of normal development: Forward edge transferences. *Progress in Self Psychology*, *18*, 167-90.

Toulmin, S. (1990). *Cosmopolis: The hidden agenda of modernity*. Chicago: University of Chicago Press.

Trader, A. (2012). Patristic embroidery on a cognitive pattern and other uses of the Fathers' yarn: Introducing the evidence of early Christian texts into therapeutic practice. *Edification, 6,* 85-96.

Trevarthen, C. (1979). Communication and cooperation in early infancy: A description of primary intersubjectivity. In M. Bullowa (Ed.), *Before speech: The beginnings of human communication* (pp.

321-47). London: Cambridge University Press.

Trevarthen, C. (2009). The intersubjective psychobiology of human meaning: Learning of culture depends on interest for co-operative practical work? and affection for the joyful art of good company. *Psychoanalytic Dialogues*, *19*, 507-18.

Tronick, E. (2007). The neurobehavioral and social-emotional development of infants and children. New York: Norton.

Tronick, E., & Beeghly, M. (2011). Infants' meaning-making and the development of mental health problems. *American Psychologist*, *66*, 107-19.

Tronick, E. Z., Brushweiller-Stern, N., Harrison, A. M., Lyons-Ruth, K., Morgan, A. C., Nahum, J. P., . . . Stern, D. N. (1998). Dyadically expanded states of consciousness and the process of therapeutic change. *Infant Mental Health Journal*, *19*, 290-99.

Trop, G. S., Burke, M. L., & Trop, J. L. (2002). Chapter 9: Thinking dynamically in psychoanalytic theory and practice: A review of intersubjectivity theory. *Progress in Self Psychology*, *18*, 129-47.

Trop, J. L. (1994). Conjoint therapy: An intersubjective approach. *Progress in Self Psychology*, *10*, 147-58. Tyson, P. L., & Tyson, R. L. (1990). *Psychoanalytic theories of development: An integration*. New Haven, CT: Yale University Press.

Uttal, W. R. (2011). *Mind and brain: A critical appraisal of cognitive neuroscience*. Cambridge, MA: The MIT Press.

Vande Kemp, H. (1996). Historical perspective: Religion and clinical psychology in America. In E. P. Shafranske (Ed.), *Religion and the clinical practice of psychology* (pp. 71-112). Washington, DC: American Psychological Association.

Vitz, P. C. (1993). *Sigmund Freud's Christian unconscious*. Grand Rapids, MI: Eerdmans.

Vitz, P. C., & Felch, S. (2006). *The self: Beyond the postmodern crisis*. Wilmington, DE: Intercollegiate Studies Institute.

Volf, M. (1998). *After our likeness: The church as the image of the Trinity*. Grand Rapids, MI: Eerdmans.

Wachtel, P. (1997). *Psychoanalysis, behavior therapy and the relational world*. Washington, DC: American Psychological Association.

Wachtel, P. L. (2008). *Relational theory and the practice of psychotherapy*. New York: Guilford Press.

Wachtel, P. L. (2010). One-person and two-person conceptions of attachment and their implications for psychoanalytic thought. *The International Journal of Psychoanalysis*, *91*, 561-81.

Wacker, G. A. (1999). Travail of a broken family: Radical evangelical responses to the emergence of Pentecostalism in America, 1906-16. In E. L. Blumhofer, R. P. Spittler, & G. A. Wacker (Eds.), *Pentecostal currents in American Protestantism* (pp. 23-49). Urbana: University of Illinois Press.

Wallin, D. J. (2007). *Attachment in psychotherapy*. New York: Guilford Press.

Warrington, K. (2008). *Pentecostal theology: A theology of encounter*. London: T & T Clark.

Webb, T. L., Miles, E., & Sheeran, P. (2012). Dealing with feeling: A metaanalysis of the effectiveness of strategies derived from the process model of emotion regulation. *Psychological Bulletin*, *128*, 775-808.

Webber, R. (1999). *Ancient-future faith: Rethinking evangelicalism for a post-modern world*. Grand Rapids, MI: Baker.

Wegter-McNelly, K. (2011). *The entangled God: Divine relationality and quantum physics*. New York: Routledge.

Westermann, C. (1974). *Genesis 1-11: A commentary*. Minneapolis: Augsburg Publishing.

Wheelis, A. (1973). *How people change*. New York: HarperPerennial.

Willard, D. (1998). *The divine conspiracy: Rediscovering our hidden life in God*. New York: HarperSanFrancisco.

Willard, D. (2002). *Renovation of the heart*. Colorado Springs, CO: NavPress.

Wilson, T. D. (2002). *Strangers to ourselves: Discovering the adaptive unconscious*. Cambridge, MA: Belknap Press.

Winnicott, D. W. (1942). The nursing couple: By Merell Middlemore. *The*

International Journal of Psychoanalysis, *23*, 179-81.

Winnicott, D. W. (1953). Transitional objects and transitional phenomena: A study of the first not-me possession. *The International Journal of Psychoanalysis*, *34*, 89-97.

Winnicott, D. (1960). *The theory of parent-infant relationship*. In *The maturational process and the facilitating environment*. New York: International Universities Press.

Winnicott, D. W. (1961). *The family and individual development*. London: Tavistock.

Winnicott, D. (1965). *The maturational processes and the facilitating environment*. New York: International Universities Press.

Winnicott, D. W. (1971). *Playing and reality*. London: Tavistock.

Winnicott, D. W. (1975). *Through paediatrics to psycho-analysis: Collected papers*. New York: Basic Books.

Wolf, E. S. (1988). *Treating the self: Elements of clinical self psychology*. New York: Guilford Press.

Worthington, E. L. (2010). *Coming to peace with psychology: What Christians can learn from the psychological sciences*. Downers Grove, IL: IVP Academic.

Wright, N. T. (1999). *The challenge of Jesus: Rediscovering who Jesus was and is*. Downers Grove, IL: InterVarsity Press.

Wright, R. (2010). Serving the cause of Christ: Wesley's "experimental religion" and psychology. In K. Armistead, B. Strawn, & R. Wright (Eds.), *Wesleyan theology and social science: The dance of practical divinity and discovery*. Cambridge: Cambridge Scholars Publishing.

Wright, R., & Strawn, B. D. (2010). Grief, hope and prophetic imagination: Psychoanalysis and Christian tradition in dialogue. *Journal of Psychology and Christianity*, *29*(2), 149-57.

Wynkoop, M. B. (1967). *Foundations of Wesleyan-Arminian theology*. Kansas City: Beacon Hill Press. Wynkoop, M. B. (1972). *A theology of love: The dynamic of Wesleyanism*. Kansas City: Beacon Hill.

Yangarber-Hicks, N. (2005). Messianic believers: Reflections on identity of a largely misunderstood group. *Journal of Psychology and Theology*, *33*, 127-39.

Yangarber-Hicks, N., & Hicks, M. W. (2005). Messianic believers: Exploratory examination of cultural identity and psychotherapy experiences. *Journal of Psychology and Christianity*, *24*, 219-32.

Yarhouse, M. A., & Sells, J. N. (2008). *Family therapies: A comprehensive Christian appraisal*. Downers Grove, IL: IVP Academic.

Zeitner, R. M. (2012). *Self within marriage: The foundation for lasting relationships*. New York: Routledge.

Zimmermann, J. (2013). *Incarnational humanism: A philosophy of culture for the church in the world*. Downers Grove, IL: IVP Academic.

Earl D. Bland 박사(PsyD)는 면허를 받은 심리학자이고, 미국 중서부 나사렛 대학교의 심리학 교수이자 행동과학 및 상담학부 학부장이다. 또한, 그는 캔자스시티 정신분석연구소와 브룩헤이븐 정신분석과 기독교 신학 연구소에서 가르치고 있다. 그는 정신분석적 치료, 영성형성 그리고 심리학과 기독교의 통합 분야에서 글을 쓰고 발표를 하고 있다. 그는 개인과 부부를 치료하는 개인상담실을 운영하고 있다.

Todd W. Hall 박사(PhD)는 면허를 받은 심리학자이며 바이올라 대학교 로즈미드 심리학대학원의 심리학 교수, *Journal of Psychology and Theology*의 편집장, Institute for Research on Psychology and Spirituality 소장으로 있다. 그는 *Psychology in the Spirit: Contours of a Transformational Psychology* (IVP Academic)의 공동 저자(John Coe와 함께)이다.

Mitchell Hicks 박사는 면허를 받은 임상심리학자이고 2003년에 신시내티대학교에서 임상심리학으로 박사학위를 취득했다. 시카고정신분석연구소의 성인 정신분석 심리치료 프로그램을 졸업했고 그가 고급정신병리학, 윤리학, 심리치료에서의 종교 및 영적 주제들, 실습 및 인턴쉽 세미나의 강의를 하고 있는 월든 대학교 심리학대학원의 전임교수이다. 그는 일리노이 주 알링턴 하이츠에서 개인 상담을 하고 있다. 그는 자신을 성인 및 노인과 작업하고 있는 일반상담사로 생각하지만, 그는 정신분석적 심리치료, 남성 및 남성성의 심리, 포르노그래피와 성적 강박의 문제들, 치료에서의 종교 및 영적 자료, 그리고 임상 수퍼비전에 특별한 관심을 갖고 있다.

Lowell W. Hoffman 박사(PhD)는 펜실베이니아 주 포겔 스빌의 Brookhaven Center에서 임상심리학자로 일하고 있다. 그는 뉴욕대학교 심리치료 및 정신분석 박사 후 프로그램에서 정신분석가 자격을 취득했다. 그는 Society for Exploration of Psychoanalytic Therapies and Theology(SEPTT) 설립위원회 위원, 교수, 감독이고, Brookhaven Institute for Psychoanalysis and Christian Theology(BIPACT)에서 Marie T. Hoffman 박사와 공동소장으로 있고, 정신분석적으로 통합하려는 학술지의 논문들과 책들의 저자이다.

Paul C. Jones 박사(PhD)는 면허를 받은 심리학자이고, 남부 나사렛대학교의 상담대학원 프로그램의 책임자이다. 그는 4년 동안 남부 나사렛대학교의 정신건강 클리닉인 Life Counseling Center의 사무총장으로 있었고, 최근에는 개인상담을 하고 있다. 그는 *Traditioning as Integration: Rationally Justifying the Practice of Relational Psychoanalysis in Social Trinitarian Theology* (2008)의 저자이다.

Lauren E. Maltby 박사(PhD)는 아동 학대 및 부모-자녀 관계를 전문으로 하는 면허를 받은 심리학자이다. 그녀는 아동학대 예방 및 치료 기관인 For The Child의 프로그램 관리자이고, Child Trauma Clinic의 Harbor-UCLA 의료센터를 감독하고 있다. 그녀는 남부 캘리포니아에서 작은 개인상담실을 운영하고 있다.

Michael Mangis 박사(PhD)는 Wheaton College의 심리학 교수인데, 그는 1989년부터 그곳에서 석사와 박사 과정을 가르쳐왔다. 그는 수많은 논문들과 책에 더해서, *Signature Sins: Taming Our Wayward Hearts* (InterVarsity Press, 2008)의 저자이기도 하다. 그는 또한 면허를 받은 임상심리학자이자 임상 전문 상담사이다. 그는 11년 동안 2000년에 설립된 엘번의 Heartland Counseling의 사무총장이었다. Heartland에서 그는 자신의 임상 실제를 유지하면서 인턴들을 지도했다. 2008년 뇌졸중의 생존자로서, 그의 전문적인 관심에는 외상성 뇌 손상, 시골 심리학, 심리학과 기독교의 통합, 미국 원주민 문제, 전문 상담의 윤리, 그리고 정신역동 심리학이 포함된다.

Brad D. Strawn 박사(PhD)는 면허를 받은 심리학자이고, 풀러신학교 심리학대학원의 심리학과 신학의 통합 교수이다. 그는 정신분석 분야에서 박사 후 훈련을 받았고, 통합 학술지들에 정기적으로 기고하고, 가장 최근에는 학에서 박사 후 과정을 수료하고, 통합 저널에 정기적으로 출간하며, 가장 최근에는 *The Physical Nature of Christian Life: Neuroscience, Psychology & the Church* (Warren W. Brown과 함께, 2012)를 공동 저술했다. 그는 Brookhaven Institute for Psychoanalysis and Christian Theology(BIPACT)의 교수이며 나사렛 교회의 장로이다.

Theresa Clement Tisdale은 임상심리학자이자 아주사 퍼시픽 대학교 심리학대학원 교수로서 심리치료와 영성 및 영성형성의 통합뿐만 아니라 정신역동적 심리치료를 가르치고 있다. 그녀는 현재 Newport Psychoanalytic Institute의 3년차 후보이며 최근에는 캘리포니아 주 글렌도라에서 개인상담을 하고 있다. 그녀의 학문, 임상 및 연구 전문 분야는 정신역동적 심리치료, 영성과 영성형성, 그리고 임상 실제에서의 영성/종교의 통합이다. 그녀는 또한 캘리포니아 아주사에 있는 Christ Our King 성공회 교회에서 설교를 하고 있다.

Ron Wright는 남부 나사렛대학교의 심리학 및 상담학과의 교수이자 학장이다. 그는 풀러신학교에서 임상심리학으로 박사학위를 신학으로 MA를 취득했다. 그의 연구 관심에는 관계 정신 분석과 웨슬리안 신학의 통합, 심리학 이론에 담긴 철학적 및 도덕적 전제들 그리고 그것들이 신학적 관점과 어떻게 관련되는가, 마음의 애착 상태들과 영적 발달(하나님 이미지를 포함)의 관계, 그리고 심리적 웰빙에 대한 교차-문화적 관점들을 연구하기 위한 혼합 방법(질적 및 양적) 접근법들이 포함된다.

색 인
(Index)

ㄱ

ㅅ

ㅇ

ㅈ

ㅊ

ㅋ

ㅌ

ㅍ

국립중앙도서관 출판예정도서목록(CIP)

기독교와 정신분석의 새로운 대화 / 편저: Earl D. Bland, B
rad D. Strawn ; 옮김: 문희경. -- [구리] : 지혜와 사랑, 2018
p. ; cm

원표제: Christianity & psychoanalysis : a new conversation
영어 원작을 한국어로 번역
ISBN 979-11-957392-3-3 93180 : ₩20000

정신 분석[精神分析]
기독교 신앙[基督敎信仰]

235.84-KDC6
261.515-DDC23 CIP2018031702

기독교와 정신분석의 새로운 대화

1판 1쇄 인쇄 2018년 11월 5일
1판 1쇄 발행 2018년 11월 10일

편 저 EARL D. BLAND/BRAD D. STRAWN
옮 김 문희경
발행인 문희경
발행처 도서출판 지혜와 사랑

출판등록 제 2015-000007호
등록일자 2015년 04월 14일
주소 서울시 동대문구 한천로58길 107 104-1101호
문의 070-8879-7731
E-mail headnheart@naver.com
총판 비전북(031-907-3927)

ISBN 979-11-957392-3-3 (93180)

값 20,000원

이 도서의 국립중앙도서관 출판예정도서목록(CIP)은 서지정보유통지원시스템 홈페이지(http://seoji.nl.go.kr)와 국가자료공동목록시스템(http://www.nl.go.kr/kolisnet)에서 이용하실 수 있습니다. (CIP제어번호: CIP2018031702)